ein Ullstein Buch

Ullstein Buch Nr. 3001
im Verlag Ullstein GmbH,
Frankfurt/M – Berlin – Wien

Umschlagentwurf:
Kurt Weidemann

Lizenzausgabe mit Genehmigung
des Westdeutschen Verlages
GmbH, Opladen

Printed in Germany 1973
Gesamtherstellung:
Ebner, Ulm
ISBN 3 548 03001 7

Johann Gottlieb Fichte

Schriften zur Revolution

Herausgegeben
und eingeleitet
von Bernard Willms

ein Ullstein Buch

Inhalt

Bernard Willms: **Einleitung**

Fichte als politischer Schriftsteller – Fichtes Leben bis zur Berufung nach Jena – Fichtes vorkantische Zeit: *Zufällige Gedanken* und *Aphorismen über Religion und Deismus* – Die Revolution im Kopf – Kant und die Aktualisierung des revolutionären Engagements – Abstraktes Naturrecht und die Kategorie des emanzipierten bürgerlichen Bewußtseins: Gesellschaftsvertrag – Montesquieu und Rousseau – Theodor Schmalz: *Das reine Naturrecht* – Polemik gegen den Konservatismus: August Wilhelm Rehberg – Die *Zurückforderung der Denkfreiheit* – *Über die Achtung des Staates für die Wahrheit* – Der *Beitrag zur Berichtigung der Urteile des Publikums über die französische Revolution* – Politiktheoretische Probleme der Revolutionsschriften: Staat und Gesellschaft – Freiheit und Gleichheit – Utopie – Der revolutionäre Vernunftbegriff und die Aktualität Fichtes.

Zu Beginn des Krieges Preußens und des verbündeten Rußlands gegen Napoleon im Jahre 1806 erreichte die preußische Regierung ein Schreiben des Professors J. G. Fichte mit der Bitte, ihn zur moralischen Unterstützung der Armee als Redner mit ins Feld ziehen zu lassen. Das Gesuch, das die Behörden zweifellos in Verlegenheit gesetzt hat, wurde abgelehnt – diese Art der Truppenbetreuung schien den Zuständigen damals nicht von so großer Bedeutung; eine Stelle, wie sie der Professor wünschte, zu schaffen, waren sie weder bereit noch in der Lage. Fichte ließ sich dadurch nicht entmutigen; als die Regierung nach Königsberg auswich, folgte er ihr in der Absicht, auf jeden Fall beim preußischen Hof, seiner anerkannten Obrigkeit, auszuharren. Neben einer vorübergehenden Professur an der Universität Königsberg eröffnete sich ihm nunmehr in schriftstellerischer Tätigkeit jene Möglichkeit der öffentlich-politischen Wirksamkeit, die er als weltlicher Feldprediger nicht hatte wahrnehmen können. Dieser Tätigkeit verdanken wir ein bemerkenswertes Stück deutscher politischer Publizistik. In Königsberg hatten zwei preußische Patrioten, Ferdinand von Schrötter und Max von Schenkendorf, damit begonnen, eine neue politische Zeitschrift, die *Vesta* herauszugeben. Zu dem ersten Heft hat Fichte einen Aufsatz beigesteuert mit dem Titel: *Über Ma-*

chiavelli als Schriftsteller und Stellen aus seinen Schriften[1]. Fichte, der sich schon früher, längst vor seiner preußischen Zeit, gerne als Prinzenerzieher gesehen hätte[2], versuchte mit dieser Schrift, den König zu beeinflussen und ihm eine »ernstere und kräftigere Ansicht der Regierungskunst« vorzustellen[3].

Die Gestalt des national denkenden und nationalistisch agitierenden Philosophen Fichte ist vertraut; zu leicht machten es sein *Reden an die deutsche Nation* von 1808 den politischen Chauvinisten in Deutschland, den Denker als einen der ihren zu vereinnahmen. Begonnen hat Fichte anders. Zu dem Machiavelli-Aufsatz hatte ein Zeitgenosse geschrieben: »Könnte dieser energische Mensch ... aufhören, philosophischer Schriftsteller zu sein, er würde in neuer Kraft, in ganz neuem Glanze auftreten und ganz neue Ehre erlangen. Wollte er politischer Autor werden für unsere Zeit, er würde groß sein.«[4] Hier ist eine spätere Phase der Wirkungsgeschichte Fichtes bereits vorweggenommen. Denn der Machiavelli-Aufsatz bezeichnet zwar eine bedeutende Wendung in Fichtes politischem Denken, aber ein politischer Autor war Fichte von seinen ersten Anfängen an: früher als mit seiner Wissenschaftslehre hatte er mit politischen Schriften Eindruck gemacht, und an solchen fehlt es in keiner Phase seines Denkens. Will man ein adäquates Bild dieses durch hervorragende systematische Intensität so sehr ausgezeichneten Denkers erhalten, so muß man der Forderung Freyers nachkommen: »... die beiden Linien seiner Produktion, Wissenschaftslehre und politische Publizistik nicht bloß als zwei Parallelen zu sehen ... sondern sie von der Mitte her zusammenzuhalten.«[5] Das Prinzip, das diese Mitte Fichteschen Denkens bildet, ist schon 1865 von Eduard Zeller benannt worden. In seiner Arbeit *Fichte als Politiker* machte er den Versuch, »Fichtes politische Philosophie nach ihren verschiedenen Phasen in dem Zusammenhang mit dem Ganzen seiner Philosophie über-

1 Abgedruckt in Band III, der von I. H. Fichte herausgegebenen Werke. (Diese Edition der Werke Fichtes wird im Folgenden als »Werke« bezeichnet.)

2 Man vergleiche dazu etwa den Brief Fichtes an Johanna Rahn vom Frühjahr 1790. Abgedruckt in: J. G. Fichte; Briefwechsel. Kritische Gesamtausgabe. Gesammelt und herausgegeben von Hans Schulz. 1. Band, Leipzig 1930, S. 18 ff.

3 Werke III, S. 427.

4 Hans Schulz (Hrsg.); Fichte in vertraulichen Briefen seiner Zeitgenossen. Leipzig 1923, S. 224. Der Schreiber ist Nicolovius.

5 Hans Freyer; Über Fichtes Machiavelli-Aufsatz. Leipzig 1936, S. 3.

sichtlich darzustellen«[6]. Zeller erkannte deutlich, daß Fichtes politische Philosophie ebenso wie seine Wissenschaftslehre die Durchführung »eines leitenden Gedankens seines Lebens« sei, der »Idee der sittlichen Freiheit«[7]. Fassen wir »sittliche Freiheit« in jenem weiteren Sinne auf, den er in der Tradition vor Kant hatte und der es erlaubt, die politische Dimension einzubeziehen, so ist hiermit in der Tat das Stichwort für Fichtes Denken gegeben, für das Denken des frühen Fichte zumal und ganz besonders für seine Arbeiten zur Französischen Revolution. Ein politisch revolutionärer Freiheitsbegriff ist die Mitte, aus der Fichtes ganzes Denken zu begreifen ist. Die politischen Frühschriften sind als Ausgangspunkt von Fichtes Denken in jede Aktualisierung dieses Denkens einzuholen; sie sind eine ursprüngliche Äußerung; in ihnen sind alle Momente angelegt, deren Entfaltung Fichtes konsequentes System ausmacht, sie sind der überzeugendste Beleg für die Geistesverwandtschaft der deutschen Idealisten mit der Französischen Revolution. Indem wir uns der Frühschriften Fichtes versichern, versichern wir uns eines einzigartigen Dokumentes der bürgerlich-revolutionären Politiktheorie, in dem einerseits das politische Prinzip der bürgerlichen Freiheit in aller abstrakten Reinheit ans Licht tritt, in dem andererseits auch schon die Problematik dieses Ansatzes und die Gefahr seines Umschlages zu erkennen ist.

Johann Gottlieb Fichte ist am 19. Mai 1762 als der erste Sohn des Bandwebers Christian Fichte in Rammenau in der Oberlausitz geboren[8]. Die Familie gehörte zwar nicht durchaus zu den ärmsten Schichten der Landbevölkerung, sie konnte sich aber – vor allem wegen der wachsenden Kinderzahl – nie über Verhältnisse erheben, die es nicht nur völlig undenkbar machten, eins der Kinder zu höherer Ausbildung kommen zu lassen, sondern die es auch notwendig machten, daß die Kinder, sobald sie ein entsprechendes Alter erreicht hatten, sowohl in der häuslichen Fabrikation wie beim Vertrieb der Leinenbänder mithelfen mußten. Kargheit der äußeren Verhältnisse ist für Kinder leicht ertragbar, wenn die emotionale Zuwendung der Eltern kompensierend jenen Grad von

---

6 Eduard Zeller; Fichte als Politiker. In: Vorträge und Abhandlungen geschichtlichen Inhalts. Leipzig 1865, S. 142.
7 Ebd. S. 142 u. 144.
8 Zum Biographischen siehe vor allem Fritz Medicus; Fichtes Leben, Leipzig 1913, und X. Léon; Fichte et son temps. Paris 1914 (Neudruck 1954).

Sicherheit und »sozialem Optimismus« zu erzeugen in der Lage ist, der zur Konstituierung einer kindlichen Persönlichkeit führt. An Geradheit der moralischen Grundsätze fehlte es nicht in der Familie Fichte, aber die Mutter war zweifellos eine harte Frau von außerordentlich bornierter Frömmigkeit, jene Konstituierung emotionaler Sicherheit konnte von ihr nicht ausgehen. So war Fichtes Kindheit ausgezeichnet durch drückende häusliche und wirtschaftliche Verhältnisse, aber auch durch seine hervorragende intellektuelle Begabung und durch den glücklichen Umstand deren frühzeitiger Entdeckung durch den Vertreter des lokalen ländlichen Feudalismus. Als Fichte etwa 9 Jahre alt war, erfuhr der Freiherr von Miltitz durch einen Zufall von dieser Begabung, die dem jungen Fichte die Fähigkeit gab, die Sonntagspredigt des Pfarrers nach einmaligem Anhören mit großer innerer Anteilnahme vollständig aus dem Gedächtnis zu reproduzieren. Gegen den Widerstand der Mutter setzten Pfarrer und Gutsherr ihre Pläne durch, Fichte studieren zu lassen; der Junge kam zunächst für einige Jahre in ein Pfarrhaus – nicht in das seines Heimatdorfes –, besuchte dann noch kurz die Stadtschule in Meissen und wurde schließlich in die Fürstenschule in Schulpforta aufgenommen. Später ermöglichte ihm die Familie von Miltitz den Beginn des Studiums – selbstredend der Theologie – in Jena und Leipzig. Diese Förderung entfremdete Fichte einerseits seiner Familie – nicht durchaus seiner Klasse –, andererseits reichte sie nicht so weit, daß er sich in neuen Verhältnissen hätte stabilisieren können: sie wurde vor Ablegen eines Examens abgebrochen. Es begannen nun Zeiten, über die Fichte später selbst schrieb: »In meinen akademischen Jahren drückte mich der herbste Mangel zu Boden, der desto trauriger für mich war, als . . . ich mich desselben bitter schämte; und dies benahm mir alle Möglichkeit, emporzukommen. Ich nannte mich studiosus theologiae. Seit dem Jahre 1784 bin ich in verschiedenen Häusern in Sachsen nicht ohne Ehre Hauslehrer gewesen . . .«[9] Hauslehrerstellen boten sich in der Tat in dieser Situation Fichtes als undankbarer, aber einziger Ausweg an. Einen Tiefpunkt mußten aber die Verhältnisse erreichen, wenn auch dieser Ausweg nicht mehr gangbar schien. Diese Situation trat im Jahre 1788 ein: Die letzte Stelle hatte Fichte aufgegeben, eine neue war nicht in Aussicht und die Ersparnisse waren verzehrt. Im

9 Fichte an v. Burgsdorf; Schulz; Briefw. I, S. 105.

Augenblick der höchsten Not eröffnete sich Fichte nun doch wieder die Möglichkeit einer Hauslehrerstelle, und zwar in Zürich. Die kurze Zeit bis zum Antreten der neuen Stelle verbrachte Fichte teilweise im Hause seiner Eltern in Rammenau, und dort entstanden die frühesten Aufzeichnungen über politische und gesellschaftliche Zustände, die von Fichte bekannt sind, die in diesem Band wieder abgedruckten *Zufälligen Gedanken in einer schlaflosen Nacht.*

Obgleich Fichte nach seiner Rückkehr aus Zürich im Frühjahr 1790 in Leipzig noch einmal in äußerst schwierige wirtschaftliche Verhältnisse geriet, war doch der Tiefpunkt dieser Biographie überwunden. In Zürich lernte Fichte Lavater kennen und verkehrte mit Gewinn und steigendem Ansehen in dessen wie auch in anderen Häusern, vor allem aber im Haus des Züricher Bürgers Rahn, der mit einer Schwester Klopstocks verheiratet gewesen war, und in dessen Tochter Johanna Fichte seine zukünftige Frau kennenlernte. Dieser Umgang entschädigte ihn sicher in gewissem Maße für die unerfreuliche Tätigkeit als Hauslehrer. Seine schroffe Geradlinigkeit und der intellektuelle Anspruch, mit dem er seine gesellschaftliche Rollenunsicherheit kompensierte, ließ ihn in durchaus richtiger Einschätzung der pädagogischen Situation in der Familie, in der er arbeitete, auch die Eltern in seine erzieherischen Bemühungen einbeziehen, von ihm aus gesehen ebenso konsequent wie von den Eltern aus gesehen unzumutbar.

Trotzdem scheint das Leben in Zürich, der Verkehr mit angesehenen und geistig nicht unbedeutenden Männern sowie die Zuneigung der Johanna Rahn Fichte ein neues Selbstbewußtsein gegeben zu haben, das ihm über die schwere Zeit nach seiner Rückkehr nach Leipzig sicher nicht weniger hinweghalf als die finanzielle Unterstützung, die er von seiner Braut immer wieder empfing. Er lohnte es ihr schlecht. Im Sommer 1790 hatte Fichte – veranlaßt durch die Bitte eines Studenten um Unterricht in Kants Philosophie – sich »über Hals und Kopf« in das Denken des ihm bis dahin kaum bekannten Philosophen geworfen[10], ein Ereignis, das in seiner Bedeutung für Fichte nicht überschätzt werden kann und von dem weiter unten ausführlich die Rede sein wird. Im darauffolgenden Frühjahr erhielt Fichte das Angebot einer Stelle als Hauslehrer bei einem Grafen von Platen in Warschau. Er sagte

10 Vgl. Fichtes Brief an Johanna Rahn vom 12. 8. 1790. Schulz; Briefw. I, S. 123

zu und benutzte die Gelegenheit der Reise nach Warschau – von der übrigens ein ausführliches Tagebuch erhalten ist[11] –, die Verbindung zu Johanna Rahn, seiner Verlobten, zunächst kurzweg abzubrechen[12]. Dieser Schritt hat wohlwollende Biographen stets in Verlegenheit gesetzt; deren Mutmaßungen soll hier keine weitere hinzugefügt werden.

Fichte wurde übrigens nicht Hauslehrer beim Grafen Platen; die Gräfin vermißte elegantes Französisch und lakaienhafte Unterwürfigkeit; es gelang ihm aber, eine Entschädigung zu erwirken, von der er einige Monate leben konnte: für diese Zeit ging er nach Königsberg, er wollte zu Kant.

Die Distanziertheit des alten Philosophen bei der ersten Begegnung veranlaßte den Jüngeren, sich ihm mit einer Schrift zu empfehlen, die er unter dem Titel *Versuch einer Kritik aller Offenbarung* in vier Wochen erarbeitete und die er Kant mit der Widmung »Dem Philosophen« zusandte. Kant hat das Manuskript – wie auch alle anderen Bücher Fichtes – nie ganz gelesen, immerhin verschaffte er sich soviel Einblick, daß er die Bedeutung des Verfassers erkannte, ihn nunmehr entgegenkommend aufnahm und nach Kräften in wissenschaftlichen Kreisen Königsbergs empfahl. Zwar unterstützte er Fichte nicht direkt finanziell, wie dieser ge hofft hatte, als das Warschauer Geld zu Ende ging, aber er tat mehr: Er brachte es dazu, daß sein eigener Verleger Hartung das Manuskript zur Veröffentlichung annahm. Außerdem kam Fichte – nicht zuletzt auf Kants Empfehlung – zu einer Hofmeisterstelle beim Grafen von Krockow in Westpreußen, die die erste war, in der es ihm gelang, sich mit seinen Brotgebern in ein Verhältnis des gegenseitigen Gebens und Nehmens zu versetzen, das frei war von den sonstigen Querelen und Schwierigkeiten. In Krockow begann Fichte wahrscheinlich schon mit der Arbeit an seiner Schrift *Zurückforderung der Denkfreiheit von den Fürsten Europens, die sie bisher unterdrückten,* die dann 1793 erschien, gleichzeitig mit dem *Beitrag zur Berichtigung der Urteile des Publikums über die Französische Revolution.* Inzwischen hatte aber

---

11 Abgedruckt in Band II, 1 der neuen kritischen »Fichte-Gesamtausgabe« der Bayerischen Akademie der Wissenschaften. Hrsg. v. R. Lauth und H. Jacob. Stuttgart-Bad-Cannstatt 1962, S. 385 ff. (Diese Edition der Werke Fichtes wird im Folgenden als »Fichte-Gesamtausgabe« bezeichnet.)

12 Vergl. darüber den Brief an den Bruder Gotthelf vom 5. 3. 1791; Schulz; Briefw. I, S. 163 ff., und den Anfang des Tagebuches (Anm. 11).

Hartung in Königsberg die Offenbarungskritik nach anfänglichen Zensurschwierigkeiten herausgebracht, und zwar aus Berechnung anonym. Die Berechnung war klug: Das Werk wurde Kant selbst zugeschrieben und erhielt überaus lobende Rezensionen; als dann Kant den Irrtum berichtigte und Fichte als den Verfasser bekanntmachte, war dessen Ruf sogleich gemacht; schon 1793 veranstaltete Hartung eine zweite Auflage. Nunmehr wandte Fichte sich auch wieder nach Zürich; von Johanna Rahn erhielt er vollkommene Vergebung, am 22. Oktober heiratete man.

1793 waren gleichfalls in nicht lange gewahrter Anonymität die beiden Revolutionsschriften erschienen; Anfang 1794 hielt Fichte im Hause Lavaters und vor dessen Freundeskreis die ersten Vorträge über die Wissenschaftslehre; Ende 1794 veröffentlichte er in der Jenaer *Allgemeinen Literaturzeitung* die ausführliche Rezension eines Buches von G. E. Schulze[13], in der die Grundlagen seiner neuen Wissenschaftslehre, über Kant und K. L. Reinhold hinausgehend, erstmals der gelehrten Öffentlichkeit bekannt wurden. Aber schon im Frühjahr 1794 hatte Fichte die Berufung auf den Lehrstuhl Reinholds in Jena angenommen.

Das 18. Jahrhundert ist bestimmt vom Kampfe des sich emanzipierenden Bürgertums gegen konservativen bis reaktionären Feudalismus. Die Situation, aus der und für die Fichte seine frühen Schriften verfaßt, ist von diesem Kampf geprägt. So fortgeschritten das Bewußtsein eines Teils des gebildeten städtischen Bürgertums war, so unverändert waren die feudalistischen Herrschaftsverhältnisse auf dem platten Land. Fichte kannte diese Verhältnisse, er war in ihnen aufgewachsen. Jener fortgeschrittene Teil des Bürgertums hatte sein Selbstverständnis artikuliert im rationalen Naturrecht der Aufklärung, das, in der naturrechtlichen Vertragstheorie kulminierend, eines der Momente ist, durch die sich Fichtes Gegenwart, genauer die frühen neunziger Jahre des 18. Jahrhunderts, und seine frühen Schriften begreifen bzw. verstehen lassen. Die bürgerliche Reflexion gipfelte in der kritischen Philosophie Kants, deren Lehre von der Autonomie des sitt-

13 Die Schrift lautete: Aenesidemus oder über die Fundamente der von dem Herrn Professor Reinhold in Jena gelieferten Elemente der Philosophie. Nebst einer Verteidigung des Skeptizismus gegen die Anmaßungen der Vernunftkritik. Schulze-Aenesidemus erschütterte Fichtes Kantianismus und trieb ihn zu einer neuen Grundlegung. Vgl. dazu Fichtes Brief vom November 1793. Schulz; Briefwechsel I, S. 314.

lichen Ich als das zweite Moment in Fichtes Zeit und in seinen Schriften wirksam wird. Das dritte ist das konkrete Ereignis der Revolution in Frankreich, dessen Wirkung in Deutschland und die sich daran anknüpfende neubelebte politische Publizistik. Das vierte wäre schließlich die konservative Reaktion auf die Ereignisse in Frankreich und deren Ausdruck in den entsprechenden literarischen Veröffentlichungen. Alle vier Momente sind Ausdruck oder Phase jenes Kampfes des emanzipierten Bürgertums um geistige und politische Anerkennung seiner wachsenden sozialen Bedeutung gegen die konservative Reaktion eines sich in Frankreich mehr, in Deutschland weniger kompromittierenden Feudalismus. Doch bevor versucht werden soll, diese vier Momente in ihrer Fassung in den Fichteschen Revolutionsschriften zu entfalten, muß auf Fichtes Situation aus der Zeit vor deren Abfassung, auf seine »vorkantische Phase«, eingegangen werden. Auf zwei fragmentarische Schriften kann hier zurückgegriffen werden. Die erste sind die hier abgedruckten und in der Biographie bereits erwähnten *Zufälligen Gedanken in einer schlaflosen Nacht* aus dem Jahre 1788. Das zweite Dokument sind die *Aphorismen über Religion und Deismus* aus dem Jahre 1790[14]. Betrachtet man diese beiden Äußerungen, so wird aus ihnen der quälende Widerspruch deutlich, der den jungen Fichte zu jener Zeit beherrschte und der zu einem nicht geringen Teil die seine Umwelt immer wieder befremdende unausgeglichene Härte seines Auftretens erklärt. Die *Zufälligen Gedanken* dürfen sicher theoretisch noch nicht überfordert werden; aber über den Rang des Zufälligen in Fichtes Denken erhebt sie die Tatsache, daß hier eine Struktur zu erkennen ist, die für Fichtes ganzes späteres Denken bestimmend bleibt.

In der Form wie in der Gedankenführung sind diese »Gedanken« noch nicht sehr selbständig, die Lektüre der beiden von Fichte erwähnten Bücher von Salzmann und Sintenis hat ihn sehr beeinflußt[15]. Aber sie sind der Ausdruck der Unzufriedenheit des sich über die Bildung emanzipierenden jungen Bürgers mit seiner Zeit und deren gesellschaftlichen Verhältnissen. Für diese wird in fast allen ihren Formen, namentlich in dem politischen Bereich,

14 Abgedruckt in der Fichte-Gesamtausgabe Band II. 1. S. 287 ff.
15 Ch. G. Salzmann; Carl von Carlsberg oder über das menschliche Elend. Karlsruhe 1784–88. Ch. Sintenis; Hallo's glücklicher Abend. Leipzig 1783.

Verfall und Verderbnis festgestellt. Diese Überzeugung tritt in Fichtes Denken zeitweise zurück, bleibt aber konstitutiv; sie findet sich später ausgedrückt besonders in den *Grundzügen des gegenwärtigen Zeitalters* von 1806, wie in der *Episode über unser Zeitalter* vom Winter 1806/07[16]. Dieser als feindlich und durchaus korrupt erfaßten Umwelt stellt sich ein Individuum gegenüber, dessen Selbstbewußtsein sich im Verlauf seines Bildungsprozesses so stark im Widerspruch gegen diese Umwelt bzw. durch Überwindung ihrer Bestimmtheiten geprägt hat, daß durch die vorherrschende Betonung dieses Widerstandes die Vermittlung zwischen gesellschaftlicher Umwelt und Individuum nicht mehr gesehen wird. Nun konstituierte Fichtes Selbstbewußtsein sich zwar in Entgegensetzung, nicht aber in Abkapselung von seiner Umwelt, sondern gerade in einem auf Veränderung der Zustände gerichteten Handlungswillen. Er schreibt einmal: »Ich habe nur eine Leidenschaft, nur ein Bedürfnis, nur ein volles Gefühl meiner Selbst, das, ausser mir zu wirken.«[17] Wenn aber die Subjektivität sich so radikal ihrer gesellschaftlichen Umwelt entfremdet weiß, wie dies aus den *Zufälligen Gedanken* hervorgeht, so muß der Veränderungswille ebenso aufs Ganze gehen, wie er nur von der Subjektivität ausgehen kann – die sich als die Insel im Meer des Verfalls behauptet. Wenn das revolutionäre Bewußtsein sich nicht als Ausdruck des Veränderungswillens einer Klasse begreifen kann oder will, bleibt sein Wille rein aber subjektiv.

Aber wenn Fichte einerseits die Bildung seines Selbstbewußtseins als einen gegen die destruktiven Kräfte der Gesellschaft gerichteten spontanen und autonomen Prozeß auffaßte, so wurde ihm die äußere Restriktion dieser Gesellschaft um so bitterer bewußt. Für einen Hauslehrer, der wegen der Unvollständigkeit seiner Studien nicht mit einem öffentlichen Amte rechnen konnte, für den relativ ungebildeten Mann aus den unteren Ständen schien jede direkte Möglichkeit einer Veränderung der gesellschaftlichen Verhältnisse völlig ausgeschlossen zu sein. Hinzu kam aber beim jungen Fichte noch ein weiterer Umstand, der mit dem Bewußtsein der Beschränkung von außen zusammen zum »furchtbaren Druck«[18]

16 J. G. Fichte; Grundzüge des gegenwärtigen Zeitalters. Berlin 1806. Werke, Band VII. Das Fragment »Episode über unser Zeitalter« findet sich gleichfalls in Band VII der Werke.
17 Schulz; Briefw. I, S. 62.
18 Medicus; Fichtes Leben, a.a.O., S. 27.

werden mußte, wobei die beiden Momente sich gegenseitig bedingend diesen Druck immer mehr hochspielten. Dieser zweite Umstand ist zu sehen im philosophischen Determinismus, den der junge Fichte eine Zeitlang für so unentrinnbar hielt, wie seine Verhältnisse sich als unentrinnbar darstellten und umgekehrt. Gemäß den *Aphorismen über Religion und Deismus* ergab sich für Fichte als notwendige Folgerung konsequenten Denkens »ein ewiges Wesen, dessen Existenz und dessen Art zu existieren notwendig ist« und für »jedes denkende und empfindende Wesen ... Notwendigkeit seiner Existenz. Weder sein Handeln noch sein Leiden kann ohne Widerspruch anders sein als es ist«[19].

Bei Anwendung dieser These, die Fichte damals unumstößliche Wahrheit zu sein dünkte, auf seine eigene gedrückte Situation, mußte sich Fichtes zwangsläufig eine tiefe Verzweiflung bemächtigen. Er sah theoretisch keine Alternative zu einem Determinismus, aber sein Wünschen und Wollen lief dem entgegen: »... es kann gewisse Augenblicke geben, wo das Herz sich an der Spekulation rächt, wo es sich zu dem als unerbittlich anerkannten Gott mit heißer Sehnsucht wendet, als ob er eines Individuums wegen seinen großen Plan ändern werde.«[20] Resignation war nicht Fichtes Teil, die praktischen Konsequenzen seines theoretischen Determinismus konnte er nicht ziehen; er erkannte genau, daß der Drang und Wille zum selbständig sinnvollen Handeln und Wirken in der Welt, die er doch, wie die *Zufälligen Gedanken* zeigen, für der Verbesserung so unendlich bedürftig hielt, »schon mit der ganzen Sendung seines Geistes verwebt« war[21]. Das praktische Hinausgreifen über jene sicheren Sätze der Spekulation war ihm ebenso existentiell notwendig wie theoretisch unmöglich. Dies Dilemma kennzeichnet die geistige Situation Fichtes, bevor er – veranlaßt durch jenen oben erwähnten Anstoß von außen – sich mit der Philosophie Kants bekannt machte. An seiner ersten Reaktion läßt sich deutlich erkennen, wie unerträglich ihm einerseits seine zwischen Handlungswillen und Determinismus verzweifelnde Handlung geworden war, und wie wesentlich für sein ganzes Leben und Denken infolgedessen die Erlösung durch Kant werden mußte. Andererseits zeigt Fichtes Reaktion die erstaunlichsten Züge subjektiven

---

19 Fichte-Gesamtausgabe Band II, 1. S. 290.
20 Ebd.
21 Ebd., S. 291.

theoretischen Engagements. Wir erinnern uns, daß nicht nur seine geistige Situation ausweglos schien, sondern daß auch seine wirtschaftliche Lage zu dieser Zeit in Leipzig so war, daß er sich genötigt sah, Bettelbriefe an seine Bekannten zu verschicken: Letzteres hatte sich nicht dadurch geändert, daß er Kant kennenlernte, Fichte aber, der Philosoph, konnte schreiben: »Überhaupt habe ich vor meinem projektvollen Geist Ruhe gefunden, und ich danke der Vorsehung, die mich kurz vorher, ehe ich die Vereitlung aller Hoffnungen erfahren sollte, in eine Lage versetzte, sie ruhig und mit Freudigkeit zu ertragen. Ich hatte mich nämlich durch eine Veranlassung, die ein blosses Ungefähr schien, ganz dem Studium der Kantschen Philosophie hingegeben; einer Philosophie, welche die Einbildungskraft, welche bei mir immer sehr mächtig war, bezähmt, dem Verstande das Übergewicht und dem ganzen Geiste eine unbegreifliche Erhebung über alle irdischen Dinge gibt. Ich habe eine edlere Moral angenommen und anstatt mich mit Dingen ausser mir zu beschäftigen, mich mehr mit mir selbst beschäftigt. Dies hat mir eine Ruhe gegeben, die ich noch nie empfunden; ich habe bei einer schwankenden äusseren Lage meine seligsten Tage verbracht.«[22] Dieses also zweifellos bedeutende Ereignis in Fichtes philosophischer, aber eben auch in seiner äußeren Biographie hat dazu geführt, daß die traditionelle Forschung Fichte häufig einseitig als Nachfolger Kants ansah; Kabitz' Studien und das Werk von Kroner *Von Kant zu Hegel* sind dafür Belege. Die autonome Weiterentwicklung der Transzendentalphilosophie Kants durch Fichte wurde zwar erkannt, aber die Quelle dieses Denkens schien mit Kant hinreichend angegeben. Das führt nun allerdings dazu, daß die revolutionären Frühschriften stets vernachlässigt worden sind[23]. Sollen diese aber in ihrer Bedeutung

---

22 Schulz; Briefw. I, S. 125 ff.

23 Medicus hatte die Revolutionsschriften in seine Ausgabe (Fichte, Werke. Hrsg. v. Fritz Medicus, 6 Bände, Leipzig 1908–1912) nicht aufgenommen, was allerdings auch schon von Julius Binder, Heinrich Rickert und Reinhard Strecker bedauert worden ist. Aber selbst Letzterer wertet den »Beitrag«, obgleich er ihn ausführlich behandelt, gegen die späteren Schriften ab. (R. Strecker; die Anfänge von Fichtes Staatsphilosophie, Leipzig 1916). In der neueren Arbeit von Torretti schließlich, die doch einen systematischen Ansatz verspricht, kommen die Revolutionsschriften nicht vor. (R. Torretti; Der systematische Aufbau des politischen Denkens Fichtes. Diss. Freiburg 1954). Mit Recht schreibt daher Manfred Buhr 1965: »Was der Ursprung und die Grundlegung eines der repräsentativsten und folgenreichsten philosophischen Systeme der klassischen bürgerlichen deutschen

für das Denken Fichtes, in dem Kantnachfolge zwar ein wesentliches Moment, aber eben auch nicht mehr als das ist, gesehen werden, so ist es notwendig, mehr als es bisher geschehen ist, auf jene anderen Momente aufmerksam zu machen, die, wie oben angedeutet, zusammen erst den Kontext ausmachen, innerhalb dessen zum Beispiel Fichtes Radikalisierung des transzendentalen Ansatzes verständlich wird. Das Spezifische bei Fichte ist die eigentümliche Verbindung, die die Wirkung von Kants Philosophie mit einer subjektiven Aktualisierung der Revolution in Frankreich einging.

Natürlich gelangte Fichte schon in Zürich zu Informationen über die Revolution. Am 19. September 1789 hatte er mit der Frau seines Züricher Brotgebers einen heftigen Streit, der sich daran entzündete, daß diese die unglückliche Marie Antoinette bedauerte, wogegen Fichte in seiner gewohnten Schroffheit seine Verachtung für diese Königin bekundete[24]. Aber erst nachdem Fichte Kants Schriften kennenlernte, aktualisierte sich ihm die Bedeutung der Revolution, und zwar zunächst als subjektives Erlebnis. Mirabeau hat einmal geschrieben: »Aber ob ihr (die Deutschen B. W.) schon in der Bildung weiter fortgeschritten seid, seid ihr doch nicht so reif wie wir, die es doch noch vor kurzem nicht gewesen sind; ihr seid es nicht, sage ich, weil das, was euch bewegt, seine Wurzel bei euch im Kopfe hat.«[25] Die »Revolution im Kopfe« findet sich bei Fichte mehrmals erwähnt; an Weisshuhn schrieb er im November 1790 von einer »Revolution in meinem Geiste«[26], an seinen Bruder Gotthelf am 5. März 1791 »eine sehr vorteilhafte Revolution in meinem Kopfe«[27]. Immer ist hier Fichtes Aufnahme

---

Philosophie war, wird von der bürgerlichen Forschung auf eine Episode im Leben Fichtes mit bestenfalls biographischem Wert reduziert.« (Manfred Buhr; Revolution und Philosophie. Die ursprüngliche Philosophie J. G. Fichtes und die Französische Revolution. Berlin 1965, S. 27.) Vgl. ebd. auch die S. 31, 33, 38, 43–44. Die gleichzeitige Aktualisierung der Revolutionsschriften Fichtes von marxistischer und von »bürgerlicher« Seite (vgl. B. Willms; Die totale Freiheit. Fichtes politische Philosophie. Köln u. Opladen 1967) ist eine glückliche Koinzidenz, die vielleicht manche herben Äußerungen Buhrs über die bürgerliche Fichte-Forschung (a.a.O., u. passim) revidieren könnte. Immerhin ist ja auch die neue kritische Gesamtausgabe der Werke Fichtes ein Ergebnis, wenn man denn so will, »bürgerlicher« Forschung. (Vgl. Buhr, a.a.O., S. 30 u. 31.)

24 Fichte-Gesamtausgabe II, 1, S. 221.

25 Gustav Landauer; Die Französische Revolution in Briefen. Hamburg 1961, S. 52.

26 Schulz: Briefw. I, S. 139.

27 Ebd. S. 165.

von Kants Philosophie gemeint, im *Beitrag* ist letztere sogar ausdrücklich als die im Vergleich zur politischen Revolution in Frankreich »ungleich wichtigere« bezeichnet[28].

Daß solche Wendungen von größerer Bedeutung sind, als es ihre Interpretation als einfache Analogien vermuten ließe, zeigt sich an jener Bemerkung Fichtes, die sein Denken weit enger als in der Form der Analogie mit der Revolution in Frankreich verbindet. Aus dem Frühjahr 1795, als verschiedene Verdrießlichkeiten in Jena Fichte daran denken ließen, anderswo sein Auskommen zu suchen, stammt ein Briefentwurf Fichtes, in dem er erwägt, in französische Dienste zu treten und in dem er schreibt: »Mein System ist das erste System der Freiheit; wie jene Nation von den äusseren Ketten den Menschen losreisst, reisst mein System ihn von den Fesseln der Dinge an sich, des äusseren Einflusses los, und stellt ihn in seinem ersten Grundsatz als selbständiges Wesen hin. Es ist in den Jahren, da sie mit äusserer Kraft die politische Freiheit erkämpfte, durch inneren Kampf mit mir selbst, mit allen eingewurzelten Vorurteilen entstanden; nicht ohne ihr Zutun; ihr valeur war, der mich noch höher stimmte und jene Energie in mir entwickelte, die dazu gehörte, um dies zu fassen. Indem ich über diese Revolution schrieb, kamen mir gleichsam zur Belohnung die ersten Winke und Ahndungen dieses Systems.«[29] Hieraus geht hervor, daß Fichte seine Weiterbildung von Kants transzendentalem Ansatz und seine Liquidierung der »Dinge an sich« als das »System der Freiheit« verstanden wissen wollte, als das System jener Freiheit, die politisch in der Französischen Revolution gefordert und verwirklicht worden war. Es ist müßig, nun noch zu versuchen zu entscheiden, welchem Moment für Fichtes Denken die größere Bedeutung zukomme: Kants Philosophie revolutionierte Fichtes Denken, baute seinen philosophischen Determinismus ab und gab ihm so die Möglichkeit, für seinen revolutionären Handlungswillen ein adäquates Betätigungsfeld zu finden. Freilich verblieb die Revolution, »im Kopfe« entstanden, auch dort, Fichte wurde zum Theoretiker der Revolution, in seinen Anfängen ganz bewußt und unmittelbar greifbar. Dem Kampf um die politische Verwirklichung des gesellschaftlichen Bewußtseins des emanzipierten Bürgertums entsprach Fichtes, ihm von Kants Idee der

---

28 Diese Ausgabe S. 83.
29 Schulz; Briefw. I, S. 449/450.

sittlichen Autonomie ermöglichte Entschlossenheit, nunmehr nichts anzuerkennen im Himmel und auf Erden, was nicht Autonomie, Selbstgesetzgebung des Ich sein konnte. Der Liquidierung des XVI. Ludwig entsprach die Liquidierung des Dings an sich, in der Konsequenz seines revolutionären Ansatzes wurde Fichte zum philosophischen Jakobiner. Von den frühen Revolutionsschriften bis dahin ist freilich ein weiter Weg voller abstrakter Konsequenzen; diese, nämlich die revolutionären Frühschriften zeigen Fichte zunächst nur etwa so radikal wie Mirabeau, der ja auch keineswegs Throne umstürzen und Fürstenblut fließen lassen wollte, und damit auf der Höhe des aufgeklärten bürgerlichen Selbstbewußtseins, wie dieses sich in unzähligen Flugschriften und sonstigen Veröffentlichungen der Zeit Ausdruck verschaffte. Insbesondere die *Zurückforderung* ist als revolutionäre Agitation bezeichnet worden[30]. Das ist zweifellos treffend, soweit die äußere Form betrachtet wird. Die *Zurückforderung* ist als Rede konzipiert, Fichte

30 Zu der »Zurückforderung« als revolutionäre Agitation vgl. vor allem Claus Träger; Fichte als Agitator der Revolution. In: Wissen und Gewissen, Berlin 1962, S. 158 ff. Trägers Verdienst besteht vor allem darin, eine Fülle von historischen Details zu geben, auf Grund derer die Situation, auf die Fichtes Flugschrift traf, deutlich wird, so wie überhaupt auf die Verbindung des frühen Fichte zur Revolution nachdrücklich hingewiesen zu haben. Buhr, der die relative historische Konkretheit des revolutionären Fichte durchaus zugibt, kommt für das Gesamtwerk Fichtes dann aber – diesen mit Robespierre vergleichend – zu dem Schluß, daß es »gescheitert« sei. Fichte, so sagt Buhr, suchte wie Robespierre »die Idealform gesellschaftlichen Zusammenlebens«, scheiterte aber notwendigerweise »an der Unaufhebbarkeit der Widersprüche der bürgerlichen Gesellschaft in ihrer Epoche«. (Buhr, a.a.O., S. 93.) In diesem Sinne vom »Scheitern« einer Theorie zu sprechen, ist offenbar nur möglich, wenn man der Überzeugung ist, daß »Idealform gesellschaftlichen Zusammenlebens« zur Realform entweder werden kann, werden wird oder etwa sogar schon geworden ist. Diese Denkhaltung wäre als utopistischer Idealismus zu bezeichnen: Letzterer ist aber, wie hier zu zeigen versucht wird, ein konstitutiver Bestandteil Fichteschen Denkens. So scheint Buhr seinem Autor näherzukommen, als ihm vielleicht selbst bewußt ist. Vgl. dazu die Ausführungen zum utopischen Moment in Fichtes früher Theorie, hier S. 36. Für Buhrs hin und wieder etwas simplifizierende Kritizismen S. 13, (»Den Geist zum Schöpfer ›einer neuen Welt‹ gemacht«); S. 21 (»Damit beschritt Fichte natürlich einen falschen Weg«) und ff.; S. 42 (die Aufnahme ausgerechnet jenes Engels-Zitats, das für das Verständnis der historischen Gleichzeitigkeit von französischer Revolution und deutschem Idealismus nur die unverbindliche Formel findet, daß jene von diesem »begleitet« worden sei) oder S. 111 f. Diese Hinweise schmälern nicht das Verdienst Buhrs, gezeigt zu haben, daß Fichtes Philosophie zu verstehen ist als ein Versuch, »die von der klassischen bürgerlichen Revolution aufgeworfenen historisch-politischen Fragen in philosophische Kategorien umzusetzen«. (A.a.O., S. 112.)

hat hier, wie später nie mehr, auch in den *Reden an die deutsche Nation* nicht, seine ursprüngliche rhetorische Begabung entfaltet; er selbst hat noch nach längerer Zeit diese Schrift als diejenige bezeichnet, die ihm am liebsten sei[31]. Mit einigem Recht läßt sich hieraus ein Ansatz des jungen Fichte herausinterpretieren, der diesen als echten revolutionären Agitator darstellt, der sich in Flugschriften an das Volk – nicht an die Gelehrten – wandte, um jenem die Botschaft der Revolution zu verkünden. Daß er damit dem gesellschaftlichen Bewußtsein dieses Volkes, als dem potentiellen Träger der Revolution, voraus war, was die Abstraktheit und schließlich die Subjektivierung seines Freiheitsansatzes unausweichlich machte, wäre in marxistischer Interpretation ganz allgemein das Elend der bürgerlichen idealistischen Philosophie[32]. Aber das gesellschaftlich fortgeschrittene Bewußtsein fand sich zum Ende des 18. Jahrhunderts in Deutschland bei den Schichten der bürgerlichen Intelligenz, denen die Kategorien der Aufklärung und deren Ziele geläufig waren; die Verwendung dieser Kategorien und rationalistischer Denkmuster der Aufklärung aber macht Fichte trotz der *Zurückforderung* eher zum Theoretiker der bürgerlichen Gesellschaft als zum Agitator der konkreten Revolution. Wenn man jedoch nicht bereit ist, den marxistischen Vorwurf zu übernehmen, der in dieser Unterscheidung steckt, so bleibt Fichte eben als Theoretiker der bedeutendere Revolutionär, der gerade in der abstrakten Vernunftargumentation, die es ihm verbot, im Interesse bestimmter Gesellschaftsschichten zu sprechen, vielmehr sich gegen den Feudalismus auf die »Menschheit« zu berufen, eine Theorie entwickelte, die in ihrer Allgemeinheit mithalf, den Siegeszug der bürgerlichen Gesellschaft unaufhaltsam zu machen. Neben der Rezeption von Kants Idee der sittlichen Autonomie des Subjekts und deren eigentümlicher Verbindung zur Auffassung der Französischen Revolution durch Fichte ist also die aufklärerische Tradition des rationalen Naturrechts mit der zentralen Kategorie des Gesellschaftsvertrages das dritte Moment, aus dem sich Fichtes frühe Schriften begreifen lassen.

Von Kant selbst konnte Fichte in bezug auf die Gegenstände des Rechtes und des Staates eigentlich nur ein Programm übernehmen, das jener in der Kritik der reinen Vernunft mit folgenden

31 Schulz; Briefw. I, S. 319.
32 Vgl. Anm. 30.

Worten gefordert hatte: »Eine Verfassung von der grössten menschlichen Freiheit nach Gesetzen, welche machen, dass jedes Freiheit mit der anderen ihrer zusammen bestehen kann . . . ist doch wenigstens eine notwendige Idee, die man nicht bloss im ersten Entwurf einer Staatsverfassung, sondern auch bei allen Gesetzen zum Grunde legen muss.«[33] Der Radikalität, mit der Fichte von Kant das Prinzip der subjektiven Autonomie übernahm, entspricht die Radikalität, mit der er in den Revolutionsschriften jene Kategorie anwendete, die in der bürgerlichen Rechts- und Staatstheorie von ihren Anfängen her im Mittelpunkt stand, der Kategorie des Vertrages. Abgesehen davon, daß eine naturrechtliche Vertragstheorie zu Fichtes Zeiten ständig diskutiert wurde, besaß Fichte eine ziemlich eingehende Kenntnis Montesquieus und Rousseaus und ebenso eine, allerdings mehr sekundäre Kenntnis Hobbes'. Sein Verhältnis zu diesen Autoren ist freilich eigentümlich. Fichte sagt zwar im *Beitrag,* daß er auf den Schultern Montesquieus stünde, meint dies aber in dem Sinne, daß er weitergekommen sei als Montesquieu, diesen hinter sich lassend. So wird ihm Montesquieus großes Werk eigentlich nur zum Steinbruch, aus dem er vor allem historische Illustrationen seiner Theorie des Feudalismus gewinnt. Die bei Montesquieu wesentlichen politiktheoretischen Prinzipien, etwa das der Gewaltengliederung, übernimmt Fichte keineswegs. Was aber Rousseau angeht, so schrieb Fester schon 1890: »Keiner hat so trotzig seine eigene Persönlichkeit zum Maßstab Rousseaus gemacht wie Johann Gottlieb Fichte.«[34] Noch weiter ging Strecker, der die Ansicht äußert, daß Fichte sich kaum »besonders gründlich mit ihnen (Rousseau und Montesquie B. W.) auseinandergesetzt« habe[35]. Der Streit um Fichtes Verhältnis zu Rousseau kann hier nicht ausgebreitet werden; es ist auch die Ansicht vertreten worden, daß Fichte in den Revolutionsschriften von Rousseau kaum zu unterscheiden sei, was die Grundüberzeugungen angehe[36]. Fest

33 Kritik d. r. V. A. 316, B. 373.

34 R. Fester; Rousseau und die deutsche Geschichtsphilosophie, Stuttgart 1890, S. 113.

35 R. Strecker; Die Anfänge von Fichtes Staatsphilosophie. Leipzig 1916, S. 31.

36 Vgl. aber Georg Gurvitch; Kant und Fichte als Rousseau-Interpreten, Kantstudien XXVII, 1922. Gurvitch zitiert Fichtes Äußerung: »Wir werden Rousseau besser verstehen als er sich selbst verstand« (VI 337), und weist dies an Hand der zur Zeit Fichtes noch nicht veröffentlichten ursprünglichen Redaktion des contrat social nach (a.a.O., S. 158). Vaughan sah in den Revolutionsschriften eine »position

steht, daß Fichte sich – gleich Rousseau und gegen Hobbes – von einer »ursprünglichen Bösartigkeit der menschlichen Natur« nicht überzeugen lassen wollte, eine notwendige Voraussetzung für die revolutionäre Interpretation des Naturrechts und dessen Begründung allein auf der subjektiven Freiheit. Der Punkt, über den die bürgerliche Rechtstheorie diese Freiheit des einzelnen zum Allgemeinen in Recht und Staat in Beziehung setzte, war eben der Vertrag, d. h. die Forderung, alle Bindungen und Zwänge als Ergebnis eines Vertragsschlusses auffassen zu können, die alle traditionalen Legitimierungen aufhob. Fichte nahm nun diese Figur mit einer Konsequenz auf, die Wallner zu der Formulierung veranlaßte: »Der Vertragsgedanke könnte wohl nicht gründlicher zu Tode gehetzt werden als bei Fichte.«[37] Zweifellos legen manche von Fichte ausgeführten Konsequenzen seines Ansatzes eine solche Äußerung nahe, aber es darf doch nicht übersehen werden, daß die Radikalität der Vertragstheorie der Radikalität des revolutionären Freiheitspostulates entspricht, und daß Fichte schon in den Revolutionsschriften die Theorie der bürgerlichen Vertragsgesellschaft intentional überholt durch die utopische Komponente seiner subjektiven Freiheitslehre, eine Wendung der Theorie, auf die noch zurückzukommen ist.

Sehr viel direkter als Montesquieu und Rousseau ist in Fichtes frühen Schriften der Einfluß eines sonst kaum bedeutenden Autors wirksam: Theodor Schmalz hatte mit seinem *Reinen Naturrecht* von 1791 auf Fichte besonders überzeugend gewirkt[38]. Schmalz' schmaler Band empfahl sich Fichte aus zwei Gründen: erstens war Schmalz Kantianer; als solcher erkannte er, wie er sagte, als erster, die Möglichkeit, »die Grundsätze der kantischen Philosophie auf

---

hardly to be distinguished from that of Rousseau« (Ch. E. Vaughan; Studies in the history of political philosophy, 2 Vgl., 2. Aufl. New York 1960, S. 94). Dagegen vertritt nun Schottky neuerdings die These, daß Fichtes Entwicklung »nicht etwa von Rousseau weg, sondern erst zu Rousseau hinführte« (R. Schottky; Untersuchungen zur Geschichte der staatsphilosophischen Vertragstheorie im 17. und 18. Jahrhundert. Diss. München 1963, S. 115). Das würde bedeuten, daß Rousseaus Einfluß auf die frühen Schriften Fichtes am geringsten wäre. Schottkys interessante These ist entwertet durch seine andere, mit dieser zusammenhängenden, nach der Fichte zwischen »Beitrag« und »Grundlage des Naturrechts« einen radikalen Wandel durchgemacht habe.

37 N. Wallner; Fichte als politischer Denker. Halle 1926, S. 59.

38 Theodor Schmalz; Das reine Naturrecht, 1. Aufl. 1791, hier zit. nach der 2. Aufl. Königsberg 1795.

das Naturrecht anzuwenden«[39]. So drang er bereits zu der grundlegenden These vor: »Naturrecht kann nichts anderes sein, als Analyse des Begriffs: Freiheit.«[40] Damit hatte Schmalz jenen Begriff an den Anfang des Naturrechts gestellt, dessen Erfassung und theoretische Durchdringung auch Fichte als seine eigentliche und einzige Aufgabe ansah. Der zweite Grund, weswegen Fichte von Schmalz so beeinflußt worden ist, ist zweifellos dessen rationalistische Abstraktheit, die im Aneinanderreihen kurzer Paragraphen genau jenem Prinzip entsprach, von dem Fichte sich schon bei den *Aphorismen über Religion und Deismus* hatte leiten lassen: ». . . geht man mit seinem Nachdenken gerade vor sich hin, ohne weder rechts noch links zu sehen, noch sich zu kümmern, wo man ankommen wird.«[41] Dieser Grundsatz hatte ihn damals zur Anerkennung des finstersten Determinismus geführt; nachdem er Kants Prinzip der Autonomie des Subjekts aufgenommen hatte, führte es ihn – und gerade das erkannte er bei Schmalz – zu der reinen Abstraktion naturrechtlicher Vernunftpostulate, zum reinen Sollen. Jeder Blick nach links oder rechts – also entweder ein historisches oder pragmatisches Argument – durfte hier nicht anerkannt werden. Damit wären wir beim vierten und letzten der Momente, die den Verstehensrahmen für Fichtes Frühschriften bilden: seine Reaktion auf konservative Schriftsteller, die in der Kritik der Revolution andere Argumente als die des aufklärerischen Naturrechts theoretisch geltend zu machen suchten. Auch hier hatte Fichte einen unmittelbaren Anlaß: große Partien, vor allem des *Beitrags* sind nur zu verstehen als Polemik gegen August Wilhelm Rehberg und dessen *Untersuchungen über die Französische Revolution*[42]. Es lohnt sich, hierüber einiges zu erfahren: Nur wenn man die konservative Seite einbezieht, wird der Hintergrund übersichtlich, auf den bezogen uns Fichtes Revolutionsschriften an ihrem Ort verständlich werden.

Rehberg, geboren 1757[43], stammte – im Gegensatz zu Fichte –

39 Schmalz, a.a.O., S. 12.

40 Ebd. S. 14.

41 Fichte-Gesamtausgabe II, 1, S. 289.

42 August Wilhelm Rehberg; Untersuchungen über die Französische Revolution, 2 Bände, Hannover 1792.

43 Zu Rehberg vgl. K. Lessing; Rehberg und die Französische Revolution, Freiburg 1910, und neuerdings die ausgezeichnete Darstellung von Klaus Epstein; in: K. Epstein; The Genesis of German Conservatism. Princeton 1966, S. 547 ff.

aus einer kultivierten Mittelstandsfamilie; sein Vater war Sekretär der Calenberger Stände im Hannoverischen. Er erhielt eine umfassende Ausbildung, seine außergewöhnliche Intelligenz machte ihn zum theoretischen Skeptiker, seine moralischen Grundsätze blieben die eines norddeutschenPuritaners, in ihrer Strenge denen Fichtes durchaus vergleichbar. Seine Ambition, Philosophieprofessor zu werden, scheiterte an orthodoxen Leibnizianern einerseits wie am Vorurteil Friedrichs des Großen gegen deutsche Intelligenzen andererseits, aber er erkannte früh die Bedeutung Kants – allerdings auch diesen wieder mit distanzierter Skepsis traktierend. In seinem Standpunkt gegenüber philosophischen Systemen ist eine Vorwegnahme wissenssoziologischer Konzeptionen der Gegenwart zu sehen[44]. 1786 wurde Rehberg Sekretär des Geheimen Ratskollegiums in Hannover, einer jener hohen Verwaltungsinstitutionen, in denen die Räte großenteils aristokratische Ignoranten waren und in denen die Arbeit von den bürgerlichen Sekretären erledigt wurde. Befreundet mit Möser und Brandes wurde Rehberg zu einem jener politischen Praktiker spezifisch hannoverscher Prägung, also ausgezeichnet durch Anglophilie – die nicht aus Emotionen, sondern aus Kenntnissen sich speiste – einerseits und konservativem Pragmatismus andererseits, dem Modell einer aufgeklärten Ständegesellschaft verhaftet. 1789 wurde er auf Einladung der Jenaer *Allgemeinen Literaturzeitung* deren ständiger Mitarbeiter in Fragen der Revolution; als solcher rezensierte er in einer Reihe von Artikeln vor allem Bücher über die Vorgänge in Frankreich. Diese Arbeiten brachten ihm beträchtlichen publizistischen Erfolg und damit verbunden erheblichen Einfluß auf die öffentliche Meinung in Deutschland. 1792 gab Rehberg bereits eine Sammlung dieser Aufsätze heraus, eben jene *Untersuchungen über die Französische Revolution,* auf die Fichte mit ebensolcher parteilicher Heftigkeit reagierte, wie sie heute noch bei ideologisierten Behandlungen dieses Gegenstandes zu finden ist[45].

Rehberg diagnostizierte die Lage des französischen Absolutismus als durchaus unhaltbar, gelangte aber hierzu nicht etwa aus einer emotionalen Ablehnung des Despotismus heraus, sondern in präziser Erkenntnis des korrumpierten Finanzwesens. Er begrüßte

44 Vgl. Epstein, a.a.O., S. 554/555.
45 Vgl. Träger, a.a.O., S. 161.

die Reformabsichten der frühen Nationalversammlung und propagierte für Deutschland ähnliche Reformen, was ihn bei den wirklichen Reaktionären in den Ruf eines Radikalen brachte[46]. Um so engagierter aber mußte seine Gegnerschaft werden, als er das schwierige Werk der umfassenden Reformen mehr und mehr den Vereinfachungen abstrakter Theorien überantwortet sah; als einer der ersten prognostizierte er den jakobinischen Terror als Folge der abstrakten Theorien etwa Rousseaus, was ihn nun wieder der anderen Seite – zu der Fichte zu zählen ist – als Fürstenknecht und Verräter der erhabensten Ideale der Menschheit erscheinen ließ. Anders als Burkes eindrucksvolle Rhetorik mit ihrer Verherrlichung der alten Monarchie war Rehbergs Kritik differenziert. Er bestand darauf, abstrakte Parolen wie »volonté générale«, »Souveränität des Volkes« und »Gleichheit« unter dem Gesichtspunkt konkreter politischer Möglichkeiten zu analysieren; eine Forderung nach absoluter Pressefreiheit etwa sei dann einzuschränken, wenn sie auch die Möglichkeit, zu Verbrechen aufzufordern oder diese zu billigen, einschließen sollte. Die unversöhnliche Polemik zwischen Rehberg und Fichte ist weniger darauf zurückzuführen, daß beide im Unrecht gewesen wären, als daß beide recht hatten: Fichte in seinem Bereich der notwendig auf abstrakte Vernünftigkeit insistierenden Theorien des emanzipierten bürgerlichen Bewußtseins, Rehberg im Bereich praktischer Politik. In diesem sind die Argumente gleichbleibend, konservativ, kühl, skeptisch und glanzlos, jener verbreitet den Glanz des Fortschritts im Bewußtsein von Freiheit um sich, wenn auch beim unvermeidlichen Zusammenstoß mit der politischen Wirklichkeit dieser Glanz durch die Schrecken revolutionären Terrors getrübt wird. Das aber war Fichtes Überzeugung: die selbstbewußte Richtigkeit der rationalen Forderungen ist durch Hinweis auf konkrete Umstände und Folgerungen nicht irritierbar. Immer wieder weist er Argumente aus der »anderen Welt«, der politischen Wirklichkeit ab. »Immer nur davon, was würde oder werde, ich rede davon, was ich sollte.« Und: »Ich wenigstens verbitte für diese Schrift . . . das Urteil jedes Empirikers. Er wäre Richter in seiner eigenen Sache. Ein spekulativer Denker sei mein Richter oder niemand.«[47]

46 Vgl. dazu Epstein, a.a.O., S. 561 ff.
47 Vgl. diese Ausgabe S. 94.

Am 9. Juli 1788 hatte die Regierung in Preußen ein Edikt *Die Religionsverfassung in den Preussischen Staaten betreffend* erlassen, dem noch im Dezember des gleichen Jahres ein *Censur-Edikt* folgte. Jenes sollte die Reinhaltung der evangelischen Religion bewirken, Abweichungen von der Orthodoxie – etwa in Richtung aufklärerischer Argumente – wurden mit schweren Sanktionen, Entlassung des betreffenden Geistlichen aus dem Amt, bedroht. Interessant ist, daß praktisch schon jede theologische Kommunikation mit Andersgläubigen verboten wurde. Im *Censur-Edict* wurden alle philosophischen und theologischen Veröffentlichungen in Preußen konsistorialer Zensur unterworfen. Fichte hatte ursprünglich an eine Verteidigung der preußischen Maßnahmen gedacht. Diese erstaunliche Tatsache ist durch mehrere Entwürfe belegt, die für die Erkenntnis von Fichtes geistiger Entwicklung von um so größerer Bedeutung sind[48], als sie inhaltlich im völligen Gegensatz zu den Gedanken der *Zurückforderung* stehen. Fichte tadelt in einem Manuskript, das als *Vorrede* bezeichnet ist[49], die religiöse Ungebundenheit, die sich durch den sonst von ihm hochgeschätzten Friedrich II. in unkritischer Weise im niederen Volk verbreitet habe, das durch sie von der rechten Bahn abgeführt worden sei. »Friedrich Wilhelm, selbst Fürst und zu sehr Fürst, um nicht alle seine Fürstenpflichten erfüllen zu wollen, zu sehr Vater seines Volkes, um nicht womöglich auch noch jenseits des Grabes für dasselbe zu sorgen, legte dieser Ungebundenheit Fesseln an, und jetzt schreien einige, die um ihre errungenen Geistesschätze zu kommen glaubten, in allem Ernst über Gewissenszwang und Geistes-Knechtschaft, und tausend andere schreien es ihnen nach, ... nur aus Mode ohne eigentlich viel zu wissen, wovon die Rede war.«[50] Nun muß freilich festgehalten werden, daß Fichte diese und ähnliche Äußerungen auch schon in seinen Notizen als vorläufig ansah. Am Ende jener Vorrede, aus der das eben wiedergegebene Zitat stammt, teilt er den Beschluß mit, die Frage der »Rechtmäßigkeit und Weisheit der neuen Preussischen Anordnungen in geistlichen Sachen« aufs gründlichste zu prüfen: Das Ergebnis dieser gründlicheren Überlegungen waren seine Re-

48 Die Entwürfe sind abgedruckt bei X. Lêon; Fichte et son temps, Paris 1922, und in J. G. Fichte; Politische Fragmente. Neu herausgegeben und eingeleitet von R. Strecker, Leipzig 1925, S. 118 ff.

49 Strecker; Fragmente, a.a.O., S. 122.

50 Ebd.

volutionsschriften, wobei freilich der Umstand, daß Fichte 1792 bei dem Druck seines *Versuchs einer Kritik aller Offenbarung* selbst auf Schwierigkeiten mit der Zensur gestoßen war, eine Rolle gespielt haben mag. Jedenfalls gerieten die Argumente ganz in Gegensatz zu den ursprünglichen Intentionen; schon der Entwurf: *Über die Achtung des Staates für die Wahrheit* zeigt Fichte auf der Höhe seiner revolutionären Argumentation; es ist ein unveräußerliches Menschenrecht, sich in Richtung auf die absolute Wahrheit hin zu vervollkommnen, ein Vertrag, der dies Recht einschränken würde, ist ungültig, wenn er auch möglich wäre[51]. Veröffentlicht wurde – nach diesem Entwurf – dann schließlich die *Zurückforderung* im Frühjahr 1793 von einem Danziger Verleger. Sie erschien wie auch der *Beitrag* anonym; hierüber schrieb Fichte im September 1793: »Die Schriften sind anonym. Ihre preussischen Posten sind nicht ganz sicher; ich lasse es Ihnen also über mich in ihnen zu erkennen. Ich werde über einen Gegenstand, der mich mit unwiderstehlicher Stärke anzieht – über Natur- und Staatsrecht – noch manches schreiben, bis ich durch irgendeine Schrift hierüber mich so in Respekt gesetzt habe, dass sich niemand an mich traut: dann werde ich zu allem mich freimütig bekennen.«[52]

Im Gegensetz zur *Offenbarungskritik* und zum *Beitrag* hatte die *Zurückforderung* keinen großen Erfolg; sie wurde zwar im Sommer 1793 in der *Allgemeinen Literaturzeitung* wohlwollend besprochen, brachte es aber nicht zu weiterer Verbreitung. Trotzdem blieb sie, wie schon erwähnt, für Fichte die liebste seiner Schriften, eine einigermaßen erstaunliche Tatsache, die aber, wenn anders dies sehr private Bekenntnis Fichtes ernst genommen werden soll, ein nicht unbedeutender Anstoß sein sollte, dieser frühen Arbeit Fichtes erhöhte Aufmerksamkeit zu schenken.

In echter revolutionärer Dynamik versetzt sich diese Schrift an einen historischen Nullpunkt, charakterisiert durch den Gegensatz von Orts- und Zeitbestimmung: »Heliopolis, im letzten Jahre der alten Finsternis.« Das revolutionäre Pathos ist durchgehalten. Zeller hat gesagt, daß diese Schrift »etwas von dem Geist hatte, in dem Schiller zwölf Jahre zuvor seine Räuber geschrieben.«[53]

---

51 Diese Ausgabe S. 51.
52 Schulz; Briefw. I, S. 300/301.
53 Zeller; a.a., S. 151.

In der der eigentlichen *Rede* vorangestellten *Vorrede* glaubt man zunächst noch einen Nachklang jener ursprünglichen Entwürfe zur Verteidigung der preußischen Erlasse zu spüren, wenn Fichte seine Ansicht ausdrückt, daß »doch die mehresten der deutschen Fürsten sich durch guten Willen und Popularität auszuzeichnen suchen ... dass insbesondere manche sich das Ansehen geben, Gelehrte und Gelehrsamkeit zu schätzen ...«[54] Aber die Wendung wird bald deutlich: Seine eigene Schrift – eben die *Zurückforderung* – sieht Fichte als Prüfstein für den Aufklärungswillen und die Wahrheistliebe der Fürsten an: »Kein Staat, in welchem diese Blätter gedruckt und öffentlich verkauft werden, sucht die Aufklärung zu unterdrücken.«[55] Warnend auf das Beispiel der Französischen Revolution hinweisend, fordert Fichte Freiheit für die Aufklärung, versage man sie dieser, so sei gewaltsame Revolution unvermeidlich. Die politiktheoretisch interessanteste Wendung dieser Vorrede ist die radikale Absage an das Prinzip »salus publica suprema lex« als Maxime der Fürstenherrschaft. Für Fichte handelt es sich nicht darum, daß der Fürst um »Glückseligkeit« des Volkes besorgt sein müsse, darin sieht er vielmehr die »giftige Quelle alles unseres Elends«[56]. Die Möglichkeit eines allgemeinen Begriffs von Glückseligkeit, der politisch zum Tragen kommen könne, wird durchaus bestritten, Fichtes subjektiver Idealismus konnte darin nur Heteronomie sehen, übrig bleibt als Aufgabe des Fürsten die Beschützung der Rechte der Bürger.

In enger Anlehnung an Schmalz deduziert nun die *Rede* diese Rechte, sie in unveräußerliche und veräußerliche Rechte unterscheidend. Der Mensch ist sein eigenes Eigentum – ein Satz, dessen Bedeutung bei Fichte erst später entfaltet wird –, die absolute sittliche Autonomie und also die freie und nur dem Gewissen folgende Selbstvervollkommnung des Menschen im Fortschritt zur Wahrheit ist das unveräußerliche Recht. Die Subjektivität dieses Idealismus ist zwar aufgehoben durch die Allgemeinheit des Sittengesetzes, dem die Gewissen sich unterwerfen, aber keine Spur solcher Allgemeinheit geht in die politische Konkretion ein: Gewisser Rechte auf äußere Handlungen, die das »Sittengesetz bloss erlaubt«, kann sich der einzelne begeben, sie sind veräußerlich, und in dieser

---

54 Diese Ausgabe S. 53.
55 Diese Ausgabe S. 54.
56 Diese Ausgabe S. 58.

Randzone der Subjektivität kann ein Vertrag zur Grundlage einer bürgerlichen Gesellschaft werden. Deren Exekutor, dem Fürsten, wird nun als hervorragendster Inhalt seiner Aufgabe der Schutz jener unveräußerlichen Rechte zur Pflicht gemacht, er muß die Freiheit garantieren, aber bloß negativ und formal, das Materiale dieser Freiheit diktiert jedem einzelnen das in das Sittengesetz eingebundene Gewissen. Konsequenz der Freiheit des Gewissens – der Denkfreiheit – sind Rede- und Publikationsfreiheit. Sie allein hat der Fürst zu garantieren, und wenn auch über ihm »die Welt in Trümmer fallen würde«. Sein aufklärerischer Vernunftoptimismus gestattete es Fichte, anzunehmen, daß mit der Freisetzung der absoluten Autonomie die Welt eben nicht in Trümmer fallen, sondern gerade mit unaufhaltsamer Gewalt sich der Vollkommenheit annähern würde. Die Allgemeinheit seiner Autonomie, seiner postulierten Selbstgesetzgebung, ist konstituiert in der Allgemeinheit des Sittengesetzes. Dieses als absolutes Sollen aufzeigend, begründet Fichte seine durchaus moralische Revolutionstheorie; die politische Frage – quis iudicabit – gestattete er sich selbst und anderen nicht zu stellen. Im Ausgang von der praktischen Unabweisbarkeit dieser,, nämlich der konkreten politischen Fragestellung, hatten konservative Denker die abstrakten Vernunftpostulate der Revolutionstheoretiker kritisiert. Gegen einen prominenten Vertreter dieser Richtung, eben gegen W. A. Rehberg, ist nun Fichtes zweite und ungleich wichtigere Schrift zur Revolution gerichtet, der *Beitrag*. Die Stellen in dieser Schrift, an denen Fichte sich direkt gegen Rehberg wendet, sind allerdings zum großen Teil als reine Polemik anzusehen – Polemik die dem Werke durchaus abträglich ist: einerseits war Rehberg ein ernsthafterer Autor, als Fichte es wahrhaben will, andererseits waren Fichtes Deduktionen in sich schon von so rabiater Stärke und Konsequenz, daß sie durch Polemik nicht gewinnen konnten. Bezüglich der Art, seinen Gegner zu traktieren, sind Fichte allerdings sehr bald selbst Zweifel gekommen, wie aus einem Brief an Reinhold hervorgeht[57].

Der *Beitrag zur Berichtigung der Urteile des Publikums über die französische Revolution* ist Fragment geblieben. Geplant waren zwei Teile: *Erster Teil, zur Beurteilung ihrer Rechtmäßigkeit.* Dieser Teil ist in zwei Heften im Frühjahr bzw. Herbst 1793 erschienen, und zwar, wie die Herausgeber der kritischen Ausgabe glaubhaft machen können, bei dem Verleger Troschel in Danzig[58]. Das erste Heft war nämlich – eben in Danzig – von Fichte in kurzer Zeit in äußerster Konzentration erarbeitet worden, als er von Krockow und Königsberg auf der Reise nach Zürich war. Das zweite Heft ist im Sommer unter mancherlei Behinderungen unter anderem durch die Vorbereitungen zur Hochzeit und unter Drängen des Verlegers entstanden – man merkt es ihm an. Die systematischen Gedanken finden sich eigentlich alle schon im ersten Teil, der zweite bringt im wesentlichen ein Kapitel über den Adel, mit langen Referaten aus Montesquieus *Geist der Gesetze,* und den Abschnitt über die Kirche. Letzterer ist allerdings auch später noch von Fichte selbst als wichtig und originell angesehen worden; im Gegensatz zu dem Abschnitt über den Adel[59]. Im September 1795 schrieb Fichte über den *Beitrag:* »Ich bin allerdings mit dem meisten nicht mehr zufrieden, was ich darin gesagt; aber nicht, weil ich zu weit, sondern weil ich nicht weit genug gegangen.«[60] Diese Bemerkung dürfte sich allerdings nicht so sehr auf die revolutionären Postulate, als auf die spekulative Grundlegung beziehen; zu dem Zeitpunkt, als Fichte dies schrieb, war ihm schon seine frühe Fassung der *Wissenschaftslehre* die Grundlage, auf der er weiterhin das Naturrecht aufbauen wollte. Dafür, daß dies nun wiederum auf den Revolutionsschriften sich gründet bzw. aus der Arbeit an diesen herausgewachsen ist, ist Fichtes eigenes Zeugnis bereits angeführt worden.

Der zweite Teil des *Beitrages,* der die Beurteilung der Weisheit der Revolution bringen sollte, ist nie geschrieben worden. Das Fehlen dieses zweiten Teiles, also der fragmentarische Charakter des ersten, hat Fichte einmal dazu gedient, Angriffe auf die Radikalität des ersten zurückzuweisen[61]. Sicher waren es nicht nur äußere Bedingungen, die ihn von der Vollendung des Ganzen abgehalten haben; so wie er selbst die Aufgabe des zweiten Teiles gestellt hat, hätte dazu eine Menge historischer Informationen verarbeitet werden müssen, die Fichte nicht besaß und deren Aneignung seinem Geist nicht adäquat schien. Sein Ziel ist mit der allerdings noch unbeholfenen Systematik des ersten Teiles erreicht, die Unvollkommenheiten dieser Systematik mußten ihn in spekulativer Hinsicht

---

58 Fichte-Gesamtausgabe, Band II, 1, S. 195.
59 Siehe Anm. 57.
60 Schulz; Briefw. I, S. 505/506.
61 Fichte, Werke V, S. 288.

weitertreiben, nicht aber auf den Weg historischer Konkretionen und Detailforschungen. Die Aufnahme der Schrift im Publikum war – abgesehen natürlich von den konservativen Vertretern – enthusiastisch, und ob Fichte gleich wegen des ihm auf Grund des *Beitrags* nachsagbaren »Demokratismus« gewisse Schwierigkeiten bei der Berufung nach Jena hatte[62], so trug diese Schrift, deren Anonymität nicht lange gewahrt blieb, nicht unbeträchtlich zu seinem Ruhme bei.

Die *Vorrede,* die auch dem *Beitrag* vorangestellt ist, untersucht die Frage, auf welche Weise, vor welchem Forum die Frage nach der Rechtmäßigkeit einer Revolution beantwortet werden müsse. Sowohl die Erfahrung wie der gesunde Menschenverstand werden als zur Beurteilung unzulässig abgelehnt – erstere, indem Fichte, erkenntnistheoretische Problematik zwar nur andeutend, sie auf die Annahme ungeprüfter Sätze reduziert, letzterer, weil Fichte dessen Interessengebundenheit durchschaut. Ebenso zurückgewiesen wird die Geschichte als Quelle der Beurteilung und erst recht die Überlegung über den möglichen Erfolg oder Mißerfolg revolutionärer Änderungen. Übrig bleibt das Sittengesetz als absoluter Anspruch, als absolutes Sollen: »Der Mensch kann, was er soll, und wenn er sagt, ich kann nicht, so will er nicht.«[63]

Der interessanteste Punkt dieser Vorrede scheint mir Fichtes spekulatives Selbstbewußtsein zu sein, das sich selber von interessengebundener Argumentation frei glaubt. So eindeutig Fichte das emanzipierte gesellschaftliche Bewußtsein der bürgerlichen Schichten, das gegen den Feudalismus gerichtet war, verkörpert, so wichtig ist es, festzuhalten, daß er in dieser revolutionären Situation die Interessen dieser bürgerlichen Schicht mit denen der Vernunft und der Menschheit identifizierte; Notwendigkeit und Folgen dieses revolutionären Vernunftbegriffs werden am Schluß dieser Einleitung noch einmal kurz beleuchtet.

»Hat überhaupt ein Volk das Recht, seine Staatsverfassung abzuändern?« ist die Frage, die das erste Kapitel des *Beitrags* nunmehr stellt. Abgesehen von der revolutionären Interpretation der Vertragstheorie, die auf Kündbarkeit des Vertrages insistiert und

62 Vgl. dazu die Ausführungen der Herausgeber der Fichte-Gesamtausgabe Band I, 1, S. 198 ff.
63 Diese Ausgabe S. 109.

die aus der *Zurückforderung* bereits bekannt ist, weist Fichte hier die Notwendigkeit einer permanenten Veränderung aus dem Wesen des Menschen auf. Der wahre Endzweck des Menschen ist Autonomie, d. h. »völlige Unabhängigkeit von allem, was nicht Wir selbst, unser reines Selbst ist«.[64] Fichte führt hier den Begriff der »Cultur« ein, unter dem er »Übung aller Kräfte auf den Zweck der völligen Freiheit«[65] verstehen will, diese sei nun allerdings wiederum nicht Endzweck, »sondern letztes Mittel für Erreichung seines höheren geistigen Endzwecks . . . der völligen Übereinstimmung seines Willens mit dem Gesetz der Vernunft.«[66]

Ist hierin Wesen und Natur des Menschen zu sehen, so sind die historischen Monarchien leicht als Heteronomie zu entlarven, also als dem Ziel der Menschheit gerade entgegengesetzt. Diese Entlarvung betreibt Fichte mit starken Worten: Durch die Gegenüberstellung des wahren Endzweckes der Menschheit einerseits und der histoschen Staaten, die diesem Endzweck völlig entgegengesetzt waren und sind, andererseits ist die Frage nach der Rechtmäßigkeit der Veränderung der Staatsverfassung schon beantwortet. »Die Clausel im gesellschaftlichen Vertrage: dass er unabänderlich sein solle; wäre mithin der härteste Widerspruch gegen den Geist der Menschheit.«[67]

Mit diesem Schluß ist – auch nach Fichtes eigener im kurzen Kapitel II ausgedrückter Überzeugung – die strenge Deduktion des Rechtes auf revolutionäre Veränderung abgeschlossen.

Das dritte Kapitel bringt dann aber doch noch eine ausführliche Explikation der Vertragstheorie sowie der Fichteschen Eigentumslehre. Insofern der Bereich des bürgerlichen Vertrages, also der des Staates, auf den Bereich der Sittlichkeit als den umfassenden und eigentlichen bezogen wird und von diesem her seine alleinigen Zwecke und Zielsetzungen erhält, bleibt er, im Gegensatz zu diesem, im Bereich veräußerlicher Rechte. Das war der Gegenstand der strengen Deduktion, Fichte ist nun im Kapitel III bemüht, darüber hinaus zu zeigen, daß nicht nur der Vertrag kündbar sei, sondern daß die einzelnen dem Staate auch nichts verdankten: Der Staat konstituiert weder in seiner Rechtsordnung das Eigentum, noch

64 Diese Ausgabe S. 122.
65 Diese Ausgabe S. 122.
66 Diese Ausgabe S. 124.
67 Diese Ausgabe S. 136.

vermittelt er dem Individuum die Kultur. Jenes wie dieses ist Leistung der Spontaneität des einzelnen: Er schuldet dem Staat nichts. Zurückgewiesen wird ferner der Gedanke, ein revolutionärer Zusammenschluß freier Individuen führe als »Staat im Staate« zu einer Gefährdung des Friedens. Fichte weist auf Juden, Militär und andere Gruppen verschiedener Interessen hin, die alle als »Staaten im Staate« anzusehen seien, dessen Existenz aber mitnichten gefährdeten. Hier sind die Bemerkungen über Juden besonders hervorzuheben, ein Beispiel dafür, wie die bürgerlich abstrakte Überzeugung von der sittlichen Autonomie aller Menschen in konkreten Fällen durch eingewurzelte Vorurteile zur Unduldsamkeit werden kann.

Stellt man das erste Heft des *Beitrags* unter den Titel der Freiheit, so kann man das zweite mit dem der Gleichheit bezeichnen. »Von begünstigten Volksklassen überhaupt« ist im vierten Kapitel (dem ersten des zweiten Hefts) die Rede, sodann – im fünften Kapitel – vom »Adel insbesondere«. Alle Privilegien, die eine Klasse genießt, können ihr lediglich auf Grund eines Vertrags über veräußerliche Rechte zustehen, damit sind sie zurücknehmbar, alle Argumente aus der Eigentumsverfassung, dem Gewohnheitsrecht oder aus der Struktur differenzierter Bedürfnisse werden zurückgewiesen. Der Leistungsorientierung der bürgerlichen Gesellschaft gibt Fichte radikalen Ausdruck: Indem Arbeit die Selbstverwirklichung des autonomen Individuums ist, ist eine vernunftgemäß eingerichtete Gesellschaft rechtlich nicht verbunden, Privilegien anzuerkennen, die eine parasitäre Existenz gestatten, ja sie ist sogar verbunden, was an ihr liegt dazu zu tun, auch den adeligen Müßiggänger zu einem nützlichen Mitglied zu machen. Immerhin läßt Fichte den Gedanken, im Adel eine Schicht zu sehen, die »wegen ihres Ansehens und ihrer Reichtümer, zu wichtigen Geschäften und Unternehmungen für den Staat stets geschickt und bereit seien« als mögliche Erwägung zu, verweist aber die Entscheidung dieses Problems ausdrücklich in den untergeordneten – und von ihm nicht mehr behandelten – Bereich der Klugheit[68].

Im letzten Kapitel behandelt Fichte das Dilemma einer auf Vertrag zurückzuführenden sichtbaren Kirche, die er seiner Idee der »unsichtbaren Kirche«, dem Reiche der Vernunft und der Freiheit, gegenüberstellt. Das Dilemma erkennt er in der irdischen und sich in der gegenständlichen Welt Gestalt gebenden Organisation eines im

68 Diese Ausgabe S. 253.

übrigen rein das Innere des Menschen betreffenden Zweckes. Seine Konsequenz ist die scharfe Trennung von Kirche und Staat. Jurisdiktion der Kirche darf nie in die empirische Wirklichkeit übergreifen. Es muß allerdings im Auge behalten werden, daß diese Trennung von Staat und Kirche intentional überholt ist durch jenes utopische Moment der Theorie, das, am Ende des ersten Kapitels sich findend, darin besteht, daß Fichte letztlich menschliche Gesellschaft überhaupt in ein Reich der Freiheit und der Vernunft überführen will, in dem nicht nur jeglicher Rechtszwang, sondern auch jene Trennung von Staat und Kirche überflüssig bzw. aufgehoben sein müßte, aufgehoben in die reine Harmonie vernünftig-moralischer Individuen.

Um noch etwas weiter, als es durch die versuchte kurze Übersicht über die Gedankengänge der frühen Schriften Fichtes möglich ist, in deren politik-theoretischen Gehalt einzudringen, sollen im folgenden noch einige Probleme angedeutet werden, die für den revolutionären Fichte ebenso zentral sind, wie für die bürgerliche Politiktheorie im allgemeinen und die ihre Bedeutung bis heute nicht verloren haben. Ich meine das Problem des Verhältnisses von Gesellschaft und Staat, das des Verhältnisses von Freiheit und Gleichheit und das der systematischen Bedeutung der Utopie für die bürgerliche Gesellschaftstheorie.

»Staat« tritt in den Revolutionsschriften Fichtes in zweifacher Bedeutung auf. Einmal wendet Fichte sich als Revolutionär gegen die bestehenden Staaten. Angeredet meist mit »Fürst« oder »Ihr Fürsten«, verfallen diese völlig dem rationalen Verdikt, sie sind gegen die Vernunft, gegen den Endzweck des Menschen gerichtet und müssen verschwinden. Argumentiert wird von der Menschheit und also von der Gesellschaft als der vernünftigen Beziehung freier Wesen her. Über dieser Konstellation, die dazu führte, daß von der »Staatsfeindlichkeit« der Revolutionsschriften Fichtes gesprochen worden ist[69], darf aber nicht vergessen werden, daß die deduzierte Vernunftgesellschaft sich wieder in Staat und Gesellschaft differenziert. Dadurch kommt ein Widerspruch in die Theorie, der sich durch Fichtes ganzes weiteres Denken hindurchziehen wird und der mit dem weiter unten zu behandelnden Problem der

69 Vgl. Strecker; Anfänge, a.a.O., S. 72 und passim, Wallner, a.a.O., S. 58.

Utopie zusammen gesehen werden muß. Im revolutionären Ansturm auf die Herkunftswelt, auf die historischen Staaten, ist jedes Verständnis für deren politische Leistung, die bei Hobbes etwa die Überwindung des konfessionellen Bürgerkriegs war, abgeschnitten. Bestimmte politische Funktionen soll aber die deduzierte Vernunftstaatlichkeit wieder wahrnehmen, etwa Wahrung der Rechtssicherheit. Da sie aber mit der Gesellschaftlichkeit aus den gleichen rationalen und moralischen Gründen abgeleitet ist, wird sie vergesellschaftet, d. h. aus gesellschaftlichen Kategorien allein verstanden und beurteilt. Deren letzter Grund ist aber vernünftige Freiheit. Auch der Zwang des deduzierten Vernunftstaates stellt noch einen Widerspruch zum revolutionären Freiheitsansatz dar.

Das Problem des Verhältnisses von Freiheit und Gleichheit führt zu einem ähnlichen Widerspruch. Im Ansturm auf die konkrete Ungleichheit in der Gesellschaft, auf Privilegien und Ausbeutung, mußte das abstrakte revolutionäre Argument, das sich als klassenspezifisches nicht verstehen durfte, auch auf abstrakter Gleichheit bestehen. Fundament von Fichtes System ist aber die Autonomie. Diese ist der eigentliche Impuls des Subjekts, im absoluten Sittengesetz des »Ich soll Ich sein« kann und muß sie von jeder sozialen Bestimmung des Ich absehen. Freiheit ist, konstitutiv für die Subjektivität, moralische Kategorie und nur negativ zu politischer Praxis, d. h. sie geht auf Ausdehnung des Privat-Moralischen. Mit der Aufnahme des Gleichheitspostulats, das in seiner Entwicklung in der bürgerlichen Theorie ein politisches Postulat im genauen Sinne geworden war, betritt aber das Denken das Gebiet des Öffentlich-Politischen – gemäß seinem ersten Prinzip wird dann das Freiheitspostulat von einem politisch-konkreten zu einem moralisch-abstrakten, die Spannung zwischen dem Begriff der Freiheit und dem der Gleichheit wird dadurch intentional aufgelöst, daß Gleichheit zur Identität umgedacht wird; damit entspricht sie dem ursprünglichen Prinzip, das sittliche Subjekt ist eigentlich nur eins.

Damit ist nun schon jene Dimension der revolutionären Politiktheorie erreicht, in der für Fichte die Widersprüche aufgehoben sind, die also für seinen Ansatz konstitutiv ist: die schon erwähnte Dimension des Utopischen. Schon am Ende des ersten Kapitels des *Beitrags* findet sich die Stelle, aus der die konstitutive Bedeutung der Utopie für Fichtes Theorie hervorgeht. Die Utopie einer identischen Gesellschaft, in der weder Staat noch Recht nötig wären, weil alle Individuen in vernünftiger Moralität dasselbe wollen würden, ist für Fichte »nicht nur ein süßer Traum«[70]. Nach ihm wird sich die Menschheit mit Notwendigkeit dorthin entwickeln, der Staat – auch der deduzierte Vernunftstaat – ist nur eine Kerze, »die sich durch sich selbst verzehrt, so wie sie leuchtet und welche verlöschen würde, wenn der Tag anbräche«[71]. Aber in der Verbindung mit Vernünftigkeit und Freiheit wird die in gleicher abstrakter Allgemeinheit aufgefaßte Gleichheit zur Nichtunterschiedenheit, zu einer abstrakten Identität der Subjekte, in der es keinen Sinn mehr hätte, von Individualität oder Freiheit zu sprechen. Fichte hat mit seinem revolutionären Freiheitsansatz die Entzweiung von Individuum und Staat, von abstrakter Freiheit und Herkunftswelt gesetzt und damit das Prinzip der neuzeitlichen bürgerlichen Gesellschaft ausgesprochen. Indem er die Entzweiung theoretisch wiederaufzuheben trachtet, indem er die eine Seite, die der Freiheit, für das Ganze setzt, erweist er sich auch unter diesem Aspekt als der Theoretiker der bürgerlichen Gesellschaft, insofern der jakobinische Zug, das potentiell Totalitäre, gleichfalls bei ihm zum Ausdruck kommt.

Wie die *Zufälligen Gedanken* zeigen, war Fichtes Ausgangspunkt das Aufbegehren gegen bestehende Verhältnisse; gegen den herrschenden Feudalismus identifizierte er sich mit einem bestimmten, dem bürgerlich gesellschaftlichen Interesse. Darin liegt die Konkretheit der Revolutionsschriften: Sie sind Zeugnis des entwickelten Bewußtseins der bürgerlichen Gesellschaft. Wenn Fichte aber die Rechte der abstrakt bestimmten Subjektivität geltend macht, so mußte die gegen das Bestehende – und zwar gegen alles Bestehende – sich richtende Begründung der bürgerlichen Gesellschaft notwendig allgemein und abstrakt sein, nämlich unabhängig von der Herkunftswelt des historisch politisch Bestehenden, das ja nur als Verfall diagnostiziert wird. Die Berechtigung des revolutionären Angriffs wird auf ewige Wahrheiten zurückgeführt. Der Einsatz des abstrakten Vernunftbegriffs in revolutionären Kämpfen konnte nur gelingen, wenn er ewige Geltung beanspruchte. Wurde die Revolution so vernünftig, so wurde die Vernunft ebenso notwendig revolutionär. Die revolutionären Postulate werden so vernünftig verewigt. Die Forderung nach immer mehr Freiheit und Gleichheit wird so für den Menschen ebenso konstitutiv, wie die

70 Diese Ausgabe S. 136.
71 Diese Ausgabe S. 136.

Gegnerschaft gegen alles Bestehende, und das Beharren auf dem vernünftigen Wegarbeiten aller je bestehenden Institutionalisierungen. Wie kein zweiter ist Fichte auf diese Weise zum Theoretiker der modernen bürgerlichen Gesellschaft geworden. Indem er nicht nur die Elemente dieser Theorie – Freiheit des Subjekts und Gleichheit aller – radikal systematisierte, sondern auch in seinem konsequenten Denken ihre eigentümliche Dialektik, die von ihnen selbst her gegebene Gefahr ihres Umschlags in Unfreiheit und abstrakte Identität sichtbar macht, fordern seine Schriften so lange die Aufmerksamkeit der politisch Denkenden, als diese einerseits das Fragen nach den Problemen von Freiheit und Gleichheit für sinnvoll halten und als sie andererseits den Umschlag in die totale Freiheit, in den Totalitarismus also, zu fürchten gelernt haben.

JOHANN GOTTLIEB FICHTE

SCHRIFTEN ZUR REVOLUTION

Zufällige Gedanken in einer schlaflosen Nacht[1]

Rammenau, den 24. Juli 1788

Sollte nicht der Hauptgrund unsers ganzen moralischen Verderbens – *Verachtung des ehelichen Lebens* von einer und die durch den Luxus, und andere unglückliche Beziehungen unsers Zeitalters verursachte *Unmöglichkeit dareinzutreten* von der andern Seite, sein? – Hierdurch wird jedes Individuum gleichsam isoliert – alle edleren geselligen Empfindungen unterdrückt – Vaterlandsliebe, Menschenliebe, Mitleid – Liederlichkeit befördert, besonders Verschwendung, weil es der Hauptzweck eines jeden werden muß, nur auf die Tage seines Lebens recht viel zu genießen, so viel an sich zu reißen als er kann. – Daher *Verachtung*, und eben dadurch *Verderbung* des weiblichen Geschlechts – (dieser ist nicht entgegen der galante Ton gegen dieses Geschlecht – er am meisten zeigt es eben an, wie sehr wir sie verachten) Tyrannei der höhern, und Unterdrückung der niedrigern, besonders des *landbauenden* Standes (weil durch Liederlichkeit jede menschenfreundliche Neigung unterdrückt ist –) Sultanism der Regenten, unnatürliche Laster, Entkräftung des ganzen Geschlechts, Elend und Untergang. – Entsteht ein solcher Ton bei einem vorzüglich verfeinerten Volke, so entspringt daraus der verdrehte, widersprechende Charakter, daß Einsichten mit dem Herzen und den Sitten in ewigem Widerspruch liegen, und daß die Dekrete des Verstandes endlich nichts werden, als ein leerer Wortschwall. – Die erstaunenden Widersprüche, und die unbegreifliche Absurdität unsrer Gesetze nebst ihrer Ohnmacht, z. E. Bevölkerung – und Behandlung derer, die unehelich gebären. Religion und unsre Sentiments davon im gemeinen Leben. – Wäre es nicht weit gescheiter, wenigstens konsequenter, wir schafften die Religion ganz ab? – *Salzmann* in Carl von Carlsberg[2] *will* das sagen, aber es fehlt ihm an Nachdruck: er redet nur davon her. In *Hallo's glücklichem Abend*[3] ist vieles davon besser und nachdrücklicher gesagt. – Hätte er die Kunst verstanden seine Moral auch in lebendige Leiber einzuhüllen! Wer

1 Aus Fichtes Nachlaß. Zu Lebzeiten nicht veröffentlicht.

2 Ch. G. Salzmann; Carl von Carlsberg oder über das menschliche Elend, Karlsruhe 1784–88.

3 Ch. Sintenis; Hallos glücklicher Abend. Leipzig 1783.

liest ihn, und wer glaubt seiner Predigt? In *Lienhard u. Gertrud*[4] ist's am besten, aber er hätte noch weitergehen: auch die höhern Stände ein bißchen beleuchten sollen. –

Wäre also nicht noch immer ein Buch zu schreiben, welches das *ganze* Verderben unsrer Regierungen, und unsrer Sitten, hier von seiner lächerlichen, hier von seiner schrecklichen Seite zeigte, die notwendigen Folgen davon natürlich, und unübertrieben darstellte, und die Grundsätze einer bessern Regierung, und besserer Sitten, nebst den Mitteln dazu zu gelangen, schilderte? – Es müßte in einer bildlichen Einkleidung, mit etwas scherzhaften Wendungen geschrieben sein, teils um der Deutlichkeit willen, teils um von unserm frivolen Zeitalter gelesen zu werden. –

Etwa so

Briefe des Marquis von St . . . an seinen Freund, den Vicomte X . . . in Paris, aus den neuentdeckten südlichen Polarländern. Aus französischen Original-Briefen –

Der Herr Marquis könnte in diesen südlichen Polarländern ein Volk finden, das unserm verderbten Zeitalter auf ein Haar ähnlich sähe: nur könnte es noch um einige Schritte weiter im Elend und Bosheit vorgerückt sein (doch müßte er wenigstens dahin, wo wir jetzt stehen zurückgehen, um deutlicher zu zeigen, daß *wir* das sind, und daß *wir* das werden werden.)

Es müßte schildern

Die Regierungsgrundsätze dieses Volkes. Die Denkungsart des Hofs, dessen *einziger Endzweck dahin geht, die Einkünfte des Fürsten zu vermehren.* Die Mittel, durch welche dieses geschieht, – die Verderblichkeit derselben für alle Stände – die üblen Folgen davon, für den Fürsten, und den Hof selbst.

Den Adel des Landes. Seinen lächerlichen Ahnenstolz, seinen verderblichen Luxus, sein Drückendes für die übrigen Stände. – Die schönen Ausflüchte womit der seine elende Existenz zu beschönigen sucht. – Lächerlichkeit des Satzes, daß der Adel die Stütze der Rechte des Volks sei.

Die Gerichtspflege. – Ihre Langsamkeit, Ungerechtigkeit, Parteilichkeit, besonders die Greuel des Kriminalrechts.

Die Religion – elende Streitigkeiten der Geistlichkeit über un-

4 J. H. Pestalozzi; Lienhard und Gertrud. Ein Buch für das Volk. Teil 1: Berlin u. Leipzig 1781, Teil 2: Frankfurt und Leipzig 1783.

verständliche Dinge, die ganz keinen Nutzen für die Moral haben, – Verfolgungsgeist – törichte Begriffe vom göttlichen Wesen, und die schädlichen Folgen derselben auf Sittlichkeit – Anhänglichkeit des Volks an sie – Höchster Indifferentismus der höheren Stände, über das Wesentliche der Religion mit Andächtelei, und religiöser Schwärmerei vermischt. – – Geschwätzigkeit der geistlichen Redner.

Den Zustand der Wissenschaften. – Spekulationen über unnötige Dinge, und Vernachlässigung des allgemein Nützlichen. Torheit der bloß spekulativen Gelehrten, ohne Welt- und Menschenkenntnis. – Miene der Großen, die Wissenschaften zu ehren, und zu schützen, ohne sie zu kennen, bei der äußersten Geringschätzung und Brotlosigkeit derer, die sie treiben. – – Die gründlichen Räsonnements der Moralisten dieses Volks, denen jedermann *recht* gibt, ohne daß es jemand oder auch nur ihnen selbst einfiele danach zu tun. –

der *Künste* – Frivolität, und Entmarkung, verführerische, Wielandische Schriften.

des Handels – elende Begünstigung des Luxus, und eitle Beschönigungen desselben, um – die Einkünfte des Fürsten zu vermehren, und die Gesundheit, die Lebensdauer, und das Vermögen zugrunde zu richten. – Geldstolz der Kaufleute. – Modell der der Leipziger.

des Ackerbaus – äußerste Verachtung, und Unterdrückung durch Abgaben. Elend der Ackerbauer, Bestreben sich in die höhern Stände hinaufzuwinden – Wüstenei, und Schlendrian.

Die Sitten. – Verhältnis beider Geschlechter. Die Galanterie des männlichen gegen das weibliche mit der äußersten Verachtung vereint. – Ehelosigkeit und deren Folgen. Verführung; die der größte Ruhm ist. Unnatürliche Laster, Untreue, die auch ehrt. – Verderbnis des weiblichen durch Modesucht, Weichlichkeit, schlechte Kinderzucht, Koketterie, und das Elend desselben, das es sich hierdurch bereitet.

Luxus in allen Ständen, dessen man sich pikiert, z. E. Gourmandise, nebst dessen schrecklichen Folgen, Raubsucht, Unterdrückungsgeist, Grausamkeit, Entnervung. – Ungesunde Kleidung und Speisen.

Aberglaube, Geisterseherei, Schatzgräberei, bei – Unglauben.

Egoismus und gänzlicher Mangel aller gesellschaftlichen Tugenden.

Erziehung. – Entnervung der höhern Stände von der ersten Jugend an. – Begriffe, die man ihnen über *Ehre,* über ihr Verhältnis zum andern Geschlechte beibringt. Lehren über die Kunst zu kennen, was delikater schmeckt, oder nicht. Freude der Eltern, wenn der Geschlechtstrieb sich zeigt, und die Kinder ihn auf eine witzige Art zu befriedigen wissen. – – Dumme Bildung der Landkinder, – in der Schule zu Theologen, und zu Hause zu tückischen Hassern, Betrügern, und Dieben der höhern Stände. *Öffentliche Ergötzungen* – Schauspiele, das Unsittliche derselben von einen, und das Dumme derselben von andern Seiten. *Tänze,* Bälle, Redouten, wo Etikette, und Verderbnis uns hin begleitet. – Grausame Freude des Volks und der besseren Stände an öffentlichen Hinrichtungen.

Gesetze. – Alles dieses könnte bisher nur Observanz gewesen sein. Den Franzosen, oder irgend jemand fiele es ein, oder ein Zufall erforderte es, diese Observanzen in ein allgemeines System zu bringen. Es würde also ein Gesetzbuch gemacht, worin die absurdesten, widersprechendsten Dinge nebeneinander stünden, gerade wie in unsern europäischen Gesetzen. – Oder die Gesetze des Volks könnten auch ein Flickwerk aus den Gesetzen aller Nationen sein, damit sie dadurch noch mehr Ähnlichkeit mit den unsrigen bekämen. – Da könnte es z. E. heißen: Es ist unsere landesväterliche Intention, daß die Bevölkerung unsrer Staaten vermehrt werde, daher – sind alle bekannten Huren, die das Kinderabtreiben gut verstehn, ungestraft, und wir wollen selbst zu dergleichen Bedürfnissen des Publikums privilegierte Häuser anlegen, aber – wenn eine Weibsperson, die außer der Ehe ein Kind gebiert, die soll an die Schandsäule gestellt werden, und 12. Prügel erhalten, auch dasjenige, was sie etwa zur Erziehung des Kindes haben sollte, an Strafe erlegen, damit das Kind recht bald umkomme.

Die Ehen sollen auf alle Art befördert werden, daher – wollen wir 300 000 Mann Soldaten halten, die nie heiraten sollen – und jeder der in die Ehe tritt, soll eine ansehnliche Abgabe für diese Vergünstigung in unsre Kasse, und zur Besoldung des Ganzen zahlen. –

Ein Minister, ein Hofrat, ein Justizrat, soll den, und den Staat führen, den er mit Frau und Kindern leichter führen wird, als allein.

Ackerbau, und Arbeitsamkeit soll auf jede Art befördert werden – wir heben daher jedesmal den siebten Tag aus, an dem kein Mensch einen Finger rühren soll, bei Vermeidung schwerer Strafe. – Auch behalten wir uns außerdem vor, noch andere Feste zu bestimmen, die wir soviel möglich in die Saat- und Erntezeit verlegen wollen.

Wer 12. gl. Wert's stiehlt, soll gehängt werden – es bleibt aber um die Industrie nicht zu unterdrücken jedem unbenommen, durch falsche Schwüre, durch Bedrückungen, und dergleichen der Waisen, und Witwen Häuser an sich zu bringen.

Ein zum Tode Verurteilter soll mit Blumenkränzen ausgeführt, und als ein Märtyrer verehrt werden. Der rechtschaffene Mann soll vor Gericht behandelt werden, wie der Bösewicht, um – die ursprüngliche Gleichheit des menschlichen Geschlechts herzustellen.

Torheit, und Lächerlichkeit der Eide.

Dies müßte nicht bloß, als eine Reisebeschreibung erzählt, sondern soviel möglich, in Handlung, gesetzt werden. Jeder Fall müßte durch eine dahin einschlagende Geschichte deutlicher, und anziehender gemacht werden, und zwar nicht bloß durch *was schon geschehen* erzählte Geschichte, sondern die auf dem Theater selbst vorginge. – Der Briefschreiber selbst müßte eine der ansehnlichsten Rollen spielen, und er könnte dies, durch Teilnehmung an der Regierung als Minister, oder Projekteur, oder wer weiß was? – Er würde dann mit mehrern in genauer Verbindung stehen, um deren Intrigen er wissen, und sie erzählen müßte. – Er würde dies alles so en françois erzählen, und beurteilen, öfters schief – nur halb recht – öfters, wie eine blinde Taube, gut, – mit einer gewissen Selbstgenügsamkeit, und Vorliebe vor sein Land, ohne den geringsten soupçon daß mutato nomine de se fabula narraretur. – Es müßten einige bleibende Personen aufgeführt werden, deren Charakter – ebenso, wie der Charakter des Marquis, – fest gezeichnet, und gehalten werden müßte, wie z. E. in der Geschichte der Abderiten. – Räsonnements, und Deklamationen geradezu müßten nie vorkommen. – Diese Einkleidung gibt Stoff zur feinsten, und verstecktesten Ironie. –

Dieses elende Volk mußte durch die innern Mängel seiner Verfassung, und durch seine Sittenlosigkeit untergehen. –

Der Marquis, oder irgend jemand andres, der schon bekannt wäre, könnte ein ander Volk finden, oder dieses andere Volk könnte an die Stelle jenes kommen, das ein Ideal eines weisen, und glücklichen Volkes wäre.

Er beschriebe

die Gesetze, und Regierungsart derselben. – Eine längere Untersuchung. – Kurz, es sei ganz das Gegenteil von uns. – Der Ackerbau, die Stütze der Völker, geehrt, unterstützt, und blühend, die Gelehrsamkeit auf das Nützliche zurückgeführt, desgleichen die Künste. – In den Volksschulen mehr Ackerbau gelehrt, als Theologie: die Tugend gelehrt. – Rosenfeste, überhaupt die Maxime der Regierung die Tugend mehr zu belohnen, als das Laster zu bestrafen. – Bestrafungen sehr menschlich, und bloß zur Besserung, oder Verhinderung des Bösen abzielend, Todesstrafen gar nicht. – Erziehung – Kein Adel, kein Stand ist erblich – Religion, ganz einfach, bloß auf moralische Besserung abzielend. Muster davon im Gottesdienst, und öffentlichen Volksreden. Eine Art von Liebesmahl. –

Schauspiele – nach Diderotschen Regeln, und Vorschlägen. – Öffentliche Feste, und körperliche Übungen, wodurch zugleich das Militär erspart würde.

Verhältnis beider Geschlechter.

Körperliche Schönheit, und Festigkeit dieses Volks. –

Vaterlandsliebe – richtiger Begriff davon.

Auch dieser Teil müßte ins Leben gestellt werden, durch edle, und tugendhafte Auftritte der Bürger: und durch den Kontrast unsrer Franzosen, die dieses blinde Volk aufklären, oder durch Missionieren bekehren wollten. – Hier kann auch oft der nachdrucksvolle, demonstrierende Ton angebracht werden, –. Man könnte auf eine spaßhafte Art, mit einem Entwurf der Franzosen dieses Volk zu unterjochen, schließen. –

Einige Kupfer von Chodowiecki, die die vorzüglichsten Auftritte unsers Verderbens, und unserer Tyrannei, und die vorzüglichsten Liebenswürdigkeiten, die uns fehlen, auf eine charakteristische Art darstellten, könnten das Buch teils verkäuflicher, teils nützlicher machen. –

Die Vorrede könnte ungefähr diese sein. –

Es kann dem deutschen Leser sehr gleichgültig sein, wie diese ungedruckten Briefe in die Hände des Übersetzers gekommen sind. Das Original ist bei Herrn Nikolai in Berlin, der es, nebst den Briefen des (Archidemides) bereit ist, jedermann, der es begehrt, vorzuzeigen. Sie waren bestimmt in Paris herauszukommen; aber die Sorbonne fand die Stellen (S. S. S.) wider die Religion, und die Regierung glaubte, daß (S.) auf die Lettres de cachet angespielt werde, und der Druck wurde verboten. Wie glücklich sind wir in Deutschland, wo die Theologen zu aufgeklärt und tolerant denken, und die Fürsten gerecht sind, als daß sie keinen Vorwurf zu fürchten haben. Sollten aber Gedike, und Biester[1] in den Äußerungen von S. 18 versteckt, Jesuitismus, und Proselytenmacherei entdecken, so sagen wir uns förmlich von diesem Werke los, und wollen es ihnen zur beliebigen Diskretion überlassen, bitten aber nur unsere Person zu schonen, indem wir es in aller Unschuld und ohne was Arges zu denken übersetzten.

Wir bedauern, daß hier und da etwas ernsthaftere Moral aus der Feder des Franzosen geflossen, und daß das ganze Buch nicht so unterhaltend geschrieben ist, als die Geschichte (– eine schlüpferige Historie) wir zweifeln aber nicht, daß der geneigte Leser alle diese Stellen gütigst überschlagen werde.

Der Entwurf der Franzosen das Land N ... zu erobern war schon im Original durchstrichen, und nicht bestimmt mit abgedruckt zu werden, weil man diesen Entwurf der englischen Regierung nicht verraten durfte, und ebendies ist die Ursache, warum von der Entdeckung dieser Länder durch die öffentliche Zeitung noch nichts bekannt geworden ist. Wir hoffen der französische Hof werde es uns verzeihen, daß wir in einer deutschen Übersetzung nicht ebenso diskret gewesen sind, da bekanntermaßen kein Engländer oder Franzose ein deutsches Buch liest, und die deutschen Fürsten keinen Anteil an neuen Entdeckungen nehmen.

Vorrede des Vicomte X. A. d. Fr. ––

Mit dem Gefühl des wärmsten Enthusiasmus des Glücks ein Mitglied der Nation zu sein, die nun ihre Sitte, ihre Kleidertrachten, und ihre Regierungsverfassung an dem entferntesten Südpol wiederfindet, zum einleuchtendsten Beweise, daß jedes Volk, das sich bildet, allemal diesen Weg nehmen wird, einer Nation, die schon ihren Ruf, und die nun bald ihre Waffen bis an diesen Südpol ausbreiten wird, mache ich diese Briefe bekannt.

1 F. Gedike und J. E. Biester waren die Herausgeber der ›Berlinischen Monatsschrift‹, die seit 1783 erschien.

Über die Achtung des Staats für die Wahrheit[1]

. . . Wir nehmen hier schon als erwiesen an, daß nicht die Völker um der Fürsten, sondern daß die Fürsten um der Völker willen da seien und daß sie noch andere Gesetze haben, als ihre Einfälle, und andere . . . Schranken, als die ihrer physischen Macht.

Wir glauben keinen zu beleidigen, sondern sie vielmehr zu ehren . . . wenn wir, statt daß zu oft nur die Rede von ihrer Gnade, von ihrer Schonung und Milde war, auch einmal von ihren Schuldigkeiten reden . . .

Ist nicht das Volk ein Sklave, ein angeerbtes Erbstück des Fürsten, sondern der Fürst der Diener der Gesellschaft, wie wir als erwiesen voraussetzen, so gründen alle seine Rechte sich auf die Rechte dieser Gesellschaft, deren Verweser er ist, er hat sie nur durch Übertragung dieser, und sie konnte ihm keiner übertragen, der sie nicht selbst hatte. Die Rechte der Gesellschaft aber, die nur durch ausdrückliche oder stillschweigende Einwilligung aller entstehen konnten, gründen sich auf Vertrag der einzelnen Mitglieder, gegen gewisse Bedingungen, gewisse ihrer natürlichen Rechte aufzuopfern. Ohne uns hier in ein weites Feld von Streitigkeiten einzulassen, können wir sogleich als einen unmittelbar klaren Grundsatz feststellen, daß die Gesellschaft kein Recht hat, etwas von ihren Mitgliedern zu fordern, worauf, die Verzichtleistung physisch oder moralisch unmöglich war . . .

Alle Anforderungen der Gesellschaft an ihre Mitglieder müssen sich erzwingen lassen; denn der Staat kann nur solche Pflichten auflegen, deren Vernachlässigung sich entdecken und bestrafen läßt. Sich durch einen Vertrag zu Dingen zu verbinden, deren Beobachtung, oder Nichtbeobachtung der andere Teil nie erfahren kann, ist widersprechend. Von solcher Art aber wäre eine Verbindlichkeit die Wahrheit an sich, oder auch nur das, was jeder seiner Überzeugung nach für Wahrheit hält, den Mitgliedern der Gesellschaft mitzuteilen, keinen Irrtum an sich, oder, auch nur nichts, was man selbst für Irrtum erkannte, für Wahrheit zu verbreiten

---

1 Geschrieben 1792. Der Text stammt aus einem Entwurf zur *›Zurückforderung der Denkfreiheit‹*, deren letzter Teil mit diesem Fragment weitgehend übereinstimmt, wogegen sich im ersten Teil einige bemerkenswerte Abweichungen finden. Dieses Fragment ist – mit Kürzungen – aus dem unveröffentlichten Nachlaß Fichtes herausgegeben worden von *Xavier Léon* als ›Appendix IV‹ seines Buches *›Fichte et son temps‹, Bd. I, S. 163 ff, Paris 1922.*

... Über Wahrheit ihrer Form nach, d. h. insofern sie das ist, oder nicht ist, hat mithin die Gesellschaft keine Rechte an ihre Mitglieder, weil es ihr physisch unmöglich wäre, sie auszuüben.

Aber vielleicht in Absicht ihres Materiellen? d. i. hat der Staat ein Recht seinen Mitgliedern die Mitteilung ihrer Meinungen oder Überzeugungen über gewisse Gegenstände zu verbieten? Eine Frage, die sich auf die Beantwortung der folgenden gründet: hatten die Mitglieder natürlicherweise das Vermögen oder vernünftigerweise das Recht auf eine solche Mitteilung Verzicht zu leisten, oder hatte die Gesellschaft vernünftigerweise das Recht eine solche Verzichtleistung zu fordern.

Im außergesellschaftlichen Stande ... hat unbezweifelt jeder das Recht seine Überzeugungen jedem mitzuteilen dem er will; unbeschadet dem Rechte des andern seine Gründe anzuhören, oder nicht, zu prüfen oder nicht, sich überzeugen zu lassen oder nicht. Der Einwurf daß der andere dadurch im Besitze des Seinigen – seiner auf seine bisherigen Überzeugungen sich gründenden Glückseligkeit – gestört werden könnte, würde nichts tun, um dadurch ein solches Recht einzuschränken; da es dem andern zugleich unbenommen bleibt, sich eine solche Mitteilung zu verbitten, ihr auszuweichen, sie nicht anzuhören ...

Da aber dieses Kommerzium mit Wahrheit gegenseitig ist, und nicht bloß ein Geber, welcher über seine Gabe frei schalten, und sich auch wohl verbinden kann, gewisse Dinge gar nicht zu geben, sondern auch ein Empfänger gedacht werden muß, so ist durch Beantwortung des ersten Teils der Frage noch nicht die ganze Frage entschieden. Verbietet der Staat gewisse Überzeugungen mitzuteilen, so verbietet er zugleich sie zu empfangen; und hat der Staat zu dem letzteren das Recht, wenn er es auch zum ersteren hätte? Kann ich eben sowohl, bei dem Eintritt in die Gesellschaft auf das Recht Verzicht tun, Belehrung über gewisse Punkte zu erhalten, als ich es allenfalls darauf kann, sie zu erteilen? Gesetzt auch ich tue im ersten Falle nicht auf ein unveräußerliches Menschen-Recht Verzicht; tue ich es nicht vielleicht, insofern ich im zweiten bin. Habe ich auch kein Recht, Wahrheit zu fordern. – Habe ich nicht immer das, sie zu nehmen, wenn man sie mir frei gibt – und kann ich auf dieses Recht des Nehmens der freiwilligen Geschenke je Verzicht tun? Um die Untersuchung dieser Frage einleuchtender zu machen, laßt sie uns (in concreto) im gegebenen Falle betrachten.

Es läßt sich an sich gar wohl als möglich denken, daß eine Gesellschaft über gewisse Punkte des Nachdenkens gewisse Resultate festsetze, deren Annahme eine notwendige Bedingung der Erlaubnis zum Eintritt in diese Gesellschaft, durch den Vertrag für diese Gesellschaft Wahrheit sei; und es scheint an sich gar keine Ungerechtigkeit darin zu liegen, den, der sie nicht annimmt, von dieser Gesellschaft auszuschließen, da er, nach ihren festgesetzten Bedingungen unfähig ist, ihr Mitglied zu sein. Diese Resultate müßten nun, der Natur der Sache nach, da sie ein äußerliches Zwangs-Recht begründen sollen, damit eine klare Entscheidung darüber möglich sei, fest bestimmt, die Grenze müßte genau festgesetzt sein, bis wie weit das Nachdenken über diese Punkte gehe, und wo es nicht weiter schreiten sollte. . . . Sie (die Gesellschaft) tut also Verzicht auf alle weitere Belehrung, alles weitere Nachdenken, alle Vervollkommnung ihrer Einsichten über diese Punkte. Nun ist es erste, höchste Bestimmung, die älter ist als alle Staaten, und welche dauern wird, wenn sie alle zertrümmert sind, der Menschen, und nicht nur ihrer, aller redlichen Wesen, beständig zuzunehmen an Einsicht, der absoluten Wahrheit, die sie nie erreichen können, immer näher zu kommen. Die Mitglieder einer solchen Gesellschaft opferten mithin ihre Würde als vernünftige Geister auf – ein Opfer, das ihnen der Staat nie ersetzen kann . . .

. . . So ein Vertrag ist ungültig, wenn er auch möglich wäre . . . Kein Staat hat ein Recht um irdischer Zwecke willen, seien sie auch noch so erhaben, die Menschheit um ihren Endzweck zu betrügen . . . Sie darf Wahrheit fordern: sie darf sie frei suchen, sie darf sie ungehindert ergreifen, wo sie sie zu finden glaubt: das ist ihr Recht . . . Man darf sie nicht zwingen, wider ihr Recht glücklich zu sein: denn alle das Glück, was der Staat, was die Erde ihr geben kann, ist unendlich weniger in ihrem Dasein als ein kurzer Morgentraum der Seele im Menschenalter . . .

Was bleibt also dem Staate für die Wahrheit zu tun übrig, – das heißt nicht soviel – wozu ist er verbunden – denn wir haben bis jetzt gezeigt, daß er in Absicht ihrer zu gar nichts verbunden ist, da sie unter seine Zwecke, welche bloß irdisch sind, nicht gehört, sondern was darf er tun, wenn er freiwillig sich dazu entschließt – wenn er über das, was er tun muß, noch etwas übriges tun will. Er darf sich nicht die Entscheidung über Wahrheit und Irrtum anmaßen, er darf nicht Grenzpunkte feststellen, bis wie weit die Untersuchungen gehen sollen, er darf die freie Untersuchung nie hindern, aber er darf sie durch Gelegenheiten, und Bequemlichkeiten, die er dazu gibt, unterstützen und beloben: er darf die Männer, die sich derselben besonders widmen, belohnen, und ehren, insoweit er kann. – Denn ihre wahre Belohnung ist unendlich mehr wert, als seine Schätze und ihre wahre Ehre glänzender, als die Krone seines Fürsten und dauerhafter (?) als die Pergamente seines Adels. Die natürlichen Früchte ihrer Untersuchung, insofern sie in seiner Gewalt sind, ihnen zu sichern, ist Schuldigkeit [Das heißt z. B. wenn erwiesen werden kann, daß Bücher-Nachdruck ein Raub des Eigentums des andern ist, welches einleuchtend zu erweisen steht, so ist der Staat schuldig, den Nachdruck zu verbieten] . . .

Zurückforderung der Denkfreiheit von den Fürsten Europens, die sie bisher unterdrückten.[1] Eine Rede

Noctem peccatis, et fraudibus objice nubem.

Vorrede

Es gibt gelehrte Herren, die uns eine nicht geringe Meinung von ihrer eignen Gründlichkeit beizubringen glauben, indem sie alles, was mit einiger Lebhaftigkeit geschrieben ist, mit dem Prädikat einer Deklamation kurz abfertigen. Sollten gegenwärtige Blätter durch ein Ungefähr bis zu den Händen eines dieser gründlichen Herren gelangen, so gestehe ich ihnen im voraus, daß dieselben gar nicht bestimmt waren, einen so reichhaltigen Gegenstand zu erschöpfen, sondern nur dem ununterrichtetern Publikum, das wenigstens durch seinen hohen Standpunkt und durch seine starke Stimme Einfluß genug auf das allgemeine Urteil hat, einige dahin einschlagende Ideen mit einiger Wärme ans Herz zu legen. Mit Gründlichkeit ist diesem Publikum gemeinhin nicht wohl beizukommen. Wenn aber jene gründlichern Leute in diesen Blättern auch gar keine Spur eines festern tiefern Systems, auch gar keinen des weitern Nachdenkens nicht unwürdigen Wink finden sollten, so könnte die Schuld zum Teil mit an ihnen liegen.

Es ist eine der charakteristischen Eigenheiten unsers Zeitalters, daß man mit seinem Tadel sich so gern an Fürsten und Große wagt. Reizt die Leichtigkeit, Satiren auf Fürsten zu machen, oder glaubt man durch die scheinbare Größe seines Gegenstandes sich selbst zu erheben? In einem Zeitalter, wo doch die meisten der deutschen Fürsten sich durch guten Willen, und Popularität auszuzeichnen suchen; wo sie so viel tun, um die Etikette, die einst zwischen ihnen und ihren Mitbürgern eine ungeheure Kluft befestigte, und die ihnen selbst ebenso lästig, als diesen schädlich ward, zu vernichten; wo insbesondre manche sich das Ansehen geben, Gelehrte und Gelehrsamkeit zu schätzen, ist dies doppelt auffallend. – Kann man sich nicht vor seinem eignen Gewissen das Zeugnis geben, daß man seiner Sache sicher, und daß man fest genug sei, alle Folgen, die die Verbreitung der anerkannten und

---

1 Erschien anonym 1793; das Titelblatt enthielt nach Überschrift und Motto nur noch die Angabe: Heliopolis, im letzten Jahre der alten Finsternis.

nützlichen Wahrheit für uns selbst haben könnte, mit eben der Würde zu ertragen, mit der man die Wahrheit sagte; so verläßt man sich entweder auf die Gutmütigkeit dieser so schwer angeschuldigten Fürsten, oder auf seine eigne unbedeutende und folgenlose Obskurität. Der Verfasser dieser Blätter glaubt weder durch seine Behauptungen, noch durch seinen Ton, irgendeinen Fürsten der Erde zu beleidigen, sondern vielmehr sie alle zu verbinden. Daß man glaubt, in einem gewissen großen Staate werde den Sätzen, die er hier zu begründen sucht, geradezu entgegengehandelt, hat ihm freilich nicht verborgen bleiben können; aber er wußte nicht weniger, daß in benachbarten protestantischen Staaten wohl mehr geschieht, ohne daß jemand sich sonderlich dagegen ereifert, weil man es da von jeher nicht anders gewohnt war; er wußte, daß es leichter ist, zu untersuchen, was geschehen *solle,* oder *nicht solle,* als unparteiisch zu beurteilen, was wirklich *geschehe,* und seine Lage versagte ihm die Data für ein gründliches Urteil der letzteren Art; er wußte, daß, wenn auch nicht alle Tatsachen als solche sich sollten verteidigen lassen, dennoch die Triebfedern derselben sehr edel sein könnten – und in unserm Falle würde er die erfinderische Güte bewundern, die uns zur wärmern Schätzung, und zum eifrigern Gebrauche eines Guts, gegen das der langwierige Genuß uns kalt gemacht hatte, durch den scheinbaren Versuch es uns zu rauben, kräftiger erwecken wollte, – die seltne Großmut anstaunen, die sich und ihre liebsten Freunde der Gefahr, verkannt, verlästert, gehaßt zu werden, wohlüberlegterweise aussetzte, bloß um die Aufklärung zu befördern und höherzubringen; endlich wußte er, daß er selbst durch diese Blätter jedem Staate eine erwünschte Gelegenheit gibt, *durch die Erlaubnis ihres Drucks, und ihres öffentlichen Verkaufs, durch die Verteilung derselben an seine Geistlichen,* usw. die Reinheit seiner Absichten zu beweisen. Kein Staat, in welchem diese Blätter gedruckt, und öffentlich verkauft werden, sucht die Aufklärung zu unterdrücken. Hat der Verfasser geirrt, so wird der wahrheitsliebende Herr Cranz nicht versäumen, ihn zu widerlegen. Es geschieht demnach gar nicht aus politischen, sondern aus schriftstellerischen Gründen, daß der Verfasser seinen Namen nicht anzeigt. Wer ein Recht hat, danach zu fragen, und auf rechtliche Art fragt, dem wird er sich ohne Scheu nennen; und zu seiner Zeit wird er sich ungefragt nennen; denn chaque honnête homme doit avouer, ce qu'il a écrit, denkt er mit Rousseau.

Um wieviel weniger Elend die Menschheit unter den meisten

ihrer gegenwärtigen Staatsverfassungen erdulde, als sie im Stande der gänzlichen Auflösung erdulden würde, wollen wir hier nicht untersuchen; genug, sie duldet – und sie soll dulden: das Land unsrer Staatsverfassungen ist das Land der Mühe, und der Arbeit; das Land des Genusses liegt nicht unterm Monde. Aber ebendieses Elend soll ihr ein treibender Stachel sein, ihre Kräfte zu üben, im Kampfe mit ihm, und im schwer zu erringenden Siege sich für den künftigen Genuß zu stärken. Die Menschheit sollte elend sein, aber sie sollte nicht elend bleiben. Ihre Staatsverfassungen, die Quellen ihres gemeinsamen Elends, konnten bis jetzt freilich nicht besser sein – sonst wären sie es – aber sie sollen immer besser werden. Dieses geschah, soweit wir die Menschengeschichte vor uns verfolgen können, und wird geschehen, so lange eine Menschengeschichte sein wird, auf zweierlei Art; entweder durch gewaltsame Sprünge, oder durch allmähliches langsames, aber sicheres Fortschreiten. Durch Sprünge, durch gewaltsame Staatserschütterungen, und Umwälzungen kann ein Volk während eines halben Jahrhunderts weiter vorwärtskommen, als es in zehn gekommen wäre – aber dieses halbe Jahrhundert ist auch elend, und mühevoll – aber es kann auch ebensoweit zurückkommen, und in die Barbarei des vorigen Jahrtausends zurückgeworfen werden. Die Weltgeschichte liefert Belege zu beiden. Gewaltsame Revolutionen sind stets ein kühnes Wagestück der Menschheit; gelingen sie, so ist der errungene Sieg des ausgestandnen Ungemachs wohl wert; mißlingen sie, so drängt ihr euch durch Elend zu größerem Elend hindurch. Sichrer ist allmähliches Fortschreiten zur größeren Aufklärung, und mit ihr zur Verbesserung der Staatsverfassung. Die Fortschritte, die ihr macht, sind weniger bemerkbar, indem sie geschehen; aber ihr seht hinter euch, und ihr erblickt eine große Strecke zurückgelegten Weges. So machte in unserm gegenwärtigen Jahrhundert die Menschheit, besonders in Deutschland, ohne alles Aufsehen, einen großen Weg. Es ist wahr, der gotische Umriß des Gebäudes ist noch fast allenthalben sichtbar; die neuen Nebengebäude sind noch bei weitem nicht in ein festes Ganzes vereinigt: aber sie sind doch da, und fangen an bewohnt zu werden, und die alten Raubschlösser verfallen. Sie werden, wenn man uns nicht stört, immer mehr von Menschen geräumt, und den lichtscheuen Eulen und Fledermäusen zur Wohnung überlassen werden; die neuen Gebäude werden sich erweitern, und allmählich zu einem immer regelmäßigern Ganzen vereinigen.

Dies waren unsre Aussichten, und diese wollte man uns durch Unterdrückung unsrer Denkfreiheit rauben? – und diese könnten wir uns rauben lassen? – Hemmt man den Fortgang des menschlichen Geistes, so sind nur zwei Fälle möglich: der erstere unwahrscheinlichere – wir bleiben stehen, wo wir waren, wir geben alle Ansprüche auf Verminderung unseres Elendes, und Erhöhung unsrer Glückseligkeit auf; wir lassen uns die Grenzen setzen, über die wir nicht schreiten wollen: – oder der zweite, weit wahrscheinlichere; der zurückgehaltene Gang der Natur bricht gewaltsam durch und vernichtet alles, was ihm im Wege steht, die Menschheit rächt sich auf das grausamste an ihren Unterdrückern, Revolutionen werden notwendig. Man hat von einem schrecklichen Schauspiel der Art, das unsre Tage lieferten, noch nicht die wahre Anwendung gemacht. Ich befürchte, es ist nicht mehr Zeit, oder es ist hohe Zeit, die Dämme, die man noch immer, jenes Schauspiel vor den Augen, anderwärts dem Gange des menschlichen Geistes entgegengesetzt, zu lüften, damit er sie nicht gewaltsam durchbreche, und die Fluren umher schrecklich verwüste.

Nein, ihr Völker, alles, alles gebt hin, nur nicht die Denkfreiheit. Immer gebt eure Söhne in die wilde Schlacht, um sich mit Menschen zu würgen, die sie nie beleidigten, oder von Seuchen entweder aufgezehrt zu werden, oder sie in eure friedlichen Wohnungen als eine Beute mit zurückzubringen; immer entreißt euer letztes Stückchen Brot dem hungernden Kinde und gebts dem Hunde des Günstlings – gebt, gebt alles hin; nur dieses vom Himmel abstammende Palladium der Menschheit, dieses Unterpfand, daß ihr noch ein anderes Los bevorstehe, als dulden, tragen und zerknirscht werden, – nur dieses behauptet. Die künftigen Generationen möchten schrecklich von euch zurückfordern, was euch zur Überlieferung an sie von euren Vätern übergeben wurde. Wären diese so feige gewesen als ihr, – ständet ihr dann nicht noch immer unter der entehrendsten Geistes- und Leibessklaverei eines geistlichen Despoten? Unter blutigen Kämpfen errangen jene, was ihr nur durch ein wenig Festigkeit behaupten könnt.

Eure Fürsten haßt darum nur nicht; euch selbst solltet ihr hassen. Eine der ersten Quellen eures Elendes ist die, daß ihr von ihnen, und ihren Helfern viel zu hohe Begriffe habt. Es ist wahr, sie durchwühlen die Finsternisse halbbarbarischer Jahrhunderte mit emsigen Händen, und glauben eine herrliche Perle gefunden zu haben, wenn sie einer Maxime derselben auf die Spur gekommen sind – dünken sich sehr weise, wenn sie diese spärlichen Maximen, so wie sie sie fanden, ihrem Gedächtnisse aufgezwungen haben: aber das könnt ihr sicher glauben, daß sie von dem, was sie wissen sollten, von ihrer eignen wahren Bestimmung, von Menschenwert und Menschenrechten, weniger wissen, als der Ununterrichtetste unter euch. Wie sollten sie so etwas je erfahren? – sie, für die man eine eigne Wahrheit hat, die nicht durch die Grundsätze, auf welche die allgemeine Menschenwahrheit sich gründet, sondern durch die Staatsverfassung, die Lage, das politische System ihres Landes bestimmt wird, – sie, deren Kopf man von Jugend auf mühsam die allgemeine Menschenform nimmt, und ihm diejenige einpreßt, in welche allein eine solche Wahrheit paßt, – in deren zartes Herz man von Jugend auf die Maxime einprägt: Alle die Menschen, Sire, die Sie da sehen, sind für Sie da, sind Ihr Eigentum*. Wie sollten sie, wenn sie es auch erführen, je Kraft haben, es zu begreifen? – sie, deren Geist man künstlich durch eine erschlaffende Sittenlehre, durch frühe Wollüste, und, wenn sie für diese verstimmt sind, durch späten Aberglauben, seine Schwungkraft raubt. Man ist versucht, ein stets fortdauerndes Wunder der Vorsehung anzunehmen, wenn man in der Geschichte doch so ungleich mehr bloß schwache, als böse Fürsten antrifft; und ich wenigstens rechne den Fürsten alle Laster, die sie *nicht* haben, für Tugenden an, und danke ihnen für alle das Böse, das sie mir *nicht* tun.

Und solche Fürsten überredet man die Denkfreiheit zu unterdrücken – nicht etwa um euretwillen. Möchtet ihr doch denken und untersuchen, und auf den Dächern predigen, was ihr wolltet; die Satelliten des Despotismus achten eurer nicht; ihre Gewalt steht viel zu fest; ihr mögt von der Rechtmäßigkeit ihrer Forderungen überzeugt sein, oder nicht, was verschlägt ihnen dies? sie werden euch schon durch Entehrung oder durch Hunger, durch Festungsstrafe, oder durch Hinrichtungen zu zwingen wissen. Aber ihr macht bei euren Untersuchungen ein großes Geschrei – sie werden es zwar freilich an Sorgfalt nicht fehlen lassen, das Ohr des Fürsten zu bewachen – aber es könnte doch, es wäre doch möglich, daß irgendeinmal ein unglückliches Wort bis zu demselben gelangte, daß er weiterforschte, daß er endlich weiser würde und erkennte, was

---

* Worte, die der Führer Ludwigs XV. diesem königlichen Knaben bei einer großen Volksversammlung sagte.

zu seinem und eurem Frieden diente. Daran nur wollen sie euch verhindern; und daran, ihr Völker, müßt ihr euch nicht verhindern lassen!

Ruft es, ruft es in jedem Tone euren Fürsten in die Ohren, bis sie es hören, daß ihr euch die Denkfreiheit nicht werdet nehmen lassen, und beweist ihnen die Zuverlässigkeit dieser Versicherung durch euer Betragen. Lasset euch nicht durch die Furcht des Vorwurfs der Unbescheidenheit abschrecken. Gegen was könntet ihr denn unbescheiden sein? Gegen das Gold und die Diamanten an der Krone, gegen den Purpur am Kleide eures Fürsten; nicht – gegen ihn. Es gehört wenig Selbstzutrauen dazu, um zu glauben, daß man Fürsten Dinge sagen könne, die sie nicht wissen.

Und besonders, ihr alle, die ihr Kräfte dazu habt, kündigt doch jenem ersten Vorurteile, woraus alle unsre Übel folgen, jener giftigen Quelle all unseres Elendes, jenem Satze: daß es die Bestimmung des Fürsten sei, für unsre *Glückseligkeit* zu wachen, den unversöhnlichsten Krieg an; verfolgt ihn in alle die Schlupfwinkel, durch das ganze System unseres Wissens, in die er sich versteckt hat, bis er von der Erde vertilgt, und zur Hölle zurückgekehrt sei, daher er kam. Wir wissen nicht, was unsere Glückseligkeit befördere: weiß es der Fürst, und ist er dazu da, uns zu ihr zu leiten, so müssen wir mit verschlossenen Augen unserm Führer folgen; er tut mit uns, was er will, und wenn wir ihn fragen, so versichert er uns auf sein Wort, daß das zu unsrer Glückseligkeit nötig sei; er legt der Menschheit den Strick um den Hals, und ruft: stille, stille! es geschieht alles zu deinem Besten*.

Nein, Fürst, du bist nicht unser *Gott.* Von *ihm* erwarten wir Glückseligkeit; von *dir* die Beschützung unsrer Rechte. *Gütig* sollst du nicht gegen uns sein; du sollst *gerecht* sein.

Rede

Die Zeiten der Barbarei sind vorbei, ihr Völker, wo man euch im Namen Gottes anzukündigen wagte, ihr seiet Herden Vieh, die Gott deswegen auf die Erde gesetzt habe, um einem Dutzend Göt-

---

* So sagte der Henker der Inquisition zu Don Carlos bei dergleichen Beschäftigung: Wie sonderbar doch Leute von verschiedenen Handwerken aufeinander treffen!

tersöhnen zum Tragen ihrer Lasten, zu Knechten und Mägden ihrer Bequemlichkeit, und endlich zum Abschlachten zu dienen; daß Gott sein unbezweifeltes Eigentumsrecht über euch an diese übertragen habe, und daß sie kraft eines göttlichen Rechts, und als seine Stellvertreter, euch für eure Sünden peinigten; ihr wißt es, oder könnt euch davon überzeugen, wenn ihr's noch nicht wißt, daß ihr selbst Gottes Eigentum nicht seid, sondern daß er euch sein göttliches Siegel, niemanden anzugehören, als euch selbst mit der Freiheit tief in eure Brust eingeprägt hat. Auch das unterstehn sie sich nicht mehr, euch zu sagen: wir sind stärker, als ihr, wir hätten euch alle längst totschlagen können; wir sind so gütig gewesen, es nicht zu tun; das Leben, das ihr lebt, ist mithin unser Geschenk; wir haben es euch aber nicht frei geschenkt, sondern es euch nur zum Lehen gegeben; unsere Forderung also, es zu unserm Vorteile zu verwenden, und es euch, wenn wir es nicht mehr brauchen können, doch noch zu nehmen, ist nicht unbillig. – Ihr habt, wenn diese Schlußart gelten soll, gelernt, daß *ihr* die Stärkern seid, und *sie* die Schwächern; daß ihre Stärke in euren Armen ist, und daß sie elend und hilflos dastehen, wenn ihr diese sinken laßt; Beispiele haben es ihnen gezeigt, vor denen sie noch beben. Ebensowenig werdet ihr ihnen noch weiterhin glauben, daß ihr alle blind, hilflos und unwissend seid, und daß ihr selbst euch nicht zu raten wißt, wenn sie euch nicht, wie unmündige Kinder, an ihren väterlichen Händen leiten; sie haben erst in diesen Tagen durch Fehlschlüsse, die der Einfältigste unter euch nicht gemacht hätte, gezeigt, daß sie auch nicht mehr wissen, als ihr, und daß sie sich und euch ins Elend stürzen, weil sie mehr zu wissen glauben. Auf solche Vorspiegelungen hört ihr nicht weiter; ihr wagt's, den Fürsten, der euch beherrschen will, zu fragen, *mit welchem Rechte* er über euch herrsche?

Durch *Erbrecht,* sagen wohl einige Söldner des Depotismus, die aber nicht seine scharfsinnigsten Verteidiger sind. Denn gesetzt, daß euer jetzt lebender Fürst ein solches Recht von seinem Vater, und dieser wieder von dem seinigen, und so weiter hinauf, hätte ererben können, woher bekam es denn der, der der Erste war, oder hatte der kein Recht, wie konnte er ein Recht vererben, das er nicht hatte? – Und dann, ihr schlauen Sophisten, glaubt ihr denn, daß man Menschen erben könnte, wie eine Herde Vieh, oder eine Weide für sie? Die Wahrheit ist nicht so von der Oberfläche abzuschöpfen, wie ihr denkt; sie liegt tiefer, und ich bitte euch, die kleine

Mühe über euch zu nehmen, sie mit mir aufzusuchen*. Der Mensch kann weder ererbt, noch verkauft, noch verschenkt werden; er kann niemandes Eigentum sein, weil er sein eignes Eigentum ist, und bleiben muß. Er trägt tief in seiner Brust einen Götterfunken, der ihn über die Tierheit erhöht, und ihn zum Mitbürger einer Welt macht, deren erstes Mitglied Gott ist, – sein Gewissen. Dieses gebietet ihm schlechthin und unbedingt – dieses zu wollen, jenes nicht zu wollen; und dies *frei* und *aus eigner Bewegung,* ohne allen Zwang außer ihm. Soll er dieser innern Stimme gehorchen – und sie gebietet dies schlechterdings – so muß er auch von außen nicht gezwungen, so muß er von allem fremden Einflusse befreit werden. Es darf mithin kein Fremder über ihn schalten; er selbst muß es, nach Maßgabe des Gesetzes in ihm, tun: er ist frei, und muß frei bleiben; nichts darf ihm gebieten, als dieses Gesetz in ihm, denn es ist sein alleiniges Gesetz – und er widerspricht diesem Gesetze, wenn er sich ein anderes aufdringen läßt – die Menschheit in ihm wird vernichtet, und er zur Klasse der Tiere herabgewürdigt.

Ist dieses Gesetz sein alleiniges Gesetz, so darf er allenthalben, wo dieses Gesetz nicht redet, tun, was er will; er hat *ein Recht* zu allem, was durch dieses alleinige Gesetz *nicht verboten* ist. Nun gehört aber auch das, ohne welches überhaupt kein Gesetz möglich ist, *Freiheit* und *Persönlichkeit,* ferner das im Gesetze *Befohlene* in den Bezirk des *Nichtverbotenen;* man kann mithin sagen, der Mensch hat ein Recht zu den Bedingungen, unter denen allein er pflichtmäßig handeln kann, und zu den Handlungen, die seine Pflicht erfordert. Solche Rechte sind nie aufzugeben; sie sind *unveräußerlich.* Sie zu veräußern, haben wir kein Recht.

Zu den Handlungen, die das Gesetz bloß erlaubt, habe ich auch ein Recht: aber ich kann dieser Erlaubnis des Sittengesetzes mich auch nicht bedienen; dann bediene ich mich meines Rechts nicht; ich gebe es auf. Rechte von der zweiten Art sind also *veräußerlich;* aber der Mensch muß sie *freiwillig* aufgeben, nie muß er sie veräußern müssen; sonst würde er durch ein anderes Gesetz genötigt,

* Diese kurze Deduktion der Rechte, der unveräußerlichen und veräußerlichen Rechte, des Vertrags, der Gesellschaft, der Rechte der Fürsten, bitte ich nicht zu überschlagen, sondern sie aufmerksam zu lesen, und in einem feinen und guten Herzen zu verwahren, weil sonst das Folgende unverständlich und ohne Beweiskraft ist. – Auch zu anderweitigem Gebrauche ist's nicht übel, einmal bestimmte Begriffe darüber zu bekommen, z. B. um in Gesellschaft Klügerer nicht zu deräsonnieren.

als durch das Gesetz in ihm, und das ist unrecht von dem, der's tut, und von dem, der's leidet, wo er's ändern kann.

Darf ich meine *veräußerlichen* Rechte ohne alle Bedingung aufgeben, darf ich sie andern *schenken*; so darf ich sie auch mit Bedingung aufgeben, ich darf sie gegen Veräußerung des andern *vertauschen*. Aus einem solchen Tausche veräußerlicher Rechte gegen veräußerliche Rechteentsteht der Vertrag (der Kontrakt). Ich tue auf Ausübung eines meiner Rechte Verzicht, auf die Bedingung, daß der andere gleichfalls auf Ausübung eines der seinigen Verzicht tue. – Solche im Vertrage zu veräußernde Rechte können nur Rechte auf *äußere Handlungen*, nicht auf *innere Gesinnungen* sein; denn im letztern Falle könnte kein Teil sich überzeugen, ob der andere die Bedingungen erfüllte, oder nicht. Innere Gesinnungen, Wahrhaftigkeit, Achtung, Freundschaft, Dankbarkeit, Liebe werden frei geschenkt; nicht aber, als Rechte, erworben.

Die bürgerliche Gesellschaft gründet sich auf einen solchen Vertrag aller Mitglieder mit einem, oder eines mit allen, und kann sich auf nichts anders gründen, da es schlechterdings unrechtmäßig ist, sich durch einen andern Gesetze geben zu lassen, als durch sich selbst. Nur dadurch wird die bürgerliche Gesetzgebung gültig für mich, daß ich sie freiwillig annehme – durch welches Zeichen, tut hier nichts zur Sache – und dadurch mir selbst das Gesetz gebe. Aufdringen kann ich mir kein Gesetz lassen, ohne dadurch auf die Menschheit, auf Persönlichkeit und Freiheit Verzicht zu tun. In diesem gesellschaftlichen Vertrage gibt jedes Mitglied einige seiner veräußerlichen Rechte auf, mit der Bedingung, daß andere Mitglieder auch einige der ihrigen aufgeben.

Wenn ein Mitglied seinen Vertrag nicht hält, und seine veräußerten Rechte zurücknimmt, so bekommt dadurch die Gesellschaft ein Recht, ihn zur Haltung desselben durch Verletzung seiner ihm durch die Gesellschaft zugesicherten Rechte, zu zwingen. Dieser Verletzung hat er sich durch den Vertrag freiwillig unterworfen. Daher entsteht die *ausübende Gewalt*.

Diese ausübende Gewalt kann ohne Nachteil nicht von der ganzen Gesellschaft ausgeübt werden; sie wird daher mehreren oder einem Mitgliede übertragen. Der eine, dem sie übertragen wird, heißt *Fürst*.

Der Fürst also hat seine Rechte durch Übertragung von der Gesellschaft; die Gesellschaft aber kann keine Rechte an ihn übertragen, die sie nicht selbst hatte. Die Frage also, die wir hier untersuchen wollen: ob der Fürst ein Recht habe, unsre Denkfreiheit einzuschränken, gründet sich auf die: ob der Staat ein solches Recht haben konnte.

Frei denken zu können ist der auszeichnende Unterschied des Menschenverstandes vom Tierverstande. Auch im letztern sind Vorstellungen; aber sie folgen notwendig aufeinander, sie bringen einander hervor, wie *eine* Bewegung in der Maschine die andere notwendig hervorbringt. Diesem blinden Mechanismus der Ideenassoziation, bei dem sich der Geist bloß leidend verhält, tätig zu widerstehen; durch eigne Kraft, nach eigner freier Willkür seiner Ideenreihe, eine bestimmte Richtung zu geben, ist Vorzug des Menschen, und je mehr einer diesen Vorzug behauptet, desto mehr ist er Mensch. Das Vermögen im Menschen, durch welches er dieses Vorzugs fähig ist, ist eben das, durch welches er frei *will;* die Äußerung der Freiheit im Denken ist ebenso, wie die Äußerung derselben im Wollen, inniger Bestandteil seiner Persönlichkeit; ist die notwendige Bedingung, unter welcher allein er sagen kann: ich *bin,* bin selbständiges Wesen. Diese Äußerung ebensowohl als jene versichert ihm seines Zusammenhangs mit der Geisterwelt, und bringt ihn in Übereinstimmung mit ihr; denn nicht nur Einmütigkeit im Wollen, sondern auch Einmütigkeit im Denken, soll in diesem unsichtbaren Reiche Gottes herrschen. Ja, diese Äußerung der Freiheit bereitet uns auf die ununterbrochnere und stärkere Äußerung jener vor: durch freie Unterwerfung unserer Vorurteile und unserer Meinungen unter das Gesetz der Wahrheit lernen wir zuerst vor der Idee eines Gesetzes überhaupt uns niederbeugen und verstummen; dies Gesetz bändigt zuerst unsre Selbstsucht, die das Sittengesetz regieren will. Freie und uneigennützige Liebe zur theoretischen Wahrheit, *weil* sie Wahrheit ist, ist die fruchtbarste Vorbereitung zur sittlichen Reinigkeit der Gesinnungen. Und dieses mit unsrer Persönlichkeit, mit unsrer Sittlichkeit innig verknüpfte Recht, diesen von der schaffenden Weisheit ausdrücklich für uns angelegten Weg zur moralischen Veredlung hätten wir im gesellschaftlichen Vertrage aufgeben können? Wir hätten das Recht gehabt, ein unveräußerliches Recht zu veräußern? Unser Versprechen, es aufzugeben, hätte was anderes geheißen als: wir versprechen, beim Eintritt in eure bürgerliche Gesellschaft unvernünftige Geschöpfe, wir versprechen Tiere zu werden, damit es euch weniger Arbeit mache, uns zu bändigen? Und ein solcher Vertrag wäre rechtmäßig und gültig?

Aber, will man denn auch das? rufen sie uns zu, haben wir euch nicht laut und feierlich genug die Erlaubnis gegeben, frei zu denken? – Und wir wollen dies zugestehen; wir wollen die ängstlichen Versuche vergessen, die man machte, uns der besten Hilfsmittel zu berauben; – es vergessen, mit welcher Emsigkeit man in jedem neuen Lichte die alte Finsternis zu färben sucht*; – wir wollen um Worte nicht handeln – ja, ihr erlaubt uns zu *denken*, da ihr's nicht hindern könnt; aber ihr verbietet uns, unsre Gedanken mitzuteilen: ihr nehmt also nicht unser unveräußerliches Recht frei zu denken, ihr nehmt bloß das, unser Freigedachtes mitzuteilen, in Anspruch. Damit wir sicher sind, mit euch nicht über nichts zu streiten; – haben wir wohl ursprünglich ein solches Recht? können wir es nachweisen? – Wenn wir zu allem ein Recht haben, was das Sittengesetz nicht verbietet, wer könnte ein Verbot des Sittengesetzes aufzeigen, seine Überzeugungen mitzuteilen? wer ein Recht des andern, eine solche Mitteilung zu verwehren, sie als eine Beleidigung in seinem Eigentume anzusehen? Der andere kann dadurch im Genusse seiner auf seine bisherigen Überzeugungen sich gründenden Glückseligkeit, in seinen angenehmen Täuschungen, in seinen süßen Träumen gestört werden, sagt ihr mir; – aber wie kann er das durch meine bloße Handlung, ohne mich anzuhören, ohne auf meine Reden aufzumerken, ohne sie in seine Gedankenform aufzufassen? Wird er gestört, so stört er selbst sich; ich nicht ihn. Es ist da ganz das Verhältnis des Gebens zum Nehmen. Habe ich nicht ein Recht, von meinem Brote mitzuteilen, an meiner Flamme sich wärmen, an meinem Lichte anzünden zu lassen? Will der andre mein Brot nicht, so strecke er seine Hand nicht aus, es zu empfangen; will er meine Wärme nicht, so gehe er von meinem Feuer; ihm meine Gaben aufzudringen, – das Recht habe ich freilich nicht.

Da jedoch dieses Recht des freien Mitteilens sich auf kein Gebot, sondern bloß auf eine Erlaubnis des Sittengesetzes gründet, und demnach, an sich betrachtet, nicht unveräußerlich ist; da ferner zur Möglichkeit der Ausübung desselben die Einwilligung des an-

* So brauchte man eine Lehre, die recht eigentlich dazu gemacht zu sein scheint, uns zu erlösen vom Fluche des Gesetzes, und uns zu bringen unter das Gesetz der Freiheit, erst zur Stütze der scholastischen Theologie – ganz neuerlich zur Stütze des Despotismus. – Es ist denkenden Männern unanständig, am Fuße der Throne zu kriechen, um die Erlaubnis zu erbetteln, Fußschemel der Könige zu sein.

dern, sein Annehmen meiner Gaben, erfordert wird: so ist es an sich wohl denkbar, daß die Gesellschaft einmal für alle diese Einwilligung aufgehoben, daß sie sich von jedem Mitgliede beim Eintritt in dieselbe hätte versprechen lassen, seine Überzeugungen überhaupt niemanden bekanntzumachen. – Mit einer solchen Verzichtleistung muß es denn wohl im allgemeinen, und ohne Ansehen der Person nicht so ernstlich gemeint sein; denn eröffnen nicht jene ihr vom Staate privilegiertes Füllhorn mit möglichster Freigebigkeit, und liegt es nicht bloß an unsrer störrischen Widersetzlichkeit, daß sie uns bis jetzt die seltensten Kostbarkeiten desselben noch vorenthalten? Aber laßt uns immer zugeben, was wir so unbedingt auch nicht zugeben möchten, daß wir ein Recht gehabt hätten, beim Eintritt in die Gesellschaft, unser Mitteilungsrecht aufzugeben: so steht diesem Rechte des freien Gebens das des *freien Nehmens* entgegen; das erstere kann nicht veräußert werden, ohne daß das zweite es zugleich werde. Zugegeben, ihr hättet ein Recht gehabt, mich versprechen zu lassen, ich wolle von meinem Brote niemanden mitteilen; hattet ihr denn auch zugleich das Recht, den armen Hungernden zu nötigen, von eurem ihm widerlichen Brei zu essen, oder zu sterben? Wollt ihr das schönste Band, das Menschen an Menschen kettet, das Geister in Geister überfließen macht, zerschneiden? Wollt ihr das süßeste Kommerzium der Menschheit, das freie und frohe Geben und Nehmen des Edelsten, was sie haben, vernichten? Doch, warum rede ich auch mit Empfindung an eure ausgedorrten Herzen? Ein dürrer und trockner Vernunftschluß, dem ihr durch alle eure Sophistereien nichts anhaben könnt, beweise euch die Unrechtmäßigkeit eurer Forderung. – Das Recht des freien Nehmens alles desjenigen, was brauchbar für uns ist, ist ein Bestandteil unserer Persönlichkeit; es gehört zu unserer Bestimmung, frei alles dasjenige zu brauchen, was zu unserer geistigen und sittlichen Bildung offen für uns daliegt; ohne diese Bedingung wäre Freiheit und Moralität ein unbrauchbares Geschenk für uns. Eine der reichhaltigsten Quellen unserer Belehrung und Bildung ist die Mitteilung von Geist zu Geist. Das Recht aus dieser Quelle zu schöpfen, können wir nicht aufgeben, ohne unsre Geistigkeit, unsre Freiheit und Persönlichkeit aufzugeben; wir *dürfen* es mithin nicht aufgeben; mithin darf auch der andre *sein* Recht, uns daraus schöpfen zu lassen, nicht aufgeben. Durch die Unveräußerlichkeit unsers Rechts *zu nehmen,* wird auch sein Recht *zu geben,* unveräußerlich. – Ob *wir* unsre Gaben *aufdringen,* wißt ihr wohl selbst. Ihr wißt es, ob wir Ämter und Ehrenstellen an diejenigen vergeben, die sich anstellen, als ob wir sie überzeugt hätten; ob wir diejenigen, die unsre Vorlesungen nicht hören, und unsre Schriften nicht lesen mögen, von Ämtern und Würden ausschließen; ob wir diejenigen die gegen unsre Grundsätze schreiben, öffentlich beschimpfen und fortjagen. Daß man dennoch eure Schriften zu dem Einpacken der unsrigen braucht; daß wir dennoch die hellern Köpfe und die besseren Herzen der Nationen auf unserer Seite, und ihr die Einfältigen, die Heuchler, die feilen Schriftsteller auf der eurigen habt – erklärt euch das selbst, so gut ihr könnt.

Aber, ruft ihr mir zu, wir verbieten dir gar nicht, Brot auszuteilen; nur Gift sollst du nicht geben. – Aber wie, wenn das, was ihr Gift nennt, meine tägliche Speise ist, bei der ich gesund und stark bin? Sollte ich vorher sehen, daß der schwache Magen des andern sie nicht vertragen werde? Starb er an meinem *Geben,* oder starb er an seinem *Essen?* Wenn er sie nicht verdauen konnte, so sollte er sie nicht essen: gestopft* habe ich ihn nicht, dazu habt nur ihr das Privilegium. – Oder gesetzt auch, ich hätte das, was ich dem andern gab, wirklich für Gift gehalten; ich hätte es ihm in der Absicht gegeben, um ihn zu vergiften – wie wollt ihr mir das beweisen? Wer kann darüber mein Richter sein, als mein Gewissen? Doch, ohne Gleichnis.

Ich darf zwar die *Wahrheit* verbreiten, aber nicht den *Irrtum.*

O! Was mag doch euch, die ihr dieses sagt, *Wahrheit* – was mag euch *Irrtum* heißen? Ohne Zweifel nicht das, was wir anderen dafür halten; sonst würdet ihr begriffen haben, daß eure Einschränkung die ganze Erlaubnis aufhebt; daß ihr mit der linken Hand uns wieder nehmt, was ihr mit der rechten gabt; daß es schlechterdings unmöglich ist, Wahrheit mitzuteilen, wenn es nicht auch erlaubt ist, Irrtümer zu verbreiten. – Doch, ich werde mich euch verständlicher machen.

Ohne Zweifel redet ihr hier nicht von *subjektiver* Wahrheit; denn ihr wollt nicht sagen: ich dürfe zwar das verbreiten, was *ich* nach meinem besten Wissen und Gewissen für wahr halte; nichts aber verbreiten, was *ich selbst* für irrig und falsch anerkenne. Ohne Vertrag zwischen mir und euch habt ihr keine rechtskräftige An-

---

* Kindern den vorher wohlzerkauten Brei in den Mund zu drücken, nennt man in den Provinzen, wo es noch geschieht, *stopfen.* – Auch stopft man Gänse mit Nudeln.

forderung auf meine Wahrhaftigkeit; denn diese ist nur eine innere, keine äußere Pflicht: durch den gesellschaftlichen Vertrag erhaltet ihr keine, denn ihr könnt euch der Erfüllung meines Versprechens nie versichern, da ihr nicht in meinem Herzen lesen könnt. Hätte ich euch Wahrhaftigkeit versprochen und ihr hättet das Versprechen angenommen, so wäret ihr freilich getäuscht, aber durch eure Schuld: ich hätte euch nichts versprochen, da ihr durch mein Versprechen ein Recht bekommen hättet, dessen Ausübung physisch unmöglich ist. – Freilich bin ich, wenn ich vorsätzlich euch belüge, wenn ich euch wissentlich und wohlbedacht Irrtum statt Wahrheit gebe, ein verachtungswürdiger Mensch; aber ich beleidige dadurch nur mich, nicht euch; ich habe das nur mit meinem Gewissen abzumachen.

Ihr redet also von *objektiver* Wahrheit; und diese ist? – O ihr weisen Sophisten des Despotismus, die ihr nie um eine Definition verlegen seid – sie ist – Übereinstimmung unsrer Vorstellungen von den Dingen mit den Dingen an sich. Der Sinn eurer Forderung ist mithin *der,* ich erröte in eurem Namen, indem ich es sagen will: – wenn meine Vorstellung mit dem Dinge an sich wirklich übereinstimmt, darf ich sie verbreiten; wenn sie aber nicht wirklich damit übereinstimmt, soll ich sie für mich behalten. Übereinstimmung unsrer Vorstellungen von den Dingen mit den Dingen an sich könnte nur auf zweierlei Art möglich sein; wenn nämlich entweder die Dinge an sich durch unsre Vorstellungen, oder unsre Vorstellungen durch die Dinge an sich wirklich gemacht würden. Da beim menschlichen Erkenntnisvermögen beide Fälle vorkommen, aber sich so ineinander verschlingen, daß wir sie nicht scharf voneinander absondern können, so ist sogleich klar, daß objektive Wahrheit in der strengsten Bedeutung des Worts dem Verstande des Menschen und jedes endlichen Wesens geradezu widerspreche; daß mithin unsere Vorstellungen mit den Dingen an sich nie übereinstimmen, noch übereinstimmen können. In diesem Sinne des Worts könnt ihr uns also unmöglich anmuten wollen, die Wahrheit zu verbreiten.

Dennoch gibt es eine gewisse notwendige Art, wie die Dinge uns allen, der Einrichtung unsrer Natur nach, schlechterdings erscheinen müssen, und insofern unsre Vorstellungen mit dieser notwendigen Form der Erkennbarkeit übereinstimmen, können wir sie auch objektiv wahr nennen – wenn nämlich das Objekt nicht das Ding an sich, sondern ein durch die Gesetze unsers Erkenntnisvermögens und die der Anschauung notwendig bestimmtes Ding

(Erscheinung) heißen soll. In dieser Bedeutung ist alles, was einer richtigen Wahrnehmung gemäß, durch die notwendigen Gesetze unsers Erkenntnisvermögens, zustande gebracht wird, objektive Wahrheit. – Außer dieser auf die Sinnenwelt anwendbaren Wahrheit gibt es noch eine, in einer unendlich höhern Bedeutung des Worts; da wir nämlich nicht erst durch Wahrnehmung die gegebene Beschaffenheit der Dinge erkennen, sondern sie durch die reinste, freieste Selbsttätigkeit, gemäß den ursprünglichen Begriffen von Recht und Unrecht, selbst *hervorbringen* sollen. Was diesen Begriffen gemäß ist, ist für alle Geister, und für den Vater der Geister wahr; und Wahrheiten von der Art sind meistens sehr leicht und sehr sicher zu erkennen; unser Gewissen ruft sie uns zu. So ist es z. B. ewige, menschliche und göttliche Wahrheit, daß es unveräußerliche Menschenrechte gibt, daß die Denkfreiheit darunter gehört – daß derjenige, dem wir unsre Macht in die Hände gaben, um unsre Rechte zu beschützen, höchst ungerecht handelt, wenn er sich eben dieser Macht bedient, sie, und besonders die Denkfreiheit, zu unterdrücken. Von solchen moralischen Wahrheiten findet gar keine Ausnahme statt; sie können nie problematisch sein, sondern lassen sich immer auf den notwendig gültigen Begriff des Rechten zurückführen. Von Wahrheiten der letztern Art – die euch ohnedies wenig am Herzen liegen, und oft innig zuwider sind – redet ihr also nicht; denn über sie findet kein Streit statt – ihr redet von der ersten menschlichen Wahrheit. Ihr befehlet, *wir sollen nichts behaupten, was nicht aus richtigen Wahrnehmungen, gemäß den notwendigen Gesetzen des Denkens, abgeleitet ist.* – Ihr seid großmütig, weise, gütige Väter der Menschheit; ihr befehlt uns immer richtig zu beobachten, und immer richtig zu schließen; ihr verbietet uns selbst zu irren, damit wir keine Irrtümer verbreiten. Edle Vormünder, das möchten wir eben nicht gern; es ist uns selbst ebenso zuwider, als euch. Der Fehler ist nur, daß wir es nicht wissen, wenn wir irren. – Könntet ihr uns nicht, damit doch euer väterlicher Rat uns zustatten kommet, ein sicheres, stets anwendbares, untrügliches Kriterium der Wahrheit geben?

Auch darauf habt ihr schon im voraus gedacht. Wir sollen z. B. nur nicht alte, längst widerlegte Irrtümmer verbreiten, sagt ihr. – *Widerlegte* Irrtümer? Wem sind sie widerlegt? Wenn diese Widerlegungen *uns* einleuchteten, *uns* Genüge täten – meint ihr, daß wir jene Irrtümer noch behaupten würden; glaubt ihr, daß wir lieber irren, als richtig denken, lieber rasen, als klug sein wollen, daß wir einen Irrtum nur für einen Irrtum anerkennen dürfen, um ihn sogleich aufzunehmen; denkt ihr, daß wir bloß aus geniehaftem Mutwillen, und um unsere guten Vormünder zu necken und zu ärgern, Dinge in die Welt hineinschreiben, von denen wir selbst gar wohl wissen, daß sie irrig sind?

Jene Irrtümer sind also längst widerlegt, sagt ihr uns auf euer Wort. So müssen sie doch wenigstens *euch* widerlegt sein, da ihr doch wohl ehrlich mit uns umgehen werdet. Wolltet ihr uns nicht sagen, erlauchte Erdensöhne, in wie vielen, unter ernsten Betrachtungen durchwachten, Nächten ihr dasjenige entdeckt habt, was so viele Männer, die, von euren übrigen Herrschersorgen frei, ihre ganze Zeit solchen Untersuchungen widmen, bis jetzt noch nicht haben entdecken können? oder, ob ihrs ohne alles Nachdenken, und ohne allen Unterricht, bloß durch die Hilfe eures göttlichen Genies gefunden habt? Doch, wir verstehen euch, und schon längst hätten wir, statt dieser für euch und eure Satelliten sehr trocknen Untersuchungen, euren wahren Gedanken darstellen sollen. – Ihr redet gar nicht von dem, was wir andern Wahrheit oder Irrtum nennen – was kümmert euch das? Wer hätte der Hoffnung des Landes durch solche trübsinnigen Spekulationen die Jahre verderben wollen, in denen sie sich auf die künftigen Herrschersorgen erquickte? Ihr habt euch mit euren Untertanen in die menschlichen Gemütskräfte geteilt. Ihnen habt ihr das *Denken* überlassen, – zwar nicht für euch, noch für sich selbst, denn in euren Regierungen ist das gar nicht nötig, – sie mögen es zu ihrem Vergnügen tun, wenn sie wollen, aber ohne weitere Folgen. *Wollen* werdet ihr für sie. Dieser in euch wohnende gemeinsame Wille bestimmt denn auch die Wahrheit. Wahr ist demnach das, wovon ihr wollt, daß es wahr sei; falsch ist das, wovon ihr wollt, daß es falsch sei. – *Warum* ihrs wollt, das ist nicht unsre Frage, auch nicht die eurige. Euer Wille, als solcher, ist das einzige Kriterium der Wahrheit. Wie unser Gold und Silber nur unter eurem Stempel einen Wert hat, so auch unsre Begriffe.

Darf es ein ungeweihtes Auge wagen, einen Blick in die Mysterien der Staatsverwaltung zu tun, zu der tiefe Weisheit erforderlich sein muß, da bekanntermaßen stets die weisesten und besten unter den Menschen an ihr Ruder erhoben werden, so erlaubt mir hierbei einige schüchterne Bemerkungen. Schmeichle ich mir nicht zu viel, so sehe ich einige von den Vorteilen, die ihr dabei beabsichtigt. Den Körper der Menschen zu unterjochen ist euch ein leichtes; ihr könnt seine Füße in den Stock, seine Hände in Fesseln legen, ihr könnt auch allenfalls durch Furcht des Hungers oder des Todes ihn verhindern zu reden, was er nicht reden soll. Aber ihr könnt doch nicht immer mit dem Stocke, oder mit Fesseln, oder mit Henkersknechten gegenwärtig sein – auch eure Spürer können nicht allenthalben sein; und eine solche mühsame Regierung würde euch doch gar keine Zeit zu menschlichen Vergnügungen übriglassen. Ihr müßt also auf ein Mittel denken, ihn sichrer und zuverlässiger zu unterjochen, damit er auch außer dem Stocke und der Fessel nicht anders atme, als ihr ihm winktet. Lähmt das erste Prinzip der Selbsttätigkeit in ihm, seinen Gedanken; untersteht er sich nicht mehr anders, als ihr es ihm, mittelbar oder unmittelbar, durch seinen Beichtvater, oder durch eure Religionsedikte befehlt, zu denken: so ist er ganz die Maschine, die ihr haben wollt, und nun könnt ihr ihn nach Belieben brauchen. Ich bewundere in der Geschichte, die euer Lieblingsstudium ist, die Weisheit einer Reihe von den ersten christlichen Kaisern. Mit jeder neuen Regierung änderte sich die Wahrheit; selbst während *einer* Regierung, wenn sie ein wenig lange dauerte, mußte sie ein- oder ein paarmal abgeändert werden. Ihr habt den Geist dieser Maximen aufgefaßt, aber ihr seid – verzeiht es dem Anfänger in eurer Kunst, wenn er irren sollte, – noch nicht tief genug in ihn eingedrungen. Man läßt eine und ebendieselbe Wahrheit zu lange Wahrheit bleiben; darin hat man es in der neuern Staatskunst versehen. Das Volk gewöhnt sich endlich an sie, und hält seine Gewohnheit, sie zu glauben, für den Beweis ihrer Wahrheit, da es sie doch lediglich und rein um eurer Autorität willen glauben sollte. Ahmt daher, ihr Fürsten, euren würdigen Mustern ganz nach; verwerft heute, was ihr gestern zu glauben befahlet, und autorisiert heute, was ihr gestern verwarft, damit sie sich von dem Gedanken, daß bloß euer Wille die Quelle der Wahrheit sei, nie entwöhnen. Ihr habt z. B. nur zu lange gewollt, daß Eins Dreien gleich sei; sie haben euch geglaubt, und leider haben sie sich so daran gewöhnt, daß sie schon längst euch den schuldigen Dank versagen, und es selbst entdeckt zu haben meinen. Rächt euer Ansehen; befehlt auch einmal, daß Eins Eins sei – natürlich nicht darum, weil das Gegenteil sich widerspricht, sondern darum, weil ihr es wollt.

Ich verstehe euch, wie ihr seht; aber ich habe es da mit einem unbändigen Volke zu tun, das nicht nach euren Absichten, sondern nach euren Rechten fragt. Was soll ich antworten?

Es ist eine unbequeme Frage, die Frage vom Rechte. Ich bedaure, daß ich mich hier von euch, mit denen ich so freundschaftlich hierher kam, werde trennen müssen.

Wenn ihr das Recht hättet, festzusetzen, was wir für Wahrheit annehmen sollten, so müßtet ihr es von der Gesellschaft, und diese müßte es durch Vertrag haben. Ist ein solcher Vertrag möglich? Kann es die Gesellschaft ihren Mitgliedern zu einer Bedingung desselben machen, gewisse Sätze – nicht eben zu *glauben;* denn dessen kann sie sich, als einer inneren Gesinnung, nie versichern, – sondern nur äußerlich zu bekennen, d. i. nichts *gegen* sie zu sagen, zu schreiben, zu lehren – denn ich will den Satz so gelind ausdrükken, als möglich.

Physisch möglich wäre ein solcher Vertrag. Wenn nur jene unantastbaren Lehrsätze fest und scharf genug bestimmt wären, daß man jedem, der gegen sie etwas gesagt hätte, es unwidersprechlich beweisen könnte – und ihr seht ein, daß das etwas gefordert heißt – so könnte man ihn dafür, als für eine äußere Handlung allerdings bestrafen.

Ist es aber moralisch möglich, d. i. hat die Gesellschaft ein Recht, ein solches Versprechen zu fordern, und das Mitglied, es zu geben; würden in einem solchen Vertrage nicht etwa unveräußerliche Rechte des Menschen veräußert – welches in keinem Vertrage geschehen darf, und wodurch der Vertrag rechtswidrig und nichtig wird? – Freie Untersuchungen jedes möglichen Objekts des Nachdenkens, nach jeder möglichen Richtung hin, und ins Unbegrenzte hinaus, ist ohne Zweifel ein Menschenrecht. Niemand darf seine Wahl, seine Richtung, seine Grenzen bestimmen als er selbst. Das haben wir oben bewiesen. Es ist hier nur die Frage, ob er sich nicht selbst durch Vertrag dergleichen Grenzen setzen dürfe? Seinen Rechten auf äußere Handlungen, die durch das Sittengesetz nicht geboten, sondern nur erlaubt waren, durfte er dergleichen Grenzen setzen. Hier treibt ihn nichts überhaupt zu handeln, als höchstens die Neigung; diese Neigung nun kann er wohl da, wo sie das Sittengesetz nicht einschränkt, durch ein sich freiwillig aufgelegtes Gesetz einschränken. Wenn er aber an jener Grenze des Nachdenkens angekommen ist, so treibt ihn allerdings etwas zu handeln, sie zu überschreiten und über sie hinauszurücken, nämlich das Wesen seiner Vernunft, die in das Unbegrenzte hinausstrebt. Es ist Bestimmung seiner Vernunft, keine absolute Grenze anzuerkennen; und dadurch wird sie erst Vernunft, und er dadurch erst ein vernünftiges freies selbständiges Wesen.

Mithin ist Nachforschen ins Unbegrenzte *unveräußerliches* Menschenrecht.

Ein Vertrag, durch welchen er sich eine solche Grenze setzte, hieße zwar nicht unmittelbar soviel, als: ich will ein Tier sein – aber soviel hieße er: ich will nur bis zu einem gewissen Punkte (wenn nämlich jene vom Staate privilegierten Sätze wirklich allgemeingeltend für die menschliche Vernunft wären, was wir euch, und außer dieser noch eine Menge andrer Schwierigkeiten geschenkt haben) – ich will bis zu einem gewissen Punkte ein vernünftiges Wesen, sobald ich aber bei ihm angekommen sein werde, ein unvernünftiges Tier sein.

Ist nun ein unveräußerliches Recht, über jene festgesetzten Resultate hinaus *zu untersuchen*, erwiesen, so ist zugleich die Unveräußerlichkeit des Rechts, *gemeinschaftlich* über sie hinaus zu untersuchen, erwiesen. Denn wer das Recht zum Zwecke hat, der hat es auch zu den Mitteln, wenn kein anderes Recht ihm im Wege steht; nun ist es eines der vortrefflichsten Mittel sich weiterzubringen, wenn man von andern belehrt wird; folglich hat jeder ein unveräußerliches Recht frei gegebene Belehrungen ins Unbegrenzte hinaus *anzunehmen*. Soll dieses Recht nicht aufgehoben werden, so muß auch das Recht des andern, dergleichen Belehrungen zu *geben*, unveräußerlich sein.

Die Gesellschaft hat mithin gar kein Recht, ein solches Versprechen zu fordern oder anzunehmen; denn es widerspricht einem unveräußerlichen Menschenrecht: kein Mitglied hat ein Recht, ein solches Versprechen zu geben; denn es widerspricht der Persönlichkeit des andern, und der Möglichkeit, daß er überhaupt moralisch handle. Jeder, der es gibt, handelt pflichtwidrig, und, sobald er dies erkennt, wird es Pflicht, sein Versprechen zurückzunehmen.

Ihr erschreckt über die Kühnheit meiner Folgerungen, Freunde und Diener der alten Finsternis; denn Leute eurer Art sind leicht zu erschrecken. Ihr hofftet, daß ich wenigstens noch ein bedächtliches »insofern freilich« mir vorbehalten, noch ein kleines Hintertürchen für euren Religionseid, für eure symbolischen Bücher, usf. offengelassen hätte. Und hätte ich es, so wollte ich es hier euch zu Gefallen nicht öffnen; – eben darum, weil man immer so säuberlich mit euch verfuhr, euch immer zu sehr markten ließ, den Geschwüren, die euch am wehsten tun, immer so bedächtig auswich, an eurer Mohrenschwärze wusch, ohne euch die Haut naßmachen zu wollen, darum habt ihr euch so laut gemacht. Ihr werdet euch von nun an allmählich daran gewöhnen müssen, die Wahrheit ohne Hülle zu erblicken. – Doch auch ich will euch nicht ohne Trost entlassen. Was fürchtet ihr denn von jenen unbekannten Ländern jenseits eures Horizonts, in die ihr nie kommen werdet? Fragt doch die Leute, die sie bereisen: ob die Gefahr, von moralischen Riesen aufgegessen, von skeptischen Seeungeheuern verschlungen zu werden, so groß sei? Seht doch diese kühnen Weltumsegler wenigstens ebenso moralisch gesund, als ihr es seid, unter euch herumwandeln. Warum scheuet ihr euch denn so vor der plötzlich hereinbrechenden Erleuchtung, die entstehen würde, wenn jeder aufklären dürfte, soviel er könnte? Der menschliche Geist geht überhaupt nur stufenweise von Klarheit zu Klarheit; ihr werdet in eurem Zeitalter schon noch mit fortschleichen; ihr werdet euer kleines auserwähltes Häuflein, und die Selbstüberzeugung von euren großen Verdiensten schon behalten. Und macht derselbe ja bisweilen durch eine Revolution in den Wissenschaften einen gewaltsamen Vorschritt – auch darüber seid unbesorgt. Wird es um euch herum auch für andre Tag; euch, und eure euch so sehr am Herzen liegenden Zöglinge werden eure blöden Augen schon in einer behaglichen Dämmerung erhalten; ja, es wird zu eurem Troste noch finsterer um euch werden. Ihr müßt das ja aus Erfahrung wissen. Ist es nicht, seit der starken Beleuchtung, die besonders seit einem Jahrzehnt auf die Wissenschaften fiel, noch viel verworrener in euren Köpfen geworden als zuvor?

Und jetzt erlaubt mir, mich wieder an *euch* zu wenden, ihr Fürsten. Ihr weissagt uns namenloses Elend aus unbegrenzter Denkfreiheit. Es ist bloß zu unserm Besten, daß ihr sie an euch nehmt, und sie uns aufhebt, wie Kindern ein schädliches Spielzeug. Ihr laßt uns durch Zeitungsschreiber, die unter eurer Aufsicht stehen, mit Feuerfarben die Unordnungen hinmalen, welche geteilte, und durch Meinungen erhitzte Köpfe begehen; deutet dort auf ein sanftes Volk, herabgesunken zur Wut der Kannibalen, wie es nach Blut dürstet, und nicht nach Tränen, wie es gieriger sich zu Hinrichtungen hindrängt, als zu Schauspielen, wie es abgerissene Glieder seiner Mitbürger, noch triefend und dampfend, unter Jubelgesängen zur Schau herumträgt, wie seine Kinder blutende Köpfe treiben, statt des Kreisels – und wir wollen euch nicht an blutigere Feste erinnern, welche Despotismus und Fanatismus im gewohnten Bunde ebendiesem Volke gaben – euch nicht erinnern, daß dies nicht die Früchte der Denkfreiheit, sondern die Folgen der vorherigen langen Geistessklaverei sind, – euch nicht sagen, daß es nirgends stiller ist, als im Grabe. – Wir wollen euch alles zugeben, wir wollen uns sogleich reuevoll in eure Arme werfen, und euch weinend bitten, uns an eurem väterlichen Herzen vor allem Ungemach, das uns droht, zu verbergen, sobald ihr uns nur noch eine ehrfurchtsvolle Frage werdet beantwortet haben.

O ihr, die ihr, wie wir aus eurem Munde vernehmen, als wohltätige Schutzgeister über die Glückseligkeit der Nationen zu wachen habt; ihr, die ihr – ihr habt es uns so oft versichert – nur diese zum höchsten Zwecke eurer zärtlichen Sorgen macht – warum verheeren denn unter eurer erhabnen Aufsicht noch immer die Fluten unsre Äcker, und die Orkane unsre Pflanzungen? Warum brechen noch Feuerflammen aus der Erde, und fressen uns und unsre Häuser? Warum raffen Schwert und Seuchen unter euern geliebten Kindern Tausende hin? Gebietet doch erst dem Orkane, daß er schweige; dann gebietet auch dem Sturme unsrer empörten Meinungen: laßt doch erst regnen über unsere Felder, wenn sie dürre sind, und gebt uns die erquickende Sonne, wenn wir euch darum anflehen; dann gebt uns auch die uns beseligende Wahrheit*. – Ihr schweigt? Ihr könnt das nicht?

Nun wohl! Derjenige, der das wirklich kann, der aus den Trümmern der Verwüstung neue Welten, und aus dem Moder der Verwesung lebendige Körper baut, – der über eingestürzten Vulkanen blühende Rebenberge gedeihen, – über Gräbern Menschen wohnen, leben und sich freuen läßt – werdet ihr zürnen, wenn wir diesem auch *die* Sorge, die kleinste seiner Sorgen überlassen, jene

---

* Euer Freund, der Rezensent von Nr. 261 im Oktoberstück der Allgemeinen Literatur-Zeitung will zwar nicht, daß man Revolutionen mit Naturerscheinungen vergleicht. Mit seiner Erlaubnis, als *Erscheinungen,* d. i. nicht ihren moralischen Gründen, sondern ihren Folgen in der Sinnenwelt nach, stehen sie allerdings bloß unter Naturgesetzen. *Ihr* werdet ihm das Buch, und die Stelle desselben, wo er sich davon überzeugen kann, nicht nachweisen können; und *ich* darf es hier nicht tun. – Überhaupt könntet ihr diesem eurem Freunde unter der Hand zu verstehen geben, er dürfe kühn sich gründlicher in das Studium der Philosophie einlassen. Er würde dann, bei seinen ausgebreiteten Kenntnissen, und seiner männlichen Sprache, eure Sache, und die Sache der Menschheit zugleich, weit geschickter führen, als er es bisher getan hat. – Ihr hattet nie eine bessere Freundin, als die Philosophie, wenn Freund und Schmeichler euch nicht eins ist. Laßt daher ab von jener falschen Freundin, die seit ihrer Geburt dem ersten dem besten zu Diensten stand, die sich von jedermann brauchen ließ, und durch welche man – es ist noch nicht so lange her – in den Händen eines Klugen *euch* ebenso unterjochte, wie *ihr* jetzt durch sie *eure Völker* unterjocht.

Übel, die wir uns durch den Gebrauch seines mit seinem göttlichen Siegel bekräftigten Freibriefs zuziehen, zu vernichten, zu mildern, oder, wenn wir sie leiden *müssen,* sie zur höheren Kultur unsers Geistes durch unsre eigne Kraft anzuwenden?

Fürsten, daß ihr nicht unsre Plagegeister sein wollt, ist gut; daß ihr unsre Götter sein wollt, ist nicht gut. Warum wollt ihr euch doch nicht entschließen, zu uns herabzusteigen, die Ersten unter Gleichen zu sein? Die Weltregierung gelingt euch nicht; ihr wißt's. Ich mag euch hier nicht – mein Herz ist zu gerührt – die Fehlschlüsse vorrücken, die ihr bisher alle Tage gemacht habt, euch nicht die weit aussehenden Pläne vorrücken, die ihr mit jedem Vierteljahre verändert habt, euch nicht auf die Leichenhaufen der eurigen hindeuten, die ihr im Triumphe zurückzubringen sicher rechnetet. – Einst werdet ihr mit uns einen Teil des großen sichern Planes überschauen, und werdet mit uns staunen, daß ihr durch eure Unternehmungen blindlings Zwecke befördern mußtet, an die ihr nie gedacht habt. Ihr seid gröblich irregeleitet; Glückseligkeit erwarten wir nicht aus eurer Hand, wir wissen's ja, daß ihr *Menschen* seid – wir erwarten Beschützung und Rückgabe unsrer Rechte, die ihr uns doch wohl nur aus Irrtum nahmt.

Ich könnte euch beweisen, daß Denkfreiheit, ungehinderte uneingeschränkte Denkfreiheit allein das Wohl der Staaten gründe, und befestige; ich könnte es euch durch unwiderlegbare Gründe einleuchtend dartun; ich könnte es euch aus der Geschichte zeigen; ich könnte euch noch gegenwärtig auf kleine und große Länder hindeuten, die durch sie fortblühen, durch sie unter euren Augen blühend wurden: aber ich mag das nicht tun. Ich mag euch die Wahrheit in ihrer natürlichen Götterschöne nicht durch die Schätze anpreisen, die sie euch zur Morgengabe bringt. Ich denke besser von euch, als alle die, welche dies taten. Ich traue es euch zu; ihr höret gern die Stimme der ernsten, aber biedern Wahrheit:

Fürst, Du hast kein Recht unsere Denkfreiheit zu unterdrücken: und wozu Du kein Recht hast, das mußt Du nie tun, und wenn um Dich herum die Welten untergehen, und Du mit Deinem Volke unter ihren Trümmern begraben werden solltest. Für die Trümmer der Welten, für Dich, und für uns unter den Trümmern wird der sorgen, der uns die Rechte gab, die Du respektiertest.

Was wäre denn auch die Erdenglückseligkeit, die ihr uns hoffen laßt, wenn ihr auch wirklich sie uns geben könntet? – Fühlt in eure Busen, ihr, die ihr doch alles genießen könnt, was die Erde an Freuden hat. Erinnert euch der genossenen Freuden. Waren sie eurer Sorgen vor dem Genusse, waren sie des Ekels und des Überdrusses wert, der dem Genusse folgte? Und noch einmal wolltet ihr euch, um unsertwillen, in diese Sorgen stürzen? O, glaubt es doch, – alle die Güter, die ihr uns geben könnt, eure Schätze, eure Ordensbänder, eure glänzenden Zirkel, oder der Flor des Handels, die Zirkulation des Geldes, der Überfluß an Lebensmitteln – ihr Genuß, als Genuß, ist des Schweißes der Edlen, ist eurer Sorgen, ist unsers Dankes nicht wert. Nur als Instrumente unsrer Tätigkeit, als ein näheres Ziel, nach dem wir laufen, haben sie in den Augen des Vernünftigen einigen Wert. Unsere einzige Glückseligkeit für diese Erde – wenn es doch ja Glückseligkeit sein soll – ist freie ungehinderte Selbsttätigkeit, Wirken aus eigner Kraft nach eignen Zwecken mit Arbeit, und Mühe, und Anstrengung. – Ihr pflegt uns ja auch auf eine andere Welt zu verweisen, deren Preise ihr aber meist auf die leidenden Tugenden des Menschen, auf passives Dulden und Tragen aussetzt. – Ja, wir blicken in diese andre Welt, die nicht so scharf von der gegenwärtigen abgeschnitten ist, als ihr glaubt, deren Bürgerrecht wir schon hier tief in unsrer Brust tragen, und es uns von euch nicht wollen nehmen lassen. Dort werden uns die Früchte unsers *Tuns,* nicht unsers *Leidens,* schon jetzt aufbewahrt; sie sind schon, an einer mildern Sonne, als dieses Klima hat, gereift; erlaubt, daß wir uns hier auf ihren Genuß durch strenge Arbeit stärken.

Über unsre Denkfreiheit habt ihr demnach gar keine *Rechte,* ihr Fürsten; keine Entscheidung über das, was wahr oder falsch ist; kein Recht unserm Forschen seine Gegenstände zu bestimmen, oder seine Grenzen zu setzen; kein Recht, uns zu verhindern, die Resultate desselben, sie seien nun wahr, oder falsch, mitzuteilen, *wem* oder *wie* wir wollen: ihr habt in Rücksicht ihrer auch keine *Verbindlichkeiten;* eure Verbindlichkeiten gehen bloß auf irdische Zwecke, nicht auf den überirdischen der Aufklärung. In Rücksicht dieser dürft ihr euch ganz leidend verhalten; *sie* gehört nicht unter eure Sorgen. – Ihr möchtet aber vielleicht gern noch mehr tun, als ihr zu tun schuldig seid. Wohlan! Laßt uns sehen, was ihr tun könnt.

Es ist wahr, ihr seid erhabne Personen, ihr Fürsten; ihr seid wirklich Stellvertreter der Gottheit – nicht wegen einer angeborenen Erhabenheit eurer Natur – nicht als *beglückende* Schutzgeister der Menschheit – sondern wegen des erhabenen Auftrages, die Rechte derselben zu schützen, die ihr Gott gab – wegen der Menge schwerer und unerläßlicher Pflichten, die ein solcher Auftrag auf eure Schultern legt. Es ist ein hehrer Gedanke: Millionen von Menschen haben mir gesagt – siehe, wir sind vom Götterstamme, und das Siegel unsers Ursprungs ist an unsrer Stirn – *wir* wissen die Würde, die uns dieses gibt, die Rechte, die wir zu unsrer Ausstattung aus dem väterlichen Hause mit auf diese Erde brachten, nicht zu behaupten, – *wir Millionen nicht:* wir legen sie in *Deine* Hände; sie seien Dir heilig um ihres Ursprungs willen, behaupte sie in unserm Namen – sei unser Pflegevater, bis wir in das Haus unsers wahren Vaters zurückkehren.

Ihr erteilt Ämter und Würden im Staate; ihr vergebt Schätze und Ehrenbezeugungen; ihr unterstützt den Dürftigen, und gebt dem Armen Brot – aber es ist eine grobe Lüge, wenn man euch sagt, das seien Wohltaten. Ihr könnt nicht wohltätig sein. Das Amt, das ihr gebt, ist kein Geschenk; es ist ein Teil eurer Last, den ihr auf die Schultern eures Mitbürgers ladet, wenn ihr es dem Würdigsten gebt; es ist ein Raub an der Gesellschaft, und an dem Würdigsten, wenn es der weniger Würdige erhielt. Die Ehrenbezeugung, die ihr erteilt, erteilt nicht ihr; jedem erkannte sie schon vorher seine Tugend zu, und ihr seid nur die erhabenen Dolmetscher derselben an die Gesellschaft. Das Geld, das ihr austeilt, war nie euer; es war ein anvertrautes Gut, das die Gesellschaft in eure Hände niederlegte, um allen ihren Bedürfnissen, d. i. den Bedürfnissen jedes einzelnen dadurch abzuhelfen. Die Gesellschaft verteilt es durch eure Hände. Der Hungernde, dem ihr Brot gebt, hätte Brot, wenn die gesellschaftliche Verbindung ihn nicht genötigt hätte, es hinzugeben; die Gesellschaft gibt durch euch ihm zurück, was sein war. Wenn ihr mit unverblendbarer Weisheit; mit unbestechlicher Gewissenhaftigkeit das alles tatet, nie fehltet, nie irrtet – so tatet ihr, was eure Schuldigkeit war.

Ihr möchtet noch mehr tun. Wohlan! Eure Mitbürger sind es nicht bloß im Staate, sie sind es auch in der Geisterwelt, in der ihr keinen erhabnern Rang bekleidet, als sie. Als solche habt ihr keine Forderungen an sie zu tun, noch sie an euch. Ihr könnt die Wahrheit für euch suchen, sie für euch behalten, sie nach eurer ganzen Empfänglichkeit dafür genießen; sie haben kein Recht euch dareinzureden. Ihr könnt der Untersuchung derselben außer euch ihren eignen Gang lassen, ohne euch im geringsten um sie zu kümmern. Ihr braucht die Macht, den Einfluß, das Ansehen, das die Gesellschaft in eure Hände legte, gar nicht zur Beförderung der Aufklärung anzuwenden – denn dazu hat sie euch dieselbe nicht gegeben. – Was ihr hier tut, ist ganz guter Wille, ist übrig; auf diesem Wege könnt ihr euch um die Menschheit, gegen die ihr übrigens nur unerläßliche Pflichten habt, wirklich verdient machen.

Ehrt und respektiert persönlich die Wahrheit, und laßt euch das abmerken. – Wir wissen es zwar, daß ihr in der Welt der Geister uns gleich seid, und daß die Wahrheit, durch die Achtung des mächtigsten Beherrschers, ebensowenig heiliger wird, als durch die Huldigung, die ihr der Geringste im Volke leistet; daß auch ihr durch eure Unterwerfung nicht sie, sondern euch selbst ehrt: aber doch sind wir bisweilen – und viele unter uns sind immer sinnlich genug zu glauben, daß eine Wahrheit durch den Glanz desjenigen, der ihr huldigt, einen neuen Glanz bekomme. Macht diesen Wahn nützlich, bis er verschwinden wird – laßt eure Völker immer glauben, daß noch etwas Erhabneres sei, als ihr, und daß es noch höhere Gesetze gebe, als die eurigen. Beugt euch öffentlich mit ihnen unter diese *Gesetze,* und sie werden für sie und für euch eine größere Ehrfurcht fassen.

Hört willig auf die Stimme der Wahrheit, der Gegenstand derselben sei, welcher es wolle, und laßt sie immer eurem Throne, ohne Furcht, daß sie ihn überglänzen werde, sich nahen. Wollt ihr euch lichtscheu vor ihr verbergen? Was habt ihr sie zu fürchten, wenn ihr reinen Herzens seid? Seid folgsam, wenn sie eure Entschließungen mißbilliget; nehmt zurück eure Irrtümer, wenn sie euch derselben überführt. Ihr habt nichts dabei zu wagen. Daß ihr sterbliche Menschen, d. h. daß ihr nicht unfehlbar seid, wußten wir immer, und werden es nicht erst durch euer Bekenntnis erfahren. Eine solche Unterwerfung entehrt euch nicht; je mächtiger ihr seid, desto mehr ehrt sie euch. Ihr könntet eure Maßregeln fortsetzen, wer könnte euch daran hindern? Ihr könntet wissentlich und wohlüberzeugt fortfahren, ungerecht zu sein, wer würde es wagen, euch ins Angesicht Vorwürfe darüber zu machen? euch das, was ihr wirklich wäret, zu schelten? Aber ihr entschließt euch freiwillig – euch selbst zu ehren, und recht zu tun – und durch diese Unterwerfung unter das Gesetz des Rechten, die euch dem Geringsten eurer Sklaven gleichsetzt, versetzt ihr euch zugleich in den Rang des höchsten endlichen Geistes.

Die Erhabenheit eures irdischen Ranges und alle eure äußern Vorzüge verdankt ihr der Geburt. Wäret ihr in der Hütte des Hirten geboren, so führte eben die Hand, die jetzt das Zepter führt, den Hirtenstab. Jeder Vernünftige wird um dieses Zepters willen in euch die Gesellschaft ehren, die ihr repräsentiert – aber wahrlich nicht euch. Wißt ihr, wem unsre tiefen Verbeugungen, unser ehrfurchtsvoller Anstand, unser unterwürfiger Ton gilt? Dem Repräsentanten der Gesellschaft, nicht euch. Bekleidet einen Mann von Stroh mit eurer königlichen Kleidung, gebt ihm euer Zepter in die ausgestopfte Hand, setzt ihn auf euren Thron, und laßt uns vor ihn. Meint ihr, daß wir hier das unsichtbare Wehen, das nur von eurer Götterperson ausströmen soll, vermissen werden; daß unsre Rücken weniger geschmeidig, unser Anstand weniger ehrfurchtsvoll, unsre Worte weniger schüchtern sein werden? Ist euch denn noch nie eingefallen, zu untersuchen, wieviel von dieser Ehrfurcht ihr euch selbst zu verdanken habt? Wie man euch behandeln würde, wenn ihr nichts wäret, als einer von uns?

Von euren Höflingen werdet ihr es nicht erfahren. Sie werden euch heilig beteuern, daß sie nur euch und eure Person, nicht den Fürsten in euch, verehren und lieben, wenn sie merken, daß ihr das gerne hört. Selbst vom Weisen würdet ihr es nie erfahren, wenn auch je einer in der Luft, die eure Höflinge atmen, sollte ausdauern können. Er würde auf eure Frage dem Repräsentanten der Gesellschaft, nicht euch antworten. In der Behandlung unsrer Mitbürger zuweilen unsern persönlichen Wert, wie in einem Spiegel zu erblicken – dieser Vorteil ist nur für Privatpersonen; den wahren Wert der Könige schätzt man nicht eher laut, bis sie gestorben sind.

Wollt ihr dennoch eine Antwort auf diese Frage, die der Beantwortung wohl wert ist, so müßt ihr selbst sie euch geben. Ungefähr in ebendem Grade, in welchem ihr euch selbst achten könnt, wenn ihr euch nicht durch das täuschende Glas eures Eigendünkels, sondern im reinen Spiegel eures Gewissens betrachtet, in dem Grade achten euch eure Mitbürger. Wollt ihr also wissen, ob, wenn Krone und Zepter von euch genommen werden sollte, derjenige, der jetzt Ehrenlieder auf euch singt, Spottlieder auf euch dichten würde; ob diejenigen, die euch jetzt ehrfurchtsvoll ausweichen, sich zu euch drängen würden, um Mutwillen mit euch zu treiben; ob man euch den ersten Tag verlachen, den zweiten kalt verachten, und den dritten eure Existenz vergessen würde, oder ob man auch dann noch den Mann, der, um groß zu sein, nicht König zu sein brauchte, in euch verehren würde, – so fragt euch selbst darum. Wollt ihr nicht das erstere, sondern das letztere; wollt ihr, daß wir euch um eurer selbst willen verehren, so müßt ihr ehrwürdig werden. Nichts aber macht den Menschen ehrwürdig, als freie Unterwerfung unter Wahrheit und Recht.

Stören dürft ihr die freie Untersuchung nicht; befördern dürft ihr sie, – und fast könnt ihr sie nicht anders befördern, als durch das Interesse, das ihr selbst dafür bezeigt, durch die Folgsamkeit, mit der ihr auf ihre Resultate hört. Die Ehrenbezeugungen, die ihr wahrheitsliebenden Forschern geben könntet – sie bedürfen sie selten für andre, und sie bedürfen sie nie für sich; ihre Ehre hängt nicht an euren Unterschriften und Siegeln, sie wohnt in den Herzen ihrer Zeitgenossen, die durch sie erleuchteter wurden, in dem Buche der Nachwelt, die an ihrer Lampe ihre Fackeln anzünden wird, in der Geisterwelt, in der die Titel, die ihr gebt, nicht gelten; die Belohnungen – doch was sage ich Belohnungen? – die Entschädigungen der Verbindlichkeit der Gesellschaft gegen sie. Ihre eigentlichen Belohnungen sind erhabner. Sie sind freiere Tätigkeit, und größere Ausbreitung ihres Geistes. Sie verschaffen sie sich selbst, ohne euer Zutun. Aber auch jene Entschädigungen – gebt sie ihnen so, daß sie sie nicht schänden, und euch ehren; als freie den Freien, so daß sie sie auch ausschlagen dürften. Gebt sie nie, um sie zu erkaufen – ihr kauft dann keine Diener der Wahrheit; die sind nie feil.

Leitet die Untersuchungen des Forschungsgeistes auf die gegenwärtigsten dringendsten Bedürfnisse der Menschheit, aber leitet sie mit leichter weiser Hand, nie als Beherrscher, sondern als freie Mitarbeiter, nie als Gebieter über den Geist, sondern als frohe Mitgenossen seiner Früchte. Zwang ist der Wahrheit zuwider; nur in der Freiheit ihres Geburtslandes, der Geisterwelt, kann sie gedeihen.

Und besonders – lernt doch endlich kennen eure wahren Feinde, die einzigen Majestätsverbrecher, die einzigen Schänder eurer geheiligten Rechte, und eurer Personen. Es sind diejenigen, die euch anraten, eure Völker in der Blindheit und Unwissenheit zu lassen, neue Irrtümer unter sie auszustreuen, und die alten aufrechtzuerhalten, die freie Untersuchung aller Art zu hindern und zu verbieten. Sie halten eure Reiche für Reiche der Finsternis, die im Lichte schlechterdings nicht bestehen können. Sie glauben, daß eure Ansprüche sich nur unter der Hülle der Nacht ausüben lassen, und daß ihr nur unter Geblendeten und Betörten herrschen könnt. Wer einem Fürsten anrät, den Fortgang der Aufklärung unter seinem Volke zu hemmen, sagt ihm ins Angesicht: deine Forderungen sind von der Art, daß sie den gesunden Menschenverstand empören, du mußt ihn unterdrücken; deine Grundsätze und deine Handlungsarten leiden kein Licht; laß deinen Untertan nicht erleuchtet werden, sonst wird er dich verwünschen; deine Verstandeskräfte sind schwach; laß das Volk ja nicht klüger werden, sonst übersieht es dich; Finsternis und Nacht ist dein Element, das mußt du um dich her zu verbreiten suchen; vor dem Tage müßtest du entfliehen.

Nur diejenigen haben wahres Zutrauen und wahre Achtung gegen euch, die euch anraten, Erleuchtung um euch her zu verbreiten. Sie halten eure Ansprüche für so gegründet, daß keine Beleuchtung ihnen schaden könne, eure Absichten für so gut, daß sie in jedem Lichte nur noch mehr gewinnen müssen, euer Herz für so edel, daß ihr selbst den Anblick eurer Fehltritte in diesem Lichte ertragen, und wünschen würdet, sie zu erblicken, damit ihr sie verbessern könntet. Sie verlangen von euch, daß ihr, wie die Gottheit, im Lichte wohnen sollt, um alle Menschen zu eurer Verehrung und Liebe einzuladen. Nur sie hört, und sie werden ungelobt, und unbezahlt euch ihren Rat erteilen.

Beitrag zur Berichtigung der Urteile des Publikums über die französische Revolution

Erster Teil. Zur Beurteilung ihrer Rechtmäßigkeit[1]

Vorrede

Die französische Revolution scheint mir wichtig für die gesamte Menschheit. Ich rede nicht von den politischen Folgen, die sie sowohl für jenes Land, als für benachbarte Staaten gehabt, und welche sie, ohne das ungebetene Einmischen, und das unbesonnene Selbstvertrauen dieser Staaten wohl nicht gehabt haben würde. Das alles ist an sich viel, aber es ist gegen das ungleich Wichtigere immer wenig.

So lange die Menschen nicht weiser und gerechter werden, sind alle ihre Bemühungen, glücklich zu werden, vergebens. Aus dem Kerker des Despoten entronnen werden sie mit den Trümmern ihrer zerbrochenen Fesseln sich untereinander selbst morden. Das wäre ein zu trauriges Los, wenn nicht ihr eignes, oder wenn sie sich in Zeiten warnen lassen, fremdes Elend sie zur späten Weisheit und Gerechtigkeit leiten könnte.

So scheinen mir alle Begebenheiten in der Welt lehrreiche Schildereien, die der große Erzieher der Menschheit aufstellt, damit sie an ihnen lerne, was ihr zu wissen Not ist. Nicht, daß sie es *aus* ihnen lerne; wir werden in der ganzen Weltgeschichte nie etwas finden, was wir nicht selbst erst hineinlegten: sondern daß sie durch Beurteilung wirklicher Begebenheiten auf eine leichtere Art aus sich selbst entwickle, was in ihr selbst liegt: und so scheint mir die Französische Revolution ein reiches Gemälde über den großen Text: Menschenrecht und Menschenwert.

Die Absicht ist aber gewiß nicht die, daß einige wenige Auserwählte das Wissenswürdige wissen, und wenige unter diesen wenigen danach tun. Die Lehre von den Pflichten, Rechten und Aussichten des Menschen über das Grab [hinaus] ist kein Kleinod der Schule: die Zeit muß kommen, da unsre Kinderwärterinnen an den einzig wahren und richtigen Vorstellungen über die ersten beiden Punkte unsre Unmündigen reden lehren, da dieses die ersten Worte seien, die sie aussprechen, und da das Schreckenswort: das

---

1 Erschien 1793 ohne Angabe von Verfasser, Ort und Verlag. Dieser erste Teil gliedert sich in zwei Hefte; ein zweiter Teil ist nicht erschienen.

ist unrecht, die einzige Rute sei, die wir für sie brauchen. Begnüge sich doch die Schule mit der ehrenvollen Aufbewahrung der Waffen, womit sie dieses Gemeingut der Menschheit gegen alle fernere Sophistereien verteidige, die nur in ihr entstehen, und nur von ihr aus sich verbreiten können: die Resultate selbst seien gemeinschaftlich, wie Luft und Licht. Nur dadurch, daß sie dieselben mitteilt, oder vielmehr, daß sie die traurigen Vorurteile hebt, welche bis jetzt die Entwicklung der in der Seele unterdrückten, aber nicht ausgerotteten Wahrheit aufhalten, wird ihre eigne Erkenntnis wahrhaft deutlich, lebhaft und fruchtbar werden. So lange ihr in euren Schulen mit Leuten vom Handwerke nach der vorgeschriebenen Form darüber redet, täuscht euch beide ebendiese vorgeschriebne Form, und wenn ihr nur über sie einig seid, schenkt ihr euch gegenseitig manche Frage, deren deutliche Beantwortung euch beschwerlich fallen dürfte. Aber zieht die durch Kindergebären und Kindererziehen bewährte Mutter, den unter Gefahren grau gewordenen Krieger, den würdigen Landmann in eure Gespräche über Gewissen, Recht und Unrecht, und eure eignen Begriffe werden an Deutlichkeit gewinnen, so wie ihr die ihrigen aufklärt. – Doch, das ist das wenigste. Wozu sind jene Einsichten, wenn sie nicht allgemein in's Leben eingeführt werden? Und wie können sie eingeführt werden, wenn sie nicht wenigstens der größern Hälfte Anteil sind? So wie es jetzt ist, kann es nicht bleiben, so gewiß in unserm Herzen jener Funke der Gottheit glimmt, und so gewiß uns derselbe auf einen allmächtigen Gerechten hinweiset. Wollen wir mit dem Bauen warten, bis der durchgebrochene Strom unsere Hütten weggerissen habe? Wollen wir unter Blut und Leichen dem verwilderten Sklaven Vorlesungen über die Gerechtigkeit halten? Jetzt ist es Zeit, das Volk mit der Freiheit bekannt zu machen, die dasselbe finden wird, sobald es sie kennt; damit es nicht statt ihrer die Gesetzlosigkeit ergreife, um die Hälfte seines Wegs zurückkomme, und uns mit sich fortreiße. Den Despotismus zu schützen, gibt es kein Mittel; vielleicht gibt es welche, den Despoten, der sich durch das Übel, das er uns zufügt, unglücklicher macht, als uns, zu bereden, daß er sich von seinem langen Elende befreie, zu uns herabsteige, und der Erste unter Gleichen werde: gewaltsame Revolutionen zu verhindern, gibt es ein sehr sicheres; aber es ist das einzige: das Volk gründlich über seine Rechte und Pflichten zu unterrichten. Die französische Revolution gibt uns dazu die Weisung und die Farben zur Erleuchtung des Gemäldes für blöde

Augen; eine andere ungleich wichtigere, auf die ich hier nicht weiter hindeute, hat uns den Stoff gesichert.

Der Wink der Zeiten ist im allgemeinen nicht unbemerkt geblieben. Dinge sind zum Gespräch des Tags geworden, an die man vorher nicht dachte. Unterhaltungen über Menschenrechte, über Freiheit und Gleichheit, über die Heiligkeit der Verträge, der Eidschwüre, über die Gründe und die Grenzen der Rechte eines Königs lösen zuweilen in glänzenden und glanzlosen Zirkeln die Gespräche von neuen Moden und alten Abenteuern ab. Man fängt an zu lernen.

Aber das aufgestellte Gemälde dient nicht bloß zum Unterrichte; es wird zugleich zu einer scharfen Prüfung der Köpfe und der Herzen. Die Abneigung gegen alles Selbstdenken, die Schlaffheit des Geistes, und sein Unvermögen, auch nur eine kurze Reihe von Schlüssen zu verfolgen, die Vorurteile und Widersprüche, die sich über unsre ganzen Meinungsfragmente verbreitet haben, von der einen Seite – die Anstrengung, doch ja nichts an seiner bisherigen lieben Existenz verrücken zu lassen, der faule, oder der niedertretende Egoismus, die schüchterne Scheu vor der Wahrheit, oder die Gewalt, mit der man seine Augen verschließt, wenn sie uns wider unsern Willen beleuchtet von der andern Seite – verraten sich nie offenbarer, als wo von so einleuchtenden und so allgemein eingreifenden Gegenständen die Rede ist, wie Menschenrechte und Menschenpflichten es sind.

Gegen das letztere Übel gibt es kein Mittel. Wer die Wahrheit fürchtet, als seine Feindin, der wird sich immer vor ihr zu verwahren wissen. Folge sie ihm durch alle Schlupfwinkel, in die der Lichtscheue sich verkroch, er wird im Abgrunde seines Herzens immer einen neuen finden. Wer die himmlische Schöne nicht ohne alle Ausstattung freien mag, ist ihrer überhaupt nicht wert. – Es ist uns nicht darum zu tun, einen gewissen Satz in deinen Kopf zu bringen, weil es *der* Satz ist, sondern weil er wahr ist. Wäre sein Gegenteil wahr, so würden wir dir das Gegenteil beibringen, weil es wahr wäre, ganz unbekümmert um seinen Inhalt oder seine Folgen. So lange du dich nicht zu dieser Liebe der Wahrheit, weil sie Wahrheit ist, bildest, bist du uns überhaupt zu nichts nütze, denn sie ist die erste Vorbereitung, zur Liebe der Gerechtigkeit um ihrer selbst willen; sie ist der erste Schritt zur reinen Güte des Charakters: rühme dich derselben ja nicht, wenn du diesen Schritt noch nicht getan hast.

Gegen das erstere Übel, gegen Vorurteile und Trägheit des Geistes gibt es ein Mittel – Belehrung und freundschaftliche Nachhilfe. Ich wollte dem, der eines solchen Freundes bedürfte, und keinen bessern in der Nähe hätte, dieser Freund sein; darum schrieb ich diese Blätter.

Welchen Gang meine Untersuchung weiter zu nehmen hat, habe ich teils in der Einleitung, teils im zweiten Kapitel vorgezeichnet. Dieser erste Band sollte nur Probe sein, und ich legte daher die Feder mit der Hälfte des ersten Buchs nieder. Es hängt vom Publikum ab, ob ich sie je wieder aufnehme, und auch nur dieses erste Buch vollende. Indessen möchte vielleicht die französische Nation einen reichlichern Stoff für das zweite[1] liefern, welches Grundsätze für die Beurteilung der Weisheit ihrer Verfassung aufstellen soll.

Sollten diese Blätter wirklich Gelehrten in die Hände fallen, so werden diese sehr leicht sehen, von welchen Grundsätzen ich ausging, warum ich nicht den streng systematischen Gang wählte, sondern meine Betrachtungen an einem populären Leitfaden fortführte, warum ich die Sätze nie schärfer bestimmte, als das gegenwärtige Bedürfnis es erforderte, warum ich dem Vortrage hier und da vielleicht mehr Schmuck oder Feuer ließ, als für sie nötig gewesen wäre, und daß überhaupt eine streng philosophische Beurteilung erst nach Vollendung des ersten Buchs möglich sein werde.

Für ungelehrte oder halbgelehrte Leser mache ich noch einige höchst nötige Anmerkungen

*über den vorsichtigen Gebrauch dieses Buchs**.

Wenn ich nach allem, was ich auch nur bis jetzt gesagt habe, meine Leser noch versicherte, daß *ich* für wahr halte, was ich niederschrieb, so verdiente ich nicht, daß sie mir glaubten. Ich habe im Tone der Gewißheit geschrieben, weil es Falschheit ist, zu tun, als ob man zweifele, wo man nicht zweifelt. Ich habe über alles, was ich schrieb, reiflich nachgedacht, und hatte also Gründe, nicht zu zweifeln. Daraus nun folgt zwar, daß ich nicht ohne Besonnenheit rede, und nicht lüge: aber es folgt nicht, daß ich nicht *irre*. Das weiß ich nicht; ich weiß nur, daß ich nicht irren *wollte*.

* die ich nicht zu überschlagen sehr bitte.

1 Der zweite Teil ist aber nie geschrieben worden. Vgl. Einleitung.

Wenn ich aber auch irrte, so verschlägt das meinem Leser nichts, denn ich wollte nicht, daß er auf mein Wort meine Behauptungen annehmen, sondern daß er mit mir über die Gegenstände derselben nachdenken sollte. Ich würde die Handschrift ins Feuer werfen, auch wenn ich sicher wüßte, daß sie die reinste Wahrheit, auf das bestimmteste dargestellt, enthielte, und zugleich wüßte, daß kein einziger Leser durch eigenes Nachdenken sich von ihr überzeugen würde. Was *für mich* freilich Wahrheit wäre, weil ich mich davon überzeugt hätte, wäre für ihn doch nur Meinung, Wahn, Vorurteil, weil er nicht geurteilt hätte. Selbst ein göttliches Evangelium ist keinem wahr, der sich nicht von desselben Wahrheit überzeugt hat. Würden nun meine Irrtümer dem Leser die Veranlassung, daß er die reine Wahrheit selbst entdeckte, und sie mir mitteilte, so wäre er und ich ja belohnt genug. Würden sie aber auch selbst das nicht, würden sie ihm nur eine Übung im Selbstdenken, so wäre der Vorteil schon groß genug. Überhaupt hat kein Schriftsteller, der seine Pflicht kennt und liebt, den Zweck, den Leser zum Glauben an seine Meinungen, sondern nur zur Prüfung derselben zu bringen. Alles unser Lehren muß auf Erweckung des Selbstdenkens abzielen, oder wir bringen in unsrer schönsten Gabe der Menschheit ein sehr gefährliches Geschenk. Jeder also urteile selbst, und irrt er, vielleicht gemeinschaftlich mit mir, so tut mir das leid; aber er sage dann nicht, daß ich ihn irregeführt, sondern daß er selbst sich geirrt habe. Dieser Arbeit des Selbstdenkens habe ich niemand überheben wollen, ein Schriftsteller soll *vor* seinen Lesern denken, aber nicht *für* sie.

Wenn also ich auch mich geirrt hätte, so ist der Leser gar nicht verbunden, mit mir zu irren; aber auch noch die Warnung bin ich ihm schuldig, daß er mich nicht mehr sagen lasse, als ich wirklich sage. Er findet im Laufe dieses Buches Sätze, die weiterhin näher bestimmt werden; da das Buch noch nicht zu Ende, und wichtige Kapitel noch nicht in seinen Händen sind, so kann er ebenso erwarten, daß die bis jetzt festgestellten Grundsätze durch ihre weitere Anwendung noch nähere Bestimmung erhalten werden, und ich bitte ihn bis dahin sich, wenn er will, durch eignes Versuchen dieser Anwendungen zu üben.

Am gröblichsten aber würde sich derselbe irren, wenn er eilen wollte, diese Grundsätze auf sein Betragen gegen die bis jetzt bestehenden Staaten anzuwenden. Daß die Verfassung der meisten nicht nur höchst fehlerhaft, sondern auch höchst ungerecht sei, und daß unveräußerliche Menschenrechte in ihnen gekränkt werden, die sich der Mensch gar nicht nehmen lassen darf, davon bin ich freilich innigst überzeugt, und habe gearbeitet, und werde arbeiten, den Leser gleichfalls davon zu überzeugen. Aber dabei läßt sich gegen sie vor der Hand nichts weiter tun, als ihnen zu schenken, was wir uns mit Gewalt nicht dürfen nehmen lassen, und wobei sie selbst sicher nicht wissen, was sie tun; uns selbst aber für's erste Erkenntnis, und dann innige Liebe der Gerechtigkeit zu erwerben, und beides soweit nur irgend unser Wirkungskreis reicht, um uns her zu verbreiten. Würdigkeit der Freiheit muß von unten herauf kommen; die Befreiung kann ohne Unordnung nur von oben herunter kommen.

»Wenn wir uns der Freiheit auch würdig machten, so werden die Monarchen uns doch nicht freilassen.« – Glaube das nicht, mein Leser. Bis jetzt ist die Menschheit in dem, was ihr not tut, sehr weit zurück, aber wenn mich nicht alles täuscht, ist jetzt der Zeitpunkt der hereinbrechenden Morgenröte, und der volle Tag wird ihr zu seiner Zeit folgen. Deine Weisen sind größtenteils noch blinde Leiter eines blindern Volks; und deine Hirten sollten mehr wissen? Sie, die größtenteils in der Trägheit und Unwissenheit erzogen werden, oder wenn sie etwas lernen, eine ausdrücklich für sie verfertigte Wahrheit lernen; sie, die bekanntermaßen an ihrer Bildung nicht fortarbeiten, wenn sie einmal regieren, die keine neue Schrift lesen, als höchstens etwa wasserreiche Sophistereien, und die allemal wenigstens um ihre Regierungsjahre hinter ihrem Zeitalter zurück sind? Du darfst sicher glauben, daß sie nach unterschriebenen Befehlen gegen die Denkfreiheit, und nach gelieferten Schlachten, in denen Tausende sich aufrieben, sich ruhig schlafen legen, und einen Gott und Menschen wohlgefälligen Herrschertag verlebt zu haben wähnen. Sagen hilft da nichts, denn wer könnte so laut schreien, daß es ihr Ohr erreichte, und durch ihren Verstand zu ihrem Herzen eindränge? Nur handeln hilft. Seid gerecht, ihr Völker, und eure Fürsten werden es nicht aushalten können, allein ungerecht zu sein.

Noch eine allgemeine Anmerkung, und dann überlasse ich den Leser ruhig seinen eignen Betrachtungen! – Wie ich heiße, tut dem Leser nichts zur Sache; denn es kommt hier gar nicht auf die Zuverlässigkeit oder Unzuverlässigkeit eines Zeugnisses, sondern auf die Wichtigkeit oder Unwichtigkeit der Gründe an, die er selbst abzuwiegen hat. Mir aber tat es viel zur Sache bei Abfassung dieser Schrift den Gedanken an mein Zeitalter, und an die Nachwelt vor Augen zu haben. Meine schriftstellerische Grundregel ist: schreibe nichts nieder, worüber du vor dir selbst erröten müßtest; und die Probe, die ich hierüber mit mir anstelle, die Frage: könntest du wollen, daß dein Zeitalter, und wenn es möglich wäre, die gesamte Nachwelt wüßte, daß *Du* das geschrieben hast? Dieser Probe habe ich gegenwärtige Schrift unterworfen, und sie hat sie ausgehalten. Geirrt kann ich haben. Sobald ich diese Irrtümer entdecke, oder ein andrer sie mir zeigt, werde ich eilen, sie zu widerrufen; denn Irren schändet nicht. Ich habe mit einem der Sophisten Deutschlands[1] ernsthaft gesprochen; das schändet nicht, das ehrt: der liebt nicht die Wahrheit, der ihren Feind liebt. Er soll der erste sein, dem ich mich nenne, wenn er mich mit Gründen dazu auffordert. Einen Irrtum, den man für Irrtum erkennt, durch hinterlistige Verwirrungen, durch tückische Kniffe, durch Wegräumung des Grundes aller Sittlichkeit, wenn es anders nicht geht, verteidigen, die Moralität und ihre heiligsten Produkte, die Religion und die Freiheit des Menschen lästern, das schändet, und das habe ich nicht getan. Mein Herz verböte mir also nicht, mich zu nennen. Daß aber zu einer Zeit, wo ein Gelehrter sich nicht scheut, in einer Rezension einen andern Gelehrten des Hochverrats anzuklagen, und wo es Fürsten geben könnte, die eine solche Klage aufnähmen, die Klugheit jedem, dem seine Ruhe lieb ist, es verbiete, wird der Leser einsehen. Dennoch gebe ich dem Publikum hiermit das Ehrenwort, das ich mir selbst gab, daß ich entweder noch bei meinem Leben selbst, oder nach meinem Tode durch einen andern mich zu dieser Schrift bekennen werde. Die Wenigen, welche auf eine oder die andere Art mich erkennen könnten, sehen zu wohl ein, daß ich durch diese Blätter die Schonung meiner ihnen unbekannten Gründe des Inkognito nicht verwirkt habe.

Der Verfasser

---

1 Fichte meint hier A. W. Rehberg, der Geheimer Kanzleisekretär in Hannover war und im Jahre 1793 „Untersuchungen über die Französische Revolution“ in zwei Bänden veröffentlichte. Im Folgenden ist mit der Abkürzung ›R.‹ stets Rehberg gemeint.

Einleitung: Aus welchen Grundsätzen man Staatsveränderungen zu beurteilen habe

Was geschehen ist, ist Sache des Wissens, nicht des Urteilens. Zwar bedürfen wir, um auch diese bloß historische Wahrheit aufzufinden und zu unterscheiden, gar sehr der Urteilskraft; – bedürfen ihrer, teils um die physische Möglichkeit oder Unmöglichkeit der vorgeblichen Tatsache selbst, teils um den Willen oder das Vermögen der Zeugen, sie zu sagen, zu beurteilen: wenn aber diese Wahrheit einmal ausgemittelt ist, so hat für jeden, der sich von ihr überzeugte, die Urteilskraft ihr Geschäft vollendet, und überträgt den nun geläuterten und zugesicherten reinen Besitz dem Gedächtnisse.

Ganz etwas anderes aber, als diese Beurteilung der Glaubwürdigkeit einer Tatsache, ist die Beurteilung der Tatsache selbst, – die Reflexion über sie. In einer Beurteilung von der letzteren Art wird die gegebne, und schon aus andern Gründen für wahr anerkannte Tatsache mit einem Gesetze verglichen; um entweder die erstere durch ihre Übereinstimmung mit dem letztern, oder das letztere durch seine Übereinstimmung mit der erstern zu rechtfertigen. Im ersten Falle muß das Gesetz, nach welchem die Tatsache geprüft wird, schon vor der Tatsache vorausgegangen und als schlechthin gültig – als ein solches anerkannt sein, nach welchem die letztere sich richten müsse, da es nicht seine Gültigkeit von der Begebenheit, sondern die Begebenheit die ihrige von ihm erwartet. Im letzten Falle soll das Gesetz entweder selbst, oder die größere oder geringere Gemeingültigkeit desselben durch die Vergleichung mit der Tatsache gefunden werden.

Nichts verwirrt unsere Urteile mehr, und nichts macht uns für uns selbst und für andere unverständlicher, als wenn wir diesen wichtigen Unterschied übersehen; wenn wir urteilen wollen, ohne eigentlich zu wissen, aus welchem Gesichtspunkte wir urteilen; wenn wir bei gewissen Tatsachen uns auf Gesetze, auf allgemeingültige Wahrheiten berufen, ohne zu wissen, ob wir die Tatsache nach dem Gesetze, oder das Gesetz nach der Tatsache; ob wir den Winkelhaken, oder den Perpendikel prüfen.

Dies ist die reichhaltigste Quelle jener schalen Vernünfteleien, in die sich nicht nur unsere galanten Herren und Damen, sondern auch unsere gepriesensten Schriftsteller täglich verwirren, wenn sie von dem großen Schauspiele urteilen, das uns Frankreich in unsern Tagen gab.

Bei Beurteilung einer Revolution – damit wir uns unserm Gegenstand nähern – können nur zwei Fragen, die eine über die *Rechtmäßigkeit*, die zweite über die *Weisheit* derselben, aufgeworfen werden. In Absicht der erstern kann entweder im allgemeinen gefragt werden: hat ein Volk überhaupt ein Recht, seine Staatsverfassung willkürlich abzuändern? – Oder insbesondere: hat es ein Recht, es auf eine gewisse bestimmte Art, durch gewisse Personen, durch gewisse Mittel, nach gewissen Grundsätzen zu tun? Die zweite sagt soviel: Sind die zur Erreichung des beabsichtigten Zwecks gewählten Mittel die angemessensten? Welche der Billigkeit gemäß so zu stellen ist: waren es *unter den gegebenen Umständen* die besten?

Nach welchen Grundsätzen werden wir nun über diese Fragen zu urteilen haben? An welche Gesetze werden wir die gegebnen Tatsachen halten? An Gesetze, die wir erst aus diesen Tatsachen – oder wenn auch eben nicht aus diesen, doch aus Tatsachen der Erfahrung überhaupt entwickeln werden: oder an ewige Gesetze, welche gegolten hätten, wenn es auch einmal keine Erfahrung hätte geben können, und gelten würden, wenn auch einst alle Erfahrung aufhören könnte? Wollen wir sagen: recht ist, was am öftesten geschehen ist, und die sittliche Güte durch die Mehrheit der Handlungen bestimmen lassen, wie die kirchlichen Dogmen auf den Konzilien durch die Mehrheit der Stimmen? Wollen wir sagen: weise ist, was gelingt? Oder wollen wir lieber gleich beide Fragen zusammennehmen, den Erfolg, als den Probierstein der Gerechtigkeit und der Weisheit zugleich abwarten und dann, nachdem es kommt, den Räuber einen Held oder einen Verbrecher, den Sokrates einen Missetäter oder einen tugendhaften Weisen nennen?

Ich weiß, daß viele an dem Dasein ewiger Gesetze der Wahrheit, und des Rechts überhaupt zweifeln, und gar keine Wahrheit, als die durch die Mehrheit der Stimmen, und gar keine sittliche Güte, als die durch den sanftern oder stärkern Kitzel der Nerven bestimmte zugeben: ich weiß, daß sie dadurch auf ihre Geistigkeit und vernünftige Natur Verzicht tun, und sich zu Tieren machen, die der äußere Eindruck durch die Sinne, zu Maschinen, die das Eingreifen eines Rades in das andere unwiderstehlich bestimmt, zu Bäumen, in denen der Kreislauf und die Destillation der Säfte die Frucht des Gedankens hervorbringt; daß sie sich unmittelbar durch jene Behauptung zu allem diesen machen, wenn ihre Denkmaschine nur richtig gestellt ist. Es ist hier gar nicht meines Vorhabens, ihre Menschheit gegen sie selbst in Schutz zu nehmen, und ihnen zu beweisen, daß sie doch nicht unvernünftige Tiere, sondern reine Geister sind. Sie können, wenn die Uhr ihres Geistes richtig geht, auf unsere Fragen gar nicht fallen, an unsern Untersuchungen gar nicht teilnehmen. Wie sollten sie zu den Ideen der Weisheit, oder des Rechts kommen?

Aber ich sehe, daß auch andere, die solche Urgesetze der Geisterwelt entweder ausdrücklich verteidigen, oder sie doch, wenn ihre Untersuchungen bis zu dieser äußersten Grenze noch nicht vorgedrungen sind, stillschweigend annehmen und auf Resultate ihrer Ursprünglichkeit bauen, sich schon für eine Beurteilung nach Erfahrungsgesetzen entschieden haben. Sie haben das unterrichtete Publikum, das seine Sachkunde, seine ihm so am Herzen liegende Sachkunde gern recht vollgültig machen möchte, und das zerstreute und oberflächliche, das die Arbeit des Denkens scheut, und alles mit seinen Augen sehen, mit seinen Ohren hören, und mit seinen Händen betasten will, die begünstigten Stände, die von der bisherigen Erfahrung ein vorteilhaftes Urteil erwarten – sie haben alles auf ihrer Seite; es scheint für die entgegengesetzte Meinung kein Raum mehr da zu sein. – Ich möchte gelesen werden; ich möchte Eingang in die Seele des Lesers finden. Was soll ich tun? Versuchen, ob ich nicht auf irgendeine Art mich mit dem großen Haufen vereinigen könne.

I.

Also die Frage: ob ein Volk ein Recht habe, seine Staatsverfassung zu verändern, – oder die bestimmtere: ob es ein Recht habe, es auf eine gewisse Art zu tun, soll durch Erfahrung beantwortet werden, und ihre Beantwortung wird wirklich durch Erfahrung versucht? – Auf die mehresten Antworten, die man auf diese Fragen gegeben hat und noch täglich gibt, haben Erfahrungsgrundsätze, das heißt hier, im allgemeinsten Sinne des Wortes, *deutlich gedachte, oder unbemerkt unserm Urteil zugrunde liegende Sätze, die wir auf das bloße Zeugnis der Sinne, ohne sie auf die ersten Grundsätze alles Wahren zurückzuführen, angenommen haben* – solche Erfahrungsgrundsätze, sage ich, haben auf die Beantwortung der obigen Fragen auf zweierlei Art einen Einfluß, nämlich teils *unwillkürlich, teils willkürlich,* und *mit Bewußtsein.*

Ohne unser Bewußtsein haben Erfahrungsgrundsätze auf das Urteil, das wir fällen, einen Einfluß, weil wir sie nicht für Erfahrungsgrundsätze, nicht für Sätze halten, die wir auf Treu und Glauben unserer Sinne angenommen haben, sondern für reingeistige, ewig wahre Grundsätze. – Auf das Ansehen unserer Väter oder Lehrer nehmen wir ohne Beweis Sätze für Grundsätze auf, die es nicht sind, und deren Wahrheit von der Möglichkeit ihrer Ableitung von noch höhern Grundsätzen abhängt. Wir treten in die Welt, und finden in allen Menschen, mit denen wir bekannt werden, unsere Grundsätze wieder, weil auch sie dieselben auf ihrer Eltern und Lehrer Ansehen angenommen haben. Niemand macht uns durch einen Widerspruch aufmerksam auf unsern Mangel an Überzeugung, und auf das Bedürfnis, sie noch einmal zu untersuchen. Unser Glaube an das Ansehhen unserer Lehrer wird durch den Glauben an die allgemeine Übereinstimmung ergänzt. Wir finden sie allenthalben in der Erfahrung bestätigt; eben aus dem Grunde, weil jeder sie für ein allgemeines Gesetz hält, und seine Handlungen danach einrichtet. Wir selbst legen sie unsern Handlungen und unsern Urteilen zugrunde, bei jeder neuen Anwendung werden sie inniger mit unserm Ich vereint, und verweben sich endlich so mit demselben, daß sie nicht anders, als mit ihm zugleich zu vertilgen sind.

Dies ist der Ursprung des allgemeinen Meinungssystems der Völker, dessen Resultate man uns gewöhnlich für Aussprüche des gesunden Menschenverstandes gibt, welcher gesunde Menschenverstand aber ebensowohl seine Moden hat, als unsere Fräcke oder unsere Frisuren. – Wir hielten vor zwanzig Jahren unausgepreßte Gurken für ungesund, und halten heutzutage ausgepreßte für ungesund, aus ebenden Gründen, aus welchen bis jetzt noch die meisten unter uns meinen: ein Mensch könne *Herr* eines andern Menschen sein – ein Bürger könne durch die Geburt auf Vorzüge vor seinen Mitbürgern ein *Recht* bekommen – ein Fürst sei bestimmt seine Untertanen *glücklich* zu machen.

Versucht es nur – ich fordere euch alle auf, die ihr Kantische Gründlichkeit mit Sokratischer Popularität vereinigt, – versucht es, einem ungebildeten Besitzer von Leibeigenen den ersten, oder einem ungebildeten Altadeligen den zweiten Satz zu entreißen; treibt ihn durch Fragen, durch kinderleichte Fragen in die Enge: er sieht eure Vordersätze ein, er gibt sie euch alle mit voller Überzeugung zu – ihr zieht jetzt den gefürchteten Schluß, und ihr erschreckt, wie der vorher so hellsehende Mann auf einmal so ganz blind ist, den greiflichen Zusammenhang eurer Folgerung mit dem Vordersatze nicht greifen kann. Eure Folgerung ist auch wirklich wider *seinen* gesunden Menschenverstand.

Solche Sätze nun – untersucht, ob sie *an sich* richtig oder unrichtig sind, d. i. ob sie sich von den Grundsätzen, unter denen sie stehen, ableiten lassen oder ihnen widersprechen – solche Sätze sind wenigstens für den, der sie auf die Autorität seiner Lehrer, seiner Mitbürger und seiner Erfahrung angenommen hat, bloße Erfahrungsgrundsätze, und alle Urteile, denen er sie zugrunde legt, sind Urteile aus der Erfahrung. Ich werde, im Verlauf dieser Untersuchung, mehrere politische Vorurteile dieser Art – *Vorurteile* wenigstens für den, der sie nicht *nachher* untersucht hat – anführen und ihre Richtigkeit prüfen.

Dies ist ebender unbemerkte Einfluß der Sinnlichkeit, des Werkzeugs der Erfahrung, bei der vorliegenden Beurteilung auf unsern *Verstand.* Einen ebenso unbemerkten und ebenso mächtigen hat sie bei dieser Untersuchung auf unsern *Willen*, und dadurch auf unser Urteil, vermittelst des dunklen Gefühls unsers Interesses.

Von dem Hange unserer Neigung hängt, und besonders bei der Frage vom Rechte, sehr oft unser Urteil ab. Ungerechtigkeiten, die *uns* widerfahren, scheinen uns viel härter, als ebendieselben, wenn sie einem andern widerfahren. Ja, die Neigung verfälscht unser Urteil öfters in einem noch weit höhern Grade. Bemüht, die Ansprüche unsers Eigennutzes andern und endlich auch uns selbst unter einer ehrwürdigen Maske vorzustellen, machen wir sie zu *rechtlichen* Ansprüchen und schreien über die Ungerechtigkeit, oft, wenn man nichts weiter tut, als uns verhindert, selbst ungerecht zu sein. Glaubt dann ja nicht, daß wir euch täuschen wollen; wir waren selbst längst vor euch getäuscht. Wir selbst glauben im vollen Ernste an die Rechtmäßigkeit unsrer Ansprüche; wir machen an euch nicht den ersten versuch, euch zu belügen; wir haben längst vor euch uns selbst belogen. *Willkürlich* und mit Bewußtsein untersucht man die aufgegebene Frage aus Erfahrungsgrundsätzen, wenn man sie aus Tatsachen der Geschichte beantworten will. – Es ist schwer zu glauben, daß irgendeiner, der je eine solche Beantwortung versuchte, eigentlich gewußt habe, wonach gefragt werde: – doch das wird erst im Folgenden seine völlige Deutlichkeit erhalten.

Aus den angezeigten Grundsätzen also denken wir die vorliegende Frage zu beantworten? Aus Sätzen, die wir auf Treu und Glauben aufgenommen haben? Wenn nun aber diese Sätze selbst falsch wären, so würde ja dadurch unsre auf sie gegründete Antwort notwendig auch unrichtig. – Diejenigen, nach deren Ansehen wir unser Meinungssystem bildeten, nahmen sie freilich für wahr an. Aber wie, wenn sie irrten? Unser Volk und unser Zeitalter nimmt sie freilich mit uns für wahr an. Aber wissen wir denn nicht – wir, die wir so viele Tatsachen wissen – wissen wir denn nicht, daß in Konstantinopel gerade das allgemein für wahr anerkannt wird, was man in Rom allgemein für falsch anerkennt? – Daß vor etlichen hundert Jahren in Wittenberg und Genf allgemein für richtig gehalten wurde, was man jetzt ebendaselbst ebenso allgemein für einen verderblichen Irrtum hält? Wenn wir unter andere Nationen oder in ein anderes Zeitalter versetzt würden, wollten wir auch alsdann unsere jetzigen Grundsätze, die dann der allgemeinen Denkungsart widersprechen würden, diesem unserm Probesteine der Wahrheit zuwider, beibehalten; oder sollte dann für uns nicht mehr wahr sein, was bis jetzt uns wahr gewesen ist? Richtet unsere Wahrheit sich nach Zeiten und Umständen?

Was für eine Antwort suchten wir denn eigentlich? Eine solche, welche nur für unser Zeitalter, nur für die Menschen gelte, die in ihren Meinungen mit uns übereinstimmen? – Dann hätten wir uns der Mühe der Untersuchung überheben können; sie werden ohne uns sich die Frage geradeso beantworten, wie wir. – Oder wollten wir eine solche, die für alle Zeiten und Völker, die für alles gelte, was Mensch ist? Dann müssen wir sie auf allgemeingültige Grundsätze bauen.

Unserm *Interesse* wollten wir einen Einfluß erlauben, wo vom *Rechte* die Frage ist – d. h. unsre Neigung sollte allgemeines Sittengesetz für die ganze Menschheit werden? – Es ist wahr, Ritter vom goldnen Vließ, der du nichts weiter bist, als das – es ist wahr, und niemand leugnet es dir ab, daß es für dich sehr unbequem sein würde, wenn die Achtung für deine hohe Geburt, für deine Titel und für deine Orden sich plötzlich aus der Welt verlöre, und du auf einmal bloß nach deinem persönlichen Werte geehrt werden solltest; wenn alles von deinen Gütern, dessen Besitz sich auf ungerechte Rechte gründet, dir abgenommen werden sollte: – es ist wahr, daß du der verachtetste, und ärmste unter den Menschen werden, daß du in das tiefste Elend versinken würdest: aber verzeihe – die Frage war auch gar nicht von deinem Elende oder Nichtelende; sie war von unserm Rechte. »Was dich elend macht, kann nie recht sein«: meinst du. – Aber siehe hier deine bisher von dir unterdrückten leibeigenen Sklaven; – es würde sie wahrhaftig sehr glücklich machen, selbst dasjenige Wenige deiner Schätze, was du mit Recht besitzest, unter sich zu teilen; dich zu ihrem Sklaven zu machen, wie sie bisher die deinigen waren; deine Söhne und Töchter zu Knechten und Mägden zu nehmen, wie du bisher die ihrigen dazu nahmst; dich vor sich her das Wild treiben zu lassen, wie sie es bisher vor dir trieben; sie rufen uns zu: der Reiche, der Begünstigte gehört nicht zum Volke; er hat keinen Anteil an den allgemeinen Menschenrechten. Das ist *ihr* Interesse. Ihre Schlüsse sind so gründlich, als die deinigen. Was sie glücklich macht, könne nie unrecht sein: meinen sie. Sollen wir sie hören? – Nun, so erlaube, daß wir auch dich nicht hören.

Gegen diesen geheimen Betrug der Sinnlichkeit sich zu verwahren, ist selbst bei dem besten Willen und bei dem hellsten Kopfe schwer. Kein Adeliger*, keine Militärperson in monarchischen Staaten, kein Geschäftsmann in Diensten eines gegen die Französische Revolution erklärten Hofes** sollte in dieser Untersuchung gehört werden. Mischt sich denn der unter harten Abgaben seufzende gemeine Bürger, der unterjochte Landmann, der zerschlagene Soldat darein – oder würden wir ihn hören, wenn er es täte? Nur der, der weder Unterdrücker, noch Unterdrückter ist, dessen Hände und Erbteil rein sind vom Raube der Nationen, dessen Kopf nicht von Jugend auf in die konventionelle Form unsers Zeitalters gepreßt wurde, dessen Herz eine warme aber stille Ehrfurcht fühlt für Menschenwert und Menschenrecht, kann hier Richter sein.

Das sind geheime Täuschungen der Sinnlichkeit. Offenbar beruft man sich auf ihr Zeugnis, wenn man die Frage *aus der Geschichte* beantworten will. – Doch ist es auch wahr, sollte es wirklich Menschen, richtig denkende Menschen, Gelehrte gegeben haben, welche durch eine Antwort auf die Frage: was geschehe, oder geschehen sei, zu beantworten geglaubt hätten, was geschehen *solle*? – Unmöglich, wir haben sie nur nicht, sie haben sich selbst nur nicht richtig verstanden.

---

* Der nämlich weiter nichts ist, als Adeliger. Das deutsche Publikum verehrt in vielen Männern aus den größten Häusern den höhern Adel, den des Geistes, und ich gewiß nicht weniger als jemand. An diesem Orte nenne ich nur den *Freiherrn* von Knigge und den edlen Verfasser der *Gedanken eines dänischen Patrioten über stehende Heere* usw.

** Noch weniger sollte ein solcher in der wichtigsten gelehrten Zeitung von Europa, Richter der dahin einschlagenden Schriften – mithin scheinbarer Interpret der Nationalmeinung sein. – Ich wenigstens verbitte für diese Schrift, wenn sie einer Anzeige würdig sollte befunden werden, das Urteil jedes Empirikers. Er wäre Richter in seiner eignen Sache. Ein spekulativer Denker sei mein Richter, oder niemand! – Doch hat auch diese Regel ihre Ausnahmen. Ich schätze z. B. die Schrift des Herrn *Brandes*, der geheimer Kanzleisekretär in Hannover ist, über die französische Revolution sehr hoch. Man hört doch den selbstdenkenden und ehrlichen Mann, und bemerkt kein unredliches Drehen und Wenden.

Ohne uns auf strenge Beweise mit ihnen einzulassen, welches hier ganz außer unserm Plane liegt, wollen wir ihnen nur ihre eigenen Worte deutlich zu machen suchen.

Wenn sie von einem *Sollen* reden, so sagen sie unmittelbar hierdurch auch ein *Andersseinkönnen* aus. Was so sein *muß*, und schlechterdings nicht anders sein kann, davon wird kein vernünftiger Mensch untersuchen, ob es so oder anders sein *solle*. Sie gestehen also unmittelbar durch die Anwendung dieses Worts manchen Dingen die *Unabhängigkeit von der Naturnotwendigkeit* zu.

Sie können und sie werden diese Unabhängigkeit, oder diese *Freiheit*, welches Wort ebendas heißt, keinem andern Dinge zugestehen wollen, als den Entschließungen vernünftiger Wesen, welche insofern auch *Handlungen* genannt werden können. Sie anerkennen also freie Handlungen vernünftiger Wesen.

Von diesen wollen sie untersuchen, ob sie so sein, oder anders sein sollen, d. i. sie wollen die bestimmt gegebne Handlung an eine gewisse Norm halten, und über die Übereinstimmung jener mit dieser ein Urteil fällen. Woher wollen sie nun diese Norm nehmen? Aus der nach ihr zu richtenden Handlung nicht; denn die Handlung soll ja an der Norm, nicht die Norm an der Handlung geprüft werden. Also aus andern durch die Erfahrung gegebnen freien Handlungen? – Sie wollen vielleicht das *Gemeinschaftliche* in ihren Bestimmungsgründen abziehn, und es unter eine *Einheit* als ein Gesetz bringen? So werden sie doch wenigstens nicht so unbillig sein, das handelnde freie Wesen nach einem Gesetze richten zu wollen, das es seiner Handlung nicht zugrunde legen konnte, weil es ihm nicht bekannt war; sie werden über die Rechtgläubigkeit des Erzvaters Abraham nicht nach dem Preußischen Religionsedikt, über die Rechtmäßigkeit der Ausrottung der Kanaaniter durch das jüdische Volk nicht nach den Manifesten des Herzogs von Braunschweig gegen die Pariser urteilen wollen. Sie können diesem Wesen nichts weiter zumuten, als daß es die bis auf sein Zeitalter mögliche Erfahrung benutzt, und das durch ihr Mannigfaltiges mögliche Gesetz befolgt habe. Sie müssen mithin für jedes Zeitalter ein eigenes Gesetz der freien Handlungen vernünftiger Wesen festsetzen, und nach ihnen haben wir heute ganz andere Rechte und Pflichten, als unsere Väter vor hundert Jahren; nach ihnen wird über hundert Jahre durch die vermehrte Erfahrung das ganze Moralsystem der Geisterwelt sich wieder umgeändert haben, und sie selbst, wenn sie zu einem so hohen Alter gelangen sollten, werden dann verdammen was sie jetzt recht heißen, und recht heißen, was sie jetzt verdammen. – Doch, was sage ich für jedes Zeitalter! – Für jede einzelne Person müssen sie ein besonderes Gesetz annehmen, da unmöglich jeder so stark in der Geschichte sein kann, als sie, und sie doch niemandem zumuten werden, Verhaltungsregeln aus Begebenheiten zu ziehen, welche er nicht weiß. Oder ist es Pflicht, solche tiefe Geschichtsforscher zu werden, wie sie, damit wir nicht in dieser rohen Unwissenheit über unsere Pflichten verharren?

Endlich, da ihre Erfahrung doch irgendwo ein Ende hat, müssen sie an einen Punkt kommen, wo sie keine vorherige Erfahrung nachweisen können. Nach welchen Gesetzen wollen sie dann urteilen? – Oder hört hier, hört z. B. bei der ersten Entschließung Adams die Betrachtung einer freien Handlung in Rücksicht des Sollens gänzlich auf, da sie diesem seine Erfahrungen von den Präadamiten her, nach welchen er sich hätte richten sollen, unmöglich aufzählen können?

In diese und weit ärgere Widersprüche würden die Verteidiger einer empirischen Beantwortung der Frage vom Rechte sich verwikkeln, wenn sie nicht zu ihrem Glücke inkonsequent wären, und wenn nicht ihr Herz ihnen den Betrug spielte, richtiger zu empfinden, als ihr Kopf denkt und ihr Mund redet. Wir sehen doch, daß sie die freien Handlungen aller Völker und Zeiten so ziemlich nach einerlei Grundsätzen beurteilen, und von der Erfahrung der Folgezeit ebensowenig einen Widerspruch zu befürchten scheinen, und daß sie das, was sie historische Beweise, oder historische Deduktionen fälschlich betiteln, im Gebrauche doch nur als Beispiele, als sinnliche Darstellung ursprünglicher Sätze anwenden.

Oder verwechseln sie auch wohl zuweilen unsere Frage mit der von ihr gänzlich verschiednen: *handle ich so klug?* Ehe nicht die erstere völlig beantwortet ist, findet die zweite gar nicht statt. – Daß es aber ganz etwas anderes sei, seine Pflicht tun, als auf eine vernünftige Art seinen Vorteil suchen, ist dem natürlichen, ungebildeten Menschenverstande klar, und nur der Schule war das Kunststück möglich, diese Klarheit zu verdunkeln, und der Sonne die Augen zu verbinden. Daß es öfters Pflicht sei, seinen ganz richtig verstandnen Vorteil aufzuopfern, – daß es ganz in unsrer Willkür stehe, ihn auch außer diesem Falle aufzuopfern, und daß wir darüber keinem verantwortlich sind, als allenfalls uns selbst; da hingegen etwas Pflichtmäßiges der andere von uns fordern und als Schuldigkeit begehren darf, fühlt jeder, wenn er es auch nicht immer zugestehen sollte: beide Fragen sind also wesentlich verschieden.

Geben sie nun ein solches *Sollen*, das nach einem allgemein geltenden Gesetz gefordert werden kann – ein *Dürfen*, oder *Nichtdürfen*, das von diesem Gesetze abhängt, wirklich zu, und spielen nicht etwa bloß mit Worten, so geben sie zu gleicher Zeit zu, daß dieses Gesetz nicht erst von der Erfahrung abzuleiten, noch durch sie zu bestätigen, sondern daß es selbst einer *gewissen* Beurteilung aller Erfahrung, welche *insofern* selbst unter ihm steht, zugrunde zu legen, mithin von aller Erfahrung unabhängig und über sie erhaben gedacht werden müsse. Geben sie ein solches Sollen nicht zu, warum mischen sie sich denn in eine Untersuchung, die dann für sie schlechterdings nichtig ist, die nach ihnen ein Hirngespinst betrifft? Lassen sie doch dann ruhig uns *unsere* Geschäfte treiben, und treiben sie die ihrigen!

Die Frage vom Sollen und Dürfen, oder was, wie sich sogleich ergeben wird, das nämliche ist, die Frage vom Rechte gehört gar nicht vor den Richterstuhl der Geschichte. Ihre Antwort paßt gar nicht auf unsere Frage; sie beantwortet uns alles übrige, nur nicht das, was wir wissen wollten: und es ist ein lächerliches Eins fürs Andere, wenn wir die Antwort, die sie gibt, an unsere Frage reihen. Sie gehört vor einen andern Richterstuhl, den wir aufsuchen werden. – Ob nicht etwa die zweite Frage, die von der Klugheit, vor ihn gehöre, und unter welchen Bedingungen sie vor ihn gehöre, wird sich weiter unten zeigen.

Wir begehren demnach Tatsachen nach einem Gesetz zu beurteilen, das von keinen Tatsachen entlehnt, und in keinen enthalten sein kann. Von woher denken wir denn nun dieses Gesetz zu nehmen? Wo denken wir es aufzufinden? Ohne Zweifel *in unserm Selbst*, da es *außer uns* nicht anzutreffen ist: und zwar in unserm Selbst, insofern es nicht durch äußere Dinge vermittelst der Erfahrung geformt und gebildet wird, (denn das ist nicht unser wahres Selbst, sondern fremdartiger Zusatz) sondern in der *reinen, ursprünglichen Form* desselben; – in unserm Selbst, wie es ohne alle Erfahrung sein würde. Die Schwierigkeit dabei scheint nur die zu sein, allen fremdartigen Zusatz aus unsrer Bildung abzusondern, und die ursprüngliche Form unsers Ich rein zu bekommen. – Wenn wir aber etwas in uns auffinden sollten das schlechthin aus keiner Erfahrung entstanden sein kann, weil es von ganz andrer Natur ist, so könnten wir sicher schließen, dieses sei unsre ursprüngliche Form. So etwas finden wir nun wirklich an jenem Gesetze des Sollens. Ist es einmal in uns da – und daß es da ist, ist Tatsache – so kann es, da es der Natur der Erfahrung völlig entgegengesetzt ist, kein durch sie hinzugekommener fremdartiger Zusatz, sondern es muß die reine Form unsers Selbst sein. Das Dasein dieses Gesetzes in uns als *Tatsache* führt uns demnach auf eine solche ursprüngliche Form unsers Ich; und von dieser ursprünglichen Form unsers Ich leitet sich hinwiederum die Erscheinung des Gesetzes in der Tatsache, als *Wirkung von ihrer Ursache* ab.

Um auch dem leisesten Verdachte eines Widerspruchs mit mir selbst auszuweichen, merke ich noch ausdrücklich an, daß das Dasein eines solchen Gesetzes in uns, als Tatsache, so wie alle Tatsachen, unserm Bewußtsein allerdings durch die (innere) Erfahrung *gegeben* werde; wir werden durch Erfahrung in einzelnen Fällen z. B. bei der Reizung einer sträflichen Neigung uns einer innern Stimme in uns bewußt, die uns zuruft: tue es nicht, es ist nicht recht; die Erfahrung liefert uns einzelne Äußerungen, einzelne Wirkungen dieses Gesetzes in unsrer Brust, aber sie *bringt* es darum nicht *hervor*. Das kann sie schlechterdings nicht.

Diese ursprüngliche, *unveränderliche* Form unsers Selbst nun begehrt die *veränderlichen* Formen desselben, welche durch Erfahrung bestimmt werden, und hinwiederum die Erfahrung bestimmen, mit sich selbst einstimmig zu machen, und heißt darum *Gebot* – sie begehrt dies durchgängig für alle vernünftigen Geister, da sie die ursprüngliche Form der *Vernunft an sich* ist, und heißt darum *Gesetz* – sie kann dies nur für Handlungen, die bloß von der Vernunft, nicht von der Naturnotwendigkeit abhängen, d. i. nur für *freie* Handlungen begehren, und heißt daher *Sittengesetz*. Die gewöhnlichsten Benennungen seiner Äußerung in uns, unter denen es auch der Ununterrichtetste kennt, sind: *das Gewissen, der innere Richter in uns, die Gedanken, die sich untereinander anklagen und entschuldigen,* u. dgl. Was uns dieses Gesetz gebietet, heißt im allgemeinen *recht, eine Pflicht*; was es uns verbietet, *unrecht, pflichtwidrig*. Das erstere *sollen* wir, das letztere *sollen* wir *nicht*. – Stehen wir als vernünftige Wesen schlechterdings und ohne alle Ausnahme unter diesem Gesetz, so können wir, *als solche, unter keinem andern stehen*: wo demnach dieses Gesetz schweigt, sind wir unter keinem Gesetz: wir *dürfen*. Alles, was das Gesetz nicht verbietet, dürfen wir tun. Was wir tun dürfen, dazu haben wir, weil dieses Dürfen *gesetzlich ist, ein Recht*.

Auch dasjenige in unserer Natur, ohne welches das Gesetz in ihr überhaupt nicht möglich wäre, sowie dasjenige, was das Gesetz wirklich gebietet, gehört mit dem durch dasselbe bloß Erlaubten unter den Begriff des durch das Gesetz *nicht Verbotenen*: wir können mithin ebensowohl sagen: wir haben ein Recht, vernünftige Wesen zu sein – wir haben ein Recht, unsere Pflicht zu tun; als wir sagen können: wir haben ein Recht zu tun, was Sittengesetz erlaubt.

Aber hier zeigt sich sogleich ein großer wesentlicher Unterschied. Was uns nämlich das Sittengesetz bloß erlaubt, das zu tun haben wir ein Recht; wir haben aber auch das ihm entgegengesetzte Recht, es *nicht* zu tun. Das Sittengesetz schweigt, und wir stehen bloß unter unsrer Willkür. – Unsere Pflicht zu tun haben wir auch ein Recht; aber wir haben nicht das ihm entgegengesetzte Recht, sie nicht zu tun. Ebenso haben wir das Recht, freie, sittliche Wesen zu sein; aber wir haben nicht das Recht, es nicht zu sein. Die Berechtigung ist also in diesen beiden Fällen sehr verschieden: im erstern ist sie wirklich bejahend, im zweiten bloß verneinend. Ich habe ein Recht zu tun, was das Sittengesetz erlaubt heißt: das Tun oder Unterlassen hängt bloß von meiner Willkür ab; ich habe ein Recht frei zu sein und meine Pflicht zu tun, heißt nur: nichts darf, niemand hat ein Recht mich daran zu hindern. Diese Unterscheidung ist um ihrer Folgen willen unendlich wichtig.

Dies sind die Grundsätze, aus denen alle Untersuchungen über die Rechtmäßigkeit oder Unrechtmäßigkeit einer freien Handlung geführt werden müssen, und andere gelten schlechterdings nicht. Bis auf die ursprüngliche Form unsers Geistes muß die Untersuchung zurückgehen, und nicht bei den Farben desselben, welche Zufall, Gewohnheit, aus Irrtum unwillkürlich, oder von der Unterdrückungssucht willkürlich ausgestreute Vorurteile ihm anhauchen, muß sie stehen bleiben. (Sie muß aus Prinzipien a priori, und zwar aus praktischen, und darf schlechterdings nicht aus empirischen geführt werden.) Wer hierüber noch nicht mit sich einig ist, ist zur aufgegebnen Beurteilung noch nicht reif. Er wird im Finstern herumtappen, und seinen Weg mit den Fingerspitzen suchen; er wird mit dem Strome seiner Ideenassoziation fortschwimmen, und es vom guten Glück erwarten, an welches Eiland er ihn werfen werde; er wird ungleichartige Materialien, in der Ordnung, in der er sie von der Oberfläche seines Gedächtnisses auffischte, aufeinanderschichten, so gut es geht; weder er selbst noch ein anderer wird ihn verstehen; er wird den Beifall des feinern Publikums erhalten, das in ihm sich selbst wiederfindet. Es war nicht mein Wille, die Geschichte von Autoren zu erzählen, die über diesen Gegenstand geschrieben haben.

II.

Die zweite Frage, die bei Beurteilung einer Revolution vorkommen konnte, war die über *ihre Weisheit*, d. i. ob die besten, wenigstens unter diesen Umständen besten Mittel zur Erreichung des beabsichtigten Zwecks gewählt worden.

Und hier drängen denn unsere vielwissenden Sachkenner sich enger zusammen, in der sichern Voraussetzung, daß diese Frage – eine Frage von Weisheit – ganz und allein vor ihren Richterstuhl gehöre. Geschichte, Geschichte, rufen sie, ist ja die Sehwarte aller Zeiten, die Lehrmeisterin der Völker, die untrüglichste Verkünderin der Zukunft – und ich will, ohne auf ihr Rufen zu hören, die aufgegebne Frage zergliedern, und sehen, welche andere Fragen in ihr enthalten sind: dann wird ja jeder an sich nehmen können, was sein ist – und alsdann erst ein paar Worte über ihre gepriesene Geschichte.

Wenn das Verhältnis gewählter Mittel zu einem Zwecke geprüft werden soll, so ist vor allen Dingen die Güte des Zwecks selbst, und in unserm Falle die Güte des Zwecks, insofern er einer Staatsverfassung zugrunde gelegt werden soll, zu beurteilen. – Die Frage: welches ist der beste Endzweck der Staatsverbindung? hängt von der Beantwortung folgender ab: welches ist der Endzweck jedes einzelnen? Die Antwort auf diese Frage ist rein moralisch, und muß sich auf das Sittengesetz gründen, welches allein den Menschen als Menschen beherrscht, und ihm einen Endzweck aufstellt. Die daraus zunächst folgende, ausschließende Bedingung jeder moralisch möglichen Staatsverbindung ist die: daß ihr Endzweck dem durch das Sittengesetz vorgeschriebnen Endzweck jedes einzelnen nicht widerspreche seine Erreichung nicht hindere oder störe. Ein Endzweck, der gegen diese Grundregel sündigt, ist schon in sich selbst verwerflich, denn er ist ungerecht. Überdies aber muß er, wenn die ganze Verbindung nicht völlig zwecklos sein soll, auch noch den höchsten Endzweck jedes einzelnen befördern. Da aber dies in mehrern Graden möglich, und keine bestimmte höchste Stufe anzugeben ist, weil diese Erhöhung ins Unendliche geht, so läßt in dieser Rücksicht die Güte des Endzwecks sich nicht nach einer festen Regel, sondern nur nach dem möglichen Mehr oder Weniger bestimmen.

Hier ist nun, einmal angenommen, daß der Endzweck der Menschheit im einzelnen und im ganzen nicht nach Erfahrungsgesetzen, sondern nach ihrer ursprünglichen Form zu bestimmen sei, für den Historiker nichts zu tun, als höchstens etwa das Geschäft, uns Materialien für die Vergleichung des Mehr oder Weniger in verschiedenen Staatsverfassungen zuzulangen: aber wir befürchten, daß sein Suchen nach dergleichen Materialien in der Geschichte der bisherigen Staaten sehr undankbar sein, und daß er mit untauglicher Ausbeute beladen zurückkommen werde.

Die zweite Aufgabe ist die: die gewählten Mittel mit dem Zwecke zu vergleichen, um zu sehen, ob die erstern zum letztern sich verhalten, wie Ursachen zu ihrer Wirkung. Diese Prüfung ist nun wirklich auf zweierlei Art möglich; nämlich entweder nach *deutlich gedachten Gesetzen, oder nach ähnlichen Fällen.*

Wenn die Rede von Mitteln ist, um in einer gesellschaftlichen Verbindung einen gewissen Endzweck zu erreichen, so sind die Gegenstände der Anwendung dieser Mittel hauptsächlich die Gemüter der Menschen, in welchen, und durch welche dieser Endzweck erreicht werden soll. Diese nun werden nach gewissen allgemeinen Regeln gereizt, in Bewegung gesetzt, zum Handeln bestimmt, welche wohl Gesetze würden heißen können, wenn wir sie gründlich genug kennten. Ich rede nämlich hier nicht von jenem ersten Grundgesetze der Menschheit, das seine freien Handlungen immer bestimmen soll; sondern ich rede von denjenigen Regeln, nach welchen er, insofern er nicht bloß der ursprüngliche reine Mensch, sondern der durch Erfahrung, durch sinnlichen Zusatz gebildete Mensch ist, bestimmt werden kann, und besonders zur Übereinstimmung mit jener ursprünglichen Form bestimmt werden soll. Nämlich, so wie der ursprünglichen Vernunftform nach alle Geister, so sind gewissen andern sinnlichen Geistesformen nach alle Menschen sich gleich. Die Unterschiede, welche Zeitalter, Klima, Beschäftigung in ihnen hervorbringen, sind gegen die Summe der Gleichheiten wirklich gering, *müssen bei fortrückender Kultur* unter den Händen weiser Staatsverfassungen *immer mehr wegfallen*; man lernt sie leicht, und die Mittel, sie zu benutzen, sind kleine, unbedeutende Hausmittel. Das Studium ihrer allgemeinen Formen aber ist nicht so leicht geendet.

Hier nun ist es, wo wirklich die Erfahrung eintritt: aber nicht jene, wieviel Hauptmonarchien es gegeben habe, oder an welchem Tage die Schlacht bei Philippi vorgefallen sei, sondern die uns viel nähere – *die Erfahrungsseelenkunde.* – – Wähle dich selbst zu deinem vertrautesten Gesellschafter, folge dir in die geheimsten

Winkel deines Herzens, und locke dir alle deine Geheimnisse ab: *lerne dich selbst kennen* – das ist der erste Grundsatz dieser Seelenkunde. Die Regeln, die du dir aus dieser Selbstbeobachtung über den Gang *deiner* Triebe und Neigungen, über die Form *deines* sinnlichen Selbst abziehen wirst, gelten – du darfst es sicher glauben – für alles, was menschliches Antlitz trägt. Hierin sind sie dir alle ähnlich. – Laß nicht unbemerkt, daß ich sage: *hierin.* Du nämlich bist vielleicht redlich entschlossen, der Stimme deines Gewissens immer zu folgen, kannst dich vor dir selbst schämen, und bist ein ehrlicher Mann. Ich rate dir nicht, jeden andern so zuversichtlich für ebendas zu nehmen. Er vielleicht nimmt sich nichts übel, was nur hilft, und ist ebenso fest entschlossen, der Stimme seines Interesses zu gehorchen. Selbstsucht ist die Triebfeder seiner Handlungen, wie Achtung fürs Gesetz die Triebfeder der deinigen ist. Aber das kannst du sicher glauben, daß diese zwei so sehr verschiednen Triebfedern ziemlich auf einerlei Wege euch beide zum Handeln führen. – Du wirst dich doch wohl ferner aus der Geschichte deines Herzens noch der Zeit erinnern, da du nicht viel besser warst, als er jetzt ist; du wirst dich auch wohl noch erinnern, wie, und auf welche Art du allmählich zur Vernunft bekehrt, und geistig wiedergeboren wurdest. Eben diesen Gang – nicht eben von diesem Punkte aus – muß auch er gehen, wenn er je ein besserer Mensch werden soll; und du mußt ihn auf diesen Weg leiten helfen, wenn du ihn etwa dazu machen willst.

Nach den Regeln dieser Seelenkunde nun, welche durch fortgesetzte weise Beobachtung sich dem Range der Gesetze nähern werden, sind die in einer Staatsverfassung zur Erreichung ihres Endzwecks gewählten Mittel zu prüfen; es ist zu untersuchen, ob sie, der allgemeinen Analogie des sinnlichen Menschen nach, die begehrte Wirkung auf ihn hervorbringen können und werden: und diese Art der Beurteilung ist die gründlichste, die unfehlbarste und die einleuchtendste. Mit ihr hat der Historiker vom gewöhnlichen Schlage nichts zu tun, sondern sie ist das Geschäft des beobachtenden Selbstdenkers.

Ein zweiter Weg, eine Antwort auf die vorliegende Frage zu suchen, ist die *Beurteilung nach ähnlichen Fällen.* Der Grundsatz dieser Beurteilung ist folgender: Ähnliche Ursachen haben einst gewisse Wirkungen hervorgebracht, folglich werden sie jetzt ähnliche Wirkungen hervorbringen. Diese Betrachtungsart nun scheint auf den ersten Anblick rein historisch; aber es ist mancherlei über sie zu erinnern.

Zuvörderst können doch nur immer bloß ähnliche, und nie völlig gleiche Ursachen aufgewiesen, folglich darf auch nur auf ähnliche, nie auf gleiche Wirkungen geschlossen werden. Woher wißt ihr denn aber, worin die verlangte Wirkung der gegebnen wirklich ähnlich, und worin sie ihr unähnlich sein werde – wie das Unähnliche beschaffen sein werde? Keins von beiden lehrt euch die Geschichte; ihr müßt es also, wenn ihr es wissen wollt, nach Vernunftgesetzen aufsuchen.

Dann, worauf gründet sich denn überhaupt eure Folgerung, *daß* ähnliche Ursachen ähnliche Wirkungen haben werden? Soll diese Folgerung gesetzlich sein, so müßt ihr ja stillschweigend voraussetzen, daß die Wirkung mit den Ursachen durch ein allgemeines und auf alle Fälle gültiges Gesetz wirklich zusammenhänge, und daß sie nach diesem Gesetz aus ihnen erfolge.

Seht demnach, ihr Verteidiger der ausschließenden, oder der vorzüglichen Gültigkeit dieser Beurteilungsart – seht, inwiefern wir mit euch übereinkommen, und wo wir von euch abgehen. Ihr nehmt ein Gesetz, und die Allgemeingültigkeit desselben einstimmig mit uns an; aber es liegt euch nicht daran, es aufzusuchen. Ihr wollt nur die Wirkung haben; ihr Zusammenhang mit der Ursache ist das, was euch am wenigsten kümmert. Wir suchen das Gesetz selbst, und folgern nun nach dem Gesetz die Wirkung aus der gegebnen Ursache. Ihr kauft aus der zweiten Hand; wir ziehen unsre Waren aus der ersten. Wer von uns beiden, meint ihr wohl, wird sie aufrichtiger, und um einen billigern Preis bekommen? Ihr beobachtet ins Große hin, seht von der Warte auf den am Markte gedrängten Volksklumpen herunter; wir gehen tiefer ins einzelne, nehmen jeden besonders vor, und forschen ihn aus. Wer, meint ihr wohl, wird mehr erfahren?

Und wie, wenn ihr auf einen Fall kommt, der in eurer Geschichte noch nicht dagewesen ist, was macht ihr dann? Ich fürchte sehr, daß das bei der Frage von den Mitteln, den einzig wahren Zweck einer Staatsvereinigung zu erreichen, wirklich der Fall sei. Ich fürchte, daß ihr in allen bisherigen Staaten vergeblich nach einer Zweckseinheit suchen werdet – in ihnen, die der Zufall zusammenfügte, an denen jedes Zeitalter mit schüchternem Respekte für die Manen der vorhergehenden flickte und ausbesserte – in ihnen, deren lobenswürdigste Eigenschaft es ist, daß sie inkonsequent sind, weil die Durchführung mancher ihrer Grundsätze die Menschheit völlig zerdrückt, und jede Hoffnung eines einstigen Auferstehens in ihr vernichtet haben würde – in ihnen, in denen man höchstens nur diejenige Einheit antrifft, die die verschiedenen Gattungen der fleischfressenden Tiere zusammenhält, daß das schwächere vom stärkern gefressen wird, und das noch schwächere selbst frißt. Ich fürchte, daß ihr über die Wirkungen mancher Triebfedern auf den Menschen in eurer Geschichte keine Nachricht finden werdet, weil die Helden derselben sie dem menschlichen Herzen anzulegen vergaßen. Ihr werdet demnach mit einer Untersuchung a priori euch – begnügen müssen, wenn die a posteriori nicht möglich sein sollte.

Und, da wir einmal bei diesem reichhaltigen Texte sind, noch ein paar Worte darüber! – Es ist mit der Menschheit im ganzen, wie mit dem Individuum. Jene wird durch die Begegnisse ihrer Dauer gebildet, wie dieses. Wir haben die Begebenheiten unsrer ersten Kindheitsjahre völlig vergessen. Sind sie darum für uns verloren, – gründet sich darum, weil wir sie nicht wissen, weniger die ganze originelle individuelle Richtung unsers Geistes auf sie? Bleibt uns nur diese, was gehen jene uns an? – Wir gehen über ins Knabenalter, und unsere kleinen Taten und Leiden prägen sich dauernder in unser Gedächtnis. Indessen rückt durch sie unsre Bildung weiter, und wie sie weiterrückt, fangen wir an uns unsrer kindischen Einfälle und Torheiten zu schämen; ebendas, was uns weiser macht, wird uns, um der größern Reife willen, die es uns gibt, in der Erinnerung verhaßt, und wir möchten es gern vergessen, wenn wir könnten. Die Zeit, da wir uns desselben gleichgültig erinnern, kommt später; kommt erst alsdann, wenn jene Jahre uns fremd geworden sind, und wir uns nicht mehr als dasselbe Individuum betrachten. – Noch scheint die Menschheit nicht bis zum Alter des Schämenlernens heraufgewachsen zu sein; sie würde sonst weniger mit ihren kindischen Heldentaten prahlen, und einen kleinen Wert in die Aufzählung derselben setzen.

Nichts als das, was in der Menschheit als erworbnes Gut wirklich bleibt, ist wahrer Gewinn ihres Alters und ihrer Erfahrung. *Wie* sie dazu gekommen sei, verschlägt uns weniger, und unsere Neugier würde auch in der gewöhnlichen Geschichte wenig Belehrung darüber finden. Sie beschreiben uns mit aller Ausführlichkeit die Gerüste und das äußere Maschinenwerk: – wie ein Stein an den andern sich fügte, konnten sie vor dem wunderbaren Gerüste nicht sehen. Das hätten wir allenfalls wohl wissen mögen: – was das Gerüste anbelangt – wenn nur das Gebäude da stünde, möchte doch das Gerüste abgetragen werden*! Soll man denn darum die Geschichte ganz eingehen lassen? O nein, nur aus euren Händen soll sie genommen werden, die ihr ewig Kinder bleibt, und nie etwas anders könnt, als *lernen*; die ihr euch nur immer *geben* laßt, und nie selbst *hervorbringen* könnt; deren höchste Schöpfungskraft nie über das *Nachmachen* hinausgeht: der Pflege des wahren Philosophen soll sie übergeben werden, damit dieser in dem bunten, euer Auge durch die Farben anziehenden Marionettenspiele euch den faßlichen Beweis führe, daß alle Wege versucht sind, und daß keiner zum Ziele geführt hat, auf daß ihr endlich aufhört, seinen Weg, den Weg der Grundsätze, gegen den eurigen, den Weg des blinden Probierens, zu verschreien: seiner Pflege soll sie übergeben werden, damit er durch sie euch in dem Alphabete, das ihr lernen sollt, einige Buchstaben rot färbe, auf daß ihr sie so lange an der Farbe kennt, bis ihr sie an ihren innern Charakteren werdet kennenlernen.

Zur Bereicherung und endlichen Befestigung der Erfahrungsseelenkunde soll er sie brauchen. – Den Menschen im ganzen, den Menschen unter gewöhnlichen Umständen kennenzulernen, bedarf es keiner ausgebreiteten Geschichtskunde. Jedem ist sein eigenes Herz, und die Handlungsarten seiner beiden Nachbarn rechts und links ein unerschöpflicher Text. Was aber begünstigte Seelen unter außerordentlichen Umständen vermögen, das lehrt die tägliche Erfahrung nicht. Begünstigte Seelen unter Umständen, die ihr ganzes Vermögen entwickeln und darstellen, werden nicht alle Jahrhunderte geboren. Um diese, um die Menschheit in ihrem Feierkleide kennenzulernen, bedarf es der Belehrung der Geschichte. – Wolltet ihr mir wohl vorrechnen, wieviel wir in dieser Rücksicht durch eure Behandlung derselben gewonnen haben? mir die Plutarche

---

* Da wir hier nicht einen Traktat gegen die Geschichte schreiben, so stehe folgendes in der Note! – »Wir brauchen die Geschichte unter anderm auch, um die Weisheit der Vorsehung in Ausführung ihres großen Plans zu bewundern.» – Aber das ist nicht wahr. Ihr wollt bloß euren eigenen Scharfsinn bewundern. Es kommt euch ein Einfall von ungefähr; *so* machtet ihr's, wenn ihr die Vorsehung wärt. – Man könnte mit ungleich größerer Wahrscheinlichkeit in dem bisherigen Gange der Schicksale der Menschheit den Plan eines bösen menschenfeindlichen Wesens zeigen, das alles auf das höchstmögliche sittliche Verderben und Elend derselben angelegt hätte. Aber das wäre auch nicht wahr. Das einzig Wahre ist wohl folgendes: daß ein unendliches Mannigfaltige gegeben ist, welches an sich weder gut noch böse ist, sondern erst durch die freie Anwendung vernünftiger Wesen eins von beiden wird, und daß es in der Tat nicht eher besser werden wird, als bis *wir* besser geworden sind.

nennen, die ihr uns erzogen habt?

Wirklich, es hält schwer, der Bewegung seiner Galle oder seines Zwerchfells, je nachdem nun die eine oder das andere reizbarer bei uns ist, zu widerstehen, wenn man die Deklamationen unsrer – Sachkenner gegen die Anwendung ursprünglich vernünftiger Grundsätze im Leben, die heftigen Anfälle unsrer Empiriker auf unsre Philosophen mit anhört; als ob zwischen Theorie und Praxis ein nie zu vermittelnder Widerstreit wäre. – Aber ich bitte euch, wonach treibt denn *ihr* eure Geschäfte im Leben? Überlaßt ihr sie denn ganz dem blinden Wehen des Zufalls, oder, da ihr meistens sehr fromm redet, der Leitung der Vorsehung; oder richtet auch ihr euch nach Regeln? Im erstern Falle – wozu denn eure wortreichen Warnungen an die Völker, sich durch die Vorspiegelungen der Philosophen doch ja nicht blenden zu lassen? Seid ihr doch ganz stille, und laßt euren Zufall walten. Werden die Philosophen gewinnen, so werden sie ja recht gehabt haben; werden sie nicht gewinnen, so werden sie unrecht gehabt haben. Es ist nicht eure Sache, sie zu widerlegen; der Zufall wird schon über sie Gericht halten. Im zweiten Falle – woher bekommt ihr denn eure Regeln? Aus der Erfahrung sagt ihr. Aber wenn dies nicht heißt: ihr findet sie da wirklich von andern Männern vor euch in Worte verfaßt, und nehmt sie auf ihre Autorität hin – heißt es aber das, so frage ich euch: woher haben jene sie genommen? Und ihr seid um keinen Schritt weiter. – Wenn es dies aber nicht heißt, so müßt ihr ja wohl erst die Erfahrung beurteilen, das Mannigfaltige in derselben unter gewisse Einheiten bringen, und so eure Regeln daraus folgern. Dieser Weg, den ihr geht, kann nicht wieder aus der Erfahrung abgezogen sein, sondern die Richtung und die Schritte desselben sind euch durch ein ursprüngliches Gesetz der Vernunft vorgezeichnet, das euch aus der Schule unter dem Namen Logik bekannt ist. Aber dieses Gesetz schreibt euch doch nur die Form eurer Beurteilung, nicht den Gesichtspunkt vor, aus dem ihr die Tatsachen beurteilen wollt. Ihr müßt das Mannigfaltige unter gewisse bestimmte Einheiten bringen, sagte ich, und ihr werdet es mir gewiß nicht ableugnen, wenn ihr diesen Ausdruck versteht. Wo nicht, so denkt ein wenig über ihn nach. Wie kommt ihr denn nun zu diesen Einheitsbegriffen? Durch Beurteilung des in der Erfahrung gegebnen nicht, denn die Möglichkeit jeder Beurteilung setzt sie schon voraus; wie ihr aus dem Gesagten begriffen haben müßt. Sie müssen also ursprünglich und vor aller Erfahrung vorher in eurer Seele gelegen haben, und ihr habt nach ihnen geurteilt, ohne es zu wissen. Die Erfahrung an sich ist ein Kasten voll untereinandergeworfener Buchstaben; der menschliche Geist nur ist es, der einen Sinn in dieses Chaos bringt, der hier eine Iliade, und dort ein Schlenkertsches[1] historisches Drama aus ihnen zusammensetzt. – Ihr habt euch demnach höchlich unrecht getan; ihr seid mehr Philosophen, als ihr es selbst glauben konntet. Es geht euch, wie Meister Jourdain[2] in der Komödie: ihr habt euer ganzes Leben philosophiert, ohne ein Wort davon zu wissen. Verzeiht uns daher nur immer eine Sünde, die ihr mit uns zugleich begangen habt.

Wo der eigentliche Streitpunkt zwischen euch und uns liegt, kann ich euch wohl mitteilen. Ihr wollt es freilich nicht ganz mit der Vernunft, aber auch nicht ganz mit eurem wohltätigen Freunde, dem Schlendrian, verderben. Ihr wollt euch zwischen beide teilen, und geratet dadurch, zwischen zwei so unverträglichen Gebietern, in die unangenehme Lage, es keinem zu Danke machen zu können. Folgt doch lieber entschlossen dem Gefühle der Dankbarkeit, das euch zu dem letztern hinzieht, und wir wissen dann, wie wir mit euch daran sind.

Ihr möchtet wohl gern ein wenig vernünftig handeln, nur ums Himmels willen nicht ganz. – Recht wohl! Aber warum eben bis zu der von euch festgesetzten Grenze – warum hört ihr nicht noch innerhalb derselben auf – warum geht ihr nicht noch einige Schritte weiter? Einen vernünftigen Grund könnt ihr dafür nicht anführen, da ihr hier die Vernunft verlaßt. Was wollt ihr nun auf diese Frage uns – was wollt ihr auf sie euren Verbündeten, die über die Sache selbst, nur nicht über die Grenze mit euch einig sind – was wollt ihr auf sie, entschiedenen Verfechtern des Alten, so wie es ist, antworten? Ihr geratet mit der ganzen Welt in Streit, und steht allein und ohne Antwort da.

Aber, ihr bleibt dabei, unsre philosophischen Grundsätze ließen sich einmal nicht ins Leben einführen; unsre Theorien seien freilich unwiderleglich, aber sie seien *nicht ausführbar*. – Das meint ihr denn doch wohl nur unter der Bedingung, *wenn alles so bleiben so, wie es jetzt ist* – denn sonst wäre eure Behauptung wohl zu dreist. Aber wer sagt denn, daß es so bleiben solle? Wer hat euch

1 Friedrich Christian Schlenkert (1757–1826) schrieb dialogisierte Geschichtsromane.
2 Monsieur Jourdain ist die Hauptperson in Molières Komödie ›Le Bourgeois Gentilhomme‹; vgl. die sechste Szene des zweiten Aktes.

denn zu eurem Ausbessern und Stümpern, zu eurem Aufflicken neuer Stücke auf den alten zerlumpten Mantel, zu eurem Waschen, ohne einem die Haut naßmachen zu wollen, gedungen? Wer hat denn geleugnet, daß die Maschine dadurch vollends ins Stocken geraten, daß die Risse sich vergrößern, daß der Mohr wohl ein Mohr bleiben werde? Sollen wir den Esel tragen, wenn ihr Schnitzer gemacht habt?

Aber ihr *wollt*, daß alles hübsch bei dem Alten bleibe; daher euer Widerstreben, daher euer Geschrei über die Unausführlichkeit unsrer Grundsätze. Nun so seid wenigstens ehrlich, und sagt nicht weiter: wir *können* eure Grundsätze nicht ausführen, sondern sagt gerade wie ihrs meint: wir *wollen* sie nicht ausführen.

Dies Geschrei über die Unmöglichkeit dessen, was euch nicht gefällt, treibt ihr nicht erst seit heute; ihr habt von jeher so geschrieen, wenn ein mutiger und entschlossener Mann unter euch trat, und euch sagte, wie ihr eure Sachen klüger anfangen solltet. Dennoch ist, trotz eurem Geschrei, manches wirklich geworden, indes ihr euch seine Unmöglichkeit bewieset. – So rieft ihr vor nicht gar langer Zeit einem Manne zu, der unsern Weg ging, und bloß den Fehler hatte, daß er ihn nicht weit genug verfolgte: proposez nous donc ce, qui est faisable – das hieße: proposes nous ce, qu'on fait, antwortete er auch sehr richtig. Ihr seid seitdem durch die Erfahrung, das einzige, was euch klug machen kann, belehrt worden, daß seine Vorschläge doch nicht so ganz untunlich waren.

Rousseau, den ihr noch einmal über das andere einen Träumer nennt, indes seine Träume unter euern Augen in Erfüllung gehen, verfuhr viel zu schonend mit euch, ihr Empiriker; das war sein Fehler. Man wird noch ganz anders mit euch reden, als er redete. Unter euren Augen, und ich kann zu eurer Beschämung hinzusetzen, wenn ihr's noch nicht wißt, durch Rousseau geweckt, hat der menschliche Geist ein Werk vollendet, das ihr für die unmöglichste aller Unmöglichkeiten würdet erklärt haben, wenn ihr fähig gewesen wäret, die Idee desselben zu fassen: er hat sich selbst ausgemessen[1]. Indes ihr noch an den Worten des Berichts herumklaubt. – nicht merkt, nichts ahnet, – euch in ein paar abgerissene Fetzen desselben, wie in eine zweite Löwenhaut, einhüllt – in aller Unschuld und Unbefangenheit seinen Grundsätzen zu folgen glaubt, indem ihr die häßlichsten Vorstöße dagegen macht, nähren sich

---

1 Dies Werk ist Kants ›Kritik der reinen Vernunft‹.

vielleicht in der Stille am Geiste desselben junge kraftvolle Männer, die seinen Einfluß in das System des menschlichen Wissens nach allen seinen Teilen, die die gänzliche neue Schöpfung der menschlichen Denkungsart, die jenes Werk bewirken muß, ahnen, bis sie sie darstellen werden. Ihr werdet noch oft nötig haben euch die Augen zu reiben, um euch zu überzeugen, ob ihr recht seht, wenn wieder eine eurer Unmöglichkeiten wirklich geworden ist.

Wollt ihr die Kräfte des Mannes nach denen des Knaben messen? Glaubt ihr, daß der freie Mann nicht mehr vermögen werde, als der Mann in Fesseln vermochte? Beurteilt ihr die Stärke, die ein großer Entschluß uns geben wird, nach der, die wir alle Tage haben? Was wollt ihr doch also mit eurer Erfahrung? Stellt sie uns etwas anders dar, als Kinder, Gefesselte und Alltagsmenschen?

Ihr eben seid die kompetenten Richter über die Grenzen der menschlichen Kräfte! Unter das Joch der Autorität, als euer Nakken noch am biegsamsten war, eingezwängt, mühsam in eine künstlich erdachte Denkform, die der Natur widerstreitet, gepreßt, durch das stete Einsaugen fremder Grundsätze, das stete Schmiegen unter fremde Pläne, durch tausend Bedürfnisse eures Körpers entselbstet, für einen höhern Aufschwung des Geistes, und ein starkes hehres Gefühl eures Ich verdorben, könnt ihr urteilen, was der Mensch könne! – Sind eure Kräfte der Maßstab der menschlichen Kräfte überhaupt! Habt ihr den goldnen Flügel des Genius je rauschen gehört? – Nicht dessen, der zu Gesängen, sondern dessen, der zu Taten begeistert. Habt ihr je ein kräftiges: *ich* eurer Seele zugeherrscht, und das Resultat desselben, trotz aller sinnlichen Reizungen trotz aller Hindernisse, nach jahrelangem Kampfe hingestellt und gesagt: *hier ist es?* Fühlt ihr euch fähig, dem Despoten ins Angesicht zu sagen: töten kannst du mich, aber nicht meinen Entschluß ändern? Habt ihr, – könnt ihr das nicht, so weichet von dieser Stätte, sie ist für euch heilig.

Der Mensch *kann*, was er *soll*; und wenn er sagt: ich *kann* nicht, so *will* er nicht.

III.

Ohne vorläufig die Untersuchung, vor welchen Richterstühlen wir unsere Sachen anhängig machen sollten, ins reine gebracht zu haben, war ein Urteil völlig unmöglich. Jetzt, da sie ins reine ist, entsteht eine neue, vor deren Entscheidung ein gründliches und zusammenhängendes Urteil ebenso unmöglich ist – die von dem Range der beiden kompetenten Richterstühle, und von der Unterordnung ihrer Aussprüche untereinander. Ich mache mich deutlicher.

Es kann eine Handlung sehr klug sein, welche doch unrecht ist; wir können zu einer Sache ein Recht haben, dessen Gebrauch doch sehr unklug wäre: denn beide Richterstühle sprechen ganz unabhängig voneinander, nach ganz verschiedenen Gesetzen, und auf ganz verschiedene Fragen. Warum sollte denn das Ja, oder das Nein, das auf die eine paßt, immer auch auf die andere passen? Wenn wir nun unsre Frage vor beide Richterstühle gebracht hätten, in der Absicht, um unser Tun oder Lassen nach den Antworten, die wir bekommen würden, einzurichten, und der eine erlaubte oder beföhle, was der andere widerriete, welchem müßten wir gehorchen?

Der Ausspruch der Vernunft, insofern er die freien Handlungen geistiger Wesen betrifft, ist schlechthin gültiges, allgemeines, *Gesetz*; was sie gebietet, muß schlechterdings geschehen; was sie erlaubt, darf schlechterdings nicht gehindert werden: die Stimme der Klugheit ist nur *guter Rat*; wenn wir klug sind, so werden wir ihn freilich hören: – aber, wenn wir nun nicht so klug sind, als ihr, wenn wir nun eure scharfe Rechenkunst der Vorteile nicht besitzen – freilich ist das übel für uns – aber dürft ihr uns *nötigen*, klug zu sein? Wenn also auf eine unsrer Fragen das Sittengesetz uns antwortete: du darfst nicht – so müssen wir es nicht tun, und wenn die Stimme der Klugheit noch so laut riefe: tue es, es ist dein höchster Vorteil; wenn du es unterlässest, so ist dein ganzes Wohl vereitelt, so versinkest du in das tiefste Elend, so stürzen die Trümmer des Weltalls über dich zusammen. Laß sie stürzen, und dich mit dem Bewußtsein, *nicht unrecht gehandelt zu haben*, und eines bessern Schicksals *würdig* zu sein, in ihrem Schoße begraben.

Wenn dir das Sittengesetz antwortet: du darfst, – dann gehe hin, und berate dich mit der Klugheit; dann untersuche deine Vorteile, wäge sie gegeneinander ab, wähle den vollwichtigsten, und genieße ihn mit gutem Gewissen; dein Herz gesegnet ihn dir.

Wenn wir aber diese Fragen bloß erhoben hätten, um über die Handlung eines andern zu urteilen, wie hätten wir uns dann in dem Falle verschiedener Antworten des Sittengesetzes und der Klugheit zu betragen? – Hat er unrecht gehandelt, so verdient seine Handlung unsern ganzen Abscheu, und wenn seine Ungerechtigkeit uns betraf, unsre Ahndung. Hat er nur unklug gehandelt, so verdient sie bloß unsern Tadel; er höchstens unser Mitleid und unsre guten Wünsche: unsre Achtung können wir ihm nicht entziehen, denn er hat das Gesetz geehrt.

Aber – o, es ist ein tiefer, verborgener, unaustilgbarer Zug des menschlichen Verderbens, daß sie immer lieber gütig als gerecht sein, lieber Almosen geben, als Schulden bezahlen wollen! – Aber wir sind großmütig, wir suchen sein eignes Bestes, und wollen ihn auf den Weg desselben, sei es auch durch gewaltsame Mittel, zurückführen.

Wissen wir denn nun so ganz gewiß, was *sein* Wohl, oder *sein* Unglück befördere? Es kann wohl sein, daß *wir* uns in seiner Lage höchst elend befinden würden; wissen wir denn aber, ob *er*, seinen besondern Eigenschaften, Kräften, Anlagen nach, sich ebenso elend befinde? Wir halten und rechnen ja sonst so sehr auf die individuellen Verschiedenheiten der Menschen; warum vergessen wir denn hier unsern eignen Grundsatz? Haben wir denn ein allgemeines Gesetz zur Beurteilung der Glückseligkeit? Wo ist es doch anzutreffen?

Woher doch der allgemeine Zug im Menschen, die individuelle Richtung andrer so gern nach seiner eigenen zu messen, so gern für andre Pläne zu entwerfen, die weiter keinen Fehler haben, als den, daß sie bloß *für ihn* passen? Der Furchtsame zeichnet dem Kühnen, der Kühne dem Furchtsamen den Weg vor, den er selbst freilich geben würde: aber wehe dem Armen, der auf solchen guten Rat hört! Er wird nie an seiner Stelle sein, er wird beständig eines Vormundes bedürfen, weil er ein einziges Mal unmündig war. – Das würde ich auch tun, wenn ich Parmenio wäre, sagte Alexander; und war in diesem Augenblicke mehr Philosoph, als vielleicht sein ganzes übriges Leben durch. Sei dir selbst alles, oder du bist nichts. – Erkennt in diesem Zuge die sinnliche Verunstaltung eines Grundzuges unsrer geistigen Natur; des – Übereinstimmung in den Handlungsarten vernünftiger Wesen, als solcher, hervorzubringen.

Gesetzt aber, ihr könntet beweisen, was ihr doch nie beweisen werdet, daß er sich durch seine Handlung notwendig unglücklich mache – ihr fühltet euch von eurem großmütigen Herzen fortgerissen, ihn am Rande des Abgrundes zurückzuhalten – wollt ihr euch nicht wenigstens so lange gedulden, bis ihr über die *Rechtmäßigkeit eurer* Handlung mit euch zu Rate gegangen seid?

Er zeigt eine Erlaubnis des einigen Gesetzes vor, welches euch, wie ihn verbindet. Ist dieses Gesetz wirklich euer gemeinschaftliches einiges, so ist seine vorgezeigte Erlaubnis für euch ein *Verbot.* Das Gesetz will, er soll unter keinem andern Gesetz stehen, als unter ihm. Im gegenwärtigen Falle schweigt es, und befreit ihn mithin von aller Gesetzlichkeit; und ihr wolltet ihm durch euren Zwang ein neues Gesetz auflegen? Dann nehmt *ihr* ja eine Erlaubnis zurück, die das Gesetz gab; dann wollt *ihr* ja den gebunden, den das Gesetz frei will; dann seid *ihr* ja dem Gesetze ungehorsam; dann setzt *ihr* ja euren Stuhl über den Stuhl der Gottheit, – denn selbst sie macht kein freies Wesen wider seinen Willen glücklich. Nein, vernünftige Kreatur, du darfst niemanden wider sein Recht glücklich machen, denn das ist unrecht.

O heiliges Recht, wann wird man dich doch für das, was du bist, für ein Siegel der Gottheit an unsrer Stirn anerkennen, und vor dir niederfallen und anbeten; wann wirst du uns doch, wie eine himmlische Ägide, unter dem Kampfe des gegen uns verschworenen Interesses der ganzen Sinnlichkeit bedecken und durch deinen bloßen Anblick alle unsere Gegner versteinern; wann werden doch vor deiner bloßen Idee die Heere erbeben und niederfallen, und vor den Strahlen deiner Majestät dem Starken die Waffen entsinken?

IV.

In dieser den Vorerinnerungen gewidmeten Einleitung vergönne man noch nachfolgender ihr Plätzchen, die zwar nicht eigentlich die Grundsätze der Beurteilung, aber das Recht der öffentlichen Beurteilung selbst betrifft.

Man erhebt nämlich jetzt wieder bei freien politischen Untersuchungen ein Getratsch, wie man es schon ehemals bei religiösen trieb, über *exoterische* und *esoterische* Wahrheiten, d. h. – denn du sollst es nicht verstehen, unstudiertes Publikum, drum werden sie sich wohl hüten, es deutsch zu sagen – d. h. also: von Wahrheiten, die ein jeder wissen mag, weil eben nicht viel Tröstliches daraus folgt, und von andern Wahrheiten, die, leider! ebenso wahr sind, von denen aber niemand wissen soll, daß sie wahr sind. – Siehe, liebes Publikum, so spielen deine Lieblinge dir mit, und du freust dich in kindlicher Unbefangenheit über die Brosamen, die sie dir von ihrer reichbesetzten Tafel zufließen lassen. Traue ihnen nicht; das, worüber du eine so herzliche Freude hast, ist nur das

Exoterische; das Esoterische solltest du erst sehen; aber – das ist nicht für dich. »Die Throne der Fürsten werden und müssen ewig stehen«, sagen sie; nämlich, denken sie, Fürst heißt jeder Verwalter der Gesetze: »nur das beherrschte Volk kann frei sein«, sagen sie; nämlich, denken sie, durch selbstgegebne Gesetze beherrscht.

Das ist auch eine von euren alten Untugenden, feige Seelen, daß ihr uns mit einer geheimnisvollen Miene ins Ohr flüstert, was ihr aufgespürt habt; aber, aber – setzt ihr hinzu und macht ein kluges Gesicht, daß es ja nicht weiter auskommt, Frau Gevatterin! Das ist nicht männlich; was der Mann redet, mag jeder wissen.

»Aber es würde doch großes Unheil davon entstehen, wenn es jeder wüßte.« Wenn du nicht bestaltet bist, für das Wohl der Welten zu sorgen, so laß das deine letzte Sorge ein. Die Wahrheit ist nicht ausschließendes Erbteil der Schule; sie ist ein gemeinsames Gut der Menschheit von ihrem gemeinschaftlichen Vater ihr zur köstlichsten Ausstattung, zum innigsten Vereinigungsmittel der Geister mit Geistern gegeben; jeder hat das gleiche Recht, sie aufzusuchen, und sie nach seiner ganzen Empfänglichkeit dafür zu genießen und zu benutzen. Du darfst ihn daran nicht hindern; denn das ist unrecht: du darfst ihn nicht täuschen, ihm nichts aufbinden; sei es auch in der wohltätigsten Absicht. Was für ihn wohltätig ist, weißt du nicht; aber daß du schlechterdings nie lügen, schlechterdings nie gegen deine Überzeugung reden sollst, weißt du. Freilich können wir dich auch nicht nötigen, ihm die Wahrheit zu sagen; du kannst deine Überzeugung gänzlich für dich behalten; wir haben weder ein Mittel, noch ein Recht, sie aus deiner Seele herauszupressen. – Aber, *ich* will sie ihm sagen. Siehst du darüber scheel, daß ich so gütig bin? Habe ich nicht Recht zu tun mit dem Meinen, was ich will? Kannst du es ohne Ungerechtigkeit verhindern – ohne Ungerechtigkeit gegen mich, indem du mir den freien Gebrauch meines Eigentums, also ein Menschenrecht streitig machen – ohne Ungerechtigkeit gegen den andern, indem du ihn eines frei dargebotnen Mittels zur Erreichung einer höhern Geisteskultur berauben würdest? Was aus meiner Mitteilung erfolgen möge, ist nicht deine Sorge; deine Sorge ist nur die, nicht ungerecht zu sein.

Aber sollte denn auch wirklich so viel Schreckliches daraus erfolgen, oder ist es nur deine erhitzte Phantasie, welche Windmühlen für Riesen ansieht? – Die allgemeine Verbreitung der Wahrheit, die unsern Geist erhebt, und veredelt, die uns über unsere Rechte und Pflichten unterrichtet, die uns die besten Wege auffinden lehrt, wie wir die erstern behaupten, und die Erfüllung der zweiten recht fruchtbar für das menschliche Geschlecht machen können, sollte schädliche Folgen haben? Vielleicht für diejenigen, welche uns auf immer in der Tierheit erhalten möchten, damit sie uns auf immer ihr Joch auflegen, und zu ihrer Zeit uns schlachten können? Und welche denn auch für sie, als etwa die, daß sie dann ein anderes Handwerk ergreifen müßten? Fürchtet ihr dies als ein Unglück? Nun freilich, darin sind wir mit euch nicht einig; wir fürchten dieses Unglück nicht. O, möchte doch über alle Menschen die klarste, belebendste Erkenntnis der Wahrheit sich verbreiten; möchten doch alle Irrtümer und Vorurteile vom Erdballe vertilgt sein! Dann wäre der Himmel schon auf der Erde.

Ein halbes Wissen, losgerissene Sätze ohne Übersicht des Ganzen, die nur auf der Oberfläche des Gedächtnisses herumschwimmen, und die der Mund herplaudert, ohne daß der Verstand die geringste Notiz davon nimmt, könnten vielleicht Schaden stiften, aber sie sind auch nicht Kenntnis. Welchen Satz wir nicht aus seinen Grundsätzen entwickelt, und die Folgen desselben überschaut haben, dessen Sinn verstehen wir sogar nicht. – Aber nein, auch sie stiften keinen Schaden; sie sind in der Seele wie ein totes Kapital, ohne allen Einfluß: die Leidenschaften sind es, die sie zum beschönigenden Vorwande ergreifen – die Leidenschaften, welche, wenn sie diesen Vorwand nicht hätten, einen andern fänden, oder, wenn sie gar keinen fänden, ohne allen Vorwand dieselben bleiben würden.

Wir haben euch also wohl gar unrecht getan? Wüßtet ihr etwas Gründliches, so würdet ihr auch die Folgen desselben übersehen haben, und wissen, daß sie, wie jeder Wahrheit Folgen, nicht anders als heilsam sein können. Ihr mögt höchstens im Fluge hier und da einen Lappen abgerissen haben, über dessen fremde Gestalt ihr so erschrakt, daß ihr ihn sogleich, als eine heilige Reliquie, vor profanen Augen verschlosset. Wir werden also hinfort weniger lüstern nach euren esoterischen Wahrheiten sein. Ihr gebt uns, vermute ich, mit aller Treue was ihr habt, und die verschlossnen Kasten sind nur darum verschlossen, damit wir nicht sehen, daß sie leer sind.

Siehe, Wohltäterin der Menschheit, belebende Wahrheit, so gehen diejenigen mit dir um, die sich deine Priester nennen. Weil sie dich noch nie erblickten, verleumden sie dich ungescheut. Du bist ihnen ein menschenfeindlicher Dämon. Sie haben sich ein hölzernes Bild geschnitzt, das sie statt deiner anbeten. Nur von dem Teile aus, von welchem Moses seine Gottheit erblickte, zeigen sie dies an hohen Festen dem Volke, und geben vor, wer ihre Bundeslade berühre, müsse sterben. O, mache doch ihrer Gaukelei ein Ende. Erscheine du selbst mitten unter uns in deinem milden Glanze, daß alle Völker dir huldigen.

Erstes Buch: Zur Beurteilung der Rechtmäßigkeit einer Revolution

Erstes Kapitel: Hat überhaupt ein Volk das Recht, seine Staatsverfassung abzuändern?

Es sei seit Rousseau gesagt und wieder gesagt worden, daß alle bürgerliche Gesellschaften sich *der Zeit* nach auf einen Vertrag gründeten, meint ein neuerer Naturrechtslehrer: aber ich wünschte zu wissen, gegen welchen Riesen diese Lanze eingelegt sei. Wenigstens sagt Rousseau das nicht*; und hat seit ihm es jemand gesagt, so hat dieser Jemand etwas gesagt, gegen das es gar nicht der Mühe lohnt, sich zu ereifern. Man sieht es ja freilich unsern Staatsverfassungen, und allen Staatsverfassungen, die die bisherige Geschichte kennt, an, daß ihre Bildung nicht das Werk einer verständigen kalten Beratschlagung, sondern ein Wurf des Ungefähr, oder der gewaltsamen Unterdrückung war. Sie gründen sich alle auf das *Recht des Stärkern*, wenn es erlaubt ist, eine Blasphemie nachzusagen, um sie verhaßt zu machen.

Daß aber *rechtmäßigerweise* eine bürgerliche Gesellschaft sich auf nichts anderes gründen kann, als auf einen Vertrag zwischen ihren Mitgliedern, und daß jeder Staat völlig ungerecht verfahre, und gegen das erste Recht der Menschheit, das Recht der Menschheit *an sich* sündige, wenn er nicht wenigstens hinterher die Einwilligung jedes einzelnen Mitgliedes zu jedem, was in ihm gesetzlich sein soll, sucht, ist ohne Mühe auch dem schwächsten Kopfe einleuchtend darzutun.

Steht nämlich der Mensch, als vernünftiges Wesen, schlechthin und einzig unter dem Sittengesetze, so darf er unter keinem andern stehen, und kein Wesen darf es wagen, ihm ein anderes aufzulegen. Wo ihn sein Gesetz befreit, da ist er ganz frei: wo es ihm Erlaubnis

---

* Man muß auf seinen *Gesellschaftsvertrag* einen sehr flüchtigen Streifzug gemacht haben, oder ihn nur aus anderer Zitaten kennen, um das in ihm zu finden. 1. Buch, Kap. 1 kündigt er seinen Gegenstand so an: *Comment* ce changement s'est il fait? Je l'ignore. Qu'est ce, qui peut le rendre *légitimes*? je crois pouvoir résoudre *cette* question. – Und so sucht er im ganzen Buche nach *dem Rechte*, nicht nach der Tatsache. – »Aber er erzählt doch immer vom Fortschritte der Menschheit.« – So? Täuscht das die Herren? Ihr erzähltet wohl auch: Es trug sich zu – ohne jedesmal vorauszuschikken: um euch Schwachen, die ihr das nicht begreift, unsern Satz durch ein Beispiel klarzumachen, so ponamus casum, es habe sich zugetragen, wenn es euch dazu nicht an Lebhaftigkeit des Geistes fehlte.

gibt, verweist es ihn an seine Willkür, und verbietet ihm in diesem Falle ein anderes Gesetz anzuerkennen, als diese Willkür. Aber ebendarum, weil er an seine Willkür, als einzigen Entscheidungsgrund seines Verhaltens beim Erlaubten, gewiesen ist, darf er das Erlaubte auch unterlassen. Liegt einem andern Wesen daran, daß er es unterlasse, so darf dies ihn darum bitten, und er hat das völlige Recht, auf diese Bitte frei von seinem strengen Rechte herunterzulassen – aber zwingen lassen darf er sich nicht. – Er darf dem andern die Ausübung seines Rechts frei *schenken.*

Er darf auch einen Tausch über Rechte mit ihm treffen; er darf sein Recht gleichsam *verkaufen.* – Du verlangst, daß ich einige meiner Rechte nicht ausübe, weil ihre Ausübung dir nachteilig ist; nun wohl, du hast auch Rechte, deren Ausübung mir nachteilig ist: tue Verzicht auf die deinigen, und ich tue Verzicht auf die meinigen.

Wer legt mir nun in diesem Vertrage das Gesetz auf? Offenbar ich selbst. Kein Mensch kann verbunden werden, ohne durch sich selbst: keinem Menschen kann ein Gesetz gegeben werden, ohne von ihm selbst. Läßt er durch einen fremden Willen sich ein Gesetz auflegen, so tut er auf seine Menschheit Verzicht, und macht sich zum Tiere; und das darf er nicht.

Man glaubte ehemals im Naturrecht – daß ich das im Vorbeigehen erinnere – auf einen ursprünglichen Naturzustand des Menschen zurückgehen zu müssen; und neuerlich ereifert man sich über dieses Verfahren, und findet darin den Ursprung wer weiß welcher Ungereimtheiten. Und doch ist dieser Weg der einzige richtige: um den Grund der Verbindlichkeit aller Verträge zu entdecken, muß man sich den Menschen noch von keinen äußern Verträgen gebunden, bloß unter dem Gesetze seiner Natur, d. i. unter dem Sittengesetz stehend, denken; und das ist *der Naturzustand.* – »Ein solcher Naturzustand ist aber in der wirklichen Welt nicht anzutreffen, noch je anzutreffen gewesen.« – Wenn das auch wahr wäre – wer heißt euch denn unsre Ideen in der wirklichen Welt aufsuchen? Müßt ihr denn alles sehen? Aber leider, daß er nicht da ist! Er *sollte* da sein. Freilich glauben noch selbst unsre scharfsinnigern Naturrechtslehrer: jeder Mensch sei schon von seiner Geburt an durch die wirklich geschehenen Leistungen des Staats ihm verbunden, und an ihn gebunden. Leider übte man diesen Grundsatz immer praktisch aus, ehe er noch theoretisch aufgestellt war. Keinen unter uns hat der Staat um seine Einwilligung gefragt; aber er hätte es tun sollen, und bis zu dieser Anfrage wären wir im Naturzustande gewesen, d. h. wir hätten, durch keinen Vertrag eingeschränkt, bloß unter dem Sittengesetze gestanden. Doch davon, wenn wir dieses Weges wiederkommen werden!

Bloß dadurch also, daß wir selbst es uns auflegen, wird ein positives Gesetz verbindlich für uns. Unser Wille, unser Entschluß, der als dauernd gefaßt wird, ist der Gesetzgeber und kein andrer. Ein andrer ist nicht möglich. Kein fremder Wille ist Gesetz für uns; auch der der Gottheit nicht, wenn er vom Gesetze der Vernunft verschieden sein könnte.

Doch, über diesen Punkt macht der Herr Geheime Kanzleisekretär *Rehberg* eine neue wichtige Entdeckung. Die volonté générale des Rousseau nämlich entstehe aus einer Verwechslung mit der moralischen Natur des Menschen, vermöge deren er keinem andern Gesetze unterworfen sei, noch sein könne, als dem der praktischen Vernunft. – Ich will mich hier nicht darauf einlassen, was Rousseau gesagt oder gedacht habe; ich will nur ein wenig untersuchen, was Herr R. hätte sagen sollen. Die Gesetzgebung der praktischen Vernunft ist nach ihm für die Grundlage eines Staats nicht hinreichend; die bürgerliche Gesetzgebung geht einen Schritt weiter; sie hat es mit Dingen zu tun, welche jene der Willkür überläßt. – Das meine ich auch, und glaube, Herr R. hätte diesen Satz noch weiter ausdehnen und überhaupt sagen können: Das Sittengesetz der Vernunft geht die bürgerliche Gesetzgebung gar nichts an, es ist ohne sie völlig vollendet, und die letztere tut etwas Überflüssiges und Schädliches, wenn sie ihm eine neue Sanktion geben will. Das Gebiet der bürgerlichen Gesetzgebung ist das durch die Vernunft Freigelassene; der Gegenstand ihrer Verfügungen sind *die veräußerlichen Rechte des Menschen.* Soweit hat Herr R. recht, und er möge es verzeihen, daß wir seine Meinung in etwas bestimmtere Ausdrücke übersetzt haben, da er selbst an andern alles Unbestimmte so sehr haßt. Nun aber folgert er: weil diese Gesetzgebung etwas an sich Willkürliches zum Grunde hat, so – doch, ich kann einmal nicht deutlich einsehen, was er folgert. Aber ich fragte so: mögen doch diese Gesetze betreffen, was sie wollen, *woher entsteht denn ihre Verbindlichkeit?* – Ich weiß nicht, welch eine Abneigung Herr R. gegen das Wort »Vertrag« haben mag; er windet sich durch ganze Seiten, um ihm auszuweichen, bis er endlich, S. 50* doch noch eingestehen muß, daß *gewissermaßen* die bürgerliche Gesellschaft als eine freiwillige

* seiner Untersuchungen über die Französische Revolution.

Assoziation zu betrachten sei. Ich bekenne, daß ich die »gewissermaßen« und ihre ganze Familie nicht liebe. Weißt du etwas Gründliches, und willst du es uns sagen, so rede bestimmt, und ziehe statt deines »gewissermaßen« eine scharfe Grenze; weißt du nichts, oder getraust du dich nicht zu reden, so laß es gar sein. Tue nichts halb. – Also die Frage war: woher entsteht die *Verbindlichkeit* der bürgerlichen Gesetze? Ich antworte: aus der freiwilligen Übernahme derselben durch das Individuum; und das Recht, kein Gesetz anzuerkennen, als dasjenige, welches man sich selber gegeben hat, ist der Grund jener souveraineté indivisible, inaliénable des Rousseau, nicht unsre vernünftige Natur selbst, aber gegründet auf das erste Postulat ihres gesetzes, unser *einiges* Gesetz zu sein. Statt jenes Recht entweder anzuerkennen, oder seinen Ungrund aus ursprünglichen Grundsätzen der reinen Vernunft darzutun, erzählt uns Herr R. eine Menge Dinge, die wir ein andermal anhören wollen. Wir fragten ihn: Fremdling, *von wannen* bist du? und er erzählt uns ein paar Märchen darüber, *was* er sei, damit wir indessen jene unbequeme Frage vergessen.

Um das Publikum urteilen zu lassen, was es sich von der Gründlichkeit eines Schriftstellers zu versprechen habe, der durch seinen schneidenden Ton imponiert, und nicht aufhört, über fades, seichtes, unaustehliches Geschwätz zu klagen, gehe ich die erste Stelle durch, die ich aufgreife. S. 45 sagt er: »Gesetzt, es vereinigt sich eine gewisse Zahl von Menschen, welche unabhängig nebeneinander wohnten, innere Ordnung unter sich, und Verteidigung gegen äußere Feinde gemeinschaftlich zu besorgen.« – Hier gesteht er ja doch einen gesellschaftlichen Vertrag nicht nur gewissermaßen, sondern völlig zu. »Einer von den Nachbarn schlägt die angetragene Verbindung aus. Er findet es nächstdem zuträglich, sich noch dazuzugesellen. Nunmehr hat er aber kein Recht, es zu verlangen.« – *Was* zu verlangen? Sich dazuzugesellen? Das Anbieten ist seine Sache. Hat er kein Recht von sich selbst zu verlangen, daß er hingehe, und die Gesellschaft um die Aufnahme unter sie bitte? Solche Nachlässigkeiten erlaubt sich hier ein Schriftsteller, der es sonst wohl gezeigt hat, daß er seiner Sprache mächtig sei. – Die *Aufnahme* zu verlangen, will er sagen. Ich bitte, hatte er dieses Recht denn vorher? Hatte er vor allem Vertrage vorher einen rechtlichen Anspruch auf die Gesellschaft? So schreibt man, soll ich sagen aus Unkunde, oder mit Bedacht? zweideutig, um einen falschen Satz durchschlüpfen zu lassen, und macht aus diesem Satze eine

Folgerung, die selbst dann falsch bliebe, wenn auch ihr Vordersatz richtig wäre: »er muß sich nun, fährt er fort, besonders verabredete Bedingungen gefallen lassen, die ihm vielleicht härter fallen, als den andern.«

Die mit ihm besonders verabredeten Bedingungen fallen ihm härter, als (ebendiese?) den andern? Ich dachte, die andern stünden nicht unter den gleichen Bedingungen; sie stünden unter andern, die *an sich*, und nicht darum, weil sie jenem nur härter fallen, (nur relativ) gelinder wären. Soviel über die Nachlässigkeit des Ausdrucks. Jetzt über die Sache selbst! Warum *müßte* er denn? und warum *nun*? Wenn er nun müßte, so hätte er vorher auch gemußt, wenn es der Gesellschaft gefallen hätte, ihm härtere Bedingungen aufzulegen. Durfte sie das etwa nicht? – Aber er muß weder nun, noch vorher. Sind ihm die Bedingungen zu hart, so hat er das volle Recht, auf den Beitritt zur Gesellschaft Verzicht zu tun. Er und sie sind zwei Handelsleute, die ihre Waren jeder so hoch anschlagen, als sie sie loszuwerden hoffen. Glück zu dem, der bei dem Handel etwas gewinnt! Wer hätte denn den Marktpreis festsetzen sollen? – Die Frage ist nur die, ob es nicht Rechte gibt, die an sich unveräußerlich sind, und deren Veräußerung jeden Vertrag rechtswidrig und unkräftig machen würde. Auf diese Frage wird Herr R. aus allen seinen Beispielen keine Antwort ziehen können; er wird sich mit uns auf Spekulationen einlassen, oder schweigen müssen.

Ich werde zu diesem Schriftsteller, der Streitpunkt und Gerichtshof verkennt; der durchgängig aus dem, was *geschieht*, auf das schließt, was *geschehen soll*; der alles wieder verwirrt, was Rousseau und seine Nachfolger auseinandergesetzt haben, und ich hier auseinandersetze; der den Ursprung des Eigentumsrechts an Grund und Boden in der Gesellschaft sucht; und der uns von unsrer Geburt an, ohne alles unser Zutun, an den Staat bindet, noch öfter zurückkommen müssen.

Entsteht nun bloß aus dem Willen der Kontrahierenden im Vertrage die Verbindlichkeit gesellschaftlicher Verträge, und kann dieser Wille sich ändern, so ist klar, daß die Frage: ob sie ihren Vertrag ändern können, jener: ob sie überhaupt einen Vertrag schließen konnten, völlig gleich ist. Jede Veränderung des ersten Vertrags ist ein neuer Vertrag, worin der alte in so oder soweit, oder ganz aufgehoben, in so oder soweit bestätigt wird. Veränderungen und Bestätigungen erhalten ihre Verbindlichkeit von der Einwilligung der Kontrahierenden im zweiten Vertrage. Eine solche Frage läßt mithin vernünftigerweise sich gar nicht aufwerfen. – Daß alle Kontrahierenden einig sein müssen, und daß keinem der Beitritt abgezwungen werden könne, folgt unmittelbar aus dem Obigen. Sonst würde ihm ja durch etwas anderes, als durch seinen Willen ein Gesetz aufgelegt.

»Wenn es aber eine Bedingung des Vertrags wäre, daß er ewig gültig und unabänderlich sei?« Ich will mich hier nicht auf die Frage einlassen: ob ein solcher, für immer gültiger Vertrag, den selbst die Einwilligung beider Teile nicht aufheben könne, nicht etwa überhaupt widersprechend sei. Um die Untersuchung fruchtbarer, einleuchtender und unterhaltender zu machen, wende ich sie geradezu auf den vorliegenden Fall, und stelle die Frage so: ist eine Staatsverbindung, welche unabänderlich sei, nicht etwa widersprechend und unmöglich? Es kann nämlich hier, wo die ganze Untersuchung aus moralischen Grundsätzen geführt wird, nur von moralischen Widersprüchen, von moralischer Unmöglichkeit die Rede sein. Die Frage lautet also eigentlich so: widerstreitet die Unabänderlichkeit irgendeiner Staatsverfassung nicht etwa der durchs Sittengesetz aufgestellten Bestimmung der Menschheit?

Nichts in der Sinnenwelt, nicht von unserm Treiben, Tun oder Leiden, als Erscheinung betrachtet, hat einen Wert, als insofern es auf Kultur wirkt. Genuß hat an sich gar keinen Wert; er bekommt einen, höchstens als Mittel zur Belebung und Erneuerung unsrer Kräfte für Kultur.

Kultur heißt Übung aller Kräfte auf den Zweck der völligen Freiheit, der völligen Unabhängigkeit von allem, was nicht wir selbst, unser reines Selbst ist. Ich mache mich hierüber deutlicher.

Wird uns durch und in der Form unsers reinen Selbst* durch das Sittengesetz in uns unser wahrer letzter Endzweck aufgestellt, so ist alles in uns, was nicht zu dieser reinen Form gehört, oder alles, was uns zu sinnlichen Wesen macht, nicht selbst Zweck, sondern bloß Mittel für unsern höhern geistigen Zweck. Es soll uns nämlich nie bestimmen, sondern soll durch das Höhere in uns, durch die Vernunft, immer bestimmt werden. Es soll nie tätig sein, als auf das Geheiß der Vernunft; und nie auf andere Art tätig sein, als nach der Norm, die ihm jene vorschreibt. Wir können von der Sinnlich-

---

* Diese Ausdrücke muß sich der Leser in der Einleitung klargemacht haben, oder er versteht dieses Kapitel nicht und keins der folgenden; und das durch seine eigne Schuld.

keit sagen, was jener Wilde bei Marmontel in seinem Totengesange von der Gefahr sagt: So, wie wir geboren wurden, forderte sie uns zu einem langen, fürchterlichen Zweikampfe um Freiheit, oder Sklaverei auf. Überwindest du, sagte sie uns, so will ich dein Sklave sein. Ich werde dir ein sehr brauchbarer Diener sein können; aber ich bleibe immer ein unwilliger Diener, und sobald du mein Joch erleichterst, empöre ich mich gegen meinen Herrn und Überwinder. Überwinde ich dich aber, so werde ich dich beschimpfen und entehren und unter die Füße treten. Da du mir zu nichts nütze sein kannst, so werde ich nach dem Rechte eines Eroberers dich ganz zu vertilgen suchen.

In diesem Kampfe nun muß mit der Sinnlichkeit zweierlei geschehen. Sie soll erstlich bezähmt und unterjocht werden; sie soll nicht mehr gebieten, sondern dienen; sie soll sich nicht mehr anmaßen, uns unsere Zwecke vorzuschreiben, oder sie zu bedingen. Dies ist die erste Handlung der Befreiung unsers Ich; die *Bezähmung* der Sinnlichkeit. – Aber damit ist noch lange nicht alles geschehen. Die Sinnlichkeit soll nicht nur nicht Gebieter, sie soll auch Diener, und zwar ein geschickter, tauglicher Diener sein; sie soll zu brauchen sein. Dazu gehört, daß man alle ihre Kräfte aufsuche, sie auf alle Art bilde, und ins Unendliche erhöhe und verstärke. Das ist die zweite Handlung der Befreiung unsers Ich: die *Kultur* der Sinnlichkeit.

Hierbei zwei Anmerkungen! Zuvörderst, wenn ich hier von Sinnlichkeit rede, so verstehe ich nicht etwa bloß das darunter, was man sonst wohl mit diesem Namen bezeichnete, die niedern Gemütskräfte, oder wohl gar bloß die körperlichen Kräfte des Menschen. Im Gegensatze gegen das reine Ich gehört alles zur Sinnlichkeit, was nicht selbst dieses reine Ich ist, also alle unsre körperlichen und Gemütskräfte, welche, und insofern sie durch etwas außer uns bestimmt werden können. Alles was bildsam ist, was geübt, und verstärkt werden kann, gehört dazu. Die reine Form unsers Selbst ist es, die keiner Bildung fähig ist: sie ist völlig unveränderlich. In diesem Sinne des Worts gehört demnach Bildung des Geistes oder Herzens durch das reinste Denken, oder durch die erhabensten Vorstellungen aus der Religion nicht minder zur Bildung der Sinnlichkeit, des sinnlichen Wesens in uns, als etwa die Übung der Füße durch den Tanz.

Zweitens dürfte etwa die vorgeschlagene Übung und Erhöhung der sinnlichen Kräfte jemanden auf den Gedanken bringen, daß dadurch die Macht der Sinnlichkeit selbst vermehrt, und sie mit neuen Waffen gegen die Vernunft werde ausgerüstet werden. Aber das ist nicht. Gesetzlosigkeit ist der ursprüngliche Charakter der Sinnlichkeit; nur in ihr liegt ihre eigentümliche Stärke, sowie dieses Werkzeug ihr entwunden wird, wird sie kraftloser. – Alle jene Bildung geschieht wenigstens nach Regeln, wenn auch nicht nach Gesetzen, auf gewisse Zwecke hin, mithin zum wenigsten gesetzmäßig; es wird durch sie der Sinnlichkeit gleichsam die Uniform der Vernunft angelegt; die Waffen, die diese gibt, sind ihr selbst unschädlich, und sie ist gegen sie unverwundbar.

Durch die höchste Ausübung dieser beiden Rechte des Überwinders über die Sinnlichkeit nun würde der Mensch *frei*, d. i. bloß von Sich, von seinem reinen Ich abhängig werden. Jedem: Ich will; in seiner Brust müßte ein: Es steht da; in der Welt der Erscheinungen entsprechen. Ohne die Ausübung des erstern könnte er auch nicht einmal *wollen*; seine Handlungen würden durch Antriebe außer ihm, wie sie auf seine Sinnlichkeit wirken, bestimmt; er wäre ein Instrument, das zum Einklange in das große Konzert der Sinnenwelt gespielt würde, und jedesmal den Ton angäbe, den das blinde Fatum auf ihm griffe. Nach Ausübung des erstern Rechts könnte er zwar selbst tätig wollen; aber ohne das zweite geltend zu machen, wäre sein Wille ein .ohnmächtiger Wille; er wollte, und das wäre alles. Er wäre ein Gebieter – aber ohne Diener, ein König – aber ohne Untertanen. Er stünde noch immer unter dem eisernen Zepter des Fatum, wäre noch an seine Ketten gefesselt, und sein Wollen wäre ein ohnmächtiges Gerassel mit denselben. Die erste Handlung des Überwinders versichert uns das *Wollen*; die zweite, des Anwerbens und Wehrhaftmachens unsrer Kräfte, versichert uns das *Können*.

Diese Kultur zur Freiheit nun ist der einzigmögliche Endzweck des Menschen, *insofern er ein Teil der Sinnenwelt ist*; welcher höchste sinnliche Endzweck, aber wieder nicht Endzweck des Menschen an sich, sondern letztes Mittel für Erreichung seines höhern geistigen Endzwecks ist der völligen Übereinstimmung seines Willens mit dem Gesetze der Vernunft. Alles, was Menschen tun und treiben, muß sich als Mittel für diesen letzten Endzweck in der Sinnenwelt betrachten lassen, oder es ist ein Treiben ohne Zweck, ein unvernünftiges Treiben.

Freilich hat der bisherige Gang des Menschengeschlechts diesen Zweck befördert. – Aber ich bitte, erlauchte Vormünder desselben, nehmt dies nur nicht so voreilig als einen großen Lobspruch eurer weisen Leitung auf, und wartet noch ein wenig, ehe ihr mich so zuversichtlich unter die Klasse eurer Schmeichler versetzt. Laßt mich erst geduldig mit euch untersuchen, was ich mit jenem Ausspruche vernünftigerweise kann sagen wollen. – – – Wenn ich nämlich diesem Gange hinterher nachdenke, und annehme, er könne einen Zweck gehabt haben, so kann ich vernünftigerweise meiner Betrachtung keinen andern Zweck unterlegen, als den jetzt entwickelten, weil er der Einzigmögliche ist. Ich sage also dadurch gar nicht: ihr, oder irgendein Wesen habe sich diesen Zweck bei der Richtung des Ganges bestimmt gedacht; sondern nur: ich denke mir ihn bestimmt zum Behuf einer möglichen Beurteilung seiner Zweckmäßigkeit. – »*Wenn* dieser Gang wirklich durch ein vernünftiges Wesen geleitet, und der Begriff jenes Zwecks seiner Leitung zugrunde gelegen hätte, hätte es dann die tauglichsten Mittel zur Erreichung desselben gewählt?« frage ich mich. Ich sage nicht, *daß* es so gewesen sei: was weiß ich das? – Und was werde ich nun in dieser Untersuchung finden?

Fürs erste: niemand *wird* kultiviert, sondern jeder hat sich *selbst* zu *kultivieren*. Alles bloß leidende Verhalten ist das gerade Gegenteil der Kultur; Bildung geschieht durch Selbsttätigkeit, und zweckt auf Selbsttätigkeit ab. Kein Plan der Kultur kann also so angelegt werden, daß seine Erreichung notwendig sei; er wirkt auf Freiheit, und hängt vom Gebrauche der Freiheit ab. Die Frage steht also so: sind Gegenstände vorhanden gewesen, an denen freie Wesen ihre Selbsttätigkeit auf den Endzweck der Kultur hin üben konnten?

Und was in der ganzen Welt der Erfahrung könnte denn so beschaffen sein, daß Wesen, die tätig sein wollen, ihre Tätigkeit daran nicht üben könnten. Dieser Forderung ist also leicht entsprochen, denn sie ist nicht zudringlich. Wer sich bilden will, bildet sich an allem. – Der Krieg, sagt man, kultiviert; und es ist wahr, er erhebt unsre Seelen zu heroischen Empfindungen und Taten, zur Verachtung der Gefahr und des Todes, zur Geringschätzung von Gütern, die täglich dem Raube ausgesetzt sind, zum innigeren Mitgefühl mit allem, was Menschenantlitz trägt, weil gemeinschaftliche Gefahr oder Leiden sie enger an uns andrängen; aber haltet dies ja nicht für eine Lobrede auf eure blutgierige Kriegssucht, für eine demütige Bitte der seufzenden Menschheit an euch, doch ja nicht abzulassen, sie in blutigen Kriegen aneinander aufzureiben. Nur solche Seelen erhebt der Krieg zum Heroismus, welche schon Kraft in sich haben; den Unedlen begeistert er zum Raube und zur Unterdrükkung der wehrlosen Schwäche; er erzeugte Helden und feige Diebe, und welches wohl in größrer Menge? – Wenn ihr bloß nach diesem Grundsatz beurteilt werdet, so würdet ihr weiß bleiben, wie Schnee, und wenn ihr ärger wäret, als eures Zeitalters Nervenlosigkeit es euch erlaubt. Der härteste Despotismus kultiviert. Der Sklave hört in dem Todesurteile seines Despoten den Ausspruch des unabänderlichen Verhängnisses, und ehrt sich mehr durch freie Unterwerfung seines Willens unter das eiserne Schicksal, als irgend etwas in der Natur ihn entehren kann. Dies Schicksal, das heute den Sklaven aus dem Staube erhebt und ihn an die Stufen des Throns stellt, und morgen ihn in sein Nichts zurückschleudert, läßt am Menschen nichts übrig, als den Menschen, und gibt dem edlern Sarazenen und Türken jene milde Sanftheit, die aus ihren Romanen haucht, und jene Aufopferung für Fremdlinge und Leidende, die in ihren Handlungen herrschet: ebendas Schicksal, das den unedlern Japaner zum entschlossenen Verbrecher macht, weil Unsträflichkeit ihn nicht schützt. – Werdet also auch sogar Despoten. Wenn wir sonst wollen, werden wir noch in den Schlingen eurer seidnen Schnur uns veredlen.

Mittel zur Kultur sind immer da; – und jetzt entsteht die zweite Frage: sind sie wirklich gebraucht worden? Läßt sich ein Fortschritt des Menschengeschlechts zur vollkommenen Freiheit im bisherigen Gange desselben nachweisen? – Laßt euch nicht bange sein vor dieser Untersuchung; wir urteilen nicht nach dem Erfolge, wie ihr. Wenn sich kein merklicher Fortschritt zeigen sollte, so dürft ihr dreist sagen: das ist eure Schuld; ihr habt die vorhandnen Mittel nicht gebraucht – und wir werden hierauf nichts Gründliches zu antworten haben, und, da wir keine Sophisten sind, gar nichts antworten.

Aber ein solcher Fortschritt zeigt sich wirklich, und das war denn auch von der Natur des Menschen, die schlechterdings nicht stillstehen kann, nicht anders zu erwarten. Die sinnlichen Kräfte der Menschheit sind allerdings, seitdem wir ihrem Gange nachschauen können, auf mannigfaltige Art gebildet und gestärkt worden. Sollen wir dies nun euch verdanken, oder wem bringen wir's in Rechnung?

Ist denn wirklich die Möglichkeit und die Leichtigkeit unsrer Kultur bei Gründung und Regierung eurer Staaten euer Endzweck gewesen? Ich sehe eure eignen Erklärungen darüber nach, und soweit ich zurückgehen kann, höre ich euch von Behauptung *eurer*

Rechte und *eurer* Ehre, und von der Rache *eurer* Beleidigungen reden. Hier scheint es ja fast, als ob euer Plan gar nicht auf *uns*, als ob er überhaupt nur auf *euch* angelegt wäre, und als ob wir in denselben nur als Werkzeuge für *eure* Zwecke aufgenommen wären. Oder, wo sich eures Mundes eine seltne Großmut bemächtigt, redet ihr gar viel vom Wohle eurer treuen Untertanen. Verzeiht, wenn eure Großmut uns ein wenig verdächtig wird, wo ihr für uns auf einen Zweck ausgeht, den wir selbst völlig aufgeben – auf sinnlichen Genuß.

Doch, vielleicht wißt ihr euch nur nicht auszudrücken; vielleicht sind eure Handlungen besser, als eure Worte. Ich spüre demnach, so gut es durch das dädalische Labyrinth eurer krummen Gänge, durch die tiefe, geheimnisvolle Nacht, die ihr über sie verbreitet, möglich ist, nach einer Einheit in den Maximen bei euren Handlungen, die ich ihnen als Zweck unterlegen könnte. Ich forsche vor Gott, gewissenhaft, und finde – *Alleinherrschaft eures Willens im Innern – Verbreitung eurer Grenzen von außen.* Ich beziehe den erstern Zweck als Mittel auf unsern höchsten Endzweck, Kultur zur Freiheit; und ich gestehe nicht zu begreifen, wie es unsre Selbsttätigkeit erhöhen könne, wenn niemand selbsttätig ist, als ihr; wie es zur Befreiung unsers Willens abzwecken könne, wenn niemand in eurem ganzen Lande einen Willen haben darf, als ihr; wie es zur Herstellung der reinen Selbstheit dienen möge, wenn ihr die einzige Seele seid, welche Millionen Körper in Bewegung setzt. Ich vergleiche den zweiten Zweck mit jenem Endzwecke, und bin wieder nicht scharfsichtig genug, einzusehen, was es unsrer Kultur verschlagen könne, ob euer Wille an die Stelle noch einiger Tausend mehr trete, oder nicht. Meint ihr, daß es den Begriff von unserm Werte um ein Großes erhöhen werde, wenn unser Besitzer recht viele Herden besitzt?

Doch freilich kann auch dieses alles niemand einsehen, der nicht so glücklich ist, in die tiefen Geheimnisse eurer Politik*, besonders in den Abgrund von allem, das Geheimnis des Gleichgewichts von Europa, eingeweiht zu sein. Ihr wollt, daß euer Wille alleinherr-

---

* Besonders befällt den oben belobten Schriftsteller ein geheimer Schauder, wenn einer sagt: es gehöre nur gesunder Menschenverstand dazu, um zu begreifen, was ihm bis jetzt zu begreifen noch so schwer wird. Ich gestehe ihm, daß ich der gleichen Meinung bin. – »Aber, der Geschmack an Gründlichkeit wird ausgehen; man wird oberflächlich werden, wenn man das laut sagt!« – Dagegen lasse Herr R. seine Gegner sorgen!

schend in euren Staaten sei, damit ihr die ganze Kraft derselben, im Falle einer Gefahr jenes Gleichgewichts, plötzlich gegen sie aufbieten könnt; ihr wollt, daß euer Staat von innen so mächtig, von außen so ausgebreitet sei, als möglich, damit ihr dieser Gefahr eine recht große Kraft entgegenzusetzen habt. Die Erhaltung dieses Gleichgewichts ist euer letzter Endzweck, und jene beiden Zwecke sind Mittel für die Erreichung desselben.

Also, euer wirklich *letzter* Endzweck wäre dieser? Erlaubt mir, daran noch einen Augenblick zu zweifeln. Von wem hat denn dies Gleichgewicht so viel Schlimmes zu fürchten, als von euresgleichen? Es muß doch also wirklich welche unter ihnen geben, die es zu stören suchen. Welches ist denn der letzte Endzweck dieser Ruhestörer? Ohne Zweifel ebendas, was ihr für Mittel zu eurem höhern Endzwecke ausgebt; die unumschränkteste und ausgebreitetste Alleinherrschaft.

Es muß sich doch ungefähr bestimmen lassen, wie groß die Macht eines jeden Staates sein müsse, dem die Politik die Erhaltung dieses Gleichgewichts aufträgt, wenn die Waagschale schwebend erhalten werden soll. Hier findet ihr ja eure bestimmte Grenze; geht bis zu ihr fort, und laßt den andern auch in Ruhe bis zu ihr vorschreiten, wenn es euch wirklich sonst um nichts, als um das Gleichgewicht zu tun ist, und wenn ihr es alle ehrlich meint. – Aber der andre hat diese Grenzen überschritten; ihr müßt sie nun auch überschreiten, damit das unterbrochne Gleichgewicht wieder hergestellt werde? – Wenn die Schalen vorher waagerecht standen, so hättet ihr ja nicht nötig gehabt, sie ihn überschreiten zu lassen; ihr hättet es ja verhindern sollen. Ihr werdet verdächtig, es nur darum zugelassen zu haben, damit auch ihr einen Vorwand fändet, die eurigen zu überschreiten, weil ihr euch in der Stille mit der Hoffnung schmeicheltet, ihn dabei zu übervorteilen, und ein paar Schritte weiter zu tun, als er; damit auch ihr wieder an eurem Teile das Gleichgewicht stören könntet. Man hat in unsern Zeiten Verbindungen großer Mächte gesehen, welche Länder unter sich teilten, – um das Gleichgewicht zu erhalten. Das wäre ebensogut geschehen, wenn keiner von allen etwas genommen hätte. Warum wählten sie denn das erstere Mittel vorzüglich vor dem letztern? – Es mag freilich wahr sein, daß ihr euch begnügt, Erhalter dieses Gleichgewichts zu sein, so lange ihr nicht Kraft genug habt, zu werden, was ihr lieber wäret, Störer desselben; und daß ihr zufrieden seid, andere zu verhindern, es aufzuheben, damit ihr es selbst einst aufheben könnt. Aber es ist eine durch Gründe a priori, und durch die ganze Geschichte bestätigte Wahrheit: *Die Tendenz aller Monarchien ist nach innen uneingeschränkte Alleinherrschaft, und nach außen Universalmonarchie.* Durch die Behauptung von einem bedrohten Gleichgewichte gestehen unsre Politiker dies ja sehr naiv selbst ein, indem sie bei dem andern sicher voraussetzen, wessen sie sich selbst wohl bewußt sind. Ein Minister muß lachen, wenn er den andern ernsthaft über dieses Gleichgewicht sprechen hört, und sie müssen beide lachen, wenn wir andern, die wir dabei keinen Fußbreit Landes, und keine Pension zu gewinnen haben, unbefangen in ihre wichtigen Untersuchungen eingehen. Wenn keine der neuern Monarchien sich der Erreichung ihres Zwecks sonderlich genähert hat, so hat es wahrlich nicht am *Wollen*, es hat am *Können* gefehlt.

Aber, gesetzt dieses Gleichgewicht wäre wirklich euer letzter Endzweck, wie er es doch erweislich nicht ist, so muß er doch darum nicht der unsrige sein. Wir wenigstens werden diesen Zweck auf unsern letzten Endzweck als Mittel beziehen müssen. Wir wenigstens werden fragen dürfen: Warum soll denn auch das Gleichgewicht erhalten werden?

Sobald es umgestürzt wird, sagt ihr, wird ein schrecklicher Krieg eines gegen alle entstehen, und dieser eine wird alle verschlingen. – Also, diesen einen Krieg fürchtet ihr so sehr für uns, der, wenn alle Völker unter einem Haupte vereinigt würden, einen ewigen Frieden gebären würde? Diesen einen fürchtet ihr, und um uns vor ihm zu bewahren, verwickelt ihr uns in unaufhörliche? – Die Unterjochung durch eine fremde Macht fürchtet ihr für uns, und um uns vor diesem Unglück zu sichern, unterjocht ihr uns lieber selbst? O, leiht uns doch nicht so ganz zuversichtlich eure Art, die Sachen anzusehen. Daß es euch lieber ist, wenn ihr es seid, die uns unterjochen, als wenn es ein andrer wäre, ist zu glauben: warum es uns um vieles lieber sein sollte, wüßten wir nicht. Ihr habt eine zärtliche Liebe zu unsrer Freiheit; ihr wollt sie allein haben. – Die völlige Aufhebung des Gleichgewichts in Europa könnte nie so nachteilig für die Völker werden, als die unselige Behauptung desselben es gewesen ist.

Aber wie und unter welcher Bedingung ist es denn auch wohl notwendig, daß auf die Aufhebung des berufenen Gleichgewichts jener Krieg, jene allgemeine Eroberung erfolge? Wer wird sie denn veranstalten? Eines der Völker, welche eurer Kriege herzlich überdrüssig sind, und sich schon gern in friedlicher Ruhe gebildet hätten? Glaubt ihr, daß dem deutschen Künstler und Landmanne sehr viel daran liege, daß der lothringische oder elsässische Künstler und Landmann seine Stadt und sein Dorf in den geographischen Lehrbüchern hinfort in dem Kapitel vom deutschen Reiche finde, und daß er Grabstichel und Ackergerät wegwerfen werde, um es dahin zu bringen? Nein, der Monarch, der nach Aufhebung des Gleichgewichts der mächtigste sein wird, wird diesen Krieg erheben. Seht also, wie ihr argumentiert, und wie wir dagegen argumentieren. – Damit nicht eine Monarchie alles verschlinge und unterjoche, sagt ihr, müssen mehrere Monarchien sein, welche stark genug sind, sich das Gegengewicht zu halten, und damit sie stark genug seien, muß jeder Monarch sich im Innern der Alleinherrschaft zu versichern, und von außen seine Grenzen von Zeit zu Zeit zu erweitern suchen. – Wir dagegen folgern so: dieses stete Streben nach Vergrößerung von innen und außen ist ein großes Unglück für die Völker; ist es wahr, daß sie es ertragen müssen, um einem ungleich größern zu entgehen, so laßt uns doch die Quelle jenes größern Unglücks aufsuchen, und sie ableiten, wenn es möglich ist. Wir finden sie in der uneingeschränkten monarchischen Verfassung; jede uneingeschränkte Monarchie, (ihr sagt es selbst) strebt unaufhörlich nach der Universalmonarchie. Laßt uns diese Quelle verstopfen, so ist unser Übel aus dem Grunde gehoben. Wenn uns niemand mehr wird angreifen wollen, dann werden wir nicht mehr gerüstet zu sein brauchen; dann werden die schrecklichen Kriege und die noch schrecklichere stete Bereitschaft zum Kriege, die wir ertragen, um Kriege zu verhindern, nicht mehr nötig sein, –; nicht mehr nötig sein, daß ihr so geradehin auf die Alleinherrschaft eures Willens arbeitet. – Ihr sagt: Da uneingeschränkte Monarchien sein sollen, so muß sich das menschliche Geschlecht schon eine ungeheure Menge von Übeln gefallen lassen. Wir antworten: Da sich das menschliche Geschlecht diese ungeheure Menge von Übeln nicht gefallen lassen will, so sollen keine uneingeschränkten Monarchien sein. Ich weiß, daß ihr eure Folgerungen durch stehende Heere, durch schweres Geschütz, durch Fesseln und Festungsstrafe unterstützt; aber sie scheinen mir darum nicht die gründlichern.

Ehre, dem Ehre gebührt; Gerechtigkeit jedem! Das Reiben des mannigfaltigen Räderwerks dieser künstlichen politischen Maschine von Europa erhielt die Tätigkeit des Menschengeschlechts immer in Atem. Es war ein ewiger Kampf streitender Kräfte von innen und von außen. Im Innern drückte, durch das wunderbare Kunststück der Subordination der Stände, der Souverän auf das, was ihm am nächsten stand; dieses wieder auf das, was zunächst unter ihm war; und so bis auf den Sklaven herab, der das Feld baute. Jede dieser Kräfte widerstrebte der Einwirkung, und drückte wieder nach oben herauf, und so erhielt sich durch das mannigfaltige Spiel der Maschine, und durch die Elastizität des menschlichen Geistes, der es belebte, dieses sonderbare Kunstwerk, das in seiner Zusammensetzung gegen die Natur sündigte, und brachte, auch wo es von einem Punkte ausging, die verschiedensten Produkte hervor, in Deutschland eine föderative Republik, in Frankreich eine unumschränkte Monarchie. Von außen, wo keine Subordination stattfand, wurde Wirkung und Gegenwirkung durch die stete Tendenz zur Universalmonarchie, die darum, weil sie nicht immer deutlich gedacht wurde, nicht weniger das letzte Ziel aller Unternehmungen war, bestimmt und erhalten; vernichtete in der politischen Reihe ein Schweden, schwächte ein Österreich und Spanien, und erhob ein Rußland und Preußen aus dem Nichts; und gab an moralischen Phänomenen der Menschheit eine neue Triebfeder zu heroischen Taten, den Nationalstolz ohne Nation. Die Betrachtung dieses mannigfaltigen Spiels kann dem denkenden Beobachter eine erwekkende Gemütsergötzung geben, aber befriedigen, und über das, was ihm Not ist, belehren, kann es den Weisen nicht.

Wenn wir also auch nicht bloß *unter* euren politischen Verfassungen, sondern auch mit *durch* sie an Kultur zur Freiheit gewonnen hätten, so haben wir euch dafür nicht zu danken, denn es war nicht nur euer Zweck nicht, es war sogar gegen ihn. Ihr gingt darauf aus, alle Willensfreiheit in der Menschheit, außer der eurigen, zu vernichten; wir kämpften mit euch um dieselbe, und wenn wir in diesem Kampfe stärker wurden, so geschah euch damit sicher kein Dienst. – Es ist wahr, um euch volle Gerechtigkeit widerfahren zu lassen, ihr habt einige unsrer Kräfte sogar absichtlich kultiviert; aber nicht, damit wir für unsre Zwecke, sondern damit wir für die eurigen tauglicher würden. Ihr gingt mit uns ganz so um, wie wir mit uns selbst hätten umgehen sollen. Ihr unterjochtet unsere Sinnlichkeit und zwangt sie, ein Gesetz anzuerkennen. Nachdem ihr sie unterjocht hattet, bildetet ihr sie zur Tauglichkeit für allerlei Zwecke: soweit war alles recht, und wäret ihr hier stehengeblieben, so wäret ihr wahre Vormünder der unmündigen Menschheit geworden. Nun aber sollte eure Vernunft, und nicht die unsere, euer: Ich will; und nicht das unsere, der obere Beherrscher sein, welcher dieser gezähmten und gebildeten Sinnlichkeit ihre Zwecke bestimmte. Ihr ließet uns in mancherlei Wissenschaften unterrichten, deren Form und Inhalt schon nach euren Absichten eingerichtet waren, damit wir lenksamer für sie würden. Ihr ließet uns mancherlei Künste lehren, damit wir euch, und diejenigen, die euch umgeben, entweilen könnten, oder damit wir euch und den Werkzeugen der Unterdrückung in euren Händen, wo eure Hände selbst nicht hinreichen konnten, den Prunk verschafften, womit ihr die Augen des Pöbels blendet. Ihr unterwieset endlich Millionen, – und das ist das Meisterstück, worauf ihr euch am meisten zugute tut – in der Kunst, sich auf einen Wink rechts und links zu schwenken, aneinandergeschlossen wie Mauern sich plötzlich wieder zu trennen, und in der fürchterlichen Fertigkeit zu würgen; um sie gegen alles zu brauchen, was euren Willen nicht als sein Gesetz anerkennen will. Das sind, soviel ich es weiß, eure absichtlichen Verdienste um unsre Kultur.

Dagegen habt ihr von einer andern Seite sie absichtlich gehindert, unsere Schritte aufgehalten, und Fußangeln auf unsre Bahn geworfen. Ich will euch nicht an die Taten des Ideals aller Monarchien, derjenigen, die die Grundsätze derselben am festesten, und folgerechtesten ausdrückte, an das Papsttum erinnern. Das ist derjenige Unfug, an welchem ihr unschuldig seid; ihr waret damals selbst Werkzeuge in einer fremden Hand, wie wir's jetzt in der eurigen sind. Aber inwieweit sind denn, seitdem ihr frei seid, eure Grundsätze von den Grundsätzen eures großen Meisters, dem nur wenige unter euch die schuldige Dankbarkeit zeigen*, abgewichen? – Um den letzten Keim der Selbsttätigkeit im Menschen zu zerdrücken, um ihn bloß passiv zu machen, lasse man seine Meinungen von fremder Autorität abhängen, – war der Grundsatz, auf welchen diese fürchterliche Universalmonarchie aufgeführt war; ein Satz, der so wahr ist, als je der Witz der Hölle einen erfand; ein Satz, mit welchem die unumschränkte Monarchie unausbleiblich entweder steht oder fällt. Wer nicht bestimmen darf, was er glauben will, wird sich nie unterstehen, zu bestimmen, was er tun will; wer aber seinen Verstand frei macht, der wird in kurzem auch seinen Willen befreien. – Das rettet deine Ehre bei der richtenden Nachwelt, unsterblicher *Friedrich*[1], erhebt dich aus der Klasse der zertretenden

* Doch ja! Man fängt an seine Pflicht zu erkennen, und zu erfüllen.

1 Friedrich der Große.

Despoten, und setzt dich in die ehrenvolle Reihe der Erzieher der Völker für Freiheit. Diese natürliche Folge unbemerkt sich entgehen lassen, konnte dein hellsehender Geist nicht; doch wolltest du den Verstand deiner Völker frei; du mußtest also sie selbst frei wollen, und hätten sie dir reif für die Freiheit geschienen, du hättest ihnen gegeben, wozu du unter einer zuweilen harten Zucht sie nur bildetest. – Aber ihr andern, was tut ihr? – Konsequent verfahrt ihr freilich, vielleicht konsequenter, als ihr selbst es wißt: denn es wäre nicht das erstemal, daß jemanden der Instinkt richtiger geführt hätte, als seine Folgerungen. Wenn ihr herrschen wollt, so müßt ihr zuerst den Verstand der Menschen unterjochen; hängt dieser von eurer Willkür ab, so wird das übrige ihm ohne Mühe folgen. Neben uneingeschränkter Denkfreiheit kann die uneingeschränkte Monarchie nicht bestehen. Das wißt ihr, oder fühlt es, und nehmt eure Maßregeln danach. So erhob sich, daß ich euch ein Beispiel anführe, aus der Mitte der Geistessklaverei ein mutiger Mann, den ihr jetzt in eure Grüfte der Lebenden einmauern würdet, wenn er jetzt käme, und entwand das Recht, über unsre Meinungen zu sprechen, der Hand des römischen Despoten, und trug es auf ein totes Buch über[1]. Das war für den ersten Anfang genug, besonders da jenes Buch der Geistesfreiheit einen weiten Spielraum ließ. Die Erfindung mit dem Buche gefiel euch, aber nicht der weite Spielraum. Was einmal geschehen war, ließ sich nicht ungeschehen machen: aber für die Zukunft nahmt ihr eure Maßregeln. Ihr zwängtet jeden in den Raum ein, den bei jenem Aufschwunge der Geister der seinige eingenommen hatte, verpfähltet ihn hier, wie ein beschwornes Gespenst in seinem Banne, mit Distinktionen und Klauseln, bandet an diese Klauseln seine bürgerliche Ehre und Existenz, und sprachet: da du nun leider einmal hier bist, so wollen wir dich wohl hier lassen, aber weiter sollst du nicht kommen, als diese Pfähle gesteckt sind, – und jetzt wart ihr unsrer Geistessklaverei versicherter, als je. Unsre Meinungen waren an einen harten, unbiegsamen Buchstaben gebunden; hättet ihr uns doch lieber den lebendigen Meinungsrichter gelassen! Durch keinen Widerspruch gereizt wäre er wenigstens in einiger Entfernung dem Gange des menschlichen Geschlechts gefolgt, und wir wären wahrlich heute weiter. – Das war euer Meisterstück! So lange wir nicht begreifen werden, daß nichts

1 Gemeint ist Martin Luther.

darum wahr ist, weil es im Buche steht; sondern daß das Buch gut, heilig, göttlich, wenn wir wollen, darum ist, weil wahr ist, was darinnen steht, werdet ihr an dieser einzigen Kette uns festhalten können.

Diesem Grundsatze seid ihr hier, ihr seid ihm in allem treugeblieben. Ihr habt nach allen Richtungen hin, die der menschliche Geist nehmen kann, Grenzpfähle, privilegierte Grundwahrheiten zu betiteln, gesteckt, und gelehrte Klopffechter dabei gestellt, die jeden, der über sie hinaus will, zurücktreiben. Da ihr nicht immer auf die Unüberwindlichkeit dieser gemieteten Kämpfer rechnen konntet, so habt ihr zu mehrerer Sicherheit einen bürgerlichen Zaun zwischen den Pfählen geflochten; und Besucher an die Pförtchen desselben gesetzt. Daß wir innerhalb dieser Umzäunung uns herumtummeln, mögt ihr dulden; werft auch wohl, wenn ihr bei guter Laune seid, einige Schaupfennige unter uns, um euch an unsrer Geschäftigkeit, sie aufzufangen, zu belustigen. Aber wehe dem, der sich über diese Umzäunung hinauswagt; – der überhaupt keine Umzäunung anerkennen will, als die des menschlichen Geistes. Schlüpft ja einmal einer hindurch, so kommt das daher, weil weder ihr, noch eure Besucher etwas merken. Sonst ist alles, was darauf abzweckt, die Vernunft in ihre unterdrückten Rechte wieder einzusetzen, die Menschheit auf ihre eigenen Füße zu stellen, und sie durch ihre eigenen Augen sehen zu lassen, oder – damit ich euch ein Beispiel gebe, das euch auf der Stelle überzeugt – Untersuchungen, wie die gegenwärtige, vor euren Augen eine Torheit und ein Greuel.

Dies wäre demnach unsre Abrechnung mit euch über die Fortschritte in der Kultur, die wir unter euren Staatsverfassungen gemacht haben. – Ich übergehe den Einfluß derselben auf unsre unmittelbare moralische Bildung: ich will euch hier nicht an das sittliche Verderben erinnern, das sich von euren Thronen aus rund um euch her verbreitet, und nach dessen verstärktem Anwachs man die Meilen berechnen kann, die man noch bis zu euren Residenzen zu reisen hat.

Daß, wenn wirklich Kultur zur Freiheit*, der einzige Endzweck der

* Ich begegne hier noch einem möglichen Mißverständnisse, das ich vom ungelehrten Publikum nicht, das ich nur von Gelehrten erwarte. – Es muß aus dem ganzen bisherigen Gange dieser Abhandlung klar sein, daß ich dreierlei Arten von *Freiheit* unterscheide: die *transzendentale*, die in allen vernünftigen Geistern die gleiche ist; *das Vermögen, erste unabhängige Ursache zu sein;* die *kosmologische, der Zustand, da man*

Staatsverbindung sein kann, alle Staatsverfassungen, die den völlig entgegengesetzten Zweck der Sklaverei aller, und der Freiheit eines einzigen der Kultur aller für die Zwecke dieses einzigen und der Verhinderung aller Arten der Kultur, die zur Freiheit mehrerer führen, zum Endzwecke haben, der Abänderung nicht nur fähig seien, sondern auch wirklich abgeändert werden müssen, ist nun erwiesen; und wir stehen nun beim zweiten Teil der Frage: wenn nun eine Staatsverfassung gegeben würde, welche diesen Endzweck erweislich durch die sichersten Mittel beabsichtigte, würde nicht diese schlechterdings unabänderlich sein?

Wären wirklich taugliche Mittel gewählt: so würde die Menschheit sich zu ihrem großen Ziele allmählich annähern; jedes Mitglied derselben würde immer freier werden, und der Gebrauch derjenigen Mittel, deren Zwecke erreicht wären, würde wegfallen. Ein Rad nach dem andern in der Maschine einer solchen Staatsverfassung würde stillstehen und abgenommen werden, weil dasjenige, in welches es zunächst eingreifen sollte, anfinge, sich durch seine eigene Schwungkraft in Bewegung zu setzen. Sie würde immer einfacher werden. Könnte der Endzweck je völlig erreicht werden, so würde gar keine Staatsverfassung mehr nötig sein; die Maschine würde stillstehen, weil kein Gegendruck mehr auf sie wirkte. Das allgemeingeltende Gesetz der Vernunft würde alle zur höchsten Einmütigkeit der Gesinnungen vereinigen, und kein anderes Gesetz würde mehr über ihre Handlungen zu wachen haben. Keine Norm würde mehr zu bestimmen haben, wieviel von seinem Rechte jeder der Gesellschaft aufopfern sollte, weil keiner mehr fordern würde, als nötig wäre, und keiner weniger geben würde: kein Richter würde mehr ihre Streitigkeiten zu entscheiden haben, weil sie stets einig sein würden.

Hier ist es, wo der Verehrer der Menschheit auch nicht einen flüchtigen Blick hinwerfen kann, ohne sein Herz von einem sanften Feuer durchdrungen zu fühlen. Ich darf noch nicht jenen Umriß ausmalen, ich bin noch beim Reiben der Farben. Aber schon hier

---

wirlich von nichts außer sich abhängt – kein Geist besitzt sie, als der unendliche, aber sie ist das letzte Ziel der Kultur aller endlichen Geister; die *politische, das Recht, kein Gesetz anzuerkennen, als welches man sich selbst gab.* Sie *soll* in jedem Staate sein. – Ich hoffe, daß nirgends zweideutig bleibt, von welcher Art derselben ich eben rede. – Sollte jemand verwirren wollen, was ich auseinandersetzte; es vielleicht verwirren wollen, um mich für seinen eignen Fehler abzustrafen, so sei diese Note ein kräftiger Riegel für ihn.

bitte ich euch, laßt euch doch durch jenen Gemeinspruch: so viele Köpfe, so viel verschiedene Gesinnungen, nicht schrecken. Er widerspricht dem andern: die Menschheit muß und soll und wird nur einen Endzweck haben, und die verschiednen Zwecke, die verschiedne sich vorsetzen, um ihn zu erreichen, werden sich nicht nur vertragen, sondern auch einander gegenseitig erleichtern und unterstützen – nicht im geringsten. Laßt euch doch diese erquickende Aussicht nicht durch den mißgünstigen Gedanken verleiden, daß das doch nie in Erfüllung gehen werde. Freilich, ganz wird er nie in Erfüllung gehen; aber – es ist nicht bloß ein süßer Traum, nicht eine bloß täuschende Hoffnung, der sichere Grund beruht auf dem notwendigen Fortgange der Menschheit – sie soll, sie wird, sie muß diesem Ziele immer näher kommen. Sie hat vor euren Augen an einem Ende einen Durchbruch begonnen; sie hat unter einem harten Kampfe mit dem gegen sie verschworenen Verderben, das an ihr selbst und außer ihr seine ganzen Kräfte gegen sie aufbot, etwas geleistet, das doch wenigstens besser ist, als eure despotischen Verfassungen, die auf die Herabwürdigung der Menschheit ausgehen. – Doch ich will meinem Gegenstande nicht vorgreifen – nicht ernten, ehe ich gesät habe.

Keine Staatsverfassung ist unabänderlich, es ist in ihrer Natur, daß sie sich alle ändern. Eine schlechte, die gegen den notwendigen Endzweck aller Staatsverbindungen streitet, muß abgeändert werden; eine gute, die ihn befördert, ändert sich selbst ab. Die erstere ist ein Feuer in faulen Stoppeln, welches raucht, ohne Licht noch Wärme zu geben; es muß ausgegossen werden. Die letztere ist eine Kerze, die sich durch sich selbst verzehrt, sowie sie leuchtet, und welche verlöschen würde, wenn der Tag anbräche.

Die Klausel im gesellschaftlichen Vertrage: daß er unabänderlich sein solle; wäre mithin der härteste Widerspruch gegen den Geist der Menschheit. Ich verspreche: an dieser Staatsverfassung nie etwas zu ändern, oder ändern zu lassen; heißt: ich verspreche kein Mensch zu sein, noch zu dulden, daß, soweit ich reichen kann, irgendeiner ein Mensch sei. Ich begnüge mich mit dem Range eines geschickten Tieres. Ich verbinde mich, und verbinde alle auf der Stufe der Kultur, auf die wir hinaufgerückt sind, stehenzubleiben. So wie der Biber heute ebenso baut, wie seine Vorfahren vor tausend Jahren bauten; so wie die Biene heute ihre Zellen ebenso einrichtet, wie ihr Geschlecht vor Jahrtausenden; so wollen auch wir und unsre Nachkommen nach Jahrtausenden unsre Denkart, unsre theoretischen, politischen, sittlichen Maximen immer so einrichten, wie sie jetzt eingerichtet sind. – Und ein solches Versprechen, wenn es auch gegeben wäre, sollte gültig sein? – Nein, Mensch, du durftest das nicht versprechen; du hast das Recht nicht, auf deine Menschheit Verzicht zu tun. Dein Versprechen ist rechtswidrig, mithin rechtsunkräftig.

So weit also hätte die Menschheit ihrer selbst vergessen können, daß sie das einzige Vorrecht, welches ihre Tierheit vor andern Tieren auszeichnet, das Vorrecht der Vervollkommnung ins Unendliche, aufgegeben; daß sie unter dem eisernen Joche des Despoten für ewig sogar auf den Willen Verzicht getan hätte, es zu zerbrechen? – Nein, verlaß uns nicht, heiliges Palladium der Menschheit, tröstender Gedanke, daß aus jeder unsrer Arbeiten und jedem unsrer Leiden unserm Brudergeschlechte eine neue Vollkommenheit und eine neue Wonne entspringt, daß wir für sie arbeiten, und nicht vergebens arbeiten; daß an der Stelle, wo wir jetzt uns abmühen und zertreten werden, und – was schlimmer ist als das – gröblich irren und fehlen, einst ein Geschlecht blühen wird, welches immer darf, was es will, weil es nichts will, als Gutes; – indes wir in höhern Regionen uns unsrer Nachkommenschaft freuen, und unter ihren Tugenden jeden Keim ausgewachsen wiederfinden, den wir in sie legten, und ihn für den unsrigen erkennen. Beigeistre uns, Aussicht auf diese Zeit, zum Gefühl unsrer Würde und zeige uns dieselbe wenigstens in unsern Anlagen, wenn auch unser gegenwärtiger Zustand ihr widerspricht. Geuß Kühnheit und hohen Enthusiasmus auf unsre Unternehmungen, und würden wir darüber zerknirscht, so erquicke – indes der erste Gedanke: ich tat meine Pflicht, uns erhält – erquicke uns der zweite Gedanke: kein Samenkorn, das ich streute, geht in der sittlichen Welt verloren; ich werde am Tage der Garben die Früchte desselben erblicken, und mir von ihnen unsterbliche Kränze winden.

Jesus und Luther, heilige Schutzgeister der Freiheit, die ihr in den Tagen eurer Erniedrigung mit Riesenkraft in den Fesseln der Menschheit herumbrachet, und sie zerknicktet, wohin ihr grifft, seht herab aus höhern Sphären auf eure Nachkommenschaft, und freut euch der schon aufgegangenen, der schon im Winde wogenden Saat: bald wird der Dritte[1], der euer Werk vollendete, der die letzte stärkste Fessel der Menschheit zerbrach, ohne daß sie, ohne daß

1 Auch hier ist wieder Kant gemeint.

vielleicht er selbst es wußte, zu euch versammelt werden. Wir werden ihm nachweinen; ihr aber werdet ihm fröhlich den ihn erwartenden Platz in eurer Gesellschaft anweisen, und das Zeitalter, das ihn verstehen und darstellen wird, wird euch danken.

Zweites Kapitel: Vorzeichnung des weitern Ganges dieser Untersuchung

Wer seine Sätze aus ursprünglichen Grundsätzen der Vernunft durch strenge Folgerungen ableitet, ist ihrer Wahrheit, und der Unwahrheit aller Einwendungen dagegen schon im voraus sicher; was neben ihnen nicht bestehen kann, muß falsch sein, das kann er wissen, ohne es auch nur angehört zu haben. Ist demnach im vorigen Kapitel aus dergleichen ursprünglichen Grundsätzen durch richtige Folgerungen erwiesen – ob es geschehen sei, überlasse ich der Entscheidung schärferer Denker – *wenn* aber erwiesen ist, daß das Recht eines Volkes, seine Staatsverfassung zu verändern, ein unveräußerliches, unverlierbares Menschenrecht sei, so sind alle Einwendungen, die man gegen die Unverlierbarkeit dieses Rechts anführt, gewiß erschlichen und gründen sich auf falschen Schein. Die Untersuchung über die Rechtmäßigkeit der Revolutionen überhaupt, und mithin jeder einzelnen, wäre, wenn wir der Strenge nach gehen wollten, geschlossen; und jeder, der anderer Meinung wäre, hätte uns entweder einen Fehler in unsrer Annahme, oder in unsern Folgerungen nachzuweisen, oder seine Meinung, auch wenn er dem falschen Scheine, auf den sie sich gründet, nicht auf die Spur käme, als falsch und unrichtig aufzugeben. Es ist nicht überflüssig, dies bei jeder schicklichen Gelegenheit zu erinnern, und einzuschärfen, damit doch allmählich unser Publikum – ich meine hier nicht bloß das unphilosophische – sich gewöhne, seine Überzeugungen oder Meinungen unter festen haltbaren Grundsätzen zu einem System zu vereinigen, und den Geschmack am Zusammenflicken sehr ungleichartiger Lappen, und am Disputieren durch Konsequenzmacherei verliere. Was aus einem erwiesenen Satze durch richtige Schlüsse folgt, ist wahr, und ihr werdet den entschlossenen Denker durch das gefährliche Aussehen desselben nicht erschrecken; was ihm widerspricht, ist falsch, und muß aufgegeben werden, und wenn die Achse des Erdballs darin zu laufen schiene.

Da diese notwendige Konsequenz aber vor der Hand, und im allgemeinen vielleicht noch auf sehr lange Zeit bloß ein frommer

Wunsch ist, so würde man bei der jetzigen Lage der Sachen dem Publikum einen sehr schlimmen Dienst erzeigen, wenn man es nach Feststellung der ersten Grundsätze der Beurteilung stehen ließe, und die Sorge, sie anzuwenden, und seine übrigen Meinungen damit zu vereinigen, oder nach ihnen zu berichtigen, ihm selbst übertrüge. Wir werden demnach tun, was wir der strengen, schriftstellerischen Schuldigkeit nach nicht tun müßten; wir werden alle möglichen Einwürfe gegen die Unverlierbarkeit dieses Rechts aufsuchen und den falschen Schein derselben aufdecken.

Eine *Widerlegung* müßte aus ursprünglichen Vernunftgrundsätzen geführt werden, da der Beweis aus ihnen geführt worden ist. Sie müßte zeigen, daß Kultur zur Freiheit nicht der einzigmögliche Endzweck der bürgerlichen Gesellschaft sei; daß es kein unveräußerliches Menschenrecht sei, in dieser Kultur bis ins Unendliche fortzuschreiten; und daß Unveränderlichkeit einer Staatsverfassung diesem Fortgange ins Unendliche nicht widerspreche.

Da eine solche Widerlegung bisher noch nicht möglich gewesen ist, weil, soviel ich wenigstens weiß, noch niemand jene Sätze in dieser Verbindung aufgestellt hat, so habe ich mich auf keine einzulassen. Alles, was ich zu tun hatte, war das, dem künftigen Widerleger zu zeigen, was er zu leisten hätte, welches der Widerleger nicht allemal weiß: und ich tat es. – Eine andere Widerlegung ist nicht möglich.

Mißverständnisse aber sind möglich, nämlich wenn man sagt: Das Recht eines Volkes, seine Staatsverfassung zu verändern, muß wohl veräußerlich sein, denn *es ist wirklich veräußert worden.* Ein solcher Einwurf aber entdeckt die völlige Ungeschicklichkeit seines Urhebers zur vorliegenden Beurteilung, indem er deutlich zeigt, daß er auch nicht einmal wisse, wovon die Rede sei. Hätten wir nämlich behauptet: es sei gegen das Gesetz der Naturnotwendigkeit, dieses Recht zu veräußern, es *könne* nicht veräußert werden (die Veräußerung sei *physisch* unmöglich) so wäre die Antwort, die uns daraus, daß *es wirklich geschieht,* zeigt, daß es geschehen *könne,* entschieden sieghaft: da wir aber jenes gar nicht, sondern bloß soviel behauptet haben: es sei gegen das Gesetz der Sittlichkeit, es *solle* nicht geschehen (es sei *moralisch* unmöglich) so trifft uns ein Einwurf nicht, der aus einer ganz andern Welt hergenommen ist. Leider geschieht manches in der wirklichen Welt, was nicht geschehen sollte; aber dadurch, daß es geschieht, wird es nicht recht. Doch man bleibt dabei: es ist veräußert worden: und wir müssen wohl ganz allmählich und Stück vor Stück diese Behauptung von ihrem falschen Scheine entkleiden, und nicht bloß im Allemeinen zeigen, daß er falsch sein müsse.

Eine solche Veräußerung könnte nur *durch Vertrag* geschehen sein; das gibt sogar Herr *Rehberg* gewissermaßen, und wo er glaubt, daß es keiner merken werde, völlig zu. Sollte jemand noch härter sein, so bitte ich denselben, sich so lange an den Anfang meines ersten Kapitels zu halten, bis ich die allerletzte Sophisterei dieses Satzes werde entblößt haben. Das Recht könnte *an Mitglieder des Staats* selbst, oder *an jemanden außer dem Staate* veräußert worden sein; in dem Staate durch den Vertrag *aller mit allen,* oder durch den Vertrag *der gemeinen mit den begünstigten Ständen, oder Innungen,* oder mit *einem Begünstigten,* dem *Souverän;* außer dem Staate *an andere Staaten:* in allen diesen Fällen *ganz,* oder *zum Teile.*

In der Untersuchung dieses Einwurfs werden wir folgende zwei Fragen zu beantworten haben, die erstere, welche historisch ist: ist es denn auch wirklich geschehen – läßt sich ein solcher Vertrag nachweisen? – Die zweite, welche aus dem Naturrechte zu beantworten ist: hätte es *in diesem Falle* geschehen sollen, und dürfen? Nach unsrer vorhergehenden Erinnerung weiß der Leser schon im voraus, wie die Antworten ausfallen werden, er weiß, daß wir diese Untersuchungen gar nicht anheben, um unsre Grundsätze zu berichtigen, sondern um sie durch Anwendung deutlicher zu machen. Hofft er also etwa in den folgenden Kapiteln günstigere Erklärungen für seine vorgefaßten Meinungen zu finden, so raten wir ihm mit aller Aufrichtigkeit, das Buch wegzuwerfen, wenn er es noch nicht weggeworfen hat.

Drittes Kapitel: Ist das Recht, die Staatsverfassung zu ändern, durch den Vertrag aller mit allen veräußerlich?

Durch Dämmerung geht der Weg aus der Finsternis zum Lichte. Ich kann meine Leser keinen andern Weg führen, als den die Natur führt. Ich habe im Vorhergehenden vom Rechte eines Volks, seine Staatsverfassung zu ändern, gesprochen, und habe den Begriff des Volks nicht bestimmt. Was außerdem ein großer Fehler ist, ist keiner, wenn die Natur der Sache ihn mit sich führt. – So lange die größte Gesellschaft, die ganze Menschheit, das ganze Geisterreich, wenn wir wollen, bloß auf das Sittengesetz bezogen wird, ist es zu betrachten, als ein Individuum. Das Gesetz ist das gleiche, und auf seinem Gebiete gibt es nur *einen* Willen. Mehrere Individuen sind erst da, wo uns jenes Gesetz auf das Feld der Willkür übergehen läßt. Auf diesem Felde herrscht der Vertrag; ihn schließen mehrere. Wenn zu Ende dieses Kapitels der Begriff des Volkes *noch* unbestimmt ist, dann habe ich unrecht.

Durch dieses ganze Kapitel herrscht die Voraussetzung, daß alle Mitglieder des Staats, als solche, gleich seien, und daß im Bürgervertrage keiner mehr versprochen habe, als alle ihm versprachen. *Daß* es so sei, oder sein solle, will ich dadurch gar nicht erschleichen. Ich werde in den folgenden Kapiteln davon zu reden haben. Im gegenwärtigen untersuche ich bloß, was daraus auf die Abänderlichkeit der Staatsverfassung folgen werde, *wenn* es so sei.

Das Recht, die Staatsverfassung zu verändern, könnte durch den Vertrag aller mit allen auf zweierlei Art vergeben sein; nämlich, daß entweder alle allen versprochen hätten, dieselbe überhaupt nie abzuändern; oder daß alle allen versprochen hätten, es nicht ohne die Einwilligung eines jeden einzelnen zu tun.

Von dem erstern Versprechen ist schon oben in Rücksicht auf seine *Materie* – auf seinen Gegenstand, die Unveränderlichkeit einer Staatsverfassung, gezeigt, daß es schlechterdings unstatthaft sei, weil es geradezu gegen den höchsten Endzweck der Menschheit streitet. – In Absicht der *Form* hätten dies Versprechen alle allen getan; es wäre der gemeinsame Wille; das Volk hätte *sich selbst* ein Versprechen gegeben. Wenn es nun späterhin der gemeinsame Wille, der Wille aber würde, die Verfassung abzuändern, wer hätte denn das Recht, Einspruch dagegen zu tun? – Ein solcher vermeinter Vertrag verstößt gegen die formelle Bedingung alles Vertrags, daß wenigstens zwei moralische Personen dazu gehören. Hier wäre nur eine; das Volk. – Diese Voraussetzung ist mithin in sich unmöglich und widersprechend, und es bleibt bloß die zweite übrig, daß nämlich im Bürgervertrage die Übereinkunft getroffen worden: die Verfassung solle nicht ohne den gemeinsamen Willen, ohne den Willen aller, abgeändert werden: Alle hätten jedem versprochen: sie würden ohne seine besondre Einwilligung nicht abändern.

Es scheint sowohl in der Natur der Sache, als auch in unsern eigenen, oben festgestellten Grundsätzen zu liegen, daß ein solches Versprechen im Bürgervertrage gegeben worden, und daß es gültig und verbindlich sein müsse. Und es ist wahr, oder auch nicht wahr, je nachdem man es nimmt. Da es aber unsere Art nicht ist, den

Leser die Sache nehmen zu lassen, wie er will, so haben wir den angenommenen Satz vor allem ein wenig zu zergliedern. – Ein solches Versprechen nämlich enthält in sich folgende zwei: Alle würden ohne Einwilligung jedes einzelnen *nichts Altes* aufheben, und: – sie würden keinen der Bürger zwingen, das an seine Stelle gesetzte *Neue* ohne seine eigene Einwilligung *anzunehmen.*

Der zweite Teil des Versprechens, daß keinen ohne seine Einwilligung neue Veranstaltungen verbinden sollen, kann vernünftigerweise durch Vertrag gar nicht gegeben werden; das Gegenteil würde, wie oben erwiesen ist, gegen das erste aller Menschenrechte verstoßen. Wer mir durch Vertrag verspricht: kein unveräußerliches Menschenrecht in mir zu kränken, verspricht mir nichts; das durfte er vor allem Vertrage vorher nicht. Der Staat mag es versprochen haben, oder nicht: keine neue Veranstaltung verbindet den Bürger der alten Verfassung ohne seine Einwilligung, und das nicht vermöge Vertrags, sondern vermöge Menschenrechts.

Die Frage über den erstern Teil des Versprechens scheint auf den ersten Anblick geradeso leicht, und geradeso zu beantworten, und ich sehe voraus, daß die mehresten meiner Leser, welche mit mir denken, eine solche Antwort geben werden. Die Einrichtungen im Staate sind Bedingungen des Bürgervertrags, werden sie sagen; alle haben gegen alle sich verbunden, diese Bedingungen zu erfüllen; wenn einige ohne Einwilligung der übrigen sie aufheben, so brechen sie einseitig den Vertrag, und handeln gegen ihre in demselben übernommenen Verbindlichkeiten. Es versteht sich also von selbst, daß keine Einrichtung im Staate ohne die Einwilligung aller aufgehoben werden könne.

Wenn diese Schlüsse so ganz richtig wären, so liefe unsre Theorie große Gefahr, zwar nicht umgestoßen zu werden, aber doch den Vorwurf zu verdienen, daß sie im Leben nicht anwendbar sei. Möchte noch so scharf erwiesen sein, daß jede Staatsverfassung, vermöge des durch das Sittengesetz geforderten Fortgangs der Kultur von Zeit zu Zeit abgeändert und verbessert werden müsse: – wann würde in der wirklichen Welt je eine solche Verbesserung zustande kommen können, wenn jedes Mitglied des Staats zu der geringsten Veränderung erst seine Einwilligung geben müßte? Und was würde unser Beweis weiter gewesen sein, als ein Kunstwerk der Schule, ein Probestück des Vernünftelns? – Aber ehe wir so rasch schließen, laßt uns nur erst ein wenig tiefer in die Natur des Vertrages eingehen, als es gemeinhin zu geschehen pflegt.

Wenn über natürliche Menschenrechte kein Vertrag stattfindet, wie er denn nicht stattfindet; so bekomme ich durch Vertrag auf jemanden ein Recht, das ich nach dem bloßen Vernunftgesetze nicht hatte, und er gegen mich eine Verbindlichkeit, die er nach diesem Gesetze ebensowenig hatte. Was ist es, das ihm diese Verbindlichkeit auflegt? Sein Wille; denn nichts verbindet, wo das Sittengesetz schweigt, als unser eigner Wille. Mein *Recht* gründet sich auf seine *Verbindlichkeit*; mithin zuletzt auf seinen Willen, auf den diese sich gründet. Hat er den Willen nicht, so bekomme ich das Recht nicht. Ein lügenhaftes Versprechen gibt kein Recht. – Man lasse sich nicht durch die anscheinende Härte dieser Sätze schrekken. Es *ist* so, und man darf sagen, wie es ist. Die Moralität, die Heiligkeit der Verträge, wird sich schon unter unsern Folgerungen zu retten wissen.

Ich gebe ein Versprechen dagegen. Ich habe wirklich den Willen, es zu halten, lege mir mithin eine Verbindlichkeit auf, und gebe dem andern ein Recht. Er hatte den Willen nicht, und gab mir kein Recht. Hat er mich betrogen? Hat er mich hinterlistigerweise um ein Recht gebracht?

»Ich habe nach dem Naturrechte kein vollkommenes Recht auf die Wahrhaftigkeit des andern. Tut er mir ein lügenhaftes Versprechen, so kann ich nicht eher über Verletzung klagen, bis ich durch dasselbe zu einer Leistung verleitet bin« sagt der scharfsinnigste und konsequenteste Lehrer des Naturrechts, den wir bis jetzt haben*. Das Folgende sei ein Kommentar, und, wo es not tut, eine Berichtigung dieser Sätze.

Als ich ihm mein wahrhaftes Versprechen gab; nahm ich da wohl an, daß er löge, oder nahm ich nicht vielmehr an, er meine es ebenso aufrichtig, als ich? Wenn ich vorausgesetzt hätte, daß er löge, würde ich ihm dann wohl ehrlicherweise versprochen haben, – würde ich dann den Willen gehabt haben, mein Versprechen zu halten? Mein Wille war also bedingt. Das *Recht*, das ich ihm durch meinen *Willen* gebe, ist bedingt. Log er, so erhielt er kein Recht,

---

* Herr *Schmalz* in seinem *reinen Naturrechte*[1]; der mirs verzeihe, daß ich ihm hier meine Achtung bezeuge. Daß ich nicht aus seinen Grundsätzen, sondern aus den meinigen folgere, wird jeder Kenner schon sehen.

---

1 Th. A. H. Schmalz; Das reine Naturrecht. Königsberg 1792. Schmalz hat Fichte stark beeinflußt, etwa in der Lehre von veräußerlichen und unveräußerlichen Rechten. Vgl. Einleitung.

weil ich keins erhielt. – Es ist *gar kein Vertrag geschlossen,* denn es ist *kein Recht erteilt,* und *keine Verbindlichkeit übernommen.*

Du sagst mir: wenn auch er log, so will doch ich kein Lügner sein; seine Treulosigkeit soll meine Treue nicht aufheben; ich will ihm redlich halten, was ich versprach: – und du tust wohl daran; nur mußt du die Begriffe nicht vermengen; du mußt nicht aus den Grenzen des Naturrechts in die der Moral übergehen. – Du bezahlst ihm dann keine Schuld; du warst ihm nichts schuldig: du schenkst ihm etwas. Du hälst dein Versprechen nicht auf Anforderung seines Rechts an dich; er hatte keins; sondern auf Aufforderung deiner Selbstachtung. Es ist dir nicht darum, *ihm* nicht: es ist dir darum, *dir* selbst nicht verächtlich zu werden.

Wahrhaftigkeit ist also die ausschließende Bedingung jedes Vertrags. Wenn einer von beiden nicht Wort halten will; noch mehr, wenn beide es nicht wollen, ist gar kein Vertrag geschlossen.

Beide meinen es in der Stunde des Versprechens aufrichtig. Es ist ein Vertrag zwischen ihnen. Sie gehen hin, und einer von beiden, oder beide, bedenken sich eines andern und nehmen in ihrem Herzen ihren Willen zurück. Der Vertrag ist aufgehoben; die Versprechen sind ungeschehen gemacht; denn Recht und Verbindlichkeit sind aufgehoben.

Bis jetzt verbleibt die ganze Sache auf dem Gebiete des innern Richterstuhls. Jeder weiß, wie er selbst es meine; aber keiner weiß, wie der andre es meint. – Ob wirklich ein Vertrag *da ist,* oder *nicht,* weiß kein Wesen, als dasjenige, in welchem für beide der gemeinschaftliche innere Richterstuhl ist, die exekutive Macht des Sittengesetzes, Gott.

Jetzt leistet der eine, was er versprochen hat, und nun geht die Sache in die Welt der Erscheinungen über. – Was folgt hieraus, und was folgt nicht hieraus? – Er macht ohne Zweifel durch seine Handlung klar und sichtbar, daß er es ehrlich gemeint, und von dem andern geglaubt hat, er meine es gleichfalls ehrlich; daß er wirklich im Vertrage mit dem andern zu stehen, – daß er ihm ein Recht auf sich gegeben, und eins auf ihn erhalten zu haben *glaubt.* – Aber *erhält* er etwa durch diese seine Handlung dieses Recht auf den andern, oder *bestärkt* er es auch nur, wenn er es vorher nicht hatte, oder nur halb hatte? Wie wäre das möglich? Ist sein Wille, daß der andere leisten solle, nicht verbindend für den andern, solange dieser noch an der Wirklichkeit desselben zweifeln konnte, so wird er es dadurch gar nicht mehr, daß seine Wirklichkeit in der Welt der Erscheinungen sich bestätigt. Das eine wie das andere Mal ist es doch nur sein Wille; und ein fremder Wille verbindet nie. – Oder, um jede mögliche Ausflucht abzuschneiden, – bekommt er etwa durch das äußerliche Zeichen seiner Wahrhaftigkeit ein vollkommenes Recht auf die Wahrhaftigkeit des andern, d. i. verbindet er etwa durch seine Leistung den andern *wirklich zu wollen*, was er versprochen hat, und durch diesen *seinen eignen Willen* sich zu verbinden? Wenn ich auf die Wahrhaftigkeit des andern nie ein vollkommenes Recht habe, wie kann ich es denn durch meine eigne Wahrhaftigkeit bekommen? Verbindet meine Moralität den andern zu der gleichen Moralität? Ich bin nicht Exekutor des Sittengesetzes überhaupt; das ist Gott. Dieser hat die Lügenhaftigkeit zu strafen: ich bin nur Exekutor meiner durch das Sittengesetz mir verstatteten Rechte, und unter diese Rechte gehört die Aufsicht über die Herzensreinigkeit andrer nicht.

Also selbst durch die Leistung von meiner Seite bekomme ich kein Recht auf die Leistung des andern, wenn nicht sein freier Wille, dessen Richtung ich nicht kenne, mir dieses Recht gegeben hat, und fortgibt. – Aber ich werde ja durch die Wortbrüchigkeit des andern um diese meine Leistung verkürzt. Wie kann nach solchen Grundsätzen noch irgend jemand einen Vertrag zu machen wagen? – Man gehe mit Anwendung derselben nur noch einen Schritt weiter, und alles ist klar, und die Schwierigkeit befriedigend gelöst.

Ich habe geleistet, in der Meinung, der andre habe ein Recht auf meine Leistung; sie sei nicht *mein*, sie sei *sein*; meine Kräfte, die ich dabei verwandte, die Früchte dieser Kraftanwendung seien ein Eigentum des andern. Ich habe mich darin geirrt; sie waren *mein*, da der andere kein Recht auf mich hatte, weil er mir keins auf sich gab. Vor den Augen des obersten Richters aller Moralität waren sie mein; kein endlicher Geist konnte wissen, wessen sie seien. Der andere leistet nicht, und nun wird, was vorher nur dem obersten Richter bekannt war, auch in der Welt der Erscheinungen klar. Durch seine Unterlassung *wird* nicht etwa meine Leistung *wieder* mein; sie war es vom Anfange an: es wird nur bekannt, daß sie mein ist. Ich behalte mein Eigentum – das Produkt meiner Leistung ist mein. – Auch das von meiner Kraftanwendung, was auf reinen Verlust verloren ist, ist mein Eigentum. Daß es verloren ist, geht mir nichts an; es sollte nicht verloren sein. In den Kräften des andern ist es zu finden; auf sie habe ich meine Anweisung. Ich kann ihm zum völligen Schadenersatz zwingen. Nun habe ich doch durch die Wortbrüchigkeit des andern nichts verloren, er nichts gewonnen. Wir sind beide in den Zustand, der vor unsrer Verabredung herging, zurückversetzt; alles ist ungeschehen gemacht, und so sollte es sein, denn es war kein Vertrag zwischen uns.

Nur durch die vollendete Leistung an seinem Teile nimmt der andere meine Leistung in sein Eigentum auf. Sie *war* sein, kraft meines freien Willens; daß sie es aber sei, wußte niemand, als der Herzenskündiger, welcher wußte, daß er leisten würde. Durch seine Leistung beweiset er auch in der Welt der Erscheinungen, daß sie es sei. – Vor dem unsichtbaren Richterstuhle ist der Vertrag geschlossen, sobald der wahrhafte Wille beider zur versprochnen Leistung da ist; in der Welt der Erscheinungen tritt er nicht eher ein, bis beide Leistungen völlig vollzogen sind. Der Augenblick, der ihn hier einführt, vernichtet ihn.

Laßt uns dies auf eine fortdauernde Verbindung zu gegenseitigen Leistungen, wie der Bürgervertrag ist eine, anwenden! – Alle haben allen ein Recht auf sich gegeben, und dagegen ein Recht auf sie übernommen, wenigstens ist das vorauszusetzen, weil anzunehmen ist, sie seien ehrliche Leute. Daß sie es waren, haben sie in der Welt der Erscheinungen gezeigt; sie haben alle, jeder an seinem Teile, geleistet, durch Handeln, durch Unterlassen, durch Unterwerfung unter die gesetzmäßige Buße, wenn sie unterließen, wo sie handeln, oder handelten, wo sie unterlassen sollten. Solange keiner durch Worte oder Handlungen einen veränderten Willen zeigt, ist anzunehmen, er sei im Vertrage.

Jetzt ändert einer seinen Willen, und von diesem Augenblick an ist er vor dem unsichtbaren Richterstuhle nicht mehr im Vertrage; er hat kein Recht mehr auf den Staat, der Staat keins mehr auf ihn. Er zeigt seinen veränderten Willen entweder durch eine offene Erklärung, oder dadurch, daß er die vertragsmäßige Hilfe unterläßt, und sich der im Falle der Unterlassung gesetzmäßigen Abbüßung nicht unterwirft*. Wie verhält er sich nunmehr zum Staate, und

* Nur soviel in der Note! – Wenn das angehe, werde jeder, der gestraft werden solle, aus der Verbindung treten, und so werde die Bestrafung gänzlich unmöglich werden: dürfte man hier sagen, und ich antworte folgerecht: das mag jeder, wenn er will, und der Staat kann ihn dann ohne die höchste Ungerechtigkeit nicht strafen. Vernünftigerweise kann sich niemand der Strafe unterwerfen, als um ferner im Staate bleiben zu dürfen. – Was hieraus auf die Todesstrafe folge? O! um zu zeigen, daß jede Todes-

dieser sich zu ihm? Haben beide Teile noch gegenseitige Rechte und Pflichten, und welche?

Offenbar sind sie gegeneinander in den bloßen Naturstand zurückgesetzt; ihr ihnen noch jetzt gemeinschaftliches Gesetz ist das Sittengesetz. Was nach diesem Gesetze, im Falle der unterlassenen Leistung, nachdem der eine Teil geleistet hat, rechtens sei, haben wir oben gesehen: Zurücknahme des Produkts der Leistung, und Schadenersatz.

Aber tritt denn dieser Fall auch wirklich hier ein? Wenn in einer bürgerlichen Gesellschaft alle gleiche Rechte und gleiche Pflichten haben – und nur davon ist im gegenwärtigen Kapitel die Rede – und jeder – im Unterlassungsfalle durch Abbüßung – treulich leistet, was er nach Zeit, Ort und Umständen leisten soll, so sehe ich nicht ein, wie sie je in Abrechnung kommen können. – Bis diesen Augenblick habt ihr mir geleistet, was ihr schuldig waret: ich euch. Von diesem Augenbliche leistet ihr nicht mehr, und ich nicht. Gleich gegen gleich geht auf; wir sind quitt. – Es kann sein, wenn ihr große Rechner *des Nützlichen* seid, daß ich bei euch in dieser Rücksicht sehr in Rest bin. Aber wir reden jetzt nicht davon; wir reden vom *Rechte.* Wenn *ich* in die Lage gekommen wäre, weit mehr für euren Nutzen tun zu müssen, als ihr für den meinigen tun konntet, so war es meine Schuldigkeit, es zu tun; es war *euer Recht*: ich darf keine Restitutionsklage anstellen; denn was ich für euch tat, war laut des Vertrags nie mein, es war euer Eigentum. Was ihr für mich tatet, dürftet ihr zurückfordern? – es ist rechtlich mein Eigentum.

Diese letztere Bemerkung deckt denn völlig den falschen Schein aller Sophistereien auf, die man gegen das Recht des Bürgers, seine Konstitution zu ändern, aus dem langen Kapitel der großen Wohltaten ableitet, die er ihr zu verdanken haben soll. Sie alle reden von Dankbarkeit, von Billigkeit; sie alle rechnen auf milde Spenden: davon ist in einer solchen Beurteilung nicht die Rede; die Rede ist vom strengen Rechte, und von Schuldforderungen. Laßt uns nur erst diese Rechnung ins reine bringen; dann werden wir ja sehen, was wir zu verschenken übrigbehalten. – So ermahnt uns einer von

---

strafe auf bürgerliche Vergehungen Mord sei, bedarf es dieser Umwege nicht.

Beleidigt der Bürger an der Gesellschaft unveräußerliche Menschenrechte, (nicht bloße Vertragsrechte,) so ist er nicht mehr *Bürger*, er ist *Feind*; und die Gesellschaft läßt ihn nicht *büßen*; sie *rächt* sich an ihm, d. h. sie behandelt ihn nach dem Gesetze, das er aufstellte.

ihnen, nachdem er seine Klagen über die nichtsbedeutenden Predigten, und stumpfen, witzigen Einfälle der Deklamatoren, welche Moral und Politik verwechseln, kaum beschlossen hat, die Kultur, die wir doch bloß unsrer guten Mutter verdankten, doch nicht zu ihrer eigenen Zerfleischung anzuwenden: aber – lassen wir die Kinder mit ihrer Mutter spielen, und reden als Männer von der Sache!

Welches wären denn die Leistungen, auf welche der Staat eine Restitutionsklage gegen uns anstellen könnte? Unser ganzes Eigentum, sagen einige, das hat er euch verliehen, unter der Bedingung, daß ihr seine Mitglieder sein solltet; – wenigstens das Grundeigentum, sagen andere: denn der Grund gehört sein: und diese sind wahrhaftig um nichts großmütiger. Indes die einen uns nackend ausziehen, verweisen die andern uns in die Luft; denn Erd und Meer sind ja bereits okkupiert, und sogar das noch unentdeckte durch den Papst, vermöge göttlichen Rechts, verschenkt. Sollte es mit diesen Drohungen völliger Ernst sein, so müßten wir uns freilich die Lust vergehen lassen, je aus der bürgerlichen Gesellschaft zu treten. Eine Untersuchung über den Rechtsgrund des Eigentums überhaupt, und des Grundeigentums besonders wird die Sache klar machen.

Ursprünglich sind wir selbst unser Eigentum. Niemand ist unser Herr, und niemand kann es werden. Wir tragen unsern, unter göttlichem Insiegel gegebnen Freibrief tief in unsrer Brust. Er selbst hat uns freigelassen, und gesagt: sei von nun an niemandes Sklave. Welches Wesen dürfte uns sich zueignen?

Wir sind *unser* Eigentum: sage ich, und nehme dadurch etwas Zweifaches in uns an, einen Eigentümer und ein Eigentum. Das reine Ich in uns, die Vernunft, ist Herr unsrer Sinnlichkeit, aller unsrer geistigen und körperlichen Kräfte; sie darf sie als Mittel zu jedem beliebigen Zwecke gebrauchen.

Um uns herum sind Dinge, die nicht ihr eignes Eigentum sind: denn sie sind nicht frei: ursprünglich aber auch nicht das unsre; denn sie gehören nicht unmittelbar zu unserm sinnlichen Ich.

Wir haben das Recht, unsre eignen sinnlichen Kräfte zu jedem beliebigen Zwecke zu gebrauchen, den das Vernunftgesetz nicht verbietet. Das Vernunftgesetz verbietet nicht, durch unsere Kräfte jene Dinge, die nicht ihr eigenes Eigentum sind, als Mittel für unsere Zwecke zu gebrauchen, noch, sie geschickt zu machen, es zu sein. Wir haben also das Recht, unsre Kräfte auf diese Dinge zu verwenden.

Haben wir Dingen diese Form eines Mittels für unsere Zwecke gegeben, so kann kein anderes Wesen sie gebrauchen, ohne entweder die Wirkung unsrer Kräfte, mithin unsre Kräfte selbst, die doch ursprünglich unser Eigentum sind, für sich zu verwenden; oder ohne diese Form zu zerstören, d. i. unsere Kräfte in ihrer freien Wirkung aufzuhalten – (denn daß das unmittelbare Wirken unsrer Kräfte vorüber ist, tut nichts zur Sache; solange die Wirkung dauert, dauert unser Wirken:) – das aber darf kein vernünftiges Wesen; denn das Sittengesetz verbietet ihm, die freie Wirkung irgendeines freien Wesens zu stören, und diesem Verbote entspricht in uns ein Recht eine solche Störung zu verhindern. – Wir haben also das Recht, jeden andern von dem Gebrauche einer Sache auszuschließen, die wir durch unsere Kräfte gebildet haben, der wir unsere Form gaben. Und dieses Recht heißt bei Sachen *das Eigentum.*

Diese Bildung der Dinge durch eigne Kraft, (Formation) ist der wahre Rechtsgrund des Eigentums; aber auch der einzige naturrechtliche*. Herr *Rehberg* hätte also weniger naiv finden können, daß in Schlözers Staatsanzeigen gesagt wird: wer nicht arbeite, solle auch nicht essen. – Wer nicht arbeitet, darf wohl essen, wenn ich ihm etwas zu essen schenken will: aber er hat keinen rechtskräftigen Anspruch aufs Essen. Er darf keines andern Kräfte für sich verwenden; ist keiner so gut, es freiwillig für ihn zu tun, so wird er seine eignen Kräfte anwenden müssen, um sich etwas aufzusuchen, oder zuzubereiten, oder Hungers sterben, und das von Rechts wegen.

Aber der Mensch könne doch nichts Neues hervorbringen, nichts erschaffen, bemerkt Herr *Rehberg*; die Materie, der er seine Form gebe, müsse doch vorher vorhanden gewesen sein; wenn er also gleich einen rechtsgegründeten Anspruch auf die Form derselben dartun könne, so sei es doch nie möglich, ein Eigentum auf die Materie zu beweisen. – Es hat uns aufrichtig leid getan, daß Herr R. aus der einzigen Bemerkung in seinem ganzen Buche, welche scharfsinnig war, und zu belehrenden Erörterungen führen konnte, eine falsche Folgerung zog. Er wendet nämlich diese Bemerkung auf das Grundeigentum an; und da nach ihr nach natürlichem Rechte niemand Eigentümer des Bodens sein könne, so müsse er dieses Recht vom Staate haben, meint er.

* Das, was Herr *Schmalz* Accession nennt, gründet sich zuletzt auf Formation.

Herr R. hat aus seinem Grundsatze lange nicht genug gefolgert. Nicht nur der Boden ist Materie, die wir nicht hervorbringen; allem, was je unser Eigentum werden kann, liegt solche Materie, die ganz ohne unser Zutun vorhanden ist, zugrunde. – Das Kleid, das ich trage, war freilich ein rechtmäßiges Eigentum des Schneiders, der es verfertigt hatte, das er durch Vertrag auf mich übertrug; das Tuch dazu war Eigentum des Webers, ehe es an den Schneider kam; die Wolle, aus der es verfertigt wurde, Eigentum des Herdenbesitzers; dem wurde die Herde durch seine angeerbten oder durch Vertrag erworbenen Schafe zugeboren; das erste Schaf wurde Eigentum dessen, der es zähmte und ernährte; aber woher doch dieses erste Schaf selbst? Es war ohne sein Zutun organisierte Materie. Übertrug der Staat diese an den ersten Besitzer, so besitze ich ohne Zweifel auch mein Kleid bloß durch die Vergünstigung des Staats. Trete ich aus der Verbindung, so läßt er es mir ausziehen.

Aber, vor allen Dingen, wie kommt denn der Staat zu einem Rechte, das keiner von den einzelnen Mitgliedern hat, aus denen er besteht? Keiner hat ein Eigentumsrecht an der Materie, wie ihr sagt; wenn aber alle ihre Rechte vereinigen, soll ein solches Recht daraus werden? Setzt ihr aus mehreren gleichartigen Teilen ein Ganzes zusammen, das von andrer Art ist, als die Teile? Meint ihr, wenn jeder Rum in die Schale gieße, werde Punsch daraus werden? – Das ist unlogisch.

Es ist an sich völlig richtig, daß sich nicht nur kein Eigentumsrecht auf die Materie *als solche*, sondern daß sich auch das Widersprechende eines solchen Rechts handgreiflich dartun läßt. Ein solches Recht widerspricht dem Begriffe der *rohen Materie im naturrechtlichen Sinne*. Ist nämlich keine andere Art der Zueignung möglich, als durch Formation, so ist notwendig alles, was noch nicht formiert, was roh ist, noch nicht zugeeignet, niemandes Eigentum. Auf die rohe Materie haben wir das *Zueignungsrecht*, auf die durch uns modifizierte das *Eigentumsrecht*. Das erstere bezeichnet die moralische Möglichkeit; das zweite die moralische und physische Wirklichkeit. Könnt ihr uns die Materie nicht nehmen, so wollen wir uns über das Eigentum der Materie von der Form abgesondert *gedacht*, nicht mit euch streiten; wenn ihr sie nur nicht *wirklich* absondern könnt. Wenn sie nicht unser Eigentum ist, so ist sie auch nicht das eure; und da ihr uns die Form lassen müßt, so werdet ihr uns die Materie wohl auch lassen müssen. – Man kann, wenn auch nicht streng philosophisch, doch bildlich richtig sagen: Gott sei der

Eigentümer der rohen Materie; wir seien von ihm damit belehnt, jeder mit der ganzen Materie, die da ist; das Freiheitsgesetz in unsrer Brust sei sein Belehnungsbrief; und bei unsrer Formation übertrage er uns den wirklichen Besitz. Man hätte also immer jenen alten Gedanken weniger trivial finden können; nur muß man freilich diese Belehnung nicht von Adam, oder von den drei Söhnen Noahs auf uns forterben lassen. Geerbt haben wir sie nicht; jeder hat sie unmittelbar zugleich mit dem Geschenke der moralischen Freiheit erhalten.

Und sollte es denn anders sein? Wenn die rohe Materie, als solche, irgend jemandes Eigentum sein könnte, wie sollten wir denn je zu einem Eigentum kommen? Was sollten wir uns denn zueignen? Einen Beweis des Eigentumsrechts auf die Materie suchen, heißt alles Eigentum überhaupt aufheben wollen.

Jeder Mensch, um diese Sätze auf das Grundeigentum anzuwenden, hat ursprünglich ein Zueignungsrecht auf den ganzen Erdboden: daß keiner dieses Recht in seiner völligen Ausdehnung geltend mache, dagegen ist schon, teils durch eines jeden eigne Schwäche, teils dadurch, daß jedes Individuum das gleiche Recht hat, gesorgt, – wo ein andrer schon okkupiert hat, ist für ihn nichts mehr zu okkupieren. Daß alle Menschen auf einen gleichen Teil Landes rechtlichen Anspruch haben, und daß der Erdboden zu gleichen Portionen unter sie zu verteilen sei, wie einige französische Schriftsteller behaupten, würde nur dann folgen, wenn jeder nicht bloß das *Zueignungs-*, sondern das wirkliche *Eigentumsrecht* auf den Erdboden hätte. Da er aber erst durch Zueignung vermittelst seiner Arbeit etwas zu seinem Eigentume macht, so ist klar, daß der, welcher mehr arbeitet, auch mehr besitzen darf, und daß der, welcher nicht arbeitet, rechtlich gar nichts besitzt. – Stellt euch einen Haufen Menschen vor, die mit Ackergerät und Zugvieh auf einer wüsten, unangebauten Insel ankommen. Jeder setzt seinen Pflug in die Erde, wo er will; wo der seinige steht, kann kein andrer stehn. Jeder ackert um, was er kann, und wer am Abend das größte Stück urbar gemacht haben wird, wird das größte Stück rechtlich besitzen. – Jetzt ist die ganze Insel umgeackert. Wer den Tag verschlafen hat, wird nichts besitzen, und das von Rechts wegen.

Herr R. indem er die Frage aufwirft* : woher sich das Recht

* S. 13 seines oben angeführten Buchs.

*schreibe** die Gegenstände, die uns nicht gehören, zu bearbeiten? – eine Frage, die ich oben beantwortet habe, und die auch schon vorher, z. B. in Hrn. *Schmalz'* Naturrechte**, gründlich beantwortet war – schiebt ein akzentuiertes »ausschließlich« ein, welches entscheiden soll, und welches die Wagschale auch nicht um eines Haares Breite neigt. Wenn ich ein Stück rohe Materie unmittelbar in den Händen habe, so ist der andere ja wohl ausgeschlossen; denn er kann es nicht bearbeiten, ohne mir es zu entreißen, und das darf er nicht. Hätte er, indem ich es vom Boden aufnehmen wollte, geschwinder zugegriffen, so wäre es in seinen Händen, und *ich* wäre ausgeschlossen. Als es noch auf dem Boden lag, hatten wir beide gleiches Recht darauf; jetzt habe ich das ausschließende, oder, wie Herr R. das ausdrücken würde, das ausschließliche*** Recht, es zu bearbeiten. Ich halte es unmittelbar in meinen Händen.

Doch er redet auch nicht von solchen Dingen, die man unmittelbar in den Händen haben kann, unerachtet er im allgemeinen von Gegenständen redet, diese scheinen seiner Gründlichkeit entgangen zu sein: sein Beispiel ist von Grund und Boden hergenommen. »Wenn ich einen Acker besäen will, ein andrer aber, der keinen tauglichen Acker zu Hand hat, oder eben diesen vorzieht, will ihn auch bearbeiten: Woher sollen die Entscheidungsgründe genommen werden?« fragt er. – Wenn das Stück Land, worüber die Frage entsteht, nur wirklich *ein Acker* ist (oder steht dies Wort nur darum hier, um die andern, welche müde sind, abzulösen?), so ist die Entscheidung leicht, und man dürfte sagen: wer so frage, sei keiner Antwort wert. Ein Acker ist umgeackert; es muß ihn jemand umgeackert haben; dieser Jemand ist nach dem Naturrechte Eigentümer, und es wolle doch kein anderer sich die vergebliche und widerrechtliche Mühe machen, ihn noch einmal zu bearbeiten. Jeder Acker hat einen Eigentümer, so gewiß er das ist; denn er ist nicht mehr rohe Materie, sondern hat eine Form. Herr R. will den bewußten Acker gar schon *besäen,* – (wenn nicht dieses alles, und

* Man hört doch, womit die Leute umgehen!

** Ein Buch, welches Herr R. entweder lesen mußte, ehe er das seinige schrieb, oder es widerlegen mußte, wenn er's gelesen hatte.

*** *Ausschließlich,* soviel als *ausschließbar*; als ob der Bearbeiter ausgeschlossen zu *werden,* und nicht vielmehr alle anderen selbst auszuschließen forderte. – Jedem am andern Schriftsteller so etwas aufzurücken, wäre unanständige Silbenstecherei; dem, der gegen andre sich seines Tons bedient, geschieht recht daran. Metiri – quemque suo modulo ac pede verum est.

vielleicht sein ganzes Buch, bloß um der beliebten copia dicendi willen dasteht:) mithin muß er wirklich frisch umgeackert sein. Das, sollte ich meinen, wäre Grund genug, um jeden andern von der Bearbeitung desselben auszuschließen. – Doch wir wollen uns nicht durch einen Advokatenkniff der Ungeschicklichkeit unsers Gegners bedienen: wir wollen untersuchen, um zu belehren. – Wenn auch der Acker nicht frisch umgeackert wäre, wenn er es auch seit einer Reihe von Jahren nicht wäre, so bleibt der erste Bearbeiter, oder seine Stellvertreter, doch immer rechtmäßige Eigentümer solange noch die geringste Wirkung der ersten Bearbeitung im Boden ist – und wann könnte die je verschwinden? Ist die äußere Spur derselben verschwunden, so ist freilich der, der sich seiner bemächtigt, ohne von der ehemaligen Bearbeitung zu wissen, ein redlicher Besitzer, aber kein rechtlicher. Auf den Einspruch des wahren Eigentümers muß er seine Bearbeitung unterlassen.

Die folgende Frage Herrn R. läßt eine richtigere Deutung zu, und wir wollen diese annehmen, so verdächtig auch die Frage durch ihre Nachbarschaft mit der erstern wird. »Womit will ich, fragt er, aus der bloßen Vernunft beweisen, daß dieser Boden, auf dem beide stehen, einem eher, als dem andern gehöre?« Wir wollen annehmen, Boden heiße hier, was es heißen muß, wenn wir uns auf die Frage einlassen sollen: – kein urbares, sondern ein rohes, noch nie bearbeitetes Stück Land; und dann verdient die Frage eine Antwort. – Welches ist denn dieser Boden, von dem er redet? Dieser eine und eben derselbe Boden, auf welchem beide stehen sollen? Wo begrenzt er ihn denn? Wo schneidet er ihn denn von anderm Boden ab, der nicht mehr derselbe Boden ist, auf dem beide stehen? Hat ihm nicht etwa seine Phantasie hier den Streich gespielt, ihm ganz in aller Stille Umzäunungen, Gräben, Raine, Grenzsteine unterzuschieben? Des etwas kann nicht da sein, sonst ist der Boden schon okkupiert, und gehört entweder dem einen, oder dem andern, oder keinem von beiden, sondern einem Dritten ausschließend. Verzeihung also wegen *des Bodens*: reden wir lieber *vom Platze*! – Auf einem und ebendemselben Platze können beide nicht stehen; das ist gegen das Gesetz der Undurchdringlichkeit der Materie. Von dem Platze, auf dem der eine steht, ist der andere ausgeschlossen; er kann nicht da stehen, ohne jenen wegzustoßen, und das darf er nicht. Jeder ist rechtmäßiger und ausschließender Eigentümer des Platzes, auf welchem er steht, wenn dieser Platz nicht schon vorher einen Eigentümer hatte. Er ward es dadurch, daß er sich darauf stellte. Weiter aber, als er es mit seinem Körper bedecken kann, geht sein Eigentum auch nicht. – Jetzt zieht der eine eine Furche. Diese Furche ist sein; sie ist das Produkt seiner Arbeit. Die Furche zu ziehen, war er vermöge seiner vernünftigen Natur berechtigt. Er könne sein Eigentum an den Erdschollen nicht beweisen: sagt ihr. – Das kümmert ihn wenig. Wenigstens ist die Furche, zu der er jetzt die Erdschollen umgestaltet hat, sein: nehmt ihm doch die Erdschollen, aber laßt ihm die Furche! – Sein Nachbar zieht hart neben der seinigen auch eine Furche. Das darf er wohl tun, aber wo der erstere gezogen hat, kann er nicht ziehen, ohne die Furche desselben zu zerstören, und das darf er nicht. – So läßt sich demnach die Frage, warum auf nicht okkupiertem Boden der Platz, auf dem jemand steht, und die Furche, die er gezogen hat, ihm, und nicht demjenigen, der nicht darauf steht, und der sie nicht gezogen hat, gehöre, befriedigend beantworten, und wir haben in diesem Augenblicke eine von Herrn R.'s Unmöglichkeiten wirklich gemacht.

Überhaupt – der rechtmäßige Eigentümer der *letzten* Form ist Eigentümer des Dinges. – Ich gebe ein Stück Gold, welches ich rechtmäßig, sei es durch eigne Bearbeitung oder durch Vertrag besitze, an den Goldschmied, mit dem Auftrage, mir einen Becher daraus zu machen. Ich habe ihm einen gewissen Lohn dafür versprochen; zwischen uns scheint ein Vertrag zu sein. Er bringt den Becher, und ich gebe ihm seinen Lohn nicht. Es war kein Vertrag zwischen uns: seine Arbeit war sein, und bleibt sein. – Aber das Gold ist ja mein? – Mag ich es zurücknehmen, wenn ich kann, ohne den Becher mitzunehmen, oder ihn zu zerstören. Will er mich für meinen Verlust entschädigen, so ist das recht und gut; aber einen rechtlichen Anspruch auf seinen Becher habe ich nicht. Er ist *rechtmäßiger* Besitzer der letzten Form; denn er hat meinem Golde mit meiner Bewilligung seine Form gegeben. Wäre er unrechtmäßiger Besitzer derselben, – hätte er ohne meine Einwilligung mein Gold zum Becher gemacht, so müßte er, mit oder ohne seine Form, mir das Gold zurückgeben.

Aus diesem allen erhellet, daß nicht der Staat, sondern die vernünftige Natur des Menschen an sich die Quelle des Eigentumsrechts sei, und daß wir allerdings nach dem bloßen Naturrechte etwas besitzen, und alle anderen rechtlich vom Besitze desselben ausschließen können.

Aber was kann uns, die wir im Staate geboren sind, dieses helfen? sagt man. Wir hätten, es sei zugegeben, nach dem bloßen Naturrechte uns ein Eigentum erwerben, und es *so* gänzlich unabhängig vom Staate machen können. Aber wir haben nun einmal das unsere nicht so erworben; wir verdanken es den Anordnungen des Staats, und werden es ihm, wenn wir aus der Verbindung mit ihm treten, wohl zurückgeben müssen. – Wir werden sehen, ob diese Befürchtung gegründet sei.

Wir wurden freilich arm, nackend und hilflos geboren. Was der Staat zur Entwicklung unsrer Kräfte getan haben will, seine Behauptung, daß wir noch diesen Augenblick ebenso arm, nackend und hilflos sein würden, wenn er nicht getan hätte – darüber hernach! Jetzt sei mir ein Sprung über die Jahre der unbeholfenen Tierheit hinweg verstattet; unsere Kräfte sollen entwickelt sein, wir sollen uns selbst helfen können: die Verdienste des Staats um diese Entwicklung werde ich hernach schon anzuerkennen wissen, wenn sie sich aufzeigen lassen. – Unsere Kräfte sind also entwickelt; wir wollen uns etwas zueignen, richten unsre Augen rund um uns herum, und alles hat seinen Eigentümer, außer Luft und Licht; aus dem einfachen Grunde, weil sie keiner fremden Form empfänglich sind. Wir dürfen die Erde umwandern, ohne etwas zu finden, worauf wir unser Zueignungsrecht, das auf alle rohe Materie sich erstreckt, geltend machen könnten. Es gibt fast keine rohe Materie mehr. – Wollen wir etwa dem Staate darüber Vorwürfe machen, als ob er schon alles weggenommen, und uns nichts übriggelassen habe? Nein, dadurch würden wir eine große Ungeschicklichkeit verraten, und zeigen, daß wir von der Sache nichts verstünden. Der Staat ist es nicht, der alles schon in Besitz genommen hat: die einzelnen sind es. Wollen wir mit diesen rechten, daß sie nicht auf uns gewartet, – daß sie nicht auf uns gerechnet haben, ehe wir da waren? Wollen wir ein Recht in der Welt der Erscheinungen fordern, ehe wir erschienen? Daß alle Plätze schon besetzt sind, ist freilich schlimm für uns; aber – warum wurden wir auch nicht eher geboren? Jemanden von seinem Platze herabstoßen, weil wir eines bedürfen, dürfen wir einmal nicht. Wir mögen also sehen, wie wir zurechtkommen. Das ist unsere Sorge.

Hier nun, meint man, tritt der Staat ins Mittel. Er setzt uns vorläufig in die Mitherrschaft über das Eigentum unsrer Eltern, wenn sie eins haben, und nach ihrem Tode zu Erben desselden ein. – Das wäre großmütig vom Staate, einem Übel abzuhelfen, das er, wie wir eben zugestanden, nicht verursacht hat. Aber man erlaube mir nur vorläufig zur Erweckung der Aufmerksamkeit zu fragen:

woher hat denn der Staat das Recht, mir erst die Mitherrschaft, und dann die völlige Herrschaft über ein fremdes Eigentum zu schenken? Können alle ein Recht haben, das kein einzelner hat? Habe ich nicht schon gesagt, daß kein Punsch entstanden sein könne, wenn jeder bloß Rum in die Schale gegossen habe?

Wie es mit der Mitherrschaft der Kinder über das Eigentum ihrer Eltern nach Grundsätzen des Naturrechts beschaffen sei, werden wir sehen, wo von der Kultur die Rede sein wird. Jetzt vom Erbe! – Nach dem Naturrechte findet kein Erbschaftsrecht statt, sagt man. Ei? – Gar ein großes, ausgedehntes; nur muß man die Begriffe rein aufzufassen wissen, und nicht fremdartige, aus der Gewohnheit entlehnte Merkmale durch die Phantasie in sie einmischen lassen.

Sobald einer aus der Welt der Erscheinungen heraustritt, verliert er seine Rechte in derselben. Sein Eigentum wird wieder so gut, als rohe Materie, denn niemand ist Besitzer seiner Form. Die ganze Menschheit ist der rechtmäßige Erbe jedes Verstorbenen; denn die ganze Menschheit hat das uneingeschränkte Zueignungsrecht auf alles, was keinen Besitzer hat. Wer es sich zuerst wirklich zueignen wird, wird der rechtmäßige Eigentümer sein. – So hat die Natur durch das allmähliche Abrufen der alten Besitzer vom Schauplatze für diejenigen gesorgt, die sie nachgebiert. Natur und Sittengesetz sind hier im vollkommensten Einverständnisse. Die erstere ist hier, was sie immer sein sollte, Dienerin des letztern. – Du sollst keinen von seinem Platze herabstoßen, sagt das Gesetz. Ich muß aber einen Platz haben, sagst du. Hier ist dein Platz, sagt die Natur, und stößt herunter, den du nicht herunterstoßen durftest*.

Dieses Rennen nach einem Besitze, das doch vergeblich sein kann; diese Streitigkeiten und Feindschaften, die darüber entstehen müssen, gefallen uns nicht, sagten die Menschen, als sie Bürger wurden, und sie sagten wohl daran. Jeder nehme hinfort, was ihm am nächsten ist, so erspart er sich und andern den Gang.

Er nehme, was in seiner väterlichen Hütte, und um seine väterliche Hütte seines Vaters war; jeder von uns tut Verzicht auf sein Zueignungsrecht an diesen erledigten Besitz, wenn er an seinem

* Der zu Anfange des ersten Kapitels belobte Naturrechtslehrer deute mir dies und das Folgende nicht so, als ob ich ein historisches Faktum erzähle; als ob ich, seinem Ausdrucke nach, meine, dies sei *in der Zeit* geschehen! Ich finde in meinen Heften darüber keine Nachricht.

Teile auf sein Zueignungsrecht an die Habe jedes andern verstorbenen Mitbürgers Verzicht tun will. – Du hast demnach das bürgerliche Erbrecht nicht umsonst; du hast ein veräußerliches Menschenrecht – das, jeden Verstorbenen zu beerben, wenn du kannst – dagegen aufgegeben. Hast du nun nur wirklich nicht, solange du im Staate lebtest, okkupiert, so hast du deine Bedingung erfüllt, und der Staat die seinige. Dein väterliches Erbe ist dein, laut des von dir erfüllten Vertrags. Besitze es mit gutem Gewissen, auch wenn du aus dem Staate heraustrittst; fordert er es zurück, so fordere du von ihm alles, was du während der Zeit vom Hinterlasse verstorbener Bürger dir hättest zueignen können, und er wird es dir wohl lassen.

Die zweite Art, wie wir im Staate zu einem Eigentume gelangen, ist vermittelst Vertrages durch Arbeit. Bloße Arbeit gibt im Staate selten oder nie ein Eigentum; denn es ist selten oder nie rohe Materie da. Was irgend wir bearbeiten wollen, hat schon seine Form; wir dürfen es nicht bearbeiten, ohne Einwilligung des Eigentümers der letzten Form. Trägt uns dieser die weitere Bearbeitung des Dings, gegen eine Entschädigung für unsre verwendete Kraft, die ursprünglich unser Eigentum ist, auf; so wird das, was er von seinem Eigentume an uns abtritt, unser, durch Vertrag und Arbeit. Er verkauft es uns. – Gibt er uns seine Einwilligung, das Ding willkürlich zu bearbeiten, (schon das Ansichnehmen ist eine verwendete Mühe) ohne etwas dagegen von uns zu verlangen, so wird das Ding selbst, gleichfalls durch Vertrag und Arbeit, unser: denn ehe wir eine Mühe darauf verwendet haben, können wir ihn nicht nötigen, sein Versprechen zu halten; er könnte den Willen gar nie gehabt haben, es uns zu geben, oder ihn geändert haben, und dann wäre es, laut obiger Auseinandersetzungen, nicht unser. Da er aber nichts dagegen in sein Eigentum aufnimmt, so verkauft er es uns nicht; er schenkt es uns. – Erbe und Arbeitsvertrag erschöpfen alle Arten, auf welche wir im Staate zu einem Besitze gelangen. Handel ist nur ein Tauschvertrag über Besitzungen, deren Besitz schon Erbe oder Arbeitsvertrag voraussetzt. »Diese Verträge nun werden doch im Staate, unter dem Schutze des Staats, vermöge der Existenz des Staates, dessen erster Vertrag die Grundlage aller möglichen folgenden Verträge ist, geschlossen; wir verdanken mithin alles, was wir dadurch erlangen, dem Staate.« – Viel auf einmal, und rasch geschlossen! Wir brauchen Zeit, um diese Dinge auseinanderzusetzen.

Fürs erste muß ich hier eine Verwirrung der Begriffe rügen, die, soviel ich weiß, bis auf diesen Tag allgemein geherrscht, und so sehr bis in das Innere der Sprache sich verwebt hat, daß es schwerfällt, ein Wort zu finden, um ihr ein Ende zu machen. Das Wort »Gesellschaft« nämlich ist die Quelle des leidigen Mißverständnisses. Man braucht es als gleichlautend bald mit Menschen, die überhaupt in einem Vertrage, bald mit Menschen, die in dem besondern Bürgervertrage stehen, mit dem Staate; und schleicht sich dadurch über die wichtige Erörterung weg: wie es mit Menschen beschaffen sei, die um-, neben-, zwischeneinander leben, ohne in irgendeinem Vertrage, geschweige denn im Bürgervertrage zu stehen? Ich unterscheide beim Worte Gesellschaft zwei Hauptbedeutungen; einmal indem es eine physische Beziehung mehrerer aufeinander ausdrückt, welches keine andere sein kann, als das Verhältnis zueinander im Raume; dann, indem es eine moralische Beziehung ausdrückt, das Verhältnis gegenseitiger Rechte und Pflichten gegeneinander. In der letztern Bedeutung brauchte man das Wort, und ließ diese Rechte und Pflichten durch Verträge, entweder überhaupt, oder durch den besondern Bürgervertrag, bestimmt werden. Und so war und mußte notwendig jede Gesellschaft durch Vertrag entstanden sein, und ohne Vertrag war keine Gesellschaft möglich.

Warum vergaß man doch die erstere Bedeutung des Worts Gesellschaft sogar? – Wesen, die einmal nicht bloß Körper sind, können auch selbst als Körper nie ohne moralische Beziehungen beieinander im Raume sein. – Richtig; aber? – Daran hatte jene falsche Vorstellung vom Naturzustande des Menschen schuld; jener Krieg aller gegen alle, der da rechtens sein sollte; jenes Recht des Stärkern, das auf diesem Boden herrschen sollte. Zwei Menschen könnten sich nicht auf eines Fußes Breite nahekommen, meinte man, ohne daß jeder das vollkommene Recht erhielte, den andern für einen guten Fund zu erklären, ihn zu ergreifen und zu braten. Wenn keiner recht wisse, ob er auch der Stärkere sein werde, so müßten sie einander sagen: Iß mich nicht, Lieber, ich will dich auch nicht essen; – und von nun an sei es nicht mehr rechtens, sich untereinander aufzufressen, denn sie hätten sich's ja versprochen; und ob sie gleich an sich das völlige Recht hätten, sich aufzufressen, so hätten sie doch das Recht nicht – einander ihr Wort nicht zu halten. Nun dürften sie sicher beieinander leben. Eine gründliche Philosophie! Selbst in denjenigen Systemen, wo jene Vorstellung gänzlich verworfen wird, zeigen sich doch nähere oder entferntere

Folgesätze derselben.

Die Menschen können allerdings, d. h. es ist moralisch möglich, in Gesellschaft, in der erstern Bedeutung des Worts, d. i. um-, neben-, zwischen-) untereinander leben, ohne in Gesellschaft in *eurer* zweiten Bedeutung, im Vertrage, zu stehen, Sie sind dann nicht ohne gegenseitige Rechte und Pflichten. Ihr gemeinschaftliches Gesetz, welches diese scharf genug bestimmt, ist das Freiheitsgesetz; der Grundsatz: hemme niemandes Freiheit, insofern sie die deinige nicht hemmt. – »Aber, *würden* sich denn auch die Menschen ohne Zwangsgesetze diesem Grundsatz unterwerfen? Würden sie nicht immer mehr danach fragen, was sie vermöchten, als danach, was sie dürften?« – Ich weiß, daß ihr euch immer auf eine ursprüngliche Bösartigkeit der Menschen beruft, von der ich mich nicht überzeugen kann; aber es sei; diese Zwangsgesetze gelten auch im Naturzustande; wer meine Freiheit hemmt, den darf ich rechtlich zwingen, sie selbst, und alle Wirkungen derselben wiederherzustellen. »Du *darfst*; aber wirst du allemal *können* – allemal der Stärkere sein?« – Immer nur davon, was ich *würde*, oder *werde*; ich rede davon, was ich *sollte*. Wenn das Sittengesetz die Natur beherrschte, *würde* ich allemal der Stärkere sein, wenn ich recht habe; denn ich *soll* es dann sein. Ihr versetzt mich unaufhörlich in das Gebiet der Naturnotwendigkeit. Eine kleine Geduld, und ich werde euch die Einwendung, die ihr auf dem Herzen habt, entwunden haben, ohne mich mit euch in die Untersuchung der Hypothese, was der Mensch im Naturzustande *wirklich sein würde*, einzulassen.

Die Menschen können auch in Gesellschaft, in eurer zweiten Bedeutung des Worts, d. i. im Vertrage überhaupt stehen, ohne eben im Staate, im Bürgervertrage zu leben. Was beim Vertrage überhaupt rechtlich sei, wird nicht erst durch eine besondere Art des Vertrags, durch den bürgerlichen, bestimmt; das würde (im Vorbeigehn sei auch das noch für diejenigen erinnert, denen es so einleuchtender ist,) ein greiflicher Zirkel sein. Wir machen einen Vertrag, daß Vertäge überhaupt gültig sein sollen; und derselbe Vertrag ist gültig, weil, laut unsres Vertrags, Verträge überhaupt gültig sind. – Es ist, wie oben gezeigt worden, durch das Sittengesetz genau bestimmt: – gegenseitige Leistung, oder Zurückgabe der einseitigen Leistung, und Schadenersatz. Darauf zu dringen erhalte ich das Recht nicht vom Staate; ich erhielt es zugleich mit dem Geschenke der Freiheit zu meiner Ausstattung vom gemeinschaftlichen Vater der Geister.

Ich habe diese Auseinandersetzung nicht zum bloßen Vergnügen übernommen: sondern um eine wichtige Folgerung daraus zu ziehen. – Kann uns der Staat die Rechte, die ursprünglich unser sind, weder nehmen noch geben, so müssen alle diese Beziehungen in der bürgerlichen Gesellschaft wirklich fortdauern. Ein Recht, das ich als Mensch besitze, kann ich nie als Bürger, *insofern ich das bin,* besitzen. Ein Recht, das ich als Bürger besitzen soll, kann ich nicht schon als Mensch besessen haben. Es ist also ein großer Irrtum, wenn man glaubt, der Naturzustand des Menschen werde durch den bürgerlichen Vertrag aufgehoben; der darf nie aufgehoben werden; er läuft ununterbrochen mit durch den Staat hindurch. – Der Mensch im Staate läßt sich in viererlei Beziehungen betrachten. Zuvörderst isoliert, mit seinem Gewissen, und dem höchsten Exekutor seiner Aussprüche allein. Dies ist seine höchste Instanz, der alle seine übrigen Beziehungen untergeordnet sind. Hier kann kein Fremder (die Gottheit ist ihm nicht fremd) sein Richter sein. Das Gesetz, wonach der unsichtbare Richter dieses Gerichtshofes spricht, ist das Sittengesetz, insofern es sich bloß auf die Geisterwelt bezieht. In dieser ersten Beziehung ist er *Geist.* – Dann ist er zu betrachten in Gesellschaft, unter andern seinesgleichen lebend. In diesem Verhältnisse ist sein Gesetz das Sittengesetz, inwiefern es die Welt der Erscheinungen bestimmt, und Naturrecht heißt. Vor diesem äußern Gerichtshofe ist jeder sein Richter, mit dem er lebt. Er ist in dieser Beziehung *Mensch.* – Jetzt schließt er Verträge. Das Feld der Verträge ist die Welt der Erscheinungen, insofern sie durch das Sittengesetz nicht völlig bestimmt ist. Sein Gesetz auf demselben ist die *freie* (vom Gesetz befreite) Willkür. Verletzt er durch Zurückziehung seiner Willkür die Freiheit des andern, so ist seine Willkür nicht mehr frei; sie tritt unter das Gesetz zurück, und er wird nach dem Gesetze gerichtet. Er kann solcher Verträge schließen, so viele und so mancherlei er will. Er kann unter ihnen auch den besondern Vertrag eines mit allen, und aller mit einem schließen, den man den Bürgervertrag nennt. Das Feld dieses Vertrages ist ein beliebiger Teil des Gebiets der freien Willkür. Gesetz und Rechte sind, wie bei dem Vertrage überhaupt, wovon dieser eine Art ausmacht. Inwiefern er in diesem Vertrage steht, heißt er Bürger. – Man ziehe, um sich den Umfang und das Verhältnis dieser verschiedenen Gebiete anschaulich zu machen, einen Zirkel. Diese ganze Scheibe sei das Gebiet des Gewissens. Man ziehe innerhalb seines Umkreises einen viel kleinern. Dieser umfaßt die sichtbare Welt; denjenigen Teil vom Gebiete des Gewissens, auf welchem, unter ihm, auch noch das Naturrecht, das Gesetz der vollkommnen Pflichten richtet. Man ziehe innerhalb dieses zweiten einen dritten kleinern. Innerhalb seines Umkreises richtet, unter Gewissen und Naturrecht, auch noch das Vertragsrecht. Innerhalb dieses dritten einen vierten kleinern gezogen, gibt den Platz, auf welchem unter obigen Richtern der besondere bürgerliche Vertrag richtet. Um meinen Gedanken anschaulicher zu machen, erlaube ich mir folgende Zeichnung hinzuzufügen.

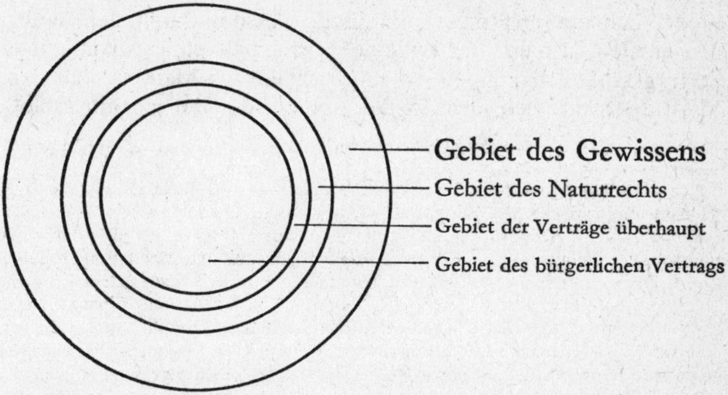

Nur das ist noch anzumerken, daß die höhern Gerichtshöfe unsichtbar ihr Gebiet durch die Felder der niedern durchführen; daß das Naturrecht selbst in seinem Gebiete nur über solche Gegenstände spricht, die das Gewissen freigelassen hat usf. Die eingeschlossnen Zirkel umfassen gar nicht *ebendas*, welches innerhalb ihrer Umkreise die ausgeschlossenen umfassen; sondern in diese Umkreise fallen nur ganz andere Gegenstände, über welche ihr Gericht sich erstreckt. Um es ganz anschaulich zu machen, müßte man vier dergleichen Zirkel ausgeschnitten übereinanderlegen. – Das Gebiet des Gewissens umfaßt alles; das des Bürgervertrags das wenigste. Es muß jeden erlaubt sein, sich vom Mittelpunkte aus gegen den Umkreis, selbst aus dem Gebiete des Naturrechts heraus, wenn er auf einer wüsten Insel leben will, zurückzuziehen; aber aus dem Gebiete des Gewissens geht er nie heraus, wenn er kein Tier ist. – Man urteile jetzt, mit welcher Befugnis der Staat, dessen Gebiet doch auf den engsten Raum eingeschlossen ist, über seine Grenze hinübergreift; das Feld der Verträge überhaupt, wohl gar das des Naturrechts, und, so Gott will, selbst das des Gewissens zu erobern sucht* .

Was ich während meines Lebens im Staate durch irgendeinen Vertrag gewonnen habe, ist demnach mein, als *Mensch*, und nicht als *Bürger*. Mußte ich nicht eine moralische Person sein, um einen Vertrag schließen zu können? Bin ich denn, als Bürger betrachtet, eine moralische Person? Habe ich denn als solcher einen freien Willen? O nein, nur wenn ich mit allen zusammengenommen werde, entsteht erst diese moralische Person: durch den Willen aller entsteht also erst der Wille des Staats. Soll ich überhaupt einen Vertrag schließen können, so muß ich ihn als Mensch schließen. Als Bürger kann ich nicht. – Der andere, der ihn mit mir schloß,

* Nur durch Unterscheidung dieser verschiedenen Gebiete entwickeln sich die Trugschlüsse jenes griechischen Sophisten, und seines würdigen Schülers. – – Wenn du deinen ersten Prozeß gewinnst, zahlst du mir hundert Talente; verlierst du ihn, so zahlst du mir nie etwas; sagte der erste zum letztern, und unterrichtete ihn in seiner Kunst. Der Lehrer brauchte Geld; der Termin der Zahlung verzog sich; er ging und belangte seinen Schüler vor Gericht. – Er zahlt mir in jedem Falle die hundert Talente, ihr Richter, sagte er, – vermöge eures Ausspruchs, wenn ihr ihn zur Zahlung verurteilt, – vermöge unseres Vertrags, wenn er den Prozeß gewinnt; er hat dann seinen ersten Rechtshandel gewonnen. Nein, antwortete der würdige Schüler, ich zahle in keinem Falle etwas; zahle nicht, wenn euer Urteil günstig für mich ausfällt, vermöge unsres Vertrags: denn ich habe dann meinen ersten Rechtshandel nicht gewonnen. Die Richter – es waren Athenienser – gaben einen Einfall, wo sie keine Entscheidung geben konnten. – Jeder Leser – Sie verzeihen mir, wenn ich zuweilen unerwartet examiniere, – der die obige Theorie verstanden hat, entscheidet diesen Handel auf den ersten Anblick. Wer ihn nicht entscheidet, hat sie nicht verstanden, und denke sie so lange durch, bis er ihn entscheidet!

Wer sieht nicht, daß der alte und der junge Sophist den Handel dadurch verwirren, daß sie von einem Gebiete in das andere überspringen wollen; und daß der alte durch die sonderbare Bedingung des Vertrags es auf eine solche Verwirrung angelegt hatte? Jeder will auf das Feld des Staats flüchten, wenn der andere ihn auf dem Gebiete der Verträge, und in das Gebiet der Verträge, wenn der andere ihn auf dem Felde des Staats suchen wird; und wenn ihnen das erlaubt ist, so werden sie nie aufeinandertreffen. Hättet ihr sie an ihren wahren Gerichtshof gewiesen, atheniensische Richter! Was bei Verträgen rechtens sei, sagt kein Areopagus; dies Gesetz ist älter als er. Ihr gegenwärtiger Handel gehört gar nicht vor euren Richterstuhl; er ist kein *bürgerlicher* Prozeß. Laßt sie hingehen, und an dem Schüler die Bedingung des Vertrags bei einem *wahren* Prozesse erfüllt werden, dann sprecht nicht ihr, sondern die Sache selbst, das Urteil. Mag dann der Lehrer kommen, und den Staat, *nicht um Entscheidung was rechtens sei,* sondern um *die dem Bürgervertrage gemäße Beschützung* seines *natürlichen* Rechts anflehen. Dann habt ihr ein Geschäft; jetzt noch nicht.

hat ihn gleichfalls als Mensch geschlossen, und das aus dem angeführten Grunde.

Selbst wenn ich den Vertrag mit dem Staate geschlossen hätte, habe ich ihn nur als Mensch schließen können, und das ist in diesem Falle fast noch einleuchtender, als im vorigen. Die zwei freiwilligen Entschließungen, die zum Vertrage gehören, sind die des Staats, und die meinige. Wäre mein Wille in dem Willen des Staats mit eingeschlossen gewesen, so war nur ein Wille; der Staat schloß einen Vertrag mit sich selbst, welches sich widerspricht. Habe ich geleistet, und der Staat geleistet, so ist der Vertrag vollzogen; meine Leistung bleibt dem Staate, und die des Staats mir.

Aber, sagt man, wenn der Staat nicht täte, so würdest du auf die Heiligkeit der Verträge, die du doch immer als Mensch schließen magst, nicht sehr rechnen können. Hielte der andere sein Wort nicht, so hättest du freilich nach dem Naturrechte die Befugnis ihn zur Rückgabe der Leistung und Schadenersatz zu zwingen; aber du würdest nicht immer der Stärkere sein. Dieses nun ist an deiner Stelle der Staat. Er verhilft dir zu deinem Rechte, das du doch immer ein Menschenrecht nennen magst – wenn es jemand verletzt; die Scheu vor ihm ist der Grund, daß es seltner verletzt wird: – und so hätten wir denn den Einwurf, dessen Widerlegung wir oben versprachen, mehr in der Nähe.

Gegen wen hat der Staat mein Recht geschützt – gegen einen Fremden, oder gegen einen Mitbürger? – Hat er's gegen den Fremden geschützt, so war er durch den bloßen Vertrag dazu verbunden. Ich war damals im Vertrage. Ich gehörte auf eine oder die andere Art – sei es auch bloß dadurch, daß ich ihm keine Störung in den Weg legte – selbst mit zum schützenden Körper. Ich half die Rechte andrer Mitbürger auch schützen. Ich tat das Meine; der Staat das Seine. Das ist nun vorbei. Unser Vertrag ist vollzogen, jeder behält das Seine. – Wenn ich aus dem Vertrage heraustrete, so fällt freilich die vollkommne Pflicht des Staats, mein Recht zu schützen, weg; weil die meinige, das Recht anderer schützen zu helfen, wegfällt. Ich muß dann sehen, wie ich mir selbst helfe.

Hat er es gegen einen Mitbürger geschützt, so wiederhole ich das Obige; aber ich setze noch weit mehr hinzu. – Ich schloß mit meinem und eurem Mitbürger den Vertrag, als Mensch mit dem Menschen. Das Naturrecht und kein anderes ist hier unser Gesetz. Er verletzt mich und setzt sich dadurch zu mir in das Verhältnis eines Feindes. Ich habe das Recht, ihn feindlich zu behandeln, bis ich in mein völliges Eigentum wieder eingesetzt bin. Ihr wollt nicht, daß ich euren Mitbürger feindlich behandle? Nun wohl, so verhelft ihr selbst mir friedlich zu meinem Rechte. Sobald ihr dadurch, daß ihr euch meiner rechtmäßigen Verfolgung desselben entgegensetzt, seine Partei ergreift, so wird die Sache eure Sache. Ihr alle seid nunmehr die eine moralische Person, die vor dem Gerichtshofe des Naturrechts angeklagt wird; und ich bin die zweite moralische Person, welche klagt. Ich bin jetzt nicht Bürger. Gebt mir friedlich mein Recht, oder ich überziehe euch mit Krieg. Ich sei euer Mitbürger, oder ich sei ein Fremder; ich sei aus eurem Staate herausgetreten, oder ich sei überhaupt nie darin gewesen, das tut hier nichts zur Sache: in dieser Handlung bin ich überhaupt nicht Bürger. »Wie? Du Einzelner willst den ganzen Staat mit Krieg überziehen? Du bist sicher der Schwächere.« – So? Habt ihr euch vereiniget, ungerecht zu sein, und tritt man darum mit euch in Verbindung, um ungestraft rauben zu können? Wenn ihr so philosophiert, so lasse ich euch stehen, und setze meinen Gang weiter fort.

Es ist jetzt erwiesen, daß alles Eigentum, das wir im Staate erworben, und er uns geschützt hat, rechtlich unser bleibe, wenn wir auch aus dem Staate heraustreten: und wir stehen bei dem zweiten Gegenstande, über welchem er uns mit einer Restitutionsklage bedroht, bei unsrer in demselben erworbenen *Kultur.* – So fürchterlich auch der erstere Prozeß war, so ist dieser es doch noch weit mehr. Hätte man uns auch, wie man drohte, nackend ausgezogen, und von Erde und Meer verwiesen, so hätten wir doch vielleicht ein Mittel ausfindig gemacht, um in die Luft zu entkommen, und da hätten wir denn ruhig existieren dürfen. Aber um alle unsere körperlichen und geistigen Fertigkeiten uns abzunehmen, dazu gibt es kein Mittel, als das, uns mit einem großen Hammer auf den Kopf zu schlagen.

Unsere Kultur also fordert der Staat, als das Seine, zurück. Können wir sie ihm nicht wiedergeben, so bleiben wir ohne jemalige Rettung an ihn gefesselt. Wir gestehen, daß er ein Mittel, das beste, wohltätigste Mittel, wird er sagen, – gefunden hat, um uns auf immer an sich zu ketten. Was wollen wir sagen? Menschheitsrechte zurückfordern? Wir verdanken ihm ja, wenn auch nicht die Möglichkeit, Menschen zu sein, doch das Bewußtsein dieser Menschheit selbst. Verehre die Menschheit in mir, sagst du: Undankbarer, antwortet der Staat, wärest du denn ein Mensch, wenn ich dich nicht dazu gemacht hätte? Wendest du Ansprüche gegen mich, die ich selbst erst in dir geltend gemacht habe? O! hätte ich dich doch nie ahnen lassen, daß du mehr seiest, als ein Tier, so würde ich jetzt nicht soviel Not mit dir haben.

Also, du hast mich zu dem Endzwecke gebildet, o Staat, daß ich dir für deine Zwecke nützlich würde, nicht mir für die meinigen. Du hast mich behandelt, wie ein Stück rohe Materie, das dir zu etwas nütze sein sollte. Jetzt gebe ich selbst mir Zwecke auf, und will sie selbst ausführen. Dazu hast du mich nicht gebildet, sagst du. – Nun wohl. Also habe ich diese Art von Kultur nicht von dir, und gebe sie nicht zurück. Wenn du mir nur diese lassen mußt; die für *deine* Zwecke – ich will dir mein Ehrenwort geben, sie nie zu gebrauchen.

Die Bildung, die du mir gabst, gabst du mir also nur unter der Bedingung, daß ich auf immer der Deinige sei? Hast du mich denn gefragt, ob ich diese Bedingung eingehe? Habe ich denn die Sache überlegt, und gesagt: Ja? – Ich komme hungernd herab in die Herberge der Pilger. Ich finde gerade vor meinem Platze ein rotes Linsengericht, nehme es begierig an mich, und danke in meinem Herzen dem unbekannten großmütigen Geber. Du fällst aus deinem Schlupfwinkel heraus; ergreifst mich, und sprichst: du bist mein; warum hast du dies Gericht gekostet? Es war der Kaufpreis für deine himmlische Erstgeburt. – Das ist weder großmütig, noch gerecht.

Hättest du mich aber auch gefragt, hätte ich dir auch geantwortet; hätten wir wirklich einen Vertrag geschlossen: worüber hätte doch dieser Vertrag sich erstrecken können? Du hättest mir gesagt: ich will dich aus einem bloß leidenden Tiere zu einem selbsttätigen Menschen machen; und ich hätte dir dagegen versprochen, nie selbsttätig zu werden; du hättest mir gesagt: ich will dich dahin bringen, daß du selbst urteilen könnest; und ich hätte dir feierlich zugesagt, nie selbst zu urteilen? – Du gestandest ja, daß ich noch unausgebildet sei; denn wozu hättest du mich sonst ausbilden wollen? Ehe du aber die Hand ans Werk legest, soll ich deine Verfassung beurteilen, und billigen? Wie kann ich das doch jetzt, Lieber? Vollende erst dein Werk; mache mich erst zu einem vernünftigen Menschen, dann werden wir ja sehen. Du magst freilich den Nebenzweck haben, mich durch die Kultur, die dur mir gibst, in den Stand zu setzen, deine Verfassung schön und vortrefflich zu finden, und sie aus Überzeugung lieben zu lernen: aber dazu kannst du mich nicht im voraus verbinden; wenn du anders nicht etwa mich nicht kultivieren, sondern verdrehen und verkünsteln, nicht mein Auge schärfen, sondern ein gefärbtes Glas daraufsetzen willst. Gib mir die verheißene Kultur. Werde ich durch sie zur Liebe deiner Verfassung gebracht, so hast du ja deinen Zweck erreicht. Werde ich nicht dazu gebracht, so taugt entweder die vorgebliche Kultur nichts, die du mir gabst, und du hast dein Wort nicht gehalten. Oder, wenn sie taugt, so muß deine Verfassung nichts taugen. Kann ich dein Geschenk besser anwenden, als zu deiner eigenen Verbesserung? – Doch, was antworte ich auch den Leuten nach ihrer Weise? Was tummle ich mich auch mit den Sophisten auf ihrem eignen Felde herum? Sie verdauen wohl größere Widersprüche, als diese. Ich rede mit dem unparteiischen Wahrheitsforscher.

Die Kultur läßt sich dem Menschen nicht so aufhängen, wie ein Mantel auf die nackten Schultern eines Gelähmten. Gebrauche deine Hände, greif zu und halte fest, und schmiege das Gewand in alle die eignen Biegungen deines Wuchses: oder du wirst ewig Blößen geben und frieren. Was ich bin, verdanke ich zuletzt mir selbst, wenn ich für mich etwas bin. Bin ich nur mit, in, oder an andern etwas – ein Hausrat, der das Zimmer putzt, und selbst wieder vom Zimmer seinen höchsten Reiz entlehnt, oder ein Degen, der nur in der belebten Hand verwundet, oder eine Flöte, der ihre süßen Töne erst der Mund des Virtuosen einhauchte, so seid sicher, daß ich nicht selbst aus eurem Zimmer gehen, eurer Hand mich entwinden, von eurem Munde mich abziehen werde. Hast du mich dazu gemacht, o Staat, und habe ich mich dazu machen lassen, so magst du das vor einem andern Richterstuhle verantworten; ich wenigstens werde dich nie zur Rechenschaft ziehen. – Wer seine Kultur gegen den Staat wendet, der hat sie nicht vom Staate; und wer sie vom Staate hat, wendet sie nicht gegen den Staat.

Soll ich meinem Leser alles sagen? Soll ich den eben erst entwickelten Unterschied zwischen Gesellschaft und Staat auch hier anwenden? Kultur geben kann weder die erstere, noch der zweite; niemand *wird* kultiviert. Der Mittel zur Kultur gibt die erstere ungleich mehrere und ungleich brauchbarere, als der letztere. Beider Einfluß auf unsre Kultur verhält sich, wie ihr beiderseitiges Gebiet.

Ich will hier nicht des Grundzuges in der sinnlichen Natur des Menschen gedenken, daß sie vor der Hilflosigkeit ihre ganze Stärke auszieht, und bei ihrem Anblicke nichts fühlt, als Erbarmen gegen die Schwäche. Ist es der Staat, der diesen Zug in unser Inneres zog? Ich will nicht des animalischen Instinkts im Menschen gedenken, das aus sich, oder aus seinem Weibe Geborne zu lieben. Ist es der Staat, der ihn uns einprägte? Ich will nicht erinnern, daß der Augenbick der Erscheinung eines Menschen für ein menschliches Wesen notwendig ein Augenblick der Freude ist, weil derselbe es einer drückenden Bürde und quälender Schmerzen entlastet; – will nicht erwähnen, daß der erste Zug aus der Brust meiner Mutter mich mit einem menschlichen Wesen in das süße Verhältnis des gegenseitigen Wohltums versetzte. Sie gab mir Nahrung, und ich entledigte sie einer Last*.

Ist es der Staat, der dieses heilige Naturgesetz gab? – Ich will dies alles nicht erwähnen, denn ich will den Menschen hier nicht betrachten als Tier, sondern als Geist: ich will nicht von den Zügen seiner sinnlichen Natur, sondern von seinen Rechten reden.

Mein erster Schritt in die Welt der Erscheinungen geschieht an einer fremden Hand; und diese Hand gibt mir, indem sie sich mir bietet, vollgültige Ansprüche an sich. Hast du mich darum hervorgezogen, um mich hilflos verderben zu lassen? Verderben konnte ich ohne dich; du sagst mir die Erhaltung zu: hälst du dein Wort nicht, so klage ich dich über alle die Leiden an, die ich seit deiner Hervorziehung an das Licht des Tages, bis zu meinem Abschiede von ihm erdulde. Ich darf klagen, denn ich trage das dir wohlbekannte Gepräge der Vernunft an mir.

Mein erstes Weinen ist ein Aufruf an die Welt der Geister, daß wieder einer von ihnen in die Welt der Erscheinungen eingetreten sei, und seine Rechte in ihr geltend machen wolle; – ist eine feier-

* Deine Mutter hat vielleicht andere Mittel gefunden, sich derselben zu entledigen. Sie mochte nichts von dir annehmen, um dir nicht etwas geben zu müssen. Aber laß das! Du hattest wohl eine Amme. Geh, und danke ihr, oder weine eine Träne auf ihr Grab, wenn sie tot ist. Mag sie doch auch in aller Menschen Augen ein verächtliches Geschöpf gewesen sein; mag sie doch auch mit ihrer Milch das Gift in deinen Körper gegossen haben, das bis diesen Augenblick deine Nerven zerreißt, und sie zerreißen wird, bis an das Grab, – das ist wenig – dennoch band sie, was deine Mutter nicht tun wollte, an dein Herz den einzigen Endpunkt der großen Kette, die in die Ewigkeit hinausgeht, und die von ihr, dem ersten Punkte aus, endlich alle Wesen mit demselben verbinden wird – die des gegenseitigen freien Gebens und Nehmens.

Fahre hin, geschärfter Pfeil und zerreiß das Herz jeder Mutter, das du triffst: aber entfliege nicht, ohne den lindernden Balsam, daß – höchstmöglicher Ersatz des verursachten Schadens, Besserung für die Zukunft, oder, wo diese nicht möglich ist, gegründete Überzeugung, daß man im vorkommenden Falle anders handeln würde, Warnung und Ermahnung für andere – aber auch *nur* das, das Geschehene völlig ungeschehen mache. Und möchtest du dann doch immer tief verwunden, um den alten bösen Schaden aufzustechen, und ihn zu heilen.

liche Erklärung und Ankündigung dieser Rechte für die gesamte Natur; ist eine feierliche Besitznehmung derselben. Durch nichts anders konnte ich sie auch in Besitz nehmen, als durch dieses ohnmächtige Weinen; ich kann nichts weiter. Du der du es hörst, erkenne in mir deine Rechte, und eile herbei, sie zu beschützen, bis ich es selbst könne. Du schützest in mir die Rechte der gesamten Menschheit.

Das ist der Rechtsgrund der elterlichen Gewalt. Wenn einer, der menschlich Antlitz trägt, unfähig ist, seine Menschenrechte zu behaupten, so hat die ganze Menschheit Recht und Pflicht, sie statt seiner auszuüben. Sie werden ein gemeinsames Anteil, und ihre Behauptung eine gemeinsame Pflicht des ganzen Geschlechts; in ihrer Verletzung wird das ganze Geschlecht verletzt. – Etwas, worauf die ganze Menschheit gemeinschaftliche Ansprüche hat, fällt dem anheim, der sich seiner zuerst bemächtiget. Das unvernünftige Ding wird selbst ein Eigentum; das des Gebrauchs der Vernunft unfähige Wesen kann nicht selbst Eigentum sein, aber seine Rechte werden ein Eigentum desjenigen, der sich ihrer bemächtiget. Bemächtigung geschieht hier durch Ausübung derselben. Die Geburtshelferin, die mich an das Licht hervorzog, und in die Welt der Erscheinungen hinlegte, übte in ihr mein erstes Recht aus. Ich hatte Anspruch auf einen Ort im Raume. Ich konnte ihn nicht selbst einnehmen; sie tat es statt meiner, als sie mich hinlegte, wo ich selbst mich nicht hinstellen konnte. Hätte sie nicht durch Vertrag meinen Eltern versprochen, ihr Recht auf mich an sie zurück abzutreten; hätte sie nicht überhaupt laut dieses Vertrags im Namen meiner Eltern gehandelt, so wären meine Rechte durch diese erste Ausübung derselben die ihrigen; so aber sind sie meinen Eltern. – Ich darf rechtlich jedes auch noch so fremden Kindes Rechte okkupieren, wenn ich es bei seinem Eintritte in die Welt auffasse, und kein Vertrag mich verbindet, sie zurückzugeben. Daß gemeinhin die Eltern der Rechte ihrer Kinder sich bemächtigen, kommt daher, weil sie bei Erscheinung derselben die nächsten sind, sie vorhersehen, und schon im voraus Anstalten zu ihrem Empfange in der Welt getroffen haben. Es ist demnach zufällig. Ein ausschließendes Recht auf ihre Kinder, *als* Eltern derselben, haben sie nach dem Naturrechte nicht. Sie machen ihr mit der ganzen Menschheit gemeinschaftliches Zueignungsrecht nur durch Okkupation zu einem Eigentumsrechte. – Die Anwendung dieser Theorie auf Wahnsinniggewordne überlasse ich dem Leser, und ersuche ihn, sich daran zu prüfen, ob er sie richtig gefaßt habe.

Habe ich die Rechte eines ohne Gebrauch der Vernunft vernünftigen Wesens zu den meinigen gemacht, so bleiben sie gegen jeden fremden Einspruch die meinigen, eben darum, weil sie mein sind. – Du verlangst dieses unmündige Kind, dessen Rechte ich rechtlich okkupiert habe, in deinen Schutz. Und wärst du sein Erzeuger, oder seine Gebärerin, so darf ich dir sagen: Nein. Hätte wohl dieses unmündige Kind, wenn es nicht unmündig, sondern seiner Vernunft mächtig wäre, das Recht, dir zu sagen: ich will deines Schutzes nicht. Hätte es ohne Zweifel dieses Recht, so habe ich es, wenn seine Rechte die meinigen sind, und ich sage dir als Exekutor seiner Rechte: ich will deines Schutzes nicht. Willst du dich mit mir darüber vertragen, so magst du das wohl, und ich mag es. Aber rechtlich sie von mir zurückzufordern, hat keiner das Recht, als er selbst. Er wird, so wie seine Vernunft sich entwickelt, eins nach dem andern selbst ausüben, er wird sich Schritt vor Schritt von meinem Ich ablösen, um ein eignes zu bilden: und das wird mir Winkes genug sein, in keines Fremden Rechte einzugreifen, und tue ich es, so wird er rechtlich mich in meine Grenzen zurückweisen. – Ich weiß, daß über die hier hereinfallenden Punkte der Staat von jeher mancherlei verordnet hat; ich weiß aber auch, daß der Staat von jeher gearbeitet hat, uns auf jede Art zu gewöhnen, Maschinen zu sein, statt selbständige Wesen zu sein.

Übernahm ich seine Rechte, so übernahm ich zugleich seine Pflichten, vermöge deren er allein Rechte hat. Ich handle ganz in seine Seele, und meine Vernunft tritt völlig an die Stelle der seinigen. Ich übernahm seine Verbindlichkeiten gegen andere. Dieses Kind hat dir Schaden zugefügt; dein Schaden muß ersetzt werden; an dasselbe kannst du dich nicht halten, es ist seiner Vernunft nicht mächtig. Du hältst dich an mich, der ich statt seiner Vernunft zu haben mich anheischig gemacht. Ich bin dir gleichsam das Unterpfand für ihn. – Ich übernehme seine noch weit höhern Verbindlichkeiten gegen sich selbst; seine Beziehungen auf das Sittengesetz an sich. Er ist berufen durch Kultur auf den höchsten Endzweck aller moralischen Wesen hinzuarbeiten. Um das zu können, muß er vor allen Dingen in der Welt der Erscheinungen, in die er aufgenommen ist, leben können. Ich bin ihm Unterhalt schuldig, denn er selbst ist ihn sich schuldig, und ich handle an seiner Stelle. Dagegen habe ich das Recht, die Produkte seiner sich entwickelnden Kräfte in mein Eigentum aufzunehmen, denn seine Kräfte sind die meinigen. Dies ist das Miteigentum im Naturstande, welches richtiger das Recht des Mitgenusses heißen würde; denn ein eigentliches Eigentum kann keiner haben, der nicht okkupieren kann, und ein Kind kann das nicht. – Er hat Pflicht und Recht, die Mittel zur Kultur aufzusuchen und anzuwenden. Ich habe seine Pflichten und Rechte statt seiner übernommen; er hat demnach das vollkommene Recht, diese Mittel, inwiefern sie in meiner Gewalt stehen, von mir zu fordern. Es ist nicht mein guter Wille, es ist meine unnachlaßliche Pflicht, auf seine Kultur aus allen Kräften hinzuarbeiten. – Man dürfte – ich erinnere dies nur im Vorbeigehen – sagen, niemand werde sich leicht mit der Vormundschaft für Unmündige befassen, da unsrer eignen Deduktion nach die Last derselben weit größer sei, als der geringe Vorteil, wenn nicht der Staat wohltätig ins Mittel getreten, und es den Eltern zur bürgerlichen Pflicht gemacht hätte: aber da zeigt sich wieder euer Mißtrauen gegen die menschliche Natur, die ihr nicht aufhört zu verleumden, nachdem ihr sie durch eure bürgerlichen Verordnungen, die unaufhörlich in fremde Grenzen eingreifen, erst verdorben habt. Jeder Grundzug derselben ist gut, und nur durch ihre Ausartung werden sie schädlich. Jeder mag gern der Obere sein, mag lieber beschützen, als beschützt werden. Er erhebt sich dadurch in seinen eignen Augen, und bekommt vor sich selbst eine gewisse Wichtigkeit. Jeder mag gern in andern sich wieder darstellen, und ihre charakteristischen Eigenheiten zum Abdrucke der seinigen machen. Diese, solange sie nicht in die Freiheit andrer eingreifen, trefflichen Grundzüge würden uns immer antreiben, uns der Unmündigen anzunehmen, und uns selbst in ihnen wieder darzustellen, und uns vor unsern eignen Augen zu erheben, wenn ihr nicht das unselige Geheimnis gefunden hättet, uns die Schande der Erniedrigung ehrenvoll, und den Schein in andrer Augen angenehmer zu machen, als die Ehre in den unsrigen, kurz, wenn ihr nicht unsern edlen Stolz aus unsrer Seele getilgt hättet, um eure kleinliche Eitelkeit an seine Stelle zu setzen.

Das taten meine Vormünder für mich, und sie taten nichts, als ihre Pflicht. Aber sie selbst lebten in der Gesellschaft, und jeder, der mit ihnen einen Berührungspunkt gemein hatte, bildete mit an mir; jedes Wort, das sie redeten, diente mit dazu, meine Fähigkeiten zu entwickeln. – Dank sei der guten Natur, und dem glücklichen Zufalle, der mich in der Gesellschaft geboren werden ließ, insofern sie dies nicht bezweckten; Dank sei außer jenen auch noch ihrem eignen guten Herzen, wenn sie es wirklich bezweckten! Sie gaben dann dem Dürftigen aus freier Güte ein Almosen; sie bezahlten keine Schuld; und ich gebe, was allein sich für Geschenke geben läßt, meinen Dank. – Aber, was hat hier der Staat zu tun? Kann er nicht beweisen, daß die Gesellschaft überhaupt bloß kraft seiner da ist, so sind die Verdienste der Gesellschaft nicht die seinigen; das aber kann er nicht beweisen: wir haben bewiesen, daß er selbst kraft der Gesellschaft da ist. Verdanke er selbst der Gesellschaft, was er ihr zu verdanken hat; wir werden uns schon auch ohne seine Vermittelung mit ihr abfinden.

Aber mein Gesichtskreis erweitert sich; ich betrete die Schwellen der höhern Geisteskultur. Ich finde niedere und höhere Schulen, bereit mich aufzunehmen. Diese wenigstens sind doch vermöge der Anordnungen des Staats da? Es würde nicht schwer werden, zu zeigen, daß auch sie Institute nicht des Staats, sondern der Gesellschaft seien, und daß ihr Dasein sich nicht auf den Bürgervertrag, sondern auf andere besondere Verträge kleinerer oder größerer Gesellschaften gründe; daß höchstens dasjenige in ihnen, was den Geist niederdrückt, und seine freie Schwungkraft lähmt, hier mönchische Disziplin, dort Aufsicht über Rechtgläubigkeit aller Art, Anhänglichkeit an das Alte, *weil* es alt ist, vorgeschriebne Lehrbücher und Lehrgänge, seiner Fürsorge beizumessen sei. Aber ich will nicht alles ängstlich genau nehmen; einmal wenigstens will ich den Staat seiner Neigung überlassen; alles Gute, was in der Gesellschaft ist, sich, und alles Böse in derselben unsrer Widersetzlichkeit gegen seine heilsamen Verfügungen zuzuschreiben. Er mag jene Institute gestiftet, die Lehrer auf dieselben berufen und bezahlt haben. Ich will ihn selbst daran nicht erinnern, daß ich, ungeachtet seiner weisen Fürsorge, doch nie weder gelehrt noch klug geworden wäre, wenn ich nicht meine eignen Kräfte gebraucht hätte. Mag er doch sogar das Vermögen besitzen, die Menschen wider ihren Willen weise zu machen, und mag er uns an seinen erhabnen Stützen, an denjenigen, auf die er ja wohl seine besten Kunststücke verwenden wird, an seinen Fürstenkindern und seinem Adel glänzende Proben davon geben.

Berufen also und besoldet hat er unsre Lehrer? Sein Ruf war es, der jene Fähigkeit, in unser Inneres einzudringen, und ihren Geist in uns überzuflößen; jene zärtliche Teilnahme an uns, als an Kindern ihres Geistes, über sie ausgoß? Sein kärglicher Sold war es, der sie für die tausend Unannehmlichkeiten ihres Standes, für alle die Sorgen und anhaltenden Mühen, die sie ertrugen, entschädigte; für die Behauptung des menschlichen Geistes auf dem errungenen Standpunkte, oder auch wohl für den mächtigen Fortstoß, den sie ihm gaben, bezahlte? O, glaubt doch dem Staate eher alles andere, als dieses. Wen sein heller, biegsamer Geist, und sein für Menschenwert warm schlagendes Herz nicht längst zum Menschenlehrer verordnete, den macht keine Vokation dazu; sie kann nichts weiter, als einen leeren Platz mit einem Manne besetzen, welcher, wenn er den höhern Ruf nicht längst zuvor erhalten hatte, den Würdigern verdrängt, und seine Stelle vergeblich drückt. Freie Mitteilung der Wahrheit ist das schönste Vereinigungsband, das die Welt der Geister zusammenhält; ein Geheimnis, das niemand kennt, denn der es empfangen hat. Die Wahrheit ist ein gemeinsames Erbgut dieser höhern Welt, frei wie der Äther, und von Myriaden zugleich zu genießen, ohne sich zu verzehren. Ihr händigtet mir meinen Anteil davon ein, nicht als mein Eigentum, sondern als ein auf eure spätern Nachkommen zu überlieferndes heiliges Unterpfand. Ich werde, ich muß es abliefern; wohl mir, wenn es in meinen Händen gewuchert hat; nur dadurch kann ich meinen Platz in der Welt der Geister bezahlen. Ich bezahle allerdings eine Schuld, aber nicht an dich, o Staat; dein Reich gehört nicht zu der Welt, mit der ich in Abrechnung stehe. – Du redest von Besoldung? Deine Anweisungen gelten nicht in derselben Welt, und der Lehrer der Menschheit macht sich durch eine Münze bezahlt, die du nicht ausgeprägt hast. So oft er einem andern die Wahrheit mitteilt, fällt ihm selbst eine neue Beleuchtung darauf, und jeder Schüler, den er zu ihr bekehrt, zeigt ihm eine neue Seite an ihr. Alle Freuden und alle Belohnungen, die du ihm geben kannst, sind nichts gegen diejenigen, die er täglich erneuert schmeckt – Einmütigkeit im Denken hervorzubringen, und einen menschlichen Geist mit dem seinigen in eins zu verschmelzen. Die Aussichten auf diese kurze Spanne Leben, die du ihm eröffnen könntest, sind nichts gegen die seinigen, daß die Früchte seiner Arbeiten fortdauern werden in die Ewigkeit, und daß nichts in der unendlichen Reihe der Ursachen und Wirkungen zur Vervollkommnung des Menschengeschlechts vergehen wird, das er in sie brachte. Der Jünger ist nicht größer, als sein Meister, wenn er nichts als Jünger und Lehrling ist, und nichts kann, als nachmachen; aber groß und glücklich wäre der Meister, der alle seine Schüler größer machen könnte, als er selbst war. Welch eine Saat von Menschenwert und Menschenglück, aus dem

Korne, das er warf, entsprossen, müßte vor seinem Auge dämmern! – Gehe doch mein Name verloren, und die Silben desselben rollen nicht über die Zungen der Nachwelt, wenn nur in der großen Kette der Vervollkommnung meines Brudergeschlechts meine Existenz ein Glied ausmacht, in welches sich Glieder schlingen, bis in die Ewigkeit hinaus; wenn es auch keiner weiß, wenn es nur so ist.

Nein, Geister der Vorwelt, deren Schatten mich unsichtbar umschweben, Griechen und Römer, an deren noch fortlebenden Schriften mein Geist sich zuerst versuchte; die ihr diese Kühnheit, diese Verachtung der List, der Gefahr und des Todes, dieses Gefühl für alles, was stark und groß ist, unmerklich in meine Seele hauchtet – und ihr andern zum Teil noch lebenden Lehrer, an deren Hand ich noch täglich tiefer in die Natur unsers Geistes und seiner Begriffe einzudringen, und von eingewurzelten Vorurteilen mich immer mehr zu entfesseln suche: – fern sei von mir der entehrende Gedanke, daß ich alles das durch die paar armseligen Groschen bezahlt habe, die ich für eure Schriften gab. Mein Geist fliegt in dieser Minute sehnend zu euren unbekannten Gräbern, oder zu den Städten, wo ihr weilt, und von denen Länder und Seen mich trennen, und möchte gerührt aber männlich auf eurem Grabe danken, oder euch die Hand drücken, und euch sagen: ihr seid meine Väter, Teile von eurem Geiste sind in den meinigen übergegangen. – Und ihr, meine mündlichen Lehrer, besonders du, verehrungswürdiger G***, bei dessen geradem harmonischem Gedankengange durch Blumengefilde mein Geist zuerst aus dem langen Schlummer erwachte, und sich selbst fand: euch werde ich vielleicht noch danken können, und das wird der Lohn sein, womit ihr euch begnügt.

Vergebens also fordert der Staat eine Kultur zurück, die er mir weder gab, noch geben konnte; vergebens beklagt er sich, daß ich ein Geschenk gegen ihn wende, das nicht von ihm ist. – Jeder hat das vollkommne Recht aus dem Staate zu treten, sobald er will; er wird weder durch den Bürgervertrag, der nur so lange gilt, als jeder es will, und dessen Rechnung sich in jedem Augenblicke abschließen läßt, noch durch besondre Verträge über sein Eigentum, oder über seine erworbne Kultur gehalten: sein Eigentum bleibt sein: seine Kultur, die sich ihm überdies nicht abnehmen läßt, gibt dem Staate keine Befugnis, über Verletzung eines Vertrags, oder über Undankbarkeit zu klagen.

Kann einer aus dem Staate treten, so können es mehrere. Diese stehen nun gegeneinnander, und gegen den Staat, den sie verließen.

unter dem bloßen Naturrechte. Wollen die, welche sich abgesondert haben, sich enger untereinander vereinigen, und einen neuen Bürgervertrag auf beliebige Bedingungen schließen, so haben sie vermöge des Naturrechts, in dessen Gebiet sie sich zurückgezogen haben, dazu das vollkommene Recht. – Es ist ein neuer Staat entstanden. Die zur Zeit nur noch einen Teil umfassende Revolution ist vollendet. – Zu jeder Revolution gehört die Lossagung vom ehemaligen Vertrage, und die Vereinigung durch einen neuen. Beides ist rechtmäßig, mithin auch jede Revolution, in der beides auf die gesetzmäßige Art, d. i. aus freiem Willen, geschieht.

Bis jetzt bestehen noch zwei Staaten neben- und ineinander, die sich verhalten, wie alle Staaten sich gegeneinander verhalten, d. i. wie einzelne, die ohne besondre Verträge unter dem bloßen Gesetze des Naturrechts stehen. – Aber, hier stoße ich auf den mächtigen Einwurf von der Schädlichkeit des Staats im Staate, welcher Fall hier offenbar eintreten würde. Ich habe mich losgerissen, und bin in die neue Verbindung eingetreten. Meine beiden Nachbarn rechts und links stehen noch in der alten; und so ist über die ganze unabsehbare Strecke alles vermischt. Welche Verwirrungen und Unordnungen werden daraus nicht entstehen.

Aber, fragt doch nicht immer zuerst, was daraus entstehen *wird*, sondern untersucht vor allen Dingen, was ihr tun *dürft*, oder *nicht dürft*, um es abzuwenden. Mich verhindern aus eurer Verbindung zu gehen, und in eine neue einzutreten, dürft ihr nun einmal nicht; ihr würdet ein Menschenrecht in mir verletzen. Euch zwingen, daß ihr die alte aufgebt, und mit mir in die neue tretet, darf ich ebensowenig: dann würde ich das Menschenrecht in euch verletzen. Wir müssen uns also beide einrichten, so gut wir können, und ertragen, was wir nicht hindern dürfen. Es kann wohl sein, daß es einem Staate unangenehm ist, einen Staat in sich entstehen zu sehen; aber davon ist hier nicht die Frage. Die Frage ist: ob er es rechtlich verhindern dürfe; und darauf antworte ich: Nein.

Aber ich bitte euch, ist es denn notwendig, ist es denn auch nur wahrscheinlich, daß sogar viel Unheil daraus erfolgen würde? Ihr, die ihr die Gefahr eines solchen Verhältnisses so sehr fürchtet, habt ihr denn noch nie über eure eigne Lage nachgedacht, noch nie entdeckt, daß diese Gefahren euch immerfort hundertfach umringen?

Fast durch alle Länder von Europa verbreitet sich ein mächtiger, feindselig gesinnter Staat, der mit allen übrigen im beständigen Kriege steht, und der in manchen fürchterlich schwer auf die Bürger drückt; es ist das Judentum. Ich glaube nicht, und ich hoffe es in der Folge darzutun, daß dasselbe dadurch, daß es einen abgesonderten, und so fest verketteten Staat bildet, sondern dadurch, daß dieser Staat auf dem Haß des ganzen menschlichen Geschlechts aufgebaut ist, so fürchterlich werde. Von einem Volke, dessen Geringster seine Ahnen höher hinaufführt, als wir andern alle unsere Geschichte, und in einem Emir, der älter ist, als sie, seinen Stammvater sieht – eine Sage, die wir selbst unter unsre Glaubensartikel aufgenommen haben; das in allen Völkern die Nachkommen derer erblickt, welche sie aus ihrem schwärmerisch geliebten Vaterlande vertrieben haben; das sich zu dem den Körper erschlaffenden, und den Geist für jedes edle Gefühl tötenden Kleinhandel verdammt hat, und verdammt wird; das durch das bindendste, was die Menschheit hat, durch seine Religion, von unsern Mahlen, von unserm Freudenbecher, und von dem süßen Tausche des Frohsinns mit uns von Herz zu Herzen ausgeschlossen ist; das bis in seinen Pflichten und Rechten, und bis in der Seele des Allvaters uns andere alle von sich absondert, – von so einem Volke sollte sich etwas anders erwarten lassen, als was wir sehen; daß in einem Staate, wo der unumschränkte König mir meine väterliche Hütte nicht nehmen darf, und wo ich gegen den allmächtigen Minister mein Recht erhalte, der erste Jude, dem es gefällt, mich ungestraft ausplündert. Dies alles seht ihr mit an, und könnt es nicht leugnen, und redet zuckersüße Worte von Toleranz, und Menschenrechten, und Bürgerrechten, indes ihr in uns die ersten Menschenrechte kränkt; könnt eurer liebevollen Duldung gegen diejenigen, die nicht an Jesum Christum glauben, durch alle Titel, Würden und Ehrenstellen, die ihr ihnen gebt, kein Genüge tun, indes ihr diejenigen, die nur nicht ebenso, wir ihr, an ihn glauben, öffentlich schimpft, und ihnen bürgerliche Ehre und mit Würde verdientes Brot nehmt. Erinnert ihr euch denn hier nicht des Staats im Staate? Fällt euch denn hier nicht der begreifliche Gedanke ein, daß die Juden, welche ohne euch Bürger eines Staats sind, der fester und gewaltiger ist, als die eurigen alle, wenn ihr ihnen auch noch das Bürgerrecht in euren Staaten gebt, eure übrigen Bürger völlig unter die Füße treten werden* .

---

* Fern sei von diesen Blättern der Gifthauch der Intoleranz, wie er es von meinem Herzen ist! Derjenige Jude, der über die festen, man möchte sagen, unübersteiglichen Verschanzungen, die vor ihm liegen, *zur allgemeinen Gerechtigkeits-*, *Menschen-* und

Neben diesen hin flicht sich ein beinah ebenso fürchterlicher Staat durch militärische Monarchien: das Militär. Durch eben das, was ihren Stand hart macht, die strenge Mannszucht, und die mit Blut geschriebenen Gesetze desselben an ihn angefesselt, finden sie in ihrer Erniedrigung ihre Ehre, und in der Ungestraftheit bei Vergehungen gegen den Bürger und Landmann ihre Entschädigung für die übrigen Lasten desselben. Der rohste Halbbarbar glaubt mit der Montur die sichere Überlegenheit über den scheuen, von allen Seiten geschreckten Landmann anzuziehen, welcher nur zu glücklich

---

Wahrheitsliebe hindurchdringt, ist ein Held und ein Heiliger. Ich weiß nicht, ob es deren gab oder gibt. Ich will es glauben, sobald ich sie sehe. Nur verkaufe man mir nicht schönen Schein für Realität! – Möchten doch immer die Juden nicht an Jesum Christum, möchten sie doch sogar an keinen Gott glauben, wenn sie nur nicht an zwei verschiedne Sittengesetze, und an einen menschenfeindlichen Gott glaubten. – Menschenrechte müssen sie haben, ob sie gleich uns dieselben nicht zugestehen; denn sie *sind* Menschen, und ihre Ungerechtigkeit berechtigt uns nicht, ihnen gleich zu werden. Zwinge keinen Juden wider seinen Willen, und leide nicht, daß es geschehe, wo du der Nächste bist, der es hindern kann; das bist du ihm schlechterdings schuldig. Wenn du gestern gegessen hast, und hungerst wieder, und hast nur auf heute Brot, so gib's dem Juden, der neben dir hungert, wenn er gestern nicht gegessen hat, und du tust sehr wohl daran. – Aber ihnen Bürgerrechte zu geben, dazu sehe ich wenigstens kein Mittel, als das, in einer Nacht ihnen allen die Köpfe abzuschneiden, und andere aufzusetzen, in denen auch nicht eine jüdische Idee sei. Um uns vor ihnen zu schützen, dazu sehe ich wieder kein ander Mittel, als ihnen ihr gelobtes Land zu erobern, und sie alle dahin zu schicken. –

Vorherrschende Toleranz der Juden in Staaten, wo für Selbstdenker keine Toleranz ist, zeigt sonnenklar, worauf eigentlich abgesehen wird. – Die Aufrechthaltung deines Glaubens liegt dir so sehr an deinem Vaterherzen. Siehe diese Juden; sie glauben überhaupt nicht an Jesum Christum; das mußt du nicht leiden; und ich sehe, daß du sie mit Wohltaten überhäufst. – »O, sie haben Aberglauben, und das ist mir genug. Glaube du doch an Zoroaster oder Konfuzius, an Moses oder Mahomed, an den Papst, Luther oder Calvin, das gilt mir gleich; wenn du nur an eine fremde Vernunft glaubst. Aber du willst *selbst* Vernunft haben, und das werde ich nie leiden. Sei unmündig, sonst wächsest du mir zu Kopfe.« – Ich will nicht etwa sagen, daß man die Juden um ihres Glaubens willen verfolgen solle, sondern daß man überhaupt niemand deswegen verfolgen solle.

Ich weiß, daß man vor verschiednen gelehrten Tribunalen eher die ganze Sittlichkeit, und ihr heiligstes Produkt, die Religion, angreifen darf, als die jüdische Nation. Denen sage ich, daß mich nie ein Jude betrog, weil ich mich nie mit einem einließ, daß ich mehrmals Juden, die man neckte, mit eigner Gefahr und zu eignem Nachteil in Schutz genommen habe, daß also nicht Privatanimosität aus mir redet. Was ich sage, halte ich für wahr; ich sagte es *so*, weil ich das für nötig hielt: ich setze hinzu, daß mir das Verfahren vieler neuerer Schriftsteller in Rücksicht der Juden sehr folgewidrig scheint, und daß ich ein Recht zu haben glaube, zu sagen, *was* und *wie* ich's denke. Wem das Gesagte nicht gefällt, der schimpfe nicht, verleumde nicht, empfindle nicht, sondern *widerlege obige Tatsachen.*

ist, wenn er seine Neckereien, Beschimpfungen und Beleidigungen ertragen kann, ohne noch dazu von ihm vor seinen würdigen Befehlshaber geschleppt, und zerschlagen zu werden. Der Jüngling, der mehr Ahnen, aber nicht mehr Bildung hat, nimmt sein Degenband, als einen Berechtigungsbrief, auf den Kaufmann, den würdigen Gelehrten, den verdienten Staatsmann, der ihn vielleicht selbst in der Ahnenprobe besiegen würde, höhnend herabzusehen, ihn zu necken und zu stoßen; oder unsre Jünglinge, die sich den Wissenschaften widmen, von ihren etwaigen Unarten durch Fußtritte zu heilen*.

Weniger gefährlich, seitdem er nicht mehr der ausschließende Besitzer der Reichtümer und der dürftigen Kultur unmündiger Völker ist, aber doch noch immer ein wirklicher Staat im Staate ist der Adel, abgesondert durch seinen Zunftgeist, durch seine Verheiratungen untereinander, und durch das noch immer ausschließende Recht auf gewisse Bedienungen; allenfalls nur da gut, wo das Volk noch einer solchen Vormauer gegen den Despotismus bedarf. – Ich erwähne nicht der fortdauernden furchtbaren Gewalt der Hierarchie, weil ich zunächst für protestantische Länder schreibe; wenn aber auch unsere Geistlichkeit durch ihre ausschließende Subordination unter Oberkonsistorien, Konsistorien und Superintendenten, durch ihren abgesonderten Gerichtshof, und durch die hier und da noch sehr herrschende Maxime, manches nicht zu Gad und Askalon zu verkündigen, um den Philistern nicht ein Lachen zuzubereiten, kurz, durch ihren abgesonderten Staat nicht öffentlicher und stärker auf die ausgeschlossnen Bürger drückt, so be-

* Daß hier kein Zug sei, der sich nicht mit zahlreichen Tatsachen belegen ließe, weiß jeder, der gewisse starke Garnisonen kennt, Daß übrigens eben dieser Stand manche edle Tugend vorzüglich pflege und nähre; daß schnelle und mutige Entschlossenheit, daß männliche und offene Freimütigkeit, die Würze des gesellschaftlichen Lebens, in unserm Zeitalter fast nur noch bei gebildeten Offizieren angetroffen werde, setze ich hinzu, und bezeuge allen würdigen Männern, die ich in diesem Stande kenne oder nicht kenne, meine desto innigere Verehrung. – Aber das Urteil im allgemeinen ist hier gar nicht auf die größere oder geringere Anzahl der Tatsachen, sondern auf Gründe gebaut. Wenn ein Stand dem allgemeinen Gerichtshofe entzogen, und vor einen besondern geführt wird; wenn die Gesetze dieses Gerichtshofs von den allgemeinen Gesetzen aller Sittlichkeit sehr verschieden sind, und mit strenger Härte bestrafen, was vor diesen kaum ein Fehler ist, und Vergehungen übersehen, die diese streng ahnden würden: so erhält dieser Stand ein abgesondertes Interesse, und eine abgesonderte Moral, und wird ein gefährlicher Staat im Staate. Wer den Verführungen einer solchen Verfassung entgeht, ist ein um so edlerer Mann; aber er widerlegt nicht die Regel; er macht nur die Ausnahme.

weist dies nichts weiter, als daß die Reformation wirklich einen bessern Geist ins Christentum gebracht hat. Und ist es denn nicht auch unsrer Geistlichkeit gelungen, den Fortgang des menschlichen Geistes aufzuhalten, und wichtigen Verbesserungen sich mit Glücke zu widersetzen? – Kleinere Neckereien begehen die Zünfte der Künstler und Handwerker, die man bloß darum weniger fühlt, weil man mit größern Plagen zu kämpfen hat.

Alles dieses sind ja Staaten im Staate, die nicht nur ein abgesondertes, sondern ein allen übrigen Bürgern entgegengesetzes Interesse haben; – Wahrheiten, deren ich hier bloß im Vorbeigehen erwähne, die ich aber, wenn ich meine Leser je wiedersehe, im folgenden Kapitel auf Grundsätze zurückzuführen habe. Es sind wirklich feindselige Staaten. Warum erinnert man sich doch nur hier seines Grundsatzes nicht.

Kein Staat wird dadurch gefährlich, daß er dem Raume nach in einem andern Staate ist, sondern dadurch, daß er ein dem andern entgegengesetztes Interesse hat. Wenn nun alle Staaten, so wie isolierte Menschen, unter dem Gesetze des Naturrechts stehen, und dieses Gesetz jedem schlechthin verbietet, die gesetzmäßige Freiheit des andern zu hemmen, inwiefern sie die seinige nicht hemmt, so kann ein solcher Widerstreit gar nicht entstehen, wenn nicht in einem von beiden, oder in beiden Staaten die Mitglieder sich verbunden haben, ungerecht zu sein. Das sollten sie nicht; sie haben demnach gar nicht über den Druck der Umstände, sondern über ihren eignen bösen Willen zu klagen. Sie dürften nur alle gerecht sein, und sie würden, ganz vermengt, und doch abgesondert voneinander, die verschiedensten Geschäfte treiben können.

Habt ihr nie gesehen, daß in verschiednen Strichen des Deutschen Reichs die gedrückten und ausgesogenen Ländereien größerer und kleinerer Despoten sich durch die gesegneten Fluren milder und menschenfreundlicher Fürsten hindurchwinden; und daß dennoch der verwelkende Sklave neben dem starken Landmanne ruhig ackert? Seid ihr nie aus dem Gebiete einer gewissen Reichsstadt, auf welchem der genährte, gebildete und geehrte Landmann es nicht neu findet, daß er euresgleichen sei, da er ein Mensch sei, über Grenzen getreten, welche statt des Wappens überall durch das Bild der Hand unter dem Beile, und des an die Karre Gefesselten bezeichnet werden, auf welchen euch ausgetrocknete Mumien in Lumpen begegneten, die vor eurem ganzen Rocke den Rest ihrer Kopfbedeckung abzogen, ehe sie noch in euren Gesichtskreis kamen? Die letztern leben ruhig neben und unter den erstern, und verbluten jetzt ihren letzten Tropfen Bluts für den, der ihre vorherigen verkaufte. Hier sind ja wohl sehr verschiedne Staaten im gleichen Raume, und es entsteht kein Widerstreit derselben gegeneinander.

Mögen doch also diejenigen, die aus der alten Verbindung getreten sind, sich durch eine neue vereinigen, und ihren Bund durch freiwilligen Beitritt mehrerer stärken; sie haben dazu das vollkommne Recht. Hat endlich die alte Verbindung gar keinen Anhänger mehr, und haben alle sich zur neuen freiwillig gewendet, so ist die *gänzliche* Revolution rechtmäßig vollzogen.

Und hier lege ich denn die Feder nieder, um sie ebenda wieder aufzunehmen, wenn ich finden sollte, daß ich nicht vergebens gearbeitet, und wenn das Publikum den gewohnten Vorwurf, daß es zu solchen Untersuchungen noch lange nicht reif sei, einmal durch die Tat widerlegt. Wo nicht, so laufe ich meine Bahn in einer andern Sphäre.

Viertes Kapitel[1]: Von begünstigten Volksklassen überhaupt, in Beziehung auf das Recht einer Staatsveränderung

Bis jetzt ging unser Weg die ebne Heerstraße des Naturrechts; von nun an windet er sich durch die finstern Hohlwege gotischer Meinungen, und durch die Hecken, und die Büsche einer halbbarbarischen Politik. Ich muß den Leser, der bis zu diesem Punkte mit mir kam, hier um Erneuerung seiner Nachsicht und seines Mutes bitten. Es ist nichts Leichtes, vor dem Richterstuhle der Vernunft, gewissen Meinungen, die so wenig gewohnt sind, die Sprache derselben zu reden, ihr volles Recht widerfahren zu lassen; ihrer Unberedtheit noch selbst zustatten zu kommen, Verteidiger des Angeklagten, und gerechter Richter zu gleicher Zeit zu sein. Wenigstens ist es nicht mein Wille, unbillig zu verfahren: nach der Maxime des Richters, jeden für so ehrlich zu halten, als es angeht, werde ich der Beklagten allenthalben die besten Gründe leihen, welche aufzufinden sind; sollte auch dann ihre Sache sich nicht

1 *Mit diesem Kapitel beginnt das zweite Heft des ersten (einzigen) Teiles. Im Originaldruck ist folgender Titel vorgestellt:* Beitrag zur Berichtigung der Urteile des Publikums über die französische Revolution. Des ersten Teils zur Beurteilung ihrer Rechtmäßigkeit zweites Heft. 1793.

behaupten, so wird es um so weniger zweifelhaft bleiben, ob sie sachfällig sei, wo sie sich mit schlechtern behilft.

Ausgezeichnete Staatsbürger sind solche, gegen welche die übrigen sich zu besondern Leistungen verpflichtet haben, die ihnen jene nicht zurückgeben – etwa gegen andere Leistungen von ihrer Seite, die der ausgezeichnete von den übrigen Bürgern ebensowenig zurückerhält. Über diese pflichtmäßigen Gegenleistungen der ausgezeichneten laßt uns hier nicht hart sein – selbst ihre Herablassung, die Ehrenbezeugungen der geringern Bürger anzunehmen, und einen Wert auf dieselben zu setzen, oder ihre Mühe, die Vorrechte, die wir ihnen verstattet haben, zu gebrauchen, unsre Dienste zu benutzen, und die an sie abgetretenen Einkünfte zu verzehren, mögen diese Gegenleistungen sein, wenn sie wollen, daß wir es dafür aufnehmen. – Daß diese gegenseitigen Rechte und Verpflichtungen nur auf Vertrag sich gründen können, und daß die Gültigkeit oder Ungültigkeit dieses besondern Vertrags auf den Grundsätzen der Verträge überhaupt, welche wir oben entwickelten, beruhe, fällt, ohne weitere Untersuchung, jedem sogleich in die Augen.

Meist alle Angriffe, die man auf die Gültigkeit dieser Art von Verträgen getan hat, schienen sich auf den Zweifel zu gründen, ob auch wohl die gegenseitigen Leistungen der ausgezeichneten und der übrigen Staatsbürger als gleichgeltend zu betrachten seien, oder ob etwa der wahre innere Wert der einen den der andern unverhältnismäßig überwiege; ob der erstere durch seine Leistung den letztern für die seinige auch wirklich bezahle, oder ob er etwa bei ihm noch sehr im Rest bleibe; ob da wirklich ein Tausch von Vorteilen vorgehe, oder etwa ein Teil von beiden über alle Maßen bevorteilt werde. Der Verdacht, daß mehrenteils wirklich der letztere Fall vorhanden sei, hat gemacht, daß man die Ausgezeichneten auch *Begünstigte* genannt hat; und da ich nicht leugnen will, daß ich den gleichen Verdacht hege, so sei mir's erlaubt, die gleiche Benennung von hier an zu verfrühen, bis ich sie rechtfertigen werde. Nach unsern oben festgestellten und entwickelten Grundsätzen findet jene Bevorteilung über alle Maßen ganz sicher da statt, wo ein unveräußerliches Menschenrecht veräußert worden. Für ein solches ist gar kein gleichgeltender Ersatz möglich; ein solches dürfen wir nicht aufgeben, solange wir nicht aufhören, Menschen zu sein; ein Vertrag, in welchem es aufgegeben wird, ist schon an sich völlig ungültig und nichtig. Wir können demnach, zur Folge unsrer obigen

Betrachtungen, als ausschließende Bedingung der Gültigkeit jedes Begünstigungsvertrags festsetzen: *daß kein unveräußerliches Menschenrecht durch ihn veräußert sein müsse.* Diese Bedingung ist von großer Ausdehnung; sie ist aber die einzige. Unsre veräußerlichen Rechte können wir vergeben, wie, und gegen welche Bedingungen wir wollen; wir können sie umsonst verschenken; der andere hat nichts zu tun, als sie an sich zu nehmen; und der Vertrag ist vollzogen und in die Welt der Erscheinungen eingeführt.

Es ist ein unveräußerliches Recht des Menschen, auch einseitig, sobald er will, jeden seiner Verträge aufzuheben; Unabänderlichkeit und ewige Gültigkeit irgendeines Vertrags ist der härteste Verstoß gegen das Recht der Menschheit an sich. Für den Bürgervertrag insbesondre ist dies schon oben aus dem Materiellen desselben, aus seinem Endzwecke erwiesen worden; für alle Verträge überhaupt läßt es sich aus den oben festgestellten Grundsätzen über die Form des Vertrags an sich ohne Mühe folgern.

Nämlich, im Vertrage ist die gegenseitige freie Willkür Grund der Rechte und der Verbindlichkeit. Daß nur über Dinge, die in unsrer Willkür stehen, welche veränderlich ist, nicht aber über solche, in deren Rücksicht unser Wille durch das Sittengesetz unveränderlich bestimmt sein soll, ein Vertrag stattfinde, ist oben erwiesen. Daß, sobald eines von beiden Willkür über den Gegenstand des Vertrags sich geändert, die gegenseitigen Rechte und Verbindlichkeiten, mithin der Vertrag selbst, aufgehoben seien, ist an dem gleichen Orte dargetan worden. Hier also bleibt nur die Frage noch zu beantworten: ob ein Mensch nicht etwa das Recht habe, sich im voraus zu verbinden, *seine Willkür* über einen gewissen Gegenstand *nie zu ändern*; – etwa so, wie er verbunden ist, seinen Willen, seine Pflicht zu tun, nie zu ändern. Von ihrer Beantwortung hängt die Beantwortung der aufgeworfnen Frage ab: ob die Unabänderlichkeit eines Vertrags mit dem unveräußerlichen Rechte der Menschheit vereinbar sei oder nicht? Da nämlich die Fortdauer des Rechts und der Verbindlichkeit im *Vertrage* sich auf nichts als auf die Fortdauer der freien Willkür gründen kann, so setzt die Unabänderlichkeit eines Vertrags notwendig das Versprechen voraus, daß man seine Willkür über den Gegenstand des Vertrags nie abändern wolle. – Ich mache einen unabänderlichen Vertrag, heißt: ich mache mich anheischig, meinen jetzigen Willen über die im Vertrage begriffnen Gegenstände nie zu ändern.

Die *Willkür* an sich, insofern und weil sie das ist, ist vom verbindenden Vernunftgesetz völlig befreit; ihre Richtung hängt ab von physischen Ursachen, die das Maß unsrer Einsichten bestimmen. Ich ergreife die Entschließung, die mir jedesmal die nützlichste und zuträglichste scheint, und ich habe durch die Erlaubnis des Sittengesetzes dazu das vollkommenste Recht. Meine Willkür ändert sich notwendig, so wie meine Einsichten ab- oder zunehmen. Das Versprechen, sie nicht zu ändern, wäre ein Versprechen, seine Einsichten nicht zu vermehren und zu vervollkommnen. Ein solches Versprechen aber darf kein Mensch geben. Jeder hat *die Pflicht*, mithin auch *das unveräußerliche Recht*, ins Unendliche an seiner Vervollkommnung zu arbeiten, und seinen besten Einsichten jedesmal zu folgen. Er hat demnach auch das unveräußerliche Recht, seine Willkür nach dem Grade seiner Vervollkommnung abzuändern; keineswegs aber das Recht, sich zu verbinden, daß er sie nie abändern wolle. Die Klausel in einem Vertrage, von welcher Natur er auch sei, daß er unabänderlich sein solle, ist demnach völlig leer und nichtsbedeutend, weil sie gegen ein unveräußerliches Menschenrecht verstößt; es ist völlig so gut, als ob sie nicht da wäre.

Dennoch steht die einseitige Aufhebung selbst des nachteiligsten Vertrages unter den Bedingungen aller einseitigen Vertragsaufhebungen. Sosehr du auch bevorteilt seiest, du hast nicht nur *das* Recht nicht, die Wiedererstattung desjenigen zu fordern, was der andre einmal mit deinem guten Willen in sein Eigentum aufgenommen hat, sondern du hast sogar ihm den Schaden, in den er erweislich durch die Rechnung auf die Fortdauer deines zurückgenommenen guten Willens gekommen ist, zu ersetzen. Das Vergangne ist vergangen: für die Zukunft magst du deine Maßregeln besser nehmen. Du hast Rechte, mit denen du nichts anfangen konntest, verschenkt; jetzt hast du gelernt, sie besser zu nutzen: fordre die Ausübung derselben zurück, aber ahnde nicht den Mißbrauch, den man vorher von deiner unbedachten Güte machte; du hast allein dir ihn zuzuschreiben. Du hast edle Vorzüge gegen ein Linsengericht verkauft; du bist freilich bevorteilt: – wenn du das erkennst, so nimm sie zurück, und koste seines Linsengerichtes nicht mehr. Es wäre höchst ungerecht, dich zu nötigen, ein Tor zu bleiben, weil du es einmal warst; aber es ist gar nicht ungerecht, daß du die Folgen deiner vorigen Torheit trägst.

Sobald demnach der unbegünstigtere Bürger anfängt zu merken, daß er durch den Vertrag mit dem begünstigten bevorteilt sei, so hat er das völlige Recht, den nachteiligen Vertrag aufzuheben. Er entbindet jenen seines Versprechens, und nimmt dagegen das seinige zurück. Er hebt entweder die Leistungen, zu denen jener sich verpflichtet hatte, ganz auf, weil er ihrer entbehren zu können glaubt, oder er denkt darauf, sie um einen wohlfeilern Preis zu haben. Er findet es etwa nicht mehr so ehrenvoll für sich, daß eine Handvoll Adliger oder Prinzen auf seine Kosten einen glänzenden Hofstaat bilde, oder nicht mehr so zuträglich für das Heil seiner Seele, daß eine Schar von Bonzen sich von dem Marke seiner Ländereien mäste, – oder er bietet etwa die wenigen ihm nötigen Kriegsdienste gegen erträglichere Bedingungen aus. Wer ihm die gelindesten macht, dem wird er jene Leistungen übertragen. Wer dürfte dies dem Staate wehren?

Dem Staate, sagte ich; – und indem stehe ich vor einem mächtigen Einwurfe, dem: der Begünstigte ist auch Staatsbürger; es läßt mithin ohne seine Zustimmung über die Aufhebung seiner Privilegien nichts allgemein Verbindendes sich ausmachen. – Aber, das ist nicht wahr: der Begünstigte, insoweit er das ist, ist sicher nicht Bürger. Er hat einen Vertrag mit den übrigen Bürgern geschlossen, sagt ihr. Konnte er das als Staatsbürger, der keinen eignen Willen hat, und der erst in Verbindung mit allen übrigen eine moralische Person ausmacht? Er war Partei, als er seinen Vertrag schloß; er ist es, indes dieser Vertrag durch die andere Partei aufgehoben werden soll; er wird sich gefallen lassen, zu schweigen, solange über die Aufhebung desselben beratschlagt wird. Wenn diese Sache abgetan sein wird, dann wird er sein Stimmrecht als Staatsbürger wieder erhalten. Wenn es in Frage kommen wird, wie und auf welche Bedingungen die von ihm erledigten Verwaltungen wieder besetzt werden sollen, dann mag er seine Meinung sagen. Wenn z. B. die Frage über den Adel entstände, so darf er wohl sagen: es sollen in unserem Staate Adlige sein; aber er darf nicht sagen: ich will in unserm Staate ein Adliger sein.

Aber unsere Begünstigten nehmen sich anders. Indem wir den Vertrag mit ihnen aufheben, und ihre etwaigen Leistungen auf mildere Bedingungen andern übertragen wollen, zeigen sie uns ihre persönliche Berechtigung vor, diese Leistungen ausschließend vor allen andern zu verwalten; ein Verbot für jeden andern, sich damit zu befassen: und, wenn ihnen das durchgeht, so sind wir schlimmer daran, als vorher. Wir müssen diese Leistungen fernerweitig von ihnen annehmen; wir dürfen sie nicht aufheben; denn sie sind darauf angewiesen, sie zu verrichten: wir dürfen sie keinem andern auftragen, sie sind *ausschließend* darauf angewiesen; wir können mit ihnen nicht markten, sie verhindern alle Konkurrenz; sie schlagen uns ihre Dienste so hoch an, als sie wollen, und wir haben nichts zu tun, als zu bezahlen. – Wir wollen z. B. keine Verzierungen an unserm Staatsgebäude mehr, die weiter nichts sind, als Verzierungen. »Nein, sagen sie, solche Verzierungen müssen sein, denn *wir* sind dazu da, diese Verzierungen auszumachen; wenn *sie* nicht mehr sind, so werden auch *wir* nicht mehr sein.« – Wohl, sagen wir, aber warum sollt ihr denn auch sein? »Weil Verzierungen sein müssen«, antworten sie. – – Wir wollen unnütze Dinge abschaffen. – Nein, sagen sie, diese Dinge sind gar nicht unnütz; sie sind *uns* nütze. – Ja, aber was nützt *ihr* denn? – *Wir* nützen, um jene Dinge zu benutzen – und wir sind um keinen Schritt weiter mit ihnen. Wir müssen demnach wohl, ohne weiter auf sie zu hören, untersuchen, was das denn eigentlich für eine Berechtigung ist, die sie vorzeigen.

Sie, nur sie sind ausschließend berechtigt. – Wer sind denn diese Sie; durch was werden sie denn von allen andern, die nicht diese Sie sind, unterschieden; was ist denn ihr ausschließendes Kennzeichen? Nicht auf jenen vorausgesetzten Vertrag gründet es sich, den wir aufheben wollten; ihr Recht soll ja älter, als jeder Vertrag mit ihnen sein. Es muß demnach wohl ein angebornes, ein auf sie vererbtes Recht sein. Nun kennen wir keine angebornen Rechte, als die allgemeinen Menschenrechte, und deren ist keins ausschließend. Ihr Recht müßte demnach doch zuletzt, wenn auch gleich nicht von ihnen, dennoch von einem andern *erworben* sein, der es auf sie übertragen hätte; und zwar *durch Vertrag* müßte es erworben sein, da kein Recht auf Personen anders erworben werden kann. – Wir wollen jetzt nicht nach diesem Vertrage suchen. Es leuchtet aus dem obigen ein, daß wir das völlige Recht hätten, die Verbindlichkeit desselben für uns aufzuheben und zu vernichten; wir wollen jetzt nur von der sonderbaren Rechtsübertragung reden, deren rechtskräftige Gültigkeit hier vorausgesetzt wird.

Jedes Recht auf Personen beruht auf einer Verbindlichkeit des andern Teils; und hier, da von keinem natürlichen Menschen-, sondern von einem erworbnen Bürgerrechte die Rede ist, auf einer Verbindlichkeit, die nicht das Vernunftgesetz, sondern die eigne freie Willkür auflegte; und es setzt demnach einen Vertrag voraus. Das Recht wird *übertragen*, heißt: *der eine Teil setzt, statt seiner, eine andere Person in den Vertrag ein*. Daß dies wenigstens mit

Wissen des verbundnen Teils geschehen müsse, ist offenbar; denn wie sollte er sonst wissen, gegen wen er seiner Verbindlichkeit genug zu tun habe? Daß es auch mit seinem *Willen* geschehen müsse, folgt in unserem System unmittelbar daraus, weil nur durch seinen fortdauernden Willen sogar mit dem ersten eigentlichen Kontrahenten der Vertrag fortgedauert hätte; aber wir können hier dem Gegner dies völlig schenken. Wenn der eingesetzte Teil nur auf die *gleichen* Bedingungen in den Vertrag eingesetzt worden, so könne dies der andern Partei völlig gleichgültig sein; mag er immer sagen, solange diese zweite Partei nur *eine und eben dieselbe* Person bleibt.

Aber bei der Rechtsübertragung, von welcher hier die Rede ist, bei *der Rechtsvererbung* in unsern Staaten bleibt sie nicht eine und eben dieselbe Person: auch der, welcher die Verbindlichkeit übernommen hat, soll einen andern an seine Stelle in den Vertrag eingesetzt haben. Wenn es wirklich ein Vertrag zwischen einer begünstigten und einer bevorteilten Partei ist, so ist völlig zu erwarten, daß der Stellvertreter des Begünstigten freiwillig und gern in den Vertrag eingetreten sei: aber ist wohl der Stellvertreter des Bevorteilten ebenso freiwillig in ihn eingetreten: oder konnte der Bevorteilte ganz willkürlich seine Verbindlichkeit auf einen andern übertragen, ohne bei ihm anzufragen, ob er sie übernehmen wolle? oder, welches eben das heißt, verbindet diesen ein fremder Wille? – *Ein fremder Wille verbindet nie;* das ist der erste Grundsatz allen Vertragsrechtes. – Mag doch hier immer der Begünstigte leugnen, daß der Bevorteilte noch während seines Lebens, sobald er wolle, seinen Vertrag aufheben dürfe; stirbt dieser Bevorteilte, so hört doch dann seine Verbindlichkeit gewiß auf, weil er ihr gar keine Genüge mehr tun kann. Wer aus der Welt der Erscheinungen herausgetreten ist, ist seiner Rechte darin verlustig und seiner Verbindlichkeiten entledigt. Verfolge ihn doch der Begünstigte in die andere Welt, und mache dort seine Ansprüche auf ihn geltend, wenn er kann; in dieser ist er einmal nicht mehr anzutreffen. – Aber den ersten besten zu ergreifen, und ihm zu sagen: ich hatte Anforderungen an jemanden; er hat durch seinen Tod sich denselben entzogen; mir muß Genüge geleistet werden; komm, *du* sollst mir für ihn einstehen – wie sollte das angehen? – Aber er hat mich auf dich angewiesen, sagst du mir. – Dann bedaure ich, daß du dich hintergehen ließest; er hatte kein Recht über mich zu verfügen; das hat niemand, als ich selbst. – Aber du bist sein Sohn. – Aber darum nicht sein Eigentum. – Er hat als Verwalter deiner Rechte, während deiner Unmündigkeit, dich in den Vertrag mit mir eingeschlossen. – Das durfte er wohl tun, bis zu dem Zeitpunkt, wo ich mündig sein würde, nicht aber länger. Jetzt bin ich mündig, und Verwalter meiner Rechte selbst, und gebe dir keins auf mich.

Geschah es aus einem kaum denkbaren Unverstande, oder geschah es in der deutlich gedachten unredlichen Absicht, die Untersuchung zu verwirren, und die Beistimmung zu erschleichen, die er durch Gründe nicht zu erzwingen hoffte, daß Herr Rehberg* unter der Benennung *Erbrecht* das Recht *Sachen* zu erben, die nicht ihr eignes Eigentum sind, und das Recht, Verbindlichkeiten von *Personen* zu erben, die doch wohl alle ihr eignes Eigentum sind, ohne weitere Unterscheidung zusammenfaßte? Ich sollte meinen, beide, das erstere wohlgegründete und das letztere erdichtete und der Vernunft widersprechende Recht, wären sichtbar genug verschieden. Der Rechtsgrund des bürgerlichen ausschließenden Erbrechts auf Sachen ist oben entwickelt worden. Er gründete sich auf einen Vertrag aller Staatsbürger untereinander, ihr *gemeinsames* Erbrecht auf die Güter *jedes* Verstorbenen gegen das *ausschließende* Erbrecht auf die Güter *gewisser* Verstorbner aufzugeben. Beim Gegenstande des Vertrags, den Gütern, hatten sie hierüber nicht anzufragen; sie waren sehr sicher, daß diese gegen ihre Verfügungen keinen Einspruch machen würden. – Der Rechtsgrund eines Erbrechts auf übernommene Verbindlichkeiten der Personen könnte nur auf einem Vertrage der begünstigten Staatsbürger beruhen, ihr *gemeinsames* Erbrecht auf die Verbindlichkeiten *aller* Bevorteilten und Unterdrückten gegen das *ausschließende* Erbrecht auf die Verbindlichkeiten *gewisser* Bevorteilten und Unterdrückten aufzugeben. Und jenes vorausgesetzte gemeinsame, gegen ein ausschließendes veräußerte Erbrecht selbst – wenn es nicht etwa auf das Recht des Stärkern, auf den rechtskräftigen Krieg aller gegen alle sich gründen, wenn jener Vertrag nicht etwa der Vertrag von Straßenräubern sein soll, die in einer Höhle ihre Beute friedlich teilen, damit sie nicht mit dem Schwerte übereinander herfallen, und einander alle morden, wie er es doch nicht wohl sein soll – worauf, sage ich, könnte denn dieses gemeinsame Erbrecht sich gründen, als auf einen vorhergegangnen Vertrag mit den bevorteilten Bürgern, ihre aufgegebnen Rechte nie zurückzufordern? – Hier gänz-

* S. 32 seiner oben angeführten Schrift.

lich davon abgesehen, daß, laut Obigem, ein solcher Vertrag an sich rechtsunkräftig ist, weil das unveräußerliche Menschenrecht, seine Willkür zu verändern, darin veräußert wird – wo sollen denn nach dem Absterben der ersten bevorteilten Bürger andere herkommen? wo sollen die zu vererbenden Verbindlichkeiten her entstehen? Will man denn die Personen, welche sie übernehmen sollen, ebensowenig darüber fragen, als man im Erbvertrage über Sachen die Sachen fragte? Ohne Zweifel wird man auch auf diese Frage ohne Bedenken Ja antworten, in einem Systeme, wo gar keine Gleichheit unter den Menschen zugegeben wird, als die vor Gott in Beziehung auf die Kirche: – und wenn gefragt würde, ob nicht die Menschen selbst als ein Eigentum sich vererben, vertauschen, verkaufen, verschenken ließen, so müßte man, seinem Systeme zufolge, auch darauf Ja antworten.

Wo man sehr einleuchtende Dinge sagt, überführt man am wenigsten, sagt Montesquieu; und es ist mir keineswegs unbekannt, daß ich hier Sachen vortrage, die gegen die allgemeinen Meinungsfragmente der Völker – sonst auch mit einem ehrlichern Namen gemeiner Menschensinn genannt – gewaltig verstoßen. Aber was kümmert das mich? Nehmt euch die Mühe, zu den Grundsätzen zurückzugehen, und stoßt diese um; oder wenn ihr sie stehen lassen müßt, so seid versichert, daß alles, was durch richtige Folgerungen daraus herfließt, notwendig richtig, und eure Meinung, die ihm widerstreitet, notwendig falsch ist, und ob vom Anfange des Menschengeschlechts an bis jetzo alle Menschen eurer Meinung gewesen wären. Von dem ersten gesetzgebenden Volke, das wir kennen, von den Ägyptern an, ist es freilich in allen Staaten angenommen gewesen, daß der Sohn in die Verbindlichkeiten des Vaters einzutreten schuldig sei, und drum meint der nach Autoritäten sich bestimmende Undenker, daß es doch wohl wahr sein müsse. Aber in mehrern der Staaten, welche mit ihren Gesetzen ihre Meinungen auf uns fortgepflanzt haben, wurde es auch für rechtmäßig gehalten, daß der Vater sein neugebornes Kind wegsetze, oder sein erwachsenes am Leben strafe, ohne daß irgend jemand das Recht habe ihn zu fragen, warum? Wie kommt es doch, daß man neben der erstern Meinung nicht auch die letztere beibehalten hat? – oder liegt nicht etwa beiden der gleiche Satz zugrunde, daß das Kind ein Eigentum des Vaters sei, mit welchem er nach Belieben schalten könne? – oder ist es etwa härter, ein junges, noch gar nicht zum vollen Bewußtsein seiner selbst gekommenes Kind hilflos verderben zu lassen, das vielleicht bei seinem Tode weniger empfindet, als eine Taube, die ihr würgt, oder ein erwachsenes allen Mühseligkeiten des Lebens durch einen schnellen Tod auf einmal zu entziehen, als es hart ist, dasselbe im vollen Gefühl seiner Kraft und seines Rechts zu nötigen, aus Furcht des Todes ein Knecht zu sein sein Leben lang? – Aber das kommt daher – das Christentum hat eine andere Meinung – für euch ist es nicht mehr als Meinung – von einer unsterblichen Seele des Menschen, und von dem Einflusse seines hienieden zugebrachten Lebens, besonders seiner letzten Stunden, auf das Schicksal dieser Seele in einem andern Leben unter euch gebracht, die einer so willkürlichen Verfügung über *Menschenleben* widerstreitet. Dasselbe, oder vielmehr seine dem Despotismus verkauften Diener haben vergessen, eine Meinung zu verbreiten, die der willkürlichen Verfügung über *Menschenfreiheit* widerspräche; und der Philosoph kann einmal nicht so der Volksmeinung gebieten, wie der begeisterte göttliche Gesandte. – In Absicht des erstern Fragments eurer unzusammenhängenden Meinungen habt ihr euch durch eine sanftere menschlichere Religion umstimmen lassen; in Absicht des zweiten bestimmt euch noch immerfort die rohe Denkungsart halber Wilder, die jetzt den ersten Schritt taten, sich vom Menschenfleische zu entwöhnen. Kann es eine andere Denkungsart sein, als eine solche, welche von der gedrückten Lage eines Mitmenschen, der nun einmal keine gute Mahlzeit verspricht, doch allen möglichen übrigen Vorteil zu ziehen suche – die ihm das Versprechen einer lebenslänglichen Sklaverei, mit der gänzlichen Verzichtleistung auch nur auf den Wunsch der Freiheit, abfordert; und wenn der Geängstete das versprochen hat, sich die Untertänigkeit seiner Kinder gegen die Kinder des Unterdrückers – und wenn er in der Angst seines Herzens auch das versprochen hat, sich die gleiche Untertänigkeit für das dritte, dann für das vierte, dann für das fünfte Glied, und dann für alle möglichen Generationen ins Unendliche hinaus versprechen läßt? – und kann das jemand versprechen, als im Angesichte des brennenden Holzstoßes und des Spießes, an welchem er geröstet werden soll? – Sehet da eure Autoritäten!

Selbst der starkmütige Herr R. will Männern, die bei Anwendung solcher Grundsätze auf den gegenwärtigen Zustand der Welt etwas fühlen sollten, das sich in ihrem Herzen empöre, nicht alle Einsicht absprechen, und ihnen ihre wehmütigen Empfindungen nicht zum Argen auslegen: aber seine Gutmütigkeit ist nicht von langer Dauer. »Man zerstört einmal«, sagt er, »alle Möglichkeit einer bürgerlichen Ordnung, wenn das, was ein Vorfahr, und wäre es auch vor einer Million Jahren gewesen, vielleicht aus Not getan (wozu er sich verbunden hat, will er sagen)* nicht noch diesen späten Erben binden soll. Kein Staat könnte bestehen, wenn nicht Kinder oder andre Erben genötigt wären, in die Stelle der Verstorbenen zu treten.« Soll dies heißen: keiner der jetzt bestehenden Staaten könne, so wie er jetzt ist, bestehen, wenn nicht auch jene Verfassung, so wie sie jetzt ist, bleiben sollte, so hat er völlig recht, und es bedurfte seines Scharfsinns nicht, um uns dies zu entdecken. Soll es aber heißen: es sei überhaupt keine bürgerliche Vereinigung ohne diese Veranstaltung denkbar, und diese sei in jenem Begriffe als Merkmal enthalten, so würde ich daraus folgern, daß die bürgerliche Vereinigung an sich völlig vernunftwidrig und unrechtmäßig sei, und daß keine geduldet werden müsse. – Es soll eine bürgerliche Verfassung sein: dies ist ohne Ungerechtigkeit nicht möglich: mithin müssen Ungerechtigkeiten begangen werden; wäre dann Herrn R. Folgerung. Ich hingegen würde so folgern: es sollen keine Ungerechtigkeiten begangen werden: ohne diese ist keine bürgerliche Verfassung möglich; mithin muß keine bürgerliche Verfassung sein. Die Entscheidung unsers Streits würde dann von der Beantwortung der Frage abhängen: ob es letzter Endzweck des Menschengeschlechts sei, in der bürgerlichen Vereinigung zu leben, oder, ob recht zu tun. – Die Prüfung der R. Behauptung an sich, daß, ohne jene Einrichtung die bürgerlichen Verbindlichkeiten forterben zu lassen, gar keine Staatsverfassung möglich sei, gehört hierher nicht. Ich rede noch nicht von den möglichen Einrichtungen einer bestimmten Staatsverfassung, sondern von den ausschließenden Bedingungen der moralischen Möglichkeit aller Staatsverfassungen überhaupt.

Bis jetzt haben wir die Gültigkeit der Begünstigungsverträge in Absicht auf *ihre Form* untersucht, und haben gefunden, daß nicht nur keine Vererbung der Begünstigungen stattfinde, wie man vorgeben wollte, sondern daß sogar der unmittelbare erste Kontrahent jeden Vertrag, durch den er sich bevorteilt glaubt, aufheben könne, sobald er wolle. Wir erinnerten, daß in diesem Falle der einseitig

* S. 60. – Fast keine Zeile dieses Mannes, der nicht aufhört, über unbestimmtes Geschwätz zu schreien, kann man abschreiben, ohne ihm die Ausdrücke verbessern zu müssen.

Aufhebende zur Zurückgabe und Schadenersatz verbunden sei. Um diesen Ersatz schätzen zu können, haben wir jetzt noch eine Untersuchung über Begünstigungsverträge ihrer möglichen *Materie* nach, d. h. über die Gegenstände solcher Verträge anzustellen. – Nur einen denkbaren Gegenstand eines solchen Vertrags müssen wir sogleich, ehe wir ihn in seiner Reihe finden, vorausschicken. Nämlich, es dürfte jemand glauben, die gemeinen Glieder des Staats könnten in einem Vertrage an eine begünstigte Bürgerklasse, oder auch wohl an einen Begünstigten das Recht, etwas an der Staatsverfassung zu ändern, ausschließend abgetreten haben. Wäre ein solcher Vertrag geschlossen, so wären dadurch alle übrigen Begünstigungsverträge, als zur Staatsverfassung gehörig, für die ausgeschlossnen Bürger befestigt und unverletzlich gemacht. Dürften sie diesen, ohne vorhergegangene Entschädigung nicht brechen, so würden sie auch keinen aller übrigen Begünstigungsverträge aufheben können, weil für die Aufhebung des erstern keine gleichgeltende Entschädigung möglich ist, als die Beibehaltung der übrigen, mithin jenes Vertrags selbst. – Aber ein solcher Vertrag ist schon an sich null und nichtig, eben darum, weil er alle übrigen Begünstigungsverträge für einen Teil der Staatsmitglieder unabänderlich macht, mithin das unveräußerliche Menschenrecht, seine Willkür zu ändern, aufhebt. – Ich tue gänzlich Verzicht auf das Recht an dieser Verfassung irgend etwas abzuändern, und übertrage es einem andern – heißt: ich will meine freie Willkür über die mir darin aufgelegten Verbindlichkeiten nicht abändern, ich will dasjenige, was ich heute für notwendig und nützlich halte, so lange dafür halten, als es ein gewisser andrer dafür halten wird – und ein solches Versprechen ist doch wohl vernunftwidrig? Ein solcher Vertrag ist so gut, als nicht geschlossen: durch ihn wird demnach kein Staatsmitglied verhindert, seine Begünstigungsverträge aufzuheben.

Nur veräußerliche Rechte können, wie in allen Verträgen überhaupt, also auch in diesem, aufgegeben werden. Ein Leitfaden zur Auffindung aller veräußerlichen Rechte, wenn sich ein solcher sollte auffinden lassen, würde demnach das sichere Mittel sein, alle möglichen Gegenstände der Begünstigungsverträge, sowie aller Verträge überhaupt, zu erschöpfen.

Veräußerliche Rechte sind insgesamt Modifikationen unveräußerlicher Rechte: die letztern können auf mannigfaltige Art ausgeübt werden: zu jeder Art der Ausübung hat das freie Wesen ein Recht; aber eben darum, weil es mehrere derselben gibt, ist ihrer keine an sich unveräußerlich. Übe ich es auf diese Art nicht aus, so übe ich es auf eine andere: auf irgendeine Art ausüben muß ich es freilich, denn das Urrecht ist unveräußerlich.

Alle Urrechte der Menschheit lassen sich auf folgende zwei Klassen zurückführen: *Rechte der unveränderlichen Geistigkeit* und *Rechte der veränderlichen Sinnlichkeit.* – Durch das Sittengesetz in mir wird die Form meines reinen Ich unabänderlich bestimmt: ich soll ein Ich – ein selbständiges Wesen, eine Person sein – ich soll meine Pflicht immer wollen; ich habe demnach ein Recht, eine Person zu sein, und meine Pflicht zu *wollen.* Diese Rechte sind unveräußerlich, und aus ihnen entspringen keine veräußerlichen Rechte, weil mein Ich in dieser Rücksicht gar keiner Modifikation fähig ist. – Alles in mir, was nicht selbst dieses reine Ich ist, ist Sinnlichkeit (in der allerweitesten Bedeutung des Worts, Teil der Sinnenwelt) mithin veränderlich. Ich habe ein Recht, dieses veränderliche Ich in mir zu jener gegebnen Form des reinen Ich durch allmähliche Bearbeitung desselben (welches eine Modifikation ist) zu bilden: ich habe das Recht, meine Pflicht zu *tun.* Da jene reine Form meines Ich unabänderlich bestimmt ist, so wird auch die in meinem sinnlichen Ich hervorzubringende Form dadurch unabänderlich bestimmt (nämlich in der Idee). Das Recht, meine Pflicht zu tun, ist nur auf eine Art ausübbar, und keiner Modifikationen fähig; mithin entspringen daher keine veräußerlichen Rechte. – – – Es sind aber in diesem meinem sinnlichen Ich noch eine Menge Modifikationen übrig, die auf jene unveränderlichen Formen des reinen Ich nicht zu beziehen sind; Modifikationen, über welche das unabänderliche Sittengesetz nichts festsetzt, deren Bestimmung daher in meiner Willkür steht, welche selbst veränderlich ist. da sie dies ist, so kann sie jene Modifikationen auf mannigfaltige Art bestimmen; zu jeder Art derselben hat sie ein Recht; aber alle sind an sich veräußerlich; und hier erst ist es, wo wir auf das Feld der veräußerlichen Rechte treten.

Durch diese Willkür werden entweder meine innern Kräfte, das, was in meinem Gemüte vorgeht, modifiziert; oder meine äußern körperlichen Kräfte. Ich darf, in Rücksicht der erstern, meine Betrachtungen auf einen gewissen Punkt hinrichten, über diesen oder über andere Gegenstände nachdenken und urteilen; ich darf dadurch mich dahin bringen, daß ich dies begehre, jenes verabscheue, diesen verehre, jenen gering achte, diesen liebe, jenen hasse. Da dieses alles veränderliche Bestimmungen meines Gemüts sind, so wären die Rechte zu ihnen in moralischer Absicht nicht unveräußerlich; aber sie sind es in physischer. Sie dürften wohl veräußert werden, aber sie können es nicht, weil kein fremdes Wesen wissen könnte, ob ich meiner übernommenen Verbindlichkeit gegen dasselbe nachkäme oder nicht. – Man könnte bildlich sagen, sie würden oft an uns selbst, an unsre Urteilskraft veräußert. Diese rät uns oft an, unsere Gedanken von diesem Gegenstande abzuziehen, ihn auf jenen zu richten; und die freie Willkür verwandelt diesen guten Rat in ein Gesetz für uns*. – Es findet also gar kein rechtskräftiges Versprechen darüber statt, daß man über gewisse Dinge oder über gewisse Grenzen hinaus nicht nachdenken wolle; daß man einem andern hold sein, ihn lieben, ihn verehren wolle: denn, gesetzt auch, das stünde gänzlich in unsrer Willkür – wie könnte der andre sich je versichern, daß wir ihm Wort hielten?

Es bleiben demnach gar keine durch einen Vertrag zu veräußernden Rechte übrig, als die auf den Gebrauch unsrer körperlichen Kräfte, auf unsre äußeren Handlungen.

Unsre Handlungen gehen auf *Personen* oder *Sachen*. Auf Personen üben wir entweder ein *natürliches* oder *erworbne* Rechte aus. Das erstere, das Recht der Selbstverteidigung durch Zwang, das Kriegsrecht, kann an einen andern abgetreten werden; doch mit zwei Einschränkungen. Wir müssen uns das Recht vorbehalten, oder vielmehr es bleibt notwendig, auch ohne ausdrücklichen Vorbehalt unser, uns gegen einen schleunigen Angriff, der einen unersetzlichen Besitz, den unsers Lebens, in Gefahr bringt, und der das Erwarten fremder Hilfe unmöglich macht, selbst; – und gegen den höchsten Verteidiger unsrer Rechte *immer* in eigner Person zu verteidigen. Über das erstere dieser Rechte hat im allgemeinen nie ein Zweifel stattgefunden, ungeachtet es in den meisten Staaten merklich gekränkt worden durch jene Rechtsängstlichkeiten, durch jene Forderung eines Erweises vom Falle der Notwehr, der jedem so einleuchte, als in der Stunde der Angst uns selbst die Gefahr einleuchtete. Das zweite hat man in den meisten Staaten völlig unterschlagen, und durch alle Mittel, besonders durch Beredungsgründe

* Leider bin ich hier für alle die, welche sich einer gesetzgebenden freien Willkür noch nie bewußt geworden, sondern beständig durch die blinde Einbildungskraft, dem Strome ihrer Ideenassoziation nach, geleitet worden sind, völlig unverständlich. Aber da liegt die Schuld nicht an mir. – Auch die Gedankenrichtung des Menschen ist frei; und wer sie noch nicht frei gemacht hat, ist gewiß keiner andern Art der Freiheit empfänglich.

aus der christlichen Religion entlehnt, zur stummen Ertragung alles Unrechts, das unsre Verteidiger nicht rächen wollen, oder, weil sie selbst es uns zufügten, nicht rächen können, zur willigen Hingebung unter die Hand unsers Scherers oder unsers Schlächters, uns zu überreden gesucht; aber weil es unterdrückt wurde, ist es darum nicht minder fest gegründet. – Du verteidigst uns gegen alle Gewalt andrer; das ist recht und gut: aber wenn du nun entweder selbst unmittelbar Gewalt gegen uns ausübst, oder dadurch, daß du die versprochne Verteidigung unterlässest, die wir selbst nicht übernehmen dürfen, die Gewalttätigkeiten andrer zu deinen eignen machst, wer soll uns dann gegen dich selbst verteidigen? Du selbst kannst nicht dein eigner Richter sein; dürfen wir gegen dich uns nicht selbst Recht verschaffen, so haben wir das Recht der Selbstverteidigung, insofern es sich auf dich bezieht, völlig aufgegeben, und das durften wir nicht; denn nur die Arten dieses Recht auszuüben, ob es z. B. durch uns selbst oder durch einen Stellvertreter geschehen solle, nicht aber das Recht selbst ist veräußerlich. *Ob* und *wie* diese Verteidigung gegen die höchste Gewalt in einem Staate ohne Unordnung und Zerrüttung möglich sei, habe ich hier noch nicht zu untersuchen: ich hatte bloß zu zeigen, *daß* sie stattfinde, und notwendig stattfinden müsse. Da übrigens diese Verteidigung unsrer Rechte gegen andre an sich eine beschwerliche Pflicht und keineswegs ein Gewinn ist, so läßt sich nicht denken, wie derjenige, dem wir diese Sorge abnehmen, dadurch in Schaden kommen, und einen Ersatz desselben von uns verlangen könnte: er müßte uns denn jene an sich ungerechte und rechtsunkräftige, Ungestraftheit seiner eignen Gewalttätigkeiten gegen uns, oder den nicht weniger ungerechten und rechtsunkräftigen Überschuß über die Schadenerstattung, den er etwa von unsern Beleidigern erpreßt, und für sich behält, für den verlornen Gewinn anrechnen: welches Anbringen aber eine offenbare Bitte sein würde, daß wir ihm doch erlauben möchten, auch fernerhin ungestraft ungerecht zu sein; und folglich ohne weiteres abzuweisen wäre. Oder fürchtet er etwa die Einziehung desjenigen, was er für seine Verteidigung von uns erhält, und was die Mühe derselben am Werte vielleicht sehr weit überwiegt? Unmittelbar mit der Aufhebung seines Auftrags ziehen wir seinen Sold noch gar nicht ein. Wir werden auf diesen Sold in seiner Reihe zu reden kommen, und finden, was über ihn von Rechts wegen zu beschließen ist. – Einer Art der Belohnung aber müssen wir hier sogleich gedenken, weil wir unserm Plane nach im

Verfolg nicht auf sie treffen werden. – Wir sagten oben, es sei kein verbindendes Versprechen möglich, daß man jemanden lieben oder verehren wolle, weil der andere Teil nie wissen könnte, ob man seiner Verbindlichkeit Genüge leiste, oder nicht. Aber es sind Beschäftigungen möglich, die ihrer Natur nach die Liebe und die Verehrung der Menschen auf sich ziehen; und fast macht nichts ehrwürdiger, als der hohe Beruf, die Wehrlosen zu verteidigen und die Unterdrückten vor Gewalttätigkeiten zu schützen. Die Achtung wenigstens, die mit diesem Berufe notwendig verbunden sei, die ihm durch die Gewohnheit, sie zu genießen, zum Bedürfnis geworden, und auf deren fortdauernden Besitz zu rechnen, er durch unsern Vertrag berechtigt worden, werde ihm durch Aufhebung desselben geraubt, könnte unser bisheriger Schutzherr sagen. Wir antworten ihm: nichts schändet auch mehr, als Ungerechtigkeiten an einem solchen Platze begangen, Unterdrückung der wehrlosen Unschuld durch eine Macht, die zur Verteidigung derselben eingesetzt ist: haben wir ihm die Möglichkeit die Verehrung der Nationen auf sich zu ziehen geraubt, so haben wir ihn zugleich der Versuchung, sich vor ihrem Angesichte öffentlich zu schänden, ihr Fluch und ihr Abscheu zu werden, entzogen. Gleiches gegen Gleiches hebt sich. – Aber nur er ist seiner Unbestechbarkeit, seiner Unparteilichkeit, seines Mutes und seiner Kraft sicher; er würde sicher sich nie entehrt haben. – Wohlan, ohne dem hätte nicht sein Auftrag, sondern die treue Erfüllung seines Auftrages ihn geehrt: hätte er in ihm alles mögliche getan, so hätte er doch nur getan, was wir von ihm erwarten durften, was er laut seines Auftrages zu tun schuldig war. – Freie Ausübung edler Taten, die kein Gebot heischt, ehrt noch mehr; er ist jetzt frei; – es wird immer noch gewalttätige Unterdrücker des Wehrlosen geben, die Menschheit wird noch immer, hier und da, leiden; – wende er jetzt seine Kraft dazu an, dem ungerechten Mächtigen kühn ins Angesicht zu widerstehen, auf seinen Schultern der Menschheit aus dem Abgrunde des Elends herauszuhelfen, und unsere Verehrung wird ihm wahrlich nicht entgehen. An Veranlassungen sich Verehrung zu erwerben fehlt es nie: an Männern, die unter Mühe und Anstrengung sie erringen möchten, fehlt es öfter.

Erworbne Rechte auf Personen werden durch Vertrag erworben. Wir haben das Recht, Verträge zu schließen, und können dieses Recht *ganz*, oder *zum Teile* veräußern. Ganz, sage ich: da aber diese Veräußerung selbst nur durch Vertrag möglich ist, so ist klar, daß der Veräußerung dieses Rechts wenigstens die einmalige Ausübung desselben vorhergegangen sein muß; – sonst wäre auch eine solche Veräußerung widersinnig, da, wie oben gezeigt worden, kein natürliches Menschenrecht an sich, sondern nur besondre Modifikationen desselben veräußert werden können. – Der eine Teil verspricht dem andern: Ich will, solange ich mit dir im gegenwärtigen Vertrage stehen werde, weder mit dir selbst, noch mit irgendeinem andern, einen anderweitigen Vertrag schließen. Ein solcher Vertrag ist seiner Form nach völlig Rechtskräftig; seinem Inhalte nach durch seine fürchterliche Ausdehnung schrecklich, und wird er dabei als unabänderlich gedacht, wie er bei dem an das Landeigentum geknüpften Landbauer gedacht werden soll, so wird durch ihn der Mensch völlig zum Tiere herabgesetzt. Auch ohne diese schon an sich rechtsunkräftige Unabänderlichkeit zu denken, tut der Bevorteilte auf jede Anforderung besserer Bedingungen bei dem Begünstigten, er tut auf jede Beihilfe anderer, die ihn vielleicht milder behandeln möchten, förmlich Verzicht, so lange es ihm nicht möglich ist, sich von seinem Unterdrücker völlig unabhängig zu machen. Die Welt wird für ihn menschenleer, und ohne ein Wesen seinesgleichen. Ein Augenblick der höchsten Angst, der vielleicht nie wieder zurückkehren wird, wird in einem solchen Vertrage hastig ergriffen, und soviel es vom Unterdrücker abhängt, verewigt.

Das Recht, Verträge zu schließen, wird *teilweise* veräußert, wenn der eine Teil verspricht, entweder nur mit gewissen Personen nicht, oder nur über gewisse Gegenstände nicht Verträge zu schließen. Ob dergleichen Versprechungen an sich rechtskräftig seien, kann keine Frage sein, da sogar dem Versprechen, überhaupt keinen Vertrag zu schließen, die Rechtskräftigkeit nicht streitig gemacht werden konnte. Über die Ausnahme gewisser Personen vom Rechte einen Vertrag mit ihnen zu schließen, ist weiter nichts zu sagen. In Absicht der Gegenstände, werden (außer dem Ehevertrage, der bekannterweise allenthalben auf mannigfaltige Art eingeschränkt wird, und den der Leibeigene überhaupt nicht ohne Erlaubnis seines Gutsherrn schließen kann) Verträge geschlossen, entweder über *Kräfte*, der Arbeitsvertrag, oder über *Sachen*, der Tausch- oder Handelsvertrag. In Absicht der erstern Art von Verträgen veräußert der eine Teil entweder überhaupt sein Recht, über Anwendung seiner Kräfte mit irgend jemandem, außer dem einen Begünstigten, einen Vertrag zu schließen, für irgendeinen andern zu arbeiten; – oder er veräußert es nur insofern, inwiefern sein Kontrahent seine Arbeit selbst brauchen kann; er verbindet sich, sooft er Zeit übrig habe, für einen andern zu arbeiten, erst bei jenem anzufragen, ob er ihn nicht brauchen könne. Es kann hierbei auch noch etwas über den Lohn für die Arbeit im voraus auf immer bedungen sein; so daß der Arbeiter gehalten sei, so oder so viel um einen gewissen Preis zu arbeiten, wenn er auch von andern mehr bekommen könnte. Es wird hier immer vorausgesetzt, daß der eine Teil nicht schon durch den ersten Begünstigungsvertrag das Recht, über den Gebrauch seiner Kräfte überhaupt zu verfügen, aufgegeben habe; denn in diesem Falle, von welchem wir weiter unten reden werden, fände gar kein anderweitiger Arbeitsvertrag statt. – In Absicht des *Handelsvertrags* kann entweder das Recht seine Produkte oder Fabrikate an irgend jemand, als an den einzigen Begünstigten abzusetzen überhaupt, oder nur auf den Fall veräußert sein, daß der Begünstigte sie ankaufen wolle; so daß er entweder den *Alleinkauf*, wie mehrere Kantonsstädte Helvetiens von ihren Landleuten, oder daß er den *Vorkauf* habe, wie viele deutsche Gutsbesitzer von ihren Untertanen. Besonders im letzteren Falle kann etwas über den Preis der Ware festgesetzt sein, so daß der Verkäufer verbunden sei, sie dem Begünstigten um ein gewisses Geld abzulassen, wenn er auch anderwärts mehr dafür bekommen könnte. Oder es kann umgekehrt abgeschlossen sein, daß der eine Teil entweder *alle* seine Waren, oder diejenigen, die der Begünstigte hat, oder nur *gewisse* Waren von dem Begünstigten ausschließend kaufen; oder daß er sie um einen gewissen Preis von ihm kaufen müsse, wenn er sie anderwärts auch wohlfeiler haben könnte; so daß der Begünstigte den *Alleinhandel* oder den *Vorhandel* habe. Die grausamste und gehässigste Modifikation dieser Art des Vertrags ist die, wenn der leidende Teil verbunden ist, von einer gewissen Ware schlechterdings eine bestimmte Menge zu nehmen, und sie zu einem bestimmten Preise zu bezahlen, wie in mehrern Ländern die Regierung es mit dem Salze hält, und wie Friedrich der Zweite eine Zeitlang jeden Juden nötigte, bei seiner Verheiratung eine bestimmte Menge Porzellans zu nehmen.

Die zweite Art von Rechten, die durch unsre Verträge mit Begünstigten veräußert werden konnten, waren die Rechte auf *Sachen*; das Recht des Eigentums im weitesten Sinne des Worts. Man nennt nämlich gewöhnlicherweise nur den *fortdauernden* Besitz einer Sache das Eigentum derselben; da aber nur der *ausschließende* Besitz eigentlicher Charakter des Eigentums ist, so ist es auch der unmittelbare Genuß eines Dinges, das nur einmal genossen wird, und durch den Genuß sich verzehrt, ein wahres Eigentum; denn während irgend jemand es genießt, sind alle übrigen ausgeschlossen.

Dieses Recht des Eigentums nun läßt sich ebensowohl, als das Recht der Verträge, *ganz* oder *zum Teil* veräußern. Es läßt sich ganz veräußern. Das unmittelbarste, alles übrige Eigentum des Menschen begründende Eigentum, sind seine Kräfte. Wer den freien Gebrauch dieser hat, hat schon unmittelbar an ihnen ein Eigentum, und es kann ihm nicht fehlen, durch den Gebrauch derselben auch bald ein Eigentum an Sachen außer sich zu bekommen. Eine gänzliche Veräußerung des Eigentumsrechts läßt sich mithin nicht anders, als *so* denken, daß der freie Gebrauch unsrer Kräfte veräußert, daß einem andern das Recht übertragen sei, über ihre Anwendung frei zu verfügen, und daß sie dadurch sein Eigentum geworden seien. Dies war dem Buchstaben des Gesetzes nach der Fall aller Sklaven, und ist es bei uns der Fall aller zum Grundeigentume gehörigen Landbauern; wollte, oder will der Herr von seinem strengen Rechte nachlassen, so ist das Güte von ihm, aber er ist verfassungsmäßig nicht dazu verbunden. – Dennoch findet diese Veräußerung nur unter einer Bedingung statt: der Herr muß dem Sklaven, der ihm die Verfügung über seine Kräfte überläßt, seinen Unterhalt zusichern; dies ist nicht Güte; der Unterworfne hat das völlige Recht, es von ihm zu fordern. Jeder Mensch muß leben: das ist sein unveräußerliches Menschenrecht. Es gilt hier nicht zu sagen: wenn ich meinen Sklaven nicht ernähre, so stirbt er mir; ich verliere ihn, und der Schaden ist mein: die Klugheit wird mich wohl treiben, ihn zu erhalten. Es ist hier nicht von deinem Schaden, sondern von seinem Rechte, und nicht von deiner Klugheit, sondern von deiner unerläßlichen Pflicht die Rede, dein Sklave ist Mensch. Der Besitzer eines Tiers darf es umkommen lassen, wenn es die Kosten seiner Erhaltung nicht abwirft, oder es abschlachten; nicht so der Besitzer der Kräfte eines Menschen. Dieser schuldige Unterhalt ist sein Eigentum, das er im Eigentume seines Herrn hat, und sooft er ißt, ist das, was er ißt, sein unmittelbares Eigentum. Also ist auch eine gänzliche Veräußerung des Eigentums nicht möglich; wie sie denn auch nicht möglich sein konnte, da kein Menschenrecht an sich, sondern nur besondre Modifikationen desselben veräußert werden können. Außer diesem Eigentum hat derjenige, der sich der freien Verfügung über seine

Kräfte entäußerte, auf alles Eigentum Verzicht getan, wie an sich klar ist. Das Eigentumsrecht kann auch nur teilweise veräußert sein. Das Eigentum der *Kräfte* kann zum Teil veräußert sein, so daß eine gewisse Portion derselben dem Begünstigten angehöre, wir mögen sie nun selbst brauchen können oder nicht; wie bei den *gemessenen** Frondiensten; oder daß der Überschuß derselben, dessen wir selbst nicht bedürfen, ihm bedingungsweise, oder ohne Bedingung angehöre, wie bei der Einschränkung des Rechts Arbeitsverträge zu schließen, davon wir oben redeten. – – Das Eigentum gewisser Sachen kann veräußert sein, so daß wir diese auf keine Art uns zueignen dürfen. Dahin gehört das ausschließende Recht zu jagen, zu fischen, Tauben zu halten, u. dgl. Die Anordnung in einigen Gegenden, daß die Eiche, die auf dem Grund und Boden des Landbauern wächst, nicht dem Bauern, sondern dem Gutsherrn gehöre; die Hutungs- und Triftgerechtigkeit, usw.

Daß alle diese Rechte auch einseitig von der bevorteilten Partei aufgehoben werden können, darüber ist nach dem Obengesagten kein Zweifel mehr übrig. Hier ist nur die Frage von der Entschädigung im Falle der einseitigen Aufhebung. – – Bei der erstern Art der Einschränkung unsers Rechts Verträge zu schließen; wo es ganz aufgehoben wird, läßt im allgemeinen (auf das Besondre werden wir sogleich zu reden kommen) keine Klage des Begünstigten sich denken, als die, daß er in Hoffnung auf die Fortdauer unsers Vertrags seinerseits versäumt habe, die ihm nützlichen und vorteilhaften Verträge zu schließen. Diese aber läßt sich kurz so beantworten: wir haben unsrerseits, durch den Vertrag mit ihm dazu verpflichtet, gleichfalls versäumt, die *uns* nützlichen und vorteilhaften Verträge zu schließen: bis jetzt haben wir keinen geschlossen. Nun kündigen wir ihm auf, er weiß von nun an, wessen er sich zu uns zu versehen hat; benutze er von nun an seine Zeit, so gut er kann; wir werden die unsrige gleichfalls zu benutzen suchen; wir haben ihn nicht übervorteilt, wir haben uns auf gleichen Fuß mit ihm gesetzt. – Doch, seine Klagen werden bestimmter. In Rücksicht der ausschließenden Arbeitsverträge, sowie in Rücksicht der ganz oder zum Teil ver-

* Für die wenigen, die das nicht wissen! – Der Leibeigene (glebae adscriptus) hat *ungemessne* Frondienste; er muß arbeiten, soviel der Gutsherr verlangt. In der Regel verlangt er 6 Tage Spanndienste auf seinem Acker, und den 7. Botschaftgehn, oder Fuhren nach der Stadt. Der freiere Bauer, an dessen Boden der Gutsherr nur einen Teil des Eigentumsrechts hat, hat *gemessene* Dienste; er tut eine bestimmte Anzahl von Frondiensten.

äußerten Verfügung über unsre Kräfte, wird er sich beklagen, daß er seine Arbeit nicht mehr werde besorgt bekommen, wenn wir ihm den Kontrakt zurückgeben. Er hat also entweder mehr zu arbeiten, als ein einziger bestreiten kann, oder er kann, oder will nicht selbst arbeiten. Die erstere Voraussetzung würde, so wie sie dasteht, richtig übersetzt soviel heißen: er hat mehr Bedürfnisse, als ihrer durch die Kräfte eines einzigen befriedigt werden können, und er verlangt zu ihrer Befriedigung die Kräfte andrer zu gebrauchen, welche sich soviel an ihren Bedürfnissen abbrechen sollen, als sie Kraft auf die Befriedigung der seinigen verwenden. Ob eine solche Klage abzuweisen sei, das bedarf wohl keiner weitern Untersuchung. Aber er führt einen gültigern Grund an, das größere Heer seiner Bedürfnisse zu rechtfertigen. Hat er auch nicht unmittelbar mehr Kräfte als andere, so hat er doch *das Produkt mehrerer Kräfte*, das vielleicht durch eine lange Reihe von Vorfahren auf ihn fortgepflanzt worden: er hat mehr Eigentum, zu dessen Benutzung die Kräfte mehrerer erforderlich sind. – Wohl, dieses Eigentum ist sein, und muß sein bleiben; bedarf er zur Benutzung desselben fremder Kräfte, so mag er zusehen, auf welche Bedingungen er ihrer habhaft werden kann; es entsteht ein freier Tauschhandel über Teile seines Eigentums und die Kräfte derer, die er zur Bearbeitung des Ganzen dingt, wobei jeder Teil zu gewinnen sucht, soviel er kann. Wer ihm die gelindesten Bedingungen macht, dessen mag er sich bedienen. Überhebt er sich seiner Übermacht über den Gedrückten in der Stunde seiner Not, so mag er den Nachteil tragen, daß dieser ihm den Kauf aufkündigt, sobald die drückende Not vorüber ist; macht er ihm billige Bedingungen, so wird er den Vorteil haben, daß seine Verträge dauernder sind. – Aber, er wird dann, wenn jeder ihm seine Arbeit so hoch anschlägt, als er kann, sein Eigentum nicht mehr so hoch nützen können, als bisher; der Wert desselben wird sich ansehnlich verringern. – Das mag wohl geschehen; aber was geht das uns an? Wir haben ihm von seinen liegenden Gründen keines Haares Breite abgepflügt; wir haben ihm von seinem baren Gelde keinen Heller genommen. Das durften wir nicht. Aber den uns nachteilig scheinenden Vertrag mit ihm aufheben, durften wir, und das haben wir getan. Wird sein Erbgut dadurch geringer, so muß es doch vorher durch unsere Kräfte vermehrt worden sein, und unsere Kräfte sind einmal nicht sein Erbgut. – Und warum ist's denn auch notwendig, daß dem, der tausend Hufen hat, jede seiner tausend Hufen soviel eintrage, als dem, der eine hat, seine einzige?

– Man klagt fast in allen monarchischen Staaten über die ungleiche Verteilung der Reichtümer; über die unermeßlichen Besitzungen einiger weniger, neben jenen Heeren von Menschen, die nichts haben; und diese Erscheinung nimmt euch bei der jetzigen Verfassung dieser Staaten wunder? – und ihr könnt die Auflösung des schweren Problems nicht finden, ohne Eingriff in die Rechte des Eigentums eine gleichmäßigere Verteilung der Güter zu bewirken? Wenn die Zeichen des Werts der Dinge sich vermehren – sie vermehren sich durch die herrschende Sucht der meisten Staaten vermittelst des Kommerzes, und der Fabriken sich auf Kosten aller übrigen zu bereichern, durch den schwindelnden Handel unsers Zeitalters, der seinem Einsturze immer näherrückt, und alle, die auf die entfernteste Art daran Anteil haben, mit einer gänzlichen Zerrüttung ihrer Vermögensumstände bedroht, durch den unbegrenzten Kredit, der das ausgeprägte Geld von Europa mehr als verzehnfacht – wenn, sage ich, die Zeichen des Werts der Dinge sich so unverhältnismäßig vermehren, so verlieren sie immer mehr ihren Wert gegen die Dinge selbst. Der Besitzer der Produkte, der Landeigentümer, verteuert unablässig die Dinge, die wir haben müssen, und seine Ländereien selbst steigen eben dadurch unablässig im Werte gegen das bare Geld. Vergrößern sich denn aber auch seine Ausgaben? Allenfalls weiß sich der Kaufmann, der ihm die Bedürfnisse des Luxus liefert, schadlos zu halten; weniger der Handwerker, der ihm das Unentbehrliche arbeitet, und der von beiden in die Enge getrieben wird – aber der Landbauer? Noch immer ist er entweder ein Stück des Grundeigentums, oder tut Frondienste unentgeltlich, oder um einen unverhältnismäßig geringen Lohn; noch immer dienen seine Söhne und Töchter, als Zwangsgesinde, dem Gutsherrn für ein Stück Geld, das selbst vor Jahrhunderten in keinem Verhältnisse gegen ihre Dienste stand. Er hat nichts, und wird nie etwas haben, als den kümmerlichen Lebensunterhalt auf den heutigen Tag. Wüßte der Gutsbesitzer seinen Luxus einzuschränken, so wäre er längst – oder erleidet das jetzige Handelssystem eine Umwälzung, wie es sicher erleiden wird, so wird er dann gewiß der ausschließende Besitzer aller Rechtümer der Nation, und außer ihm wird kein Mensch etwas haben. Wollt ihr dies verhindern, so tut, was ihr ohnedies zu tun schuldig seid, gebt den Handel mit dem natürlichen Erbteile des Menschen, mit seinen Kräften, frei; ihr werdet das merkwürdige Schauspiel erblicken, *daß der Ertrag des Grundeigentums, und alles Eigentums in umgekehrtem Verhältnis mit der*

Größe desselben stehe, der Boden wird, ohne gewalttätige Ackergesetze, die allemal ungerecht sind, von selbst allmählich sich unter mehrere verteilen, und euer Problem wird gelöst sein. Wer Augen hat zu sehen, der sehe; ich gehe meines Wegs weiter fort.

Hat der Begünstigte nicht diese gültige Ausflucht eines angeerbten Eigentums, so muß er arbeiten, er mag wollen oder nicht. Schuldig ihn zu ernähren sind wir einmal nicht. – Aber er *kann* nicht arbeiten, sagt er. Im Vertrauen, daß wir fortfahren würden ihn durch unsre Arbeit zu ernähren, hat er es verabsäumt, seine eignen Kräfte zu üben und zu bilden; er hat nichts gelernt, wodurch er sich ernähren könnte; und jetzt ist es zu spät, jetzt sind seine Kräfte durch den langen Müßiggang viel zu sehr geschwächt und gleichsam verrostet, als daß es noch in seiner Macht stehen sollte, etwas Nützliches zu erlernen. – Daran haben wir freilich durch unsern unklugen Vertrag schuld. Hätten wir ihn nicht von Jugend auf glauben lassen, daß wir ihn schon ohne all sein Zutun ernähren würden, so würde er freilich etwas haben lernen müssen. Wir sind demnach gehalten, und das von Rechts wegen, ihn zu entschädigen, d. h. ihn zu ernähren, bis er gelernt haben wird, sich selbst zu ernähren. Aber wie sollen wir ihn ernähren? Sollen wir fortfahren, das Notwendige zu entbehren, damit er im Überflusse schwelgen könne; oder ist es genug, wenn wir ihm das Unentbehrliche reichen? – und so stünden wir denn vor einer Frage, deren gründliche Beantwortung unter die Bedürfnisse unsers Zeitalters gehört.

Man hat unter uns wehmütige Gefühle gesehen und bittere Klagen gehört über das vermeinte Elend so vieler, die aus dem größten Überflusse plötzlich in einen weit mittelmäßigern Zustand herabsanken – von *denen* sie beklagen gehört, welche in ihren glücklichsten Tagen es nie so gut hatten, als jene in ihrem größten Unsterne, und welche die geringen Überbleibsel vom Glücke jener für ein beneidenswertes Glück hätten halten dürfen. Die ungeheure Verschwendung, die bisher an der Tafel eines Königs geherrscht hatte, wurde in etwas eingeschränkt, und Leute, die nie eine Tafel hatten, noch haben werden, wie jene eingeschränkte, bedauerten diesen König; eine Königin hatte eine kurze Zeitlang Mangel an einigen Kleidungsstücken, und diejenigen, welche sehr glücklich gewesen wären, wenn sie *diesen* Mangel hätten teilen dürfen, beklagten ihr Elend. Fehlt es auch unserm Zeitalter an manchen lobenswürdigen Eigenschaften, so scheint wenigstens die Gutmütigkeit nicht darunter zu gehören! – Setzt man etwa bei diesen Klagen ganz unbedingt das System voraus, daß nun einmal eine gewisse Klasse von Sterblichen, ich weiß nicht welches Recht habe, alle Bedürfnisse, die die ausschweifendste Einbildungskraft nur irgend sich erdichten könne, zu befriedigen; daß eine zweite nur nicht ganz so viele, als diese; eine dritte nur nicht ganz so viele, als die zweite, usw. haben müsse, bis man endlich zu einer Klasse herabkomme, die das Allerunentbehrlichste entbehren müsse, um jenen höhern Sterblichen das Allerentbehrlichste liefern zu können? oder setzt man diesen Rechtsgrund bloß in die Gewohnheit, und schließt so: weil eine Familie bisher das Unentbehrliche von Millionen Familien verzehrt hat, so muß sie notwendig fortfahren, es zu verzehren? Eine auffallende Folgenlosigkeit in unsrer Denkungsart ist es immer, daß wir so empfindlich für das Elend einer Königin sind, die einmal kein frisches Linnen hat, und den Mangel einer andern Mutter, die dem Vaterlande auch gesunde Kinder gebar, welche sie, selbst in Lumpen gehüllt, nackend vor sich herumgehen sieht, indes sie ihren Brüsten aus Mangel an Unterhalt die Nahrung austrocknet, die das jüngstgeborene mit entkräftetem Wimmern fordert – daß wir diesen Mangel sehr natürlich finden. – Solche Leute sind es gewohnt, sie wissen's nicht besser, sagt mit stickender Stimme der satte Wollüstling, während er seinen köstlichen Wein schlürft: aber das ist nicht wahr; an den Hunger gewöhnt man sich nie, an widernatürliche Nahrungsmittel, an das Hinschwinden der Kräfte und alles Muts, an Blöße in strenger Jahrszeit gewöhnt man sich nie. Daß nicht essen solle, wer nicht arbeitet, fand Herr R. naiv: er erlaube uns, nicht weniger naiv zu finden, daß allein der, welcher arbeitet, nicht essen, oder das Uneßbarste essen solle.

Der Grund dieser Folgenlosigkeit läßt sich leicht auffinden. Unser Zeitalter ist im ganzen weit empfindlicher gegen die Bedürfnisse der Meinung, als gegen die der Natur. Das Unentbehrliche haben jene Beurteiler so ziemlich alle, und haben es von Jugend auf gehabt; alles, was sie davon abbrechen konnten, haben sie auf das Entbehrliche, auf die Bedürfnisse des Luxus gewendet. Diese Bedürfnisse nicht alle in dem Maße befriedigen zu können, wie es jeder wünscht, ist das allgemeine Los. Du hast modernes Hausgerät; aber noch mangelt dir eine Bildergalerie; du bekommst sie vielleicht; dann wird es dir nur noch an einem Antiquitätenkabinette fehlen. – Jener Königin mangelte nur noch das kostbare Halsband; aber sei versichert, sie litt nicht weniger dabei, als deine modische Gemahlin litt, als ihr ein Kleid von der neuesten Farbe noch abging. – Aber nicht genug, daß wir die steigenden Begierden, so wie sie steigen, nicht immer befriedigen können; wir sind sogar oft genötigt, zurückzugehen, Bedürfnissen abzubrechen, die wir schon gewohnt sind, befriedigt zu sehen, die wir schon unter die Unentbehrlichkeiten rechneten. Dies ist ein Leiden, das wir aus Erfahrung kennen; jeder, der es fühlt, ist unser Mitbruder in der Trübsal, mit ihm sympathisieren wir innig. Unsere Einbildungskraft versetzt durch ihre Zauberkünste uns alsbald an seine Stelle: jenem unglücklichen Könige wurden eine Anzahl seiner Gerichte abgezogen; der reiche Domherr dachte *sich* ohne seinen feinen Wein, oder ohne seine Lieblingspasteten, die kleine Bürgerin, oder die wohlhabendere Bäuerin ohne ihren Milchkaffee, jedes Mitglied der feinern, oder minder feinen Welt ohne Befriedigung desjenigen Bedürfnisses, das es zuletzt errungen hatte; und wie hätte nicht alles inniges Mitleid für ihn empfinden sollen? – Wir berechnen und unterscheiden *Entbehrliches* und *Unentbehrliches* nur *nach der Gewohnheit es zu besitzen*, weil wir selbst gar wohl erfahren haben, wie durch die Gewohnheit uns manches unentbehrlich worden, das es vorher nicht war; von der wahren Verschiedenheit desselben *der Art* nach haben wir keine Vorstellung, oder hätten wir auch durch Nachdenken uns einen Begriff davon verschafft, so haben wir doch keine durch die Einbildungskraft belebte, und unsre Empfindung in Bewegung setzende Vorstellung, weil wir selbst nie auf dieser äußersten Grenze standen, und vor dem Anblicke andrer darauf uns von jeher sorgfältig hüteten. »Das ist unnatürlich, so hungert sichs nicht« sagen wir mit jenem Finanzpächter beim Diderot, weil *wir* nie so gehungert haben. An fortdauernden Nahrungsmangel, oder Frost, oder Blöße, oder erschöpfende Arbeit soll man sich, meinen wir, so gewöhnen, wie wir uns etwa gewöhnt haben, die reicher besetzte Tafel eines Großen, oder die prächtigere Kleidung, oder das beständige selige far niente desselben ohne große Mühe zu entbehren: wir wissen nicht, oder fühlen nicht, daß diese Dinge nicht bloß dem *Grade* nach, sondern daß sie der *Art* nach verschieden sind. – Wir vergessen, daß wir eine Menge der Dinge, die wir uns versagen, uns mit einer Art von Freiwilligkeit versagen, und daß wir sie etwa wohl auf eine Zeitlang haben könnten, wenn wir uns dem nachherigen Mangel des Unentbehrlichsten aussetzen wollten; daß aber bei den Entbehrungen jener auch nicht eine Spur des freien Willens übrig ist, und daß sie alles entbehren müssen, was sie entbehren. Wir rechnen ja sonst sosehr auf den Unterschied zwischen der freiwilligen und erzwungenen Aufopferung, wo wir die Sache der Begünstigten führen, warum vergessen wir sie denn nur hier, wo von der Sache der Unterdrückten die Rede ist?

Nicht die Gewohnheit entscheidet über das *an sich* Entbehrliche, und das *an sich* Unentbehrliche, sondern die Natur. Eine dem menschlichen Körper zuträgliche Nahrung in der zur Ersetzung der Kräfte nötigen Quantität, eine nach Verhältnis des Klimas gesunde Kleidung und feste und gesunde Wohnung muß jeder haben, der arbeitet: das ist Grundsatz.

Über diese Grenze hinaus, auf dem Felde der Dinge, die die Natur nicht für unentbehrlich erklärt, entscheidet allerdings die Gewohnheit; und hier steigt das Leiden ungefähr in dem Grade, in welchem angewöhnte Bedürfnisse nicht befriedigt werden. Ich sage bloß *ungefähr*, und das aus zwei Gründen: – Ein großes Heer unsrer Bedürfnisse sind bloß und einzig Bedürfnisse der Einbildungskraft; wir bedürfen ihrer bloß darum, weil wir ihrer zu bedürfen glauben: sie verschaffen uns keinen Genuß, wenn wir sie haben; ihr Bedürfnis macht sich bloß durch die unangenehme Empfindung kund, wenn wir sie entbehren. Dinge dieser Art haben das ausschließende Kennzeichen, daß wir sie bloß um andrer willen haben. Zu ihnen gehört alles, was zur Pracht gehört, die bloß Pracht ist; alles, was zur Mode gehört, insofern es weder durch Schönheit, noch durch Bequemlichkeit, noch durch irgend etwas von Dingen dergleichen Art sich auszeichnet, als dadurch, daß es Mode ist. Wir können dabei keine andere Absicht haben, als die, andern – nicht unseren Geschmack, denn durch Schönheit sollen diese Dinge sich nicht auszeichnen – sondern bloß unsere Gefügigkeit in die allgemeinen Formen, und unsre Wohlhabenheit bemerklich zu machen. Da diese Dinge bloß auf andere berechnet sind, so können diese anderen von der Verbindlichkeit, sie zu haben, uns vollgültig lossprechen. Sie haben uns bisher die Kosten dazu hergegeben; ziehen sie diese zurück, so ist begreiflich, daß sie die Fortsetzung dieser Art des Aufwandes nicht mehr von uns fordern. Unsere Umstände sind nun weltkundig; es ist weltkundig, daß unsre Einnahme nicht mehr hinreicht, jenen Aufwand mit Ehren fortzusetzen. Verlangen wir ihn dennoch fortzusetzen, d. h. verlangen wir durch unsre Entehrung zu glänzen? Ein solches Verlangen ist so töricht, das Leiden über die Versagung desselben ist so unsinnig, daß es gar keine Schonung verdient, und daß vernünftige Menschen es sich gar nicht in Rechnung können bringen lassen. Durch Versagung dieser Bedürfnisse wird dem, der sie weltkundig auf Kosten andrer befriedigte, kein Leiden zugefügt, und sie sind beim Aufnehmen des Verhältnisses von der Summe abzuziehen. – – Insofern zweitens die Befriedigung der Bedürfnisse wirklich einen grob- oder feinsinnlichen Genuß, einen Kitzel der Nerven, oder eine leichtere Bewegung der Einbildungskraft verursacht, läßt sich doch nicht leugnen, daß im Grade desselben, und mithin im Grade des durch die Gewohnheit entstandenen Bedürfnisses eine große Verschiedenheit sei. Es gibt ungefähr eine äußerste Grenze der Reizbarkeit der menschlichen Natur; über diese hinaus wird sie sehr schwach und unmerklich. Es ist wohl kein Zweifel, daß der Luxus unsers Jahrhunderts diese Grenze nicht erreicht, und hier und da sie nicht überschritten habe. Die Entbehrung dessen, was hart an dieser Grenze, vielmehr dessen, was über sie hinausliegt, kann bei weitem die unangenehme Empfindung nicht verursachen, welche durch unbefriedigte Begierden erregt wird, die noch innerhalb der Grenzen der größern Reizbarkeit stehen. Auch hierauf ist beim Aufnehmen des richtigen Verhältnisses zwischen Versagungen und Leiden Rücksicht zu nehmen.

Abgezogen, was abgezogen werden muß, bleibt allerdings eine Summe von Leiden der Begünstigten übrig, die aus den Einschränkungen des gewohnten Luxus durch unsre Vertragsaufhebung für sie entstehen müssen: Leiden, an denen wir, durch unser gutmütiges Versprechen ihnen die Bedürfnisse eines unbegrenzten Luxus fortdauernd zu liefern, allerdings die völlige Schuld haben. Wir sind verbunden, diese Leiden aufzuheben, insofern es die Gerechtigkeit von der einen Seite *zuläßt*, von der andern *erfordert*. – Insofern sie es von der einen Seite zuläßt. Jeder muß das Unentbehrliche haben, so wie wir es oben bestimmten; das ist unveräußerliches Menschenrecht: insofern ihr Vertrag mit uns irgendeinen von uns der Möglichkeit beraubte, dieses zu haben, war er an sich rechtsunkräftig, und ohne allen Schadenersatz aufzuheben. So lange auch nur noch einer da ist, dem es um ihrer willen unmöglich ist, durch seine Arbeit dies zu erwerben, muß ihr Luxus ohne alles Erbarmen eingeschränkt werden. – Durch seine Arbeit es zu erwerben, sage ich; denn nur unter Bedingung der zweckmäßigen Anwendung seiner Kräfte hat er Anspruch auf sein Unentbehrliches, und es wird gar nicht gefordert, daß der Begünstigte alle Müßiggänger ernähren solle. Wer nicht arbeitet, soll nicht essen, wenden wir mit nicht geringerer Strenge auf den gemeinen Bürger, als wir es auf den Begünstigten anwenden würden, wenn er arbeiten könnte. – Insofern die Gerechtigkeit von der andern Seite es erfordert. – Er beruft sich auf die Kraft der Gewohnheit nichts zu arbeiten und viel zu verzehren. Sein Rechtsgrund sei auch der unsere. Sein eigentliches Übel, die Quelle aller seiner Leiden, die wir eröffnet haben, müssen wir auch wieder verstopfen. So wie er allmählich sich zum Nichtstun und zur Verschwendung gewöhnt hat, so muß er sich ihrer auch allmählich wieder entwöhnen. Er muß von der Stunde der Aufhebung unsers Vertrags an seine Kräfte bilden, wozu er noch kann, und sie gebrauchen, so gut er kann. Das Leiden, das diese Kraftanwendung ihm verursachen möchte, kommt gar nicht in Rechnung, denn es ist ein Leiden, das uns zu wohltätigen Zwekken die Natur aufgelegt hat, und dessen wir gar nicht das Recht hatten ihn zu entledigen. Kein Mensch auf der Erde hat das Recht, seine Kräfte ungebraucht zu lassen, und durch fremde Kräfte zu leben. Es muß sich ungefähr berechnen lassen, binnen welcher Zeit er es dahin bringen könne, daß der Gebrauch derselben ihm das Unentbehrliche verschaffe. Bis dahin müssen wir für seinen Unterhalt sorgen, aber dagegen haben wir auch das Recht der Aufsicht, ob er sich wirklich geschickt mache, sich denselben auf die Zeit hin, da wir ihn nicht mehr ernähren wollen, selbst zu erwerben. – Er muß von der Stunde der Aufhebung unsers Vertrags an sich allmählich die Befriedigung immer mehrerer Bedürfnisse versagen lernen; wir werden ihm anfangs, nach Abziehung des oben Berechneten, geben, was von seinen vorherigen Einkünften übrigbleibt; dann weniger, dann allmählich immer weniger, bis seine Bedürfnisse mit den unsrigen ungefähr ins Gleichgewicht gekommen sind; und so wird er sich weder über Ungerechtigkeit, noch über unbillige Härte zu beklagen haben. Er wird uns, wenn er durch diese Bemühungen überdies noch gut und weise werden sollte, noch einst danken, daß wir ihn aus einem verschwenderischen Müßiggänger zu einem frugalen Arbeiter, und aus einer unnützen Last der Erde zu einem brauchbaren Mitgliede der menschlichen Gesellschaft gemacht haben.

Fünftes Kapitel: Vom Adel insbesondere, in Beziehung auf das Recht einer Staatsveränderung

»Alle alten Völker haben ihren Adel gehabt«, sagen Staatsmänner, die man zugleich für große Geschichtskundige hält; und lassen uns daraus in aller Stille folgern, daß der Adel so alt sei, als die bürgerliche Gesellschaft, und daß in jedem wohlgeordneten Staate einer sein müsse. Es ist sonderbar, daß eben diese Männer, bei denen die Notwendigkeit des Adels in jedem Staate sich von selbst versteht, – wenn sie sich etwa zum Überflusse noch darauf einlassen, den Ursprung des heutigen Adels zu erklären, sich in Mutmaßungen verlieren, die sie auf nichts, als auf andere Mutmaßungen, stützen können.

Ich rede nicht vom *persönlichen* Adel – von der Berühmtheit oder den Vorteilen, die der große Mann durch *eigne* Taten sich erwirbt; ich rede, wie man es will, vom *Erbadel*, von der Berühmtheit oder den etwaigen Vorteilen, die er durch das Andenken dieser seiner Taten *auf seine Nachkommen überliefert.*

Ich unterscheide an diesem Erbadel zwischen dem Adel *der Meinung* und dem Adel *des Rechts*. Diese Unterscheidung scheint mir der Leitfaden, welcher uns aus den Irrgängen der Mutmaßung auf eine ebne gerade Bahn führen müsse; ihre Vernachlässigung war ohne Zweifel der Grund aller Irrtümer, welche über diesen Gegenstand unter uns herrschen.

An jener Behauptung von einem Adel der alten Völker ist etwas Wahres, aber auch etwas Falsches. Sie hatten meist alle einen Adel der Meinung; sie hatten – einige kurz vorübergehende Fälle abgerechnet, welche durch gewaltsame Unterdrückung, und nicht durch die Staatsverfassung herbeigeführt wurden – keinen Adel des Rechts.

Der Meinungsadel entsteht notwendig, wo Menschenstämme in fortdauernder Verbindung und Bekanntschaft leben. Es ist fast *kein* Gegenstand, worauf er nicht haften könne. Es gibt einen Gelehrtenadel. Zwar hinterlassen große Gelehrte selten Kinder; wir dürfen in keinem *Leibniz*, keinem *Newton*, werden in keinem *Kant* Nachkommen jener großen Männer zu erblicken glauben: aber wer kann einen ihm unbekannten *Luther* sehen, ohne in ihm einen Nachkommen jenes großen deutschen Mannes zu vermuten, und seine nähere Aufmerksamkeit auf ihn zu richten. Es gibt einen Kaufmannsadel, – und wir würden bei Nennung gewisser Namen, die in der Geschichte der Handlung verewigt sind, öfter die Nachkommen der Männer zu erblicken glauben, welche sie verewigten, wenn nicht das vorgesetzte »Graf« oder »Freiherr«, oder »von« uns diesen Gedanken verböte*; oder wenn nicht etwa gar der würdige Name sich höchst unähnlich erschiene – wenn nicht etwa der Mann sich in einen Berg oder in ein Tal, oder in eine Ecke umgewandelt hätte. – Es gibt einen Adel tugendhafter Großtaten. – Jeder, der seinem Namen eine gewisse Berühmtheit gibt, pflanzt *mit* diesem Namen zugleich die Berühmtheit desselben auf sein Geschlecht fort.

Wo Menschen in einem Staate leben, muß sehr bald, um wenig daß der Staat fortgedauert habe, ein ähnlicher Bürgeradel entstehen. Ein Name – der in der Geschichte unsers Staats öfters vorkommt, der in den Erzählungen derselben unsere Aufmerksamkeit öfters auf sich gezogen hat, mit dessen merkwürdigen Besitzern wir hier Mitleid, dort Angst oder Furcht, dort die Ehre durchgeführter Großtaten innig empfunden haben, – ist uns ein alter Bekannter. Wir erblicken einen, der ihn trägt; und *mit* diesem Namen knüpfen sich an unsere Einbildungskraft alle die ehemaligen Bilder. Wir übersehen sogleich die Abstammung des Unbekannten, noch ehe er sie uns erzählt; wissen, wer sein Vater, sein Großvater, seine Seitenverwandten waren; was sie taten; – alles geht vor unsrer Seele vorüber. Unsere Aufmerksamkeit wird dadurch auf den Besitzer dieses merkwürdigen Namens gezogen, und unsre Teilnahme erregt; wir beobachten ihn von nun an genauer, um unsre Vergleichung zwischen ihm und seinen großen Ahnen fortzusetzen. – Dies drückt das Wort »Nobilis«, womit die Römer einen, ihrer Denkungsart nach, Adligen bezeichneten, treffend aus; einen sehr Erkennbaren nannten sie ihn, von welchem man mancherlei weiß, den man genauer beobachten und bald noch näher kennen wird. – Nichts ist ferner natürlicher, als daß diese Aufmerksamkeit bald in Achtung und Zutrauen zu dem Manne mit dem berühmten Namen sich verwandle; daß man, wenn er uns nur nicht förmlich unsers Irrtums überführt, die Talente seiner großen Vorfahren oder Verwandten in ihm voraussetze. Kommt eine Unternehmung vor, die

---

* Daß doch noch immer der berühmte Kaufmann nach der Ehre geizt, ein unberühmter Edelmann zu sein! Fern sei, und bleibe doch von würdigen deutschen Gelehrten diese Entadelung ihrer erlauchten Namen!

das besondre ganz eigne Geschäft irgendeines großen Mannes in unsrer Geschichte wäre, und dem wir sie auftragen würden, wenn wir ihn jetzt nicht unter uns vermißten; – wohin wird von ihm das Andenken sich eher wenden, als auf einen seiner Nachkommen; und da wir es ihm selbst nicht übertragen können. – wem werden wir es lieber übertragen, als seinem Namen? Ein Scipio war es, der Karthago seinem Untergange nahebrachte; von keinem sichrer, als von einem Scipio erwartete man die völlige Vertilgung dieses Staates.

Ein solcher Adel der Meinung war bei den alten Völkern. – Er war bei den *Griechen* aber weniger bemerkbar, – weil der bei ihnen herrschende Gebrauch, daß der Sohn nicht den Namen des Vaters, sondern einen eignen führte, und daß die Geschlechtsnamen nicht üblich waren, jene Täuschung der Einbildungskraft, die sich an ein bloßes Wort hängt, nicht unterstützte. Man mußte erst nach der Abstammung des jungen Griechen sich erkundigen, oder er mußte sie selbst anzeigen; und durch dieses Verweilen, bei Einziehung der Nachrichten, oder durch diese abgenötigte Selbstanzeige, verlor um ein großes der Eindruck, auf den der junge Grieche bei seiner Erscheinung in der großen Welt rechnete. Dennoch erneuerte gewiß das Auftreten eines Cimon, oder eines Conon das Andenken der Marathonischen Schlacht. – – Einen Adel *des Rechts,* d. i. ausschließende Vorrechte gewisser Familien finde ich wenigstens in dem freien Griechenlande nirgends, als etwa zu Sparta an dem Königsgeschlechte daselbst, den Herakliden. Aber abgerechnet, daß dieses, seit Lykurgs Gesetzgebung höchst eingeschränkte, unter der strengen Oberaufsicht der unerbittlichen Ephoren stehende Regiment mehr eine erbliche Verbindlichkeit, als ein erblicher Vorzug war, – läßt die Auszeichnung dieser Familie sich auf ganz andere Grundsätze zurückführen, als auf die Vererbung persönlicher Vorzüge durch Geburt. Sie gründete sich auf das Erbeigentum von Lakonien; und ihr Adel war daher eher mit unserm Lehnsadel, – von welchem weiter unten, – als mit unserm Geschlechtsadel zu vergleichen. Herkules hatte, – nach dem zu seiner Zeit in Griechenland herrschenden Systeme, daß Königreiche sich auf Kinder, und Kindeskinder forterben, und unter sie verteilen ließen, – Ansprüche auf einige Länder des Peloponnes. Seinen spätern Nachkommen gelang es endlich nach mancherlei Versuchen dieses Erbrecht durch die Gewalt ihrer Waffen geltend zu machen. Zwei Brüder setzten sich in Sparta, und betrachteten

Lakonien als ihr Erbe. Daher ihr Familienvorzug.

In Rom hatte dieser Adel der Meinung, diese Nobilität, – auch mit wegen der bei ihnen eingeführten Geschlechtsnamen, – einen weitern Spielraum, und wurde in eine Art von System gebracht. Die Einteilung ihrer Bürger in Patrizier, Ritter und Plebejer scheint zwar auf einen andern, als einen bloßen Meinungsadel, hinzudeuten, aber wir werden davon weiter unten reden. Jene Nobilität gründete sich auf die Verwaltung der drei ersten Staatsämter, des Konsulats, der Prätur, und einer Art der Aedilität, welche curulische Würden genannt wurden. Je mehr eine Familie Männer unter ihren Vorfahren aufzählen konnte, die diese Würden verwaltet hatten, desto edler war sie; die Bilder jener betitelten Vorfahren wurden in dem Innersten ihrer Häuser aufgestellt, und bei ihren Leichenbegängnissen der Leiche vorgetragen. – Es ist sehr natürlich, daß das Volk bei seinen Wahlen eben um jener Meinung willen, die alten Geschlechter vorzüglich begünstigte; aber diese hatten auf jene Würden so wenig ein *ausschließendes Vorrecht*, daß vielmehr eben dieses Volk von Zeit zu Zeit sich das Vergnügen machte, ein noch unbekanntes neues Geschlecht zu erheben. Diese Stammväter neuer Geschlechter schämten sich der Dunkelheit ihres Ursprungs nicht im geringsten; sondern setzten sogar ihren Stolz darin, öffentlich zu erinnern, daß sie sich selbst, durch eigne Kraft, von keinem Ruhme der Vorfahren unterstützt, emporgeschwungen hätten. – Es zeigt eine lächerliche Unwissenheit, wenn man *diese* Nobilität *unserm* Adel, und *diese* Stammväter neuer Häuser (novi homines) *unsern* Neugeadelten gleichsetzt. Wenn bei uns die Begleitung gewisser Staatsbedienungen in den Adelstand erhöbe; wenn z. B. die Nachkommen eines Staatsministers, eines Generals, eines Prälaten notwendig, schon vermöge ihrer Geburt, und ohne alle weitere Förmlichkeiten, adlig wären, dann fände eine Vergleichung statt.

Zwar könnte man aus der Einteilung der römischen Bürger in Patrizier, Ritter und Plebejer auf einen andern Adel, als den der bloßen Meinung schließen; aber bei einer solchen Folgerung würde man das Wesentliche und das Zufällige, das Recht, und die gewalttätige Anmaßung, Zeiten und Orte vermischen. – Romulus war es, der den Grund zu dieser Einteilung legte; und der dadurch vorübergehende persönliche Würden und Verhältnisse im Staate, keineswegs aber erbliche Vorrechte gewisser Familien, – als von welchen er keinen Begriff haben konnte, – bezeichnen wollte. Die *Väter*, und die nachmalige Vermehrung derselben, die Conscripten, wählte er nach dem Alter, das sie im Kriege entbehrlich, zum Ratgeben und zur inneren Regierung des Staates desto tauglicher machte. Sie waren bestimmt, bei den ununterbrochenen Kriegen, die er führte, in der Stadt zu bleiben, und der Staatsverwaltung vorzustehen. Glauben wir, daß dieser unersättliche Krieger und eigenwillige Regent gemeint gewesen sei, die jungen und starken Söhne derselben, das väterliche Vorrecht, nicht mit zu Felde zu ziehen, erben zu lassen; oder daß er sich in der Wahl der künftigen Senatoren, sowie diese durch den Tod abgehen würden, auf diese Söhne habe einschränken wollen, und sich nicht die Freiheit vorbehalten habe, inskünftige, so wie bisher, aus der ganzen Bürgerschaft die Betagtesten und Weisesten zu wählen, ob sie auch vorher Ritter oder Plebejer gewesen wären? Höchstwahrscheinlich wurden die Söhne seiner ersten Senatoren – dieser Ritter, jener Plebejer, so wie es dem Könige am bequemsten dünkte. Die *Ritter*, bestimmt zu Pferde zu dienen, wählte er nach dem Reichtume. Sie mußten vermögend sein, ein Pferd zu unterhalten. – Wer nichts hatte, als körperliche Stärke, – welches unter diesem erst jetzt entstehenden Volke gewiß keine Unehre war, – wurde bestimmt, zu Fuße zu dienen) und hieß *Plebejer*. Ich wünschte, daß man dem Ursprunge dieses Worts auf die Spur kommen könnte. Täuscht mich nicht alles, so bedeutete es ursprünglich einen Soldaten zu Fuße, ohne die geringste verächtliche Nebenbedeutung. – Es läßt sich nicht dartun, nach welchen Grundsätzen man unter den folgenden Regierungen diese Verhältnisse der Bürger geordnet habe. Es *ist* wahrscheinlich, daß der Sohn des Ritters meistens wieder ein Ritter wurde, weil bei ihm das dazugehörige Vermögen aus der Erbschaft seines Vaters am sichersten vorauszusetzen war; aber – unerachtet die Senatoren sich schon durch Romulus' gewaltsamen Tod eine gewisse Übermacht verschafft hatten, wenn dies nicht etwa eine spätere Erfindung der plebejischen Eifersucht war – es *ist nicht* wahrscheinlich, daß jeder Sohn eines Senators wieder ein Senator wurde, und daß kein Sohn eines Ritters oder eines Plebejers es habe werden können. Man bedurfte *weiser* Räte, und die Weisheit wird nicht stets durch die Geburt fortgeerbt. Einem Numa läßt diese Bemerkung sich schon zutrauen.

Diese einfache Verfassung wurde unter Servius Tullius durch die Einführung des Zensus um ein großes verwickelter. Es entstand ein Adel des Reichtums, der während der Dauer der Republik wichtig genug war, und an äußerlicher Auszeichnung endlich das Roscische

Gesetz hervorbrachte; der aber gar nicht unmittelbar auf die Geburt, sondern auf die vermittelst ihrer ererbten Reichtümer sich gründete. Die Nachkommen eines Bürgers der ersten Klasse sanken unter die Aerarier herab, wenn sie ihr Erbgut verloren oder verschwendet hatten, und wurden mit ihrem Vermögen ihres Platzes im Schauspielhause verlustig.

Unter der despotischen Regierung des jungen Tarquinius, und noch mehr unter den durch die Revolution herbeigeführten, und durch die hinterlistigen Bemühungen der vertriebnen Tarquinier unterhaltnen Verwirrungen bemächtigten sich die *Patrizier*, die Nachkommen der alten Senatoren, großer Vorrechte; und das Volk – durch Bedrückung der Tyrannen, durch den Aufwand unaufhörlicher Feldzüge, durch seine eigne Unwirtschaftlichkeit, und durch die Härte seiner Schuldherren ausgesogen, – mußte es geschehen lassen. Nicht als Bürger, sondern als Schuldner abhängig erhoben sie jene Familien ausschließend zu allen Staatswürden, die sie begehrten, und deren Aufwande sie allein durch ihre Reichtümer gewachsen waren. In *diesem* Zeitpunkte war in Rom ein wahrer Geburtsadel des Rechts; aber die Vorrechte desselben gründeten sich nicht auf die Staatsverfassung, sondern auf Zufall und gewaltsame Unterdrückung; – es waren ungerechte Rechte. – Verzweiflung gab den zurückgesetzten Volksklassen die Kräfte wieder, die ein erträgliches Elend ihnen entrissen hatte. Sie errangen im langen Kriege mit den Patriziern alle ihre ihnen mit jenen gemeinschaftlichen Bürgerrechte wieder, und von nun an war der Unterschied zwischen Patriziern, Rittern und Plebejern ein bloßer Name. Jeder konnte ohne Einschränkung alles im Staate werden: der ausschließende Adel des Patriziats verschwand, und jene Nobilität trat an seine Stelle. – Die Ritter scheinen von der Zeit an, da Handlung und Reichtum in die Republik kam, sich vorzüglich auf die Vermehrung ihrer Schätze gelegt, sich mit dem Adel des Reichtums begnügt, und die Verwaltung der aufwandsvollen Staatsämter andern überlassen zu haben. Wir finden wenigere ihrer Geschlechter unter den großen Familien der Republik. Die Plebejer aber ließen den Patriziern keinen Vorzug: wie finden ebenso viele, und in dem gleichen Grade noble Häuser unter den erstern als unter den letztern.

Die barbarischen Nationen, die den Römern bekannt wurden, hatten keinen andern Adel, als den der Meinung, und konnten keinen andern haben; und wenn römische Schriftsteller eine Nobilität unter ihnen finden, so haben sie dieses Wort sicher nicht anders, als im Sinne *ihrer* Sprache gebraucht. – Doch, das wird sich sogleich bei der Untersuchung der Frage ergeben: was für ein Adel ist denn unser europäischer Adel, und – um dies beurteilen zu können – woher ist er doch entstanden? Denn es ist nicht ohne Nutzen, mit unserm Adel und seinen Verteidigern ein wenig in die Geschichte zu gehen, um ihnen zu zeigen, daß auch sogar da nicht zu finden ist, was sie suchen.

Die meisten und mächtigsten Völker des heutigen Europa entspringen von den *germanischen* Völkerschaften, die frei, und gesetzlos, wie die nordamerikanischen Wilden, in ihren Wäldern herumstreiften. Im *Fränkischen* Reiche war es zuerst, wo sie sich zu festen Staaten bildeten. Von diesem stammen die ansehnlichsten Reiche Europas, das Deutsche Reich, Frankreich, die Italienischen Staaten ab. Von diesem, oder von den aus ihm entsprungenen Zweigen, besonders dem wichtigsten, dem Deutschen Reiche, sind die übrigen Reiche, die nicht unmittelbar germanischen Ursprungs sind, wechselweise beherrscht, belehrt, gebildet, fast erschaffen worden. In den Wäldern Germaniens ist der Geist der fränkischen Anordnungen; in diesem Reiche ist der Grund der neuern europäischen Einrichtungen aufzusuchen. – Es gab zwei Stände unter den Germanen: Freie und Knechte. Unter den erstern gab es einen Adel der Meinung; es gab keinen des Rechts; es konnte keinen geben. Worauf hätten unter diesen Völkern die Vorrechte des Adels sich beziehen sollen? Auf *ihre Mitbürger?* bei ihnen, die in der höchsten Unabhängigkeit lebten, die gar keine festen dauerhaften Gesellschaften) außer den Familienverbindungen, kannten, und die fast keine Befehle befolgten, als für die Dauer einer kurz vorübergehenden einzelnen Unternehmung? Oder auf *Länderbesitz?* bei ihnen, die den Feldbau nicht liebten, und die jedes Jahr an einem andern Platze waren? Wer durch kühne Unternehmungen, durch Stärke und Tapferkeit, durch Raub und Sieg sich auszeichnete, auf den richteten sich aller Augen, er wurde ein Gegenstand des Gesprächs; er wurde berühmt, nobel – nach dem Ausdrucke der Römer. Bei Erblickung seiner Söhne oder seiner Enkel erinnerte sich seine Völkerschaft seiner Großtaten, ehrte in ihnen sein Andenken, und hatte das gute Vorurteil für sie, daß sie ihrem Ahnen ähnlich sein würden. Diese, durch dieses gute Vorurteil und durch die Erinnerung jener Taten getrieben, wurden es mehrenteils. – »Sie wählen ihre Könige nach dem Adel; ihre Anführer nach

Maßgabe ihrer persönlichen Tapferkeit«, sagt Tacitus*. Wer waren jene Könige, und wer waren diese Anführer, und worin waren sie voneinander verschieden? – Ohne Zweifel führten die erstern die ganze herumstreifende Horde, leiteten ihre Richtung, bestimmten ihre Standplätze, und wiesen ihnen Felder und Triften an. Wer gehorchen wollte, gehorchte; wer nicht wollte, riß mit seiner Familie sich von der Horde los, und streifte einsam herum, oder suchte sich mit einer andern Horde zu vereinigen. Ein solcher Hordenführer mußte einiges Ansehen haben; und worauf hätte unter einem Volke, welches auf nichts Wert setzte, als auf kriegerische Tapferkeit, dieses sich gründen können, als auf das Andenken großer Taten seiner Vorfahren, die er durch eigne, – welche dem ganzen Volke bekannt waren, das an der Wahl Anteil hatte, – in ihre Erinnerung zurückgebracht? Zog die ganze Horde in den Krieg, so führte eben dieser König sie an. Aber gewöhnlich war das nicht der Fall. Einzelne Parteien machten abgesonderte Streifereien, so wie Kühnheit und plötzliche Einfälle es ihnen rieten**. Der Zweck derselben war die Beute. Hier geriet einer, dort einer auf eine kühne Unternehmung; jeder teilte seinen Entwurf mit, und warb sich Gefährten, so viele und so gute er konnte; jede Partei wählte einen der ihr bekanntesten mutigsten Männer zum Anführer; jede zog ihres Weges. Hätte der König alle diese einzelnen Parteien, deren oft mehrere zugleich nach verschiednen Richtungen hin auf Raub und Plünderung ausgingen, anführen können? Sie kamen zurück; gingen in andrer Gesellschaft auf andere Unternehmungen; und wählten vielleicht einen andern zum Anführer derselben; aber immer kühne tapfre Männer. – Dies sind jene Anführer, von welchen Tacitus redet. Wer auf diese Art oft Anführer war, und mit Glück und Mut seine Unternehmungen ausführte, dessen Name wurde in der ganzen Völkerschaft, so wie er nach und nach alle einzelnen Mitglieder derselben angeführt hatte, berühmt; es wurde kein kühnes Wagestück beschlossen, dazu man nicht eben ihn zum Anführer gewünscht hätte; er wurde nun selbst auch nobel, so wie es einst der König geworden war, und starb dieser, so konnte er, oder ein unter seinen Augen gebildeter, in seinen Fußstapfen einhergehender Sohn, sehr leicht zum Könige gewählt werden. Hier ist also noch nicht die geringste Spur von einem Erbadel des Rechts.

---

* De moribus Germanorum. Kap. 7.

** Tacitus, De moribus Germanorum. Kap. 14.

So war es zur Zeit des Tacitus, als die einzelnen Völkerschaften Germaniens noch enger zusammenhingen, jede noch mehr einen Volkskörper bildete, und jedes einzelne Glied desselben noch Gelegenheit hatte, mit den Taten der Tapfersten unter ihnen, und mit den Taten ihrer Vorväter bekannt zu werden. Späterhin, als durch die allgemeine Gärung dieser Völker, durch den Druck von Osten her, und durch die Auslerrung ihrer Wohnsitze nach Süden und Westen hin, die bisherigen Völkerschaften sich trennten; und durch ihre Vermischung untereinander neue entstanden, die ohne Aufhören sich wieder vermischten, um wieder neue zu bilden, deren Namen man in keinem der ältern Geschichtschreiber findet, – mußte auch dieser Adel der Meinung ziemlich verschwinden. Wer heute noch unter seinem Volke war, das seine Taten, und seiner Väter Taten kannte, und dessen größte und berühmteste Männer er gleichfalls kannte, wurde vielleicht morgen unter einer Nation gedrückt, von deren Helden er ebensowenig wußte, als sie von seinem Heldentume. So verhielt es sich mit denjenigen Völkern, welche, weniger gedrückt, in Germanien zurückblieben, als etwa mit den Sachsen, mit den Friesen, usw. Aber so verhielt es sich ganz gewiß mit den Völkerschaften, die in das römische Reich einrückten, mit den Burgundern, Vandalen, Franken, Alemannen, bei welchen letztern beiden man es schon aus ihrem Namen sieht, daß die ersten aus allerlei freien Männern, die zweiten aus allen möglichen germanischen Völkerschaften zusammengeflossen waren.

Noch blieb eine Art des Zusammenhangs unter gewissen Mitgliedern dieser in einer allgemeinen Auflösung und Vermischung begriffenen Völkerschaften, welche der Grund allen Zusammenhangs wurde, der einst wieder unter sie kommen sollte, und deren Untersuchung daher äußerst wichtig ist.

»Jünglinge, erzählt Tacitus*, von den Germanen, um welche nicht schon ihr Ahnenruhm andere Jünglinge versammelt, schließen sich an einen bejahrten, schon längst durch eigne Taten ausgezeichneten Krieger, und keiner schämt sich dieser Waffenbrüderschaft. Kommt es zum Treffen, – so würde es einem solchen Führer Schande sein, durch seine Waffenbrüder an Tapferkeit übertroffen zu werden; seinen Waffenbrüdern Schande, ihres Führers Tapferkeit nicht zu erreichen; ein für ihr ganzes Leben dauerndes Brandmal aber, aus einer Schlacht, in welcher er getötet worden, lebendig davongekom-

* De mor. Germ. Kap. 13 u. 14.

men zu sein. Ihn zu decken, zu verteidigen, ihre eignen Heldentaten ihm in Rechnung zu bringen, ist ihr erster und heiligster Eid.« – Ein solcher Held war der Vereinigungspunkt seiner Waffenbrüder, auf ihn bezogen sie alles; wo er hinging, begleiteten sie ihn; wo er stand, blieben sie. Dies waren die einzig übriggebliebenen festen Punkte unter den in einem steten Flusse sich befindenden Völkerschaften; und sie mußten die übrigen aufgelösten Elemente an sich ziehen. Die ungewissen, ohne Hirten zerstreuten Völker schlossen sich an, wo sie eine solche Verbindung sahen; und je größer der Haufe war, und je tapfrere Männer sich unter ihnen befanden, desto zahlreicher schlossen sie sich an. In ihren Wirbel wurde alles mit fortgerissen, und so fielen diese, wie Schneeballen mit jedem Schritte sich vergrößernde Menschenhaufen in die Provinzen des abendländischen Reichs ein, und eroberten sie.

Der Eroberer teilte, wie er schuldig war, die Beute unter seine getreuen Waffenbrüder. – »Eine große Waffenbrüderschaft läßt sich nur durch Krieg behaupten«, sagt Tacitus*. »Von ihres Führers Freigebigkeit erwarten sie ihr Streitroß, und ihren blutigen und siegreichen Speer; und Schmäuse, wo zwar nicht Feinheit, aber Überfluß herrscht, sind ihnen statt des Soldes. Von der Ausbeute des Krieges wird dieser Aufwand bestritten.« – Das angenehmere Klima, die angebautern Ländereien, die mannigfaltigen Genüsse, die ihnen der Luxus der Überwundnen bereitet hatte, luden sie ein, im Frieden zu genießen, was da war, und der herumschweifenden Lebensart ihrer unfreundlichen Wälder zu entsagen. Sie bekamen Geschmack für den Ackerbau, und für die damit verbundne bleibende Wohnung. Äcker wurden nun auch Beute für sie; und der Überwinder befriedigte sie mit Äckern. Er ahmte dabei die Politik der Wälder nach, und gab sie ihnen nicht zum dauernden Eigentum, um sie nicht durch die Gewohnheit des Besitzes Geschmack am Stillsitzen finden zu lassen, sondern bloß auf willkürliche Zeit zum Genusse.

Sehet da den Ursprung des *Feudalsystems*. Man hat geahnt, daß dieses mit dem Ursprunge unsers heutigen Adels zusammenhänge: die Frage: *ob der Adel die Ursache des Feudalsystems,* oder: *ob das Feudalsystem die Ursache des Adels sei,* hat man aufzuwerfen vergessen; da doch ihre Beantwortung allein uns in den richtigen Gesichtspunkt stellen konnte.

---

* Am angeführten Orte.

Der Waffenbruder des Eroberers erhielt von ihm Ländereien zum Lohne. Wurde er etwa durch den Genuß derselben verbunden, ihn im Kriege zu begleiten? Keineswegs; dazu war er längst vorher durch seinen Eid verbunden, er hing durch seine *Person* von ihm ab, und nicht durch seinen *Acker*. Wenn er ihm nie einen gegeben hätte, nie einen hätte geben können, so wäre er dennoch verbunden geblieben, ihn bei allen seinen Unternehmungen zu begleiten, laut, und in Kraft seines ersten Eides. – Es mag wohl sein, daß durch den Genuß der ruhigen Lebensart, und durch die Annehmlichkeiten des verliehenen Besitzes das Geschenk für den Urheber desselben nachteilig wurde, und daß der Lehnsmann jetzt, da er von seinem Herrn etwas besaß, sich weigerte, ihn in das Feld zu begleiten; welches er vorher, da er nichts besaß, ohne Bedenken getan haben würde. Das nächste, was der Lehnsherr tun konnte, war freilich das, daß er ihm sein Lehn nahm; aber das war gar keine angemessne Strafe; es war überhaupt keine Strafe; auch ohne jene Pflichtverletzung hatte er das vollkommene Recht, seine Ländereien zurückzunehmen.

Diese Vasallen des Eroberers waren allerdings im Besitze der Nobilität der Meinung; es war natürlich, daß die Augen der übrigen freien Männer sich auf Leute richteten, die zunächst an der Seite des mit Siegen gekrönten Eroberers gefochten, die sich vor ihren Augen durch diese oder jene kühne Tat ausgezeichnet hatten, die täglich in der Gesellschaft ihre Fürsten waren, die an seiner Tafel speisten; es war ebenso natürlich, daß das Volk auch ihren Söhnen einen Teil der den Vätern schuldigen Hochachtung zollte, wenn sie sich derselben nicht durch ihre eigne Feigheit unwert machten. Noch aber sehe ich hier keinen *Adel des Rechts*; – oder bestand dieser etwa in ihren ausschließenden Ansprüchen auf die Lehnsgüter ihres Herrn?

Natürlich konnten nur die Begleiter und Waffenbrüder des Eroberers einen Anspruch auf Anteil an der Ausbeute, und insbesondre auf Ländereien, als einen Teil der Beute, machen; die übrigen hatten nichts verlangt, als Wohnsitze in den eroberten Ländern. Aber was war es denn eigentlich, das jenen dieses Vorrecht gewährte? war es etwa ihre Geburt? oder war es irgend etwas anderes, als die Waffenbrüderschaft des Königs? Jeder andere freie Mann war wirklich von dem Besitze der Lehne ausgeschlossen; aber nicht darum, weil er *weiter nichts, als ein freier Mann,* sondern darum, weil er kein *Waffenbruder des Königs* war. Diese Waffenbrüderschaft war die Quelle des Rechts. Sollte etwas für die damalige Existenz eines ausschließenden Vorrechts gewisser Familien erwiesen werden, so müßte gezeigt werden, daß nicht jeder freie Mann, sondern nur einige unter ihnen das Recht gehabt hätten, *sich in die Begleitung eines Helden zu begeben.* Wo hätte doch ein solches ausschließendes Recht entstanden sein sollen? *In ihren Wäldern,* wo nach den ausdrücklichen Worten des Tacitus, gerade diejenigen sich in die Begleitung eines stärkern Kriegers begaben, die nicht Ahnenruhm genug hatten, um dadurch selbst einen Zirkel von Jünglingen um sich her zu versammeln? oder *nach der Entstehung der Monarchie?* Und im letztern Falle, *wer* hatte denn das ausschließende Vorrecht? etwa diejenigen, die schon zur Begleitung des Monarchen gehörten? oder etwa ihre Kinder?

Montesquieu, der das Dasein eines ausschließenden Geburtsadels noch vor der Eroberung annimmt, ohne sich jedoch auf obige Unterscheidung zwischen Nobilität der Meinung, und Adel des Rechts einzulassen, liefert für dieses Dasein zwei Beweise; er muß also, nach obiger Folgerung, annehmen, daß *nur sein vorausgesetzter Adel berechtigt gewesen, sich in die Begleitung eines auf Eroberung ausgehenden Helden zu begeben,* da er selbst über den Ursprung des Feudalsystems der gleichen Meinung mit uns ist; – und *dies* ist es eigentlich, was seine Beweise beweisen müssen.

Ludwig der Fromme hatte einen gewissen Hebon, der als Sklave geboren war, freigemacht, und ihn zum Erzbistume von Reims erhoben. Der Lebensbeschreiber dieses Königs, Tegan, verweist diesem Hebon seine Undankbarkeit, und redet ihn also an: »Was für einen Dank hast du ihm gegeben? Er hat dich freigemacht; nicht edel, was nach einer Freilassung unmöglich ist.«* Hieraus will Montesquieu erweisen, daß es schon damals einen bürgerlichen Unterschied zwischen einem bloß freien Manne und einem Edelmanne gegeben habe. Aber was sagt doch diese Stelle? – Wir wollen nicht erklären, wie der Abt Dubos, dessen Erklärung Montesquieu mit Recht tadelt. – Es ist unmöglich einem Freigelassnen den Adel zu geben, sagt der Lebensbeschreiber. In welcher Rücksicht ist es unmöglich; in physischer und moralischer? oder in politischer? – aus natürlichen Gründen, oder wegen der Reichsverfassung? Entweder Tegan sagt etwas Widersinniges, oder er wollte

---

* De l'esprit des Loix. B. 30. Kap. 25. – Fecit te liberum, non nobilem, quod impossibile est post libertatem..

das Letztere nicht sagen. War nur der Besitz des Lehns das Zeichen des Adels; war nur die Waffenbrüderschaft des Königs der Weg zu einem Lehne zu gelangen, – wie Montesquieu zugibt, wofern er konsequent ist: – so war jeder Bischof schon von selbst von diesem Lehnsadel ausgeschlossen. Ungeachtet die Bischöfe, wenigstens die von germanischer Abkunft, in diesen Zeiten persönlich mit zu Felde zogen, so konnte doch kein der Kirche geweihter Mann einem Könige so innigst, und so auf Tod und Leben geweiht sein, wie die Waffenbrüder es waren. Eins schließt offenbar das andere aus. Tegan hätte demnach sagen müssen: es ist unmöglich *einem Bischofe* den Adel zu geben; aber nicht: es ist unmöglich *einem Freigelassenen* den Adel zu geben. Tegan redet demnach von keiner politischen, sondern von einer physischen und moralischen Unmöglichkeit, und meint die Nobilität der Meinung. Daß Hebon als Sklave geboren war, war einmal bekannt; es war durch die Verhandlung seiner Freisprechung, und durch die hohe Würde, zu der ihn der König erhoben hatte, nur um so bekannter geworden; nach einer solchen lauten Ankündigung konnte der König doch nicht der öffentlichen Meinung gebieten, und verlangen, daß man glauben solle, Hebon sei aus altem freiem Stamme geboren. – Vielleicht war Hebon um seiner niedrigen Geburt willen verachtet worden, und dies hatte seine Laune verbittert, und seinen Haß gegen den König gereizt, der ihn seiner Meinung nach durch die Erhebung zu jenem hohen Posten derselben bloßgestellt. Tegan sucht den König gegen Hebon gleichsam zu entschuldigen. Alles also, was diese Stelle beweisen könnte, wäre das, daß man in diesem Zeitalter einen in der Sklaverei Gebornen nicht so hoch geachtet, als einen Freigebornen; eine Bemerkung, die wohl auf jedes Zeitalter ohne Unterschied passen möchte. – Man mache dieser Erklärung nicht etwa den Vorwurf, daß sie eine philosophische Unterscheidung bei dem Tegan voraussetze, die sich von ihm nicht erwarten lasse! Gab es zu Tegans Zeiten keinen andern Adel, als den der Meinung, wie als erwiesen angenommen wird, so *hatte* Tegan nichts zu unterscheiden, und seine Worte konnten *für seine Zeitgenossen* keinen andern Sinn haben, als den angezeigten. Hingegen muß Montesquieu, um den Worten des Schriftstellers *den* Sinn unterzulegen, den er damit verbindet, voraussetzen, daß Tegan schon einen Begriff von einem Geburtsadel des Rechts gehabt, daß mithin zu seiner Zeit schon ein solcher vorhanden gewesen; kurz, er muß zum Behuf seiner Erklärung schon als erwiesen voraussetzen, was er durch sie erweisen will.

Karl der Große machte in seiner Teilungsakte die Anordnung, daß kein Vasall eines seiner Söhne woanders, als im Reiche seines Lehnsherrn ein Lehn besitzen*, seine Allodiengüter** aber, in wessen Teile sie auch lägen, behalten solle; jedem freien Manne aber, dessen Lehnsherr gestorben, oder der bisher keinen gehabt, erlaubte er, sich – in *wessen* Teile er wolle, dazu zu erwählen, *wen* er wolle. In einem ähnlichen Teilungstraktate, der im Jahr 587 zwischen Gontran, Childebert und Brunehild zu Andely geschlossen worden, und der der Verordnung Karls des Großen fast in allen Stücken ähnlich ist, kommt die gleiche Verfügung über die Vasallen, aber keine über die freien Männer vor; und daraus schließt Montesquieu, daß erst zwischen den Regierungen Gontrans und Karls des Großen die freien Männer sich das Recht erworben, ein Lehn zu besitzen, oder – was meiner Meinung nach das gleiche bedeutet – sich zur Begleitung eines Königs, oder eines andern Großen anzutragen. Aber ich sehe nicht, wie das folgt; wenn man es nicht etwa schon im voraus annimmt. Ich will einmal das Gegenteil voraussetzen, und wir wollen sehen, ob jene Verschiedenheit der beiden Teilungsakten sich nicht ebenso natürlich erklären läßt. – – Wenn vom Anfange der Monarchie an, also vor und zu Gontrans Zeiten, der freie Mann das Recht hatte, sich einem Lehnsherrn zu geben, welchem er wollte, so war es völlig überflüssig, im Teilungstraktate von Andely eine Verfügung darüber zu machen. Es sollte und konnte kein neues Recht eingeführt werden: Ob ein freier Mann sich dem Gontran, oder dem Childebert gab – er wurde sein Lehnsmann, und stand unter seinen Befehlen; und er konnte, da das Lehn nur unter der Bedingung der Waffenbegleitung gegeben wurde, diese aber den Lehnsmann an die Person seines Lehnsherrn band, nicht der Lehnsmann des andern sein, noch ein Lehn von ihm besitzen. Soviel folgte, ohne alle weitere Anordnung aus der Natur der Sache. – Aber eben diese freien Männer, die

* Montesquieu, im angeführten Werke. B. 31. Kap. 25. – Aus dieser Anordnung folgt unter anderm auch das, daß noch zu Karls des Großen Zeiten die Lehnsverfassung in ihrer alten Gestalt fortdauerte. Seine Söhne hatten, noch ehe sie zur Regierung kamen, ihre Lehnsleute, aber sie hatten noch keine Lehne zu vergeben. Mithin waren ihre Vasallen nicht durch den Besitz irgendeines Lehns, sondern durch ihren bloßen Eid, für ihre Person, an ihre Person, gebunden.

** Die Ländereien, die ein freier Mann nicht als Lehn, sondern als Eigentum besaß, hießen *Allodien*. Alle Ländereien waren damals eins von beiden: Lehn, oder Allodium.

jetzt Vasallen wurden, besaßen Allodien. Da diese unter keiner Bedingung verliehen waren, so konnten sie auch unter keiner eingezogen werden; sie verblieben unangetastet dem Eigentümer. Wenn ein Freier, der in Gontrans Gebiete ein Allodium besaß, sich dem Childebert zu einem Lehne darbot, so konnte er, der Natur der Sache nach, von nun an kein Lehn mehr in Gontrans Gebiete besitzen: aber sein Allodium mußte ihm bleiben. – Jetzt bekamen beide Krieg. Er war, vermöge seines Allodiums, verbunden, unter einem Grafen des Gontran – er war, vermöge seines Vasalleneides verbunden, unmittelbar unter Childebert Kriegsdienste zu tun. Er konnte sich nicht teilen; das Lehn hatte den Vorzug, weil es unmittelbar seine Person an die Person seines Lehnsherrn band: aber wie sollte Gontran befriedigt werden? In das Eigentumsrecht des Allodiums einen Eingriff tun, und es etwa einem andern, der ihm die darauf ruhenden Kriegsdienste geleistet hätte, übertragen, – das durfte er einmal nicht. Hieraus mußten mannigfaltige Streitigkeiten zwischen den Königen entstehen. Höchstwahrscheinlich hatten die Vorfahren Karls des Großen die Veranlassung dieser Streitigkeiten entweder durch den unrechtmäßigen Eingriff in das Eigentumsrecht des Allodium; oder durch den ebenso unrechtmäßigen, in das Recht der freien Männer – sich zum Lehnsherrn zu wählen, wen sie wollten – zu heben gesucht: sie hatten entweder die in ihrem Gebiete liegenden Allodien eines Mannes, der sich einen andern Regenten zum Lehnsherrn gegeben hatte, gleich den Lehnen, eingezogen; oder sie hatten allen Allodienbesitzern in ihrem Anteile verboten, sich einen andern zum Lehnsherrn zu wählen, als sie selbst: und Karl fand, durch die Erfahrung der Vorzeit gewarnt, nötig, *ausdrücklich und mit klaren Worten* zu untersagen, was schon *durch die Natur der Sachen* untersagt war, und was, ohne diese vorhergegangene Erfahrung, seine Vorfahren unmöglich untersagen konnten. – Überdies war jetzt ein anderer Ausweg ergriffen worden, jenen Kollisionen der Lehns- und der Allodienpflicht auszuweichen; es war durch ausdrückliche Verfügungen, die man bei Montesquieu angeführt findet, erlaubt worden, die auf den Allodien ruhenden Dienste durch einen andern verrichten zu lassen.

So beweist dieser Umstand nicht *für* – aber die Worte der Verordnung beweisen alles *wider* Montesquieu, und stürzen sein System ohne Rettung zu Boden. – Wer seinen Lehnsherrn durch den Tod verloren, wird hier, ebenso wie derjenige, der nie einen gehabt, *frei* genannt. Was war doch der Lehnsmann vorher, ehe sein

Lehnsherr starb; war er da auch *frei*? Das Gesetz nennt ihn in diesem Verhältnisse Vasall. Der freie Mann wird demnach nicht bloß im Gegensatze *gegen den Sklaven*, sondern auch im Gegensatze *gegen den Vasallen* frei genannt; und wirklich war, der ursprünglichen Verfassung nach, niemand weniger frei, als der Lehnsmann, wie wir oben aus dem Tacitus gesehen haben. Wie will man also doch einen forterbenden Adel suchen, wo der Lehnsmann sogar für seine eigne Person durch den Tod seines Lehnsherrn seine Eigenschaft, als Vasall, verlor, und in die gemeinsame Klasse der freien Männer zurücktrat? Wie könnte man glauben, daß es *da* etwas Höheres gegeben habe, als einen freien Mann, wo der Edelste stets erwarten mußte, es zu werden? Wurde er etwa durch den Tod seines Lehnsherrn seines Adels entsetzt? Nach einem so entscheidenden Beweise sollte man, meine ich, kein Wort weiter verlieren, um jenes System zu verteidigen.

Ich verleugne nicht meine Verehrung gegen den großen Mann, auf dessen Schulter ich mich stellte, wenn ich, durch ihn selbst unterstützt, weiter zu sehen glaube, als er sah. Es ist ein mehr warnender als kitzelnder Anblick, einen der größten Männer im Reiche der Literatur eben durch seine unermeßlichen Kenntnisse, und durch seinen bewundernswürdigen Scharfsinn zur Verteidigung vorgefaßter Meinungen fortgerissen zu sehen, vor denen jene Eigenschaften ihn verwahren sollten.

Noch finden wir keinen Erbadel des Rechts; noch finden wir nicht einmal *persönliche Vorrechte* des unmittelbaren Waffenbruders eines Königs, als dasjenige, welches aus der Waffenbrüderschaft notwendig folgte, den Anteil an der Beute. – Die Eroberer machten Gesetze, und es war zu erwarten, daß ihre Waffen- und Tischgenossen vorzüglich würden begünstigt werden. Wer einen Freien oder Freigelassenen tötete, zahlte 200, wer einen Getreuen des Königs tötete, zahlte 600 Schilling für den Vertrag mit den Hinterlassnen des Getöteten*. Das war allerdings ein Vorrecht; soll

* Solidus. Es wird hierbei niemand an unsere Schillinge denken. Es war eine Münze, deren Wert zu bestimmen, nicht not tut. – Ganz im Geiste ihrer ehemaligen Verfassung (S. Tacitus. Kap. 21) wurde ein Mord nicht als Verletzung des Staats, sondern bloß der Familie – in Ermanglung dieser – des Lehnsherrn, oder – wenn es ein Sklave war – des Eigentümers, betrachtet. Die letztern hatten das Recht der Wiedervergeltung. Dieses wurde durch jene im Gesetze bestimmte Summe abgekauft. Noch zahlte späterhin der Mörder den dritten Teil dieser Buße, unter der Benennung Fredum (Frieden) an den Gerichtshof, der die Sache schlichtete.

es aber für einen Erbadel des Rechts beweisen, so müßte abermals gezeigt werden, daß gewisse freie Familien von der Eigenschaft, womit es verknüpft war, *von der Begleitung des Königs,* ausgeschlossen gewesen; davon aber ist das gerade Gegenteil erwiesen worden. Es war demnach ein bloß persönlicher Vorzug, der mit dem Tode des Lehnsmanns von der Familie wegfiel; den er selbst sogar für seine Person verlor, wenn sein Lehnsherr eher starb, als er; und er kein Mittel fand unter die Begleitung seines Nachfolgers aufgenommen zu werden. – Es war einer Lehnsmann Karls des Großen, und wer ihn getötet hätte, hätte 600 Schilling bezahlt. Karl stirbt, und er *will* nicht oder er *kann* nicht Lehnsmann Ludwigs des Frommen werden, und heißt jetzt, laut obiger Verfügung Karls, *ein Freier.* Er wird getötet. Wieviel hat, nach obigem Gesetze, sein Mörder zu bezahlen? – Außer diesem hatten sie so wenig Vorzüge vor Gericht, daß jeder Edle, der einen Sklaven angeklagt, und ihn zum gerichtlichen Zweikampfe gefordert hatte, verbunden war, sich zu Fuße und im Hemde auf seine Waffen, auf den Stock, mit ihm zu schlagen*. Es ist zu erwarten, daß der Sohn eines solchen Streiters des Königs, vielleicht unter den Augen desselben in den Waffenübungen erzogen, die Verbindlichkeit seines Vaters gern übernahm, und daß der König nicht leicht jemandem sie williger übertrug, als ihm. Er trat dadurch in die Rechte ein, die sein Vater besessen hatte; aber *nicht* vermöge seiner Geburt von ihm, sondern vermöge seiner *eignen* Weihung an den König. Dankbares Andenken an die Verdienste der Vorfahren mußte allerdings die Könige bewegen, bei gegebner freier Wahl, die Nachkommen bekannter und berühmter Männer unbekannten und fremden Familien vorzuziehen: aber ein *Gesetz* verband sie dazu nicht. Jene Klagen über die Zurücksetzung alter Häuser, und die Hervorziehung unbekannter oder ausländischer Familien, die schon unter einigen *Merowingern,* und die lauter und bitterer unter Ludwig dem Frommen und Karl dem Kahlen geführt wurden, gründeten sich demnach gar nicht auf eine Verletzung der Reichsverfassung – welche ohnedem die schon mächtig und unabhängig gewordnen

---

* S. Montesquieu. B. 28. Kap. 24, wo er seine Autorität anführt. – Villain steht im Texte des Beaumanoir, und das kann nichts anders heißen, als *Sklave.* Jeder Freie war gehalten, Kriegsdienste zu tun, wenn er auch nicht Lehnsmann war, mithin war er im Handwerke der Waffen geübt; nur der Sklave war von den erstern, sowie von dem letztern ausgeschlossen. Es ist hier nicht der Ort, diese Bedeutung des Worts aus der Sprache zu erweisen.

Vasallen sicher nicht geduldet hätten; – sie gründeten sich auf eine Vernachlässigung des dankbaren Andenkens, wo sie sich nicht bloß auf den Neid und den Übermut der Edlen gründeten.

Indes hatte immer mehr der Geist des Volks von der kriegerischen Raubsucht zum friedlichen Genusse dessen, was sie hatten, sich gebildet; – die Lehne wurden *auf lebenslang* – sie wurden endlich *erblich* verliehen, und das ganze System wurde gerade umgekehrt. Vorher war die Waffenbrüderschaft des Königs der Grund des Lehnsbesitzes und der persönlichen Vorrechte: – bei dem ersten, der seines Vaters Lehn *erbte*, wurde der Lehnsbesitz Grund der Waffenbrüderschaft des Königs, und der damit verbundenen persönlichen Vorrechte: vorher gab der Kriegsdienst *dem Krieger* ein Recht, *das Lehn* zu fordern; jetzt gab das Lehn *dem Könige* ein Recht, *Kriegsdienste* zu fordern. – Der Erbe des Lehns erbte zugleich die Verbindlichkeiten, die darauf ruhten, und nur *kraft dieser Verbindlichkeiten*, die damit verknüpften persönlichen Vorrechte. Jetzt erst gab es eine Art von Adel, welcher *Rechte – erbte*: die beiden ausschließenden Kennzeichen unsers neuern Adels. Auch nur auf *diese* Art, und nur unter *diesen* Bedingungen konnte irgendein Volk, so barbarisch es auch sein mochte, auf den Gedanken geraten, etwas, das seiner Natur nach nur *freiwillig übernommen*, keineswegs aber *übertragen* werden kann – Verbindlichkeiten und Rechte – zu vererben. Sie banden sie an etwas, das sich allerdings vererben läßt, *an den Boden;* wer diesen nicht wollte, war frei von der Verbindlichkeit, und tat Verzicht auf das Vorrecht: – das war jedem unbenommen, das Vertragsrecht blieb ungekränkt: *wer* ihn übernahm, übernahm auch die darauf ruhenden Verbindlichkeiten, und das nicht durch einen stillschweigenden, sondern durch einen förmlichen Vertrag, – durch *den Lehnseid,* welcher an die Stelle jenes in den Wäldern üblichen Weihungseides getreten war. Mit diesen Verbindlichkeiten waren persönliche Vorrechte verknüpft, die er nicht etwa mit dem Boden des Lehns ererbt hatte, sondern die er erst durch Übernehmung der darauf ruhenden Verbindlichkeiten – die er demnach nicht durch *Erbe,* sondern durch *Vertrag* erhielt.

Dies ist die erste *Veranlassung zur Entstehung* unsers Erbadels des Rechts; aber er ist es bei weitem noch nicht *selbst.* Noch immer gab nicht *die Geburt* den Adel; sie gab das Lehn, und *das Lehn* erst gab den Adel. Wenn ein unmittelbarer Reichsvasall mehrere Söhne hatte, und nur einer von ihnen erbte das Lehn, so erbte auch nur dieser eine den Adel. Meist gab ein solcher Teile seines Lehns an seine Brüder, als Afterlehne, und diese wurden nun seine Edlen, so wie er ein Edler des Königs war. – Doch darauf werden wir bald zu reden kommen.

Um der Entstehung unsers heutigen Erbadels auf die Spur zu kommen, der nicht mittelbar durch etwas, das sich vererben läßt, – durch Ländereien; sondern unmittelbar durch die Geburt; – und nicht vermöge übernommener besondrer Verbindlichkeiten; sondern frei von allen Verbindlichkeiten, Vorrechte zu ererben vermeint, muß man in ein ebenso finsteres, aber verdorbneres Zeitalter herabsteigen, wo die alte Barbarei ohne ihre alte Konsequenz fortherrschte, und wo man auf die Folgen eines Systems fortbaute, das man in seinen ersten Grundsteinen längst zerstört hatte.

Jene ursprünglichen Lehne teilten sich in allen Ländern der ehemaligen fränkischen Monarchie ins Unbegrenzte hinaus in andere, ihnen untergeordnete Lehne; jedes ward ein Baum, welcher Äste trieb, und die Äste trieben wieder ihre Zweige, und die Zweige ihre Blätter. Jeder Vasall verschaffte sich seine Aftervasallen, und jeder Aftervasall wieder die seinigen; alle in der Absicht, um durch die Macht derselben, jeder seinem unmittelbaren Lehnsherrn widerstehen, und sich von ihm unabhängig machen zu können; keiner ahnte vorher, was er nach kurzer Zeit erfuhr, daß seine Vasallen bald diejenige Macht, die er sie gegen *seinen* Lehnsherrn zu wenden gelehrt hatte, gegen den *ihrigen* kehren würden. Der größte Lehnsherr, das Reich, verlor zuerst seine Kräfte; ihm folgten die unmittelbaren Lehne nach Verhältnis ihrer größern Ausdehnung allmählich nach, und so ging die Entkräftung fort zu den mittelbaren, und zu den noch mittelbarern. Das Reich teilte sich in so viele Staaten, als es große Lehne hatte; dann diese in so viele Staaten, als sie untergeordnete Lehne hatten, und so weiter hin. Der freie Besitzer seiner Allodien, der niemands Herr und niemands Knecht war, und der bisher unter dem Schutze des Reichs gestanden hatte, verlor seine Stütze, so wie dieses seine Kraft verlor. War er nicht mächtig genug, sich selbst zu schützen; war sein Allodium nicht ausgedehnt genug, um durch Verteilung desselben sich selbst Vasallen zu verschaffen, so mußte er sich an eine mächtige Partei anschließen, und sein Allodium zum Afterlehne von einem mächtigen Reichslehne annehmen, und es demselben einverleiben. So wurden allmählich alle Allodien zu Lehnen, und das Reich verlor seinen letzten Besitz; nachdem es seinen ersten, die Lehne, durch die Vererbung derselben schon längst verloren hatte. – In den Unruhen und Kriegen der vorigen Zeiten hatten eine Menge freier Leute ihre Freiheit verloren; wer sie noch erhalten und kein Gut hatte, um die halbe Freiheit, die jetzt noch erlaubt war, damit zu erkaufen, verlor jetzt sie sicher: es gab von nun an nichts mehr als *Sklaven*, oder *Lehnsmänner; freie Männer* gab es nicht mehr.

Seitdem Gesetze und Gerichte eingeführt waren, hatten die Lehnsmänner in ihren Lehnsherrschaften die Gerichtsbarkeit. Ähnliche Vorrechte, als sie selbst vor den Reichsgerichten hatten, gaben sie vor den ihrigen – man nannte es ihren *Hof** – ihren Vasallen; und diese wieder den ihrigen, wenn sie welche hatten. Das Reich hatte seine Edlen, und jede kleinere Lehnsherrschaft die ihrigen**. Die Grafen, Richter der freien Männer auf den Allodien, hatten die Gerichtsbarkeit, die sie *als solche* ausgeübt hatten, längst verloren. Es gab keine Allodien mehr. Sie selbst hatten die Grafschaften sich erblich zugeeignet, und besaßen vielleicht den größten Teil derselben, als Lehn. Alle Gerichte waren Lehnsgerichte, und vor diesen waren alle Lehnsleute, die dahin gehörten, edel. Es gab demnach nur Edle und Sklaven; keinen dritten Stand gab es damals.

Noch immer beruhte dieser so sehr mittelbare Adel auf dem Besitze eines Lehns. Die Lehnsleute wurden nach ihren Lehnen genannt; es gab keine Familiennamen***. Solche Abkömmlinge von Vasallen, die kein Lehn bekommen konnten, fielen in ihre Dunkelheit zurück; nichts war, woran man sie erkennen konnte; es ist unmöglich zu sagen, was aus ihnen geworden ist – ignotis perierunt

* La cour, palatium; daher comes palatinus – ein Beisitzer des unmittelbaren Reichsgerichts, wo die Reichsvasallen gerichtet wurden, im Gegensatze eines Grafen, der im Namen des Reichs die freien Männer auf ihren Allodien richtete.

** Daher die Pairs, pares, für unmittelbare Reichsvasallen und Reichsedle. Diese waren sich untereinander gleich, sie standen auf der gleichen Stufe. Der mittelbare, und noch mittelbarere Adel in den Lehnsherrschaften und Afterlehnen war ihnen nicht gleich.

*** Das wird hoffentlich niemand leugnen, der die Geschichte der germanischen Nationen nur ein wenig kennt. Die Benennungen der Merowinger, der Karolinger, der Kapetinger sind erst später von den Geschichtsschreibern zur leichtern Übersicht erfunden. Merowäus (vermutlich wußte Clodwig höher hinauf seine Ahnen nicht) Karl, Kapet waren persönliche Namen, und Ludwig der XVI. hatte recht, nicht Kapet heißen zu wollen. Wenn er nicht mehr König von Frankreich heißen sollte, so hatte er gar keinen Namen mehr als seine Taufnamen. Kein König oder regierender Fürst hat einen andern: König, Herzog, Fürst sind Benennungen der Würde, aber nicht Namen.

mortibus. – Noch immer gab es keinen Adel durch die bloße Geburt, als eine Kleinigkeit, ein bemaltes Brett, ihn herbeiführte.

Die größern Vasallen erzogen an ihren Höfen die Kinder ihrer Lehnsleute in den Waffenübungen. Diese Höfe wurden allmählich glänzender und galant; der Geist der Ritterschaft entstand, und mit ihm die Turniere. Vom Scheitel bis an die Füße mit Eisen bedeckt, wollte der kämpfende Ritter sich durch irgend etwas kenntlich machen, und tat es, nach mancherlei andern Versuchen, durch ein Bild auf seinem Schilde. Durch Taten der Kühnheit und der Stärke berühmt, bekam dieses Bild etwas Feierliches für seine Nachkommen. Der Vereinigungspunkt der Familien war gefunden, und wer nichts von seinem Vater erbte, erbte wenigstens das Bild, das auf seinen Schild gemacht war, und wurde oft auch nach ihm genannt. – Die Namen unsrer alten deutschen Familien kommen entweder von ihren ehemaligen Lehnen her – und dann wird man meist Dörfer oder Burgen des gleichen Namens aufzeigen können; – oder sie kommen von ihrem Wappen her, und dann ist die Ähnlichkeit sichtbar, und die wichtige Wissenschaft, welche von den Wappen handelt, nennt ein solches Wappen ein redendes Wappen. – Der Name wurde damals vom Wappen entlehnt. Bei den neugeadelten Familien ist es umgekehrt; oft wird da das Wappen vom Namen hergenommen.

Indessen hatte sich auch im Kriege ein Hauptumstand verändert. Ehemals zogen nur die Freien zu Felde. Jetzt hatte die Anzahl dieser – die nun Edle geworden waren – durch Unterjochung aller, die das nicht werden konnten, sich ansehnlich verringert; die Zahl der Fehden aber, dadurch, daß jeder Lehnsmann, so klein er auch war, Kriege führte, sehr vermehrt. Der mächtigste Vasall hätte seinen Feinden nicht Widerstand tun können, wenn er bloß seine edlen Lehnsmänner in das Feld geführt hätte; wieviel weniger denn der Besitzer eines geringen Dorfs, der doch auch seine Kriege hatte. Leibeigene Bauern taten jetzt Kriegsdienste. Die mächtigern Vasallen rechneten, die in den Waffen geübtern Nachkommen ihrer Lehnsmänner, denen sie kein Lehn erteilen konnten, als Anführer jener Leibeignen in ihren Fehden gebrauchen zu können, und erteilten ihnen wahrscheinlich um dieser Nutzbarkeit willen an ihren Höfen und vor ihren Gerichten die Vorrechte ihrer wahren Lehnsmänner. Dies ward zur Gewohnheit; und jetzt maßten auch diejenigen, denen niemand sie ausdrücklich erteilt hatte, diese Vorrechte, als etwas, das sich von selbst verstünde, sich selbst an: niemand konnte oder wollte es untersuchen, und so entstand die abenteuerliche Meinung, daß man unmittelbar durch die Geburt Vorrechte *vor* andern Menschen und *auf* andre Menschen erhalten könne.

Daß dies an sich unmöglich sei, weil es wider natürliche unveräußerliche Menschenrechte streitet, habe ich im vorigen Kapitel gezeigt; daß es in keinem der alten Staaten, und eine geraume Zeit auch in keinem der neuern so gehalten worden, und daß dieses Vorurteil nicht durch die Staatsverfassung begründet, sondern durch Unwissenheit, Mißbrauch und Anmaßung allmählich herbeigeführt worden – in dem gegenwärtigen. – Doch laßt uns jetzt alle Ansprüche des Adels einzeln, einen nach dem andern, durchgehen!

Zuerst machen sie einen Anspruch auf unsre Meinung: sie wollen für vornehmer gehalten sein. Der Adel der alten Völker imponierte gleichfalls der Meinung; darin kommt der neuere mit ihm im ganzen überein, unterscheidet sich aber auch hierüber der Art nach, sehr merklich von ihm. – »Ich bin von Adel, sagt uns der moderne Edelmann.« – Welch etwas ganz anderes war es, wenn ein Römer sich einen Brutus, einen Scipio, einen Appius, oder Cimon sich Miltiades' Sohn nannte! *Bestimmte* Taten *bestimmter* Männer gingen dann vor der Seele des Volks vorüber, dem er sich nannte, und knüpften sich an den Mann, der durch seinen Namen oder durch den Namen seines Vaters das Andenken derselben bei ihnen erneuerte. – Aber was denken *wir* uns bei dem unbestimmten weitschichtigen Begriffe: *Adel?* Etwas Klares wenigstens nicht. – Oder, sagt uns auch der moderne Edelmann seinen Namen: ich bin ein Herr von X*** oder ein Herr von Y*** oder ein Herr von Z***; so ist er und wir dadurch meistenteils sehr wenig gebessert. Wir sind im allgemeinen in unsrer vaterländischen Geschichte weit weniger einheimisch, als die alten Völker, weil man uns soviel als möglich abhält, Anteil an öffentlichen Geschäften zu nehmen: – und was wir allenfalls wissen, erregt unsre Teilnehmung in weit geringerm Grade, weil es derselben meist so wenig würdig ist. – Wenn wir denn nun von den Taten der Ahnherren des X*** oder Y*** Hauses sehr genau unterrichtet wären, – was würden wir denn nun wissen? Vielleicht, daß der eine bei einem Turniere des Kaisers Friedrich des Zweiten mitgefochten; ein andrer einen Kreuzzug mitgemacht; in den neuern Zeiten ein dritter Minister war, wie alle Minister zu sein pflegen; ein vierter General, wie alle Generale zu sein pflegen; daß ein fünfter als Gesandter einen Tauschvertrag über einige Dörfer abgeschlossen, oder eine versetzte Landschaft eingelöst, daß ein sechster in dem oder jenem Treffen brav getan habe. – Recht wohl; aber *wie* hat er denn brav getan; kann man nicht einzelne Züge seines Heldenmuts, nichts Besonderes über die Umstände erfahren? – Was man nicht alles fragt! genug er hat brav getan; in dieser oder jener Chronik steht's. – Ich wüßte gegenwärtig kein Land, wo durch die Nennung gewisser Namen kräftige Nebenideen erweckt würden, als etwa die preußischen Staaten. Ich höre einen Keith, einen Schwerin, einen Winterfeld nennen. Hier fallen mir wohl die Taten der Helden Friedrichs von dem gleichen Namen bei; und ich werde begierig, zu wissen, ob der Unbekannte etwa von ihnen abstamme, und ob er in ihre Fußtapfen trete. – Aber bald hängt in der Seele des Menschenfreundes sich auch an diese Erinnerung eine wehmütige Empfindung, wenn man sich erinnert, *für was* – jene Großtaten getan wurden. – Sonst haben die Helden unsrer Geschichte fast keine Physiognomie; diese Geschichte hat für den Braven, und für den Treuen, und für den Geschickten nur eine Form, worein sie sie alle gießt. Haben wir einen gesehen, so haben wir sie alle gesehen. Liegt die Schuld davon an unsern Helden, oder liegt sie an unsern Geschichtsschreibern?

Ein wenig immer an den Helden, und in den neuesten Zeiten fast ganz. – Alles hat bei uns seine bestimmte Regel, und unsre Staaten sind Uhrwerke, wo alles geht, wie es einmal gestellt worden. Die Willkür, der individuelle Charakter hat fast ganz keinen Spielraum, er soll keinen haben; er ist überflüssig, er ist schädlich, und ein guter Vater oder Erzieher sucht sorgfältig seinen Zögling, den er zu den Geschäften bestimmt, vor diesem nachteiligen Hausrate zu verwahren. Jeder Kopf wird mühsam in die konventionelle Form seines Zeitalters gegossen. – »Warum ist doch dies oder jenes so: es könnte auch anders sein; warum ist es nicht anders?« fragt der Zögling. – Schweig, antwortet ihm ein weltkluger Lehrer; das ist so, und es muß so sein, darum, weil es so ist – und um wenig daß er diese Lehre wiederholt, wird er seinen Zögling überreden, und dieser wird sich seiner unbequemen Fragen hinfort enthalten. – Bei den Alten hatten nicht nur bestimmte Personen ihre Charaktere; es gab sogar recht stark gezeichnete Familiencharaktere. Man wußte meist ziemlich bestimmt, was man von einem Manne mit einem gewissen Namen zu erwarten hätte. Wollten die Patrizier einen festen unbeweglichen Damm gegen Volksunruhen;

– sie bedienten sich eines Appiers: dies waren geborne Feinde der Volksgewalt. Wollten die Römer einen Unterdrücker der Freiheit aus dem Wege geräumt wissen; – sie schrieben ihrem Manne: kannst du noch schlafen, Brutus? und dieser bedeutungsvolle Name *Brutus* sagte mehr, als die längste Rede. Es war das Erbamt der Brutusse, die Usurpatoren zu vertilgen. Als Augustus regierte, gab es keine mehr, sonst hätte er nicht lange regiert. – Wolltet ihr mir nicht sagen, welchen bestimmten Familiencharakter die Herren von X*** oder Y*** oder Z*** haben, und was ich ganz besonders erwarten darf, wenn man mir einen nennt?

Endlich – der Hauptunterschied zwischen dem Meinungsadel der Alten und dem unsrigen, der die Sache des letztern völlig verdirbt – der alte wurde gegeben, der unsrige wird genommen; dort bestimmte die Meinung sich freiwillig, hier wird ihr geboten. Der alte Adel zeichnete sich durch nichts sichtbar aus; der römische Noble führte seine drei Namen geradeso, wie sie der geringste Bürger führte; die Bildnisse der Ahnen waren eine Privatsache; sie blieben in dem Innersten ihrer Häuser verschlossen, und verließen sie nur einmal nach dem Tode des Besitzers, wo sie dem Volke nach vollendeter Laufbahn nicht ähnliche Taten versprechen, sondern dasselbe bloß zur Vergleichung des jüngst Verstorbenen mit seinen Ahnen einladen wollten; sie machten keinen Anspruch auf größere Ehrenbezeugungen, oder auf besondre Titel in der Gesellschaft, und waren um so herablassender, je edler sie waren, und je mehr sie wünschten, den Adel ihres Geschlechts durch neue Würden zu erhöhen. Wieviel anders benehmen sich unsre Edelleute. Bis auf ihren Namen zeichnen sie sich vor uns andern aus, und um dieses bloßen Namens willen fordern sie – vor wahren Würden – den Vortritt und ausgezeichnete Ehrenbezeugungen; und dies tun sie bei so unendlich geringern Ansprüchen auf die öffentliche Meinung, als jene hatten, und glauben durch ihre dreisten Forderungen die mangelnden Bewegungsgründe, sie vorzüglich zu achten, zu ersetzen. Aber die Meinung läßt sich nie gebieten, und rächt sich an jedem, der sie gegen ihre Natur behandelt. Die Patrizier, zur Zeit, als sie unserm Adel glichen, wurden vom bittersten Hasse und Spotte der übrigen Volksklassen verfolgt; aber sobald sie in ihre Grenzen zurückgewiesen waren, und ein andrer Adel, der Adel der bloßen Meinung, sich an ihre Stelle setzte, finden wir nicht weiter, daß bei den Römern der Adel verspottet, oder gehaßt worden. Aber welches ist das Schicksal des unsrigen? Seitdem er – und Denkmäler von der

Denkungsart der Zeiten vorhanden sind, ist er immer ein Gegenstand der Furcht, des Hasses und der bittern Anmerkungen der übrigen Stände gewesen; selbst die Monarchen haben dasjenige, was doch ihre einzige Stütze war, und was unsern Augen eine natürliche Stufenleiter bis zu ihrer unnatürlichen Erhöhung hinauf darbot, von jeher herabzusetzen, und zu entkräften gesucht, und in unserm Zeitalter ist es soweit gekommen, daß der Edelmann, der weiter nichts als das ist, nur durch übertriebne Demut es dahin bringen kann, in den Zirkeln des angesehnern Bürgerstandes, der Gelehrten, der Kaufleute, der Künstler geduldet zu werden.

Herr Rehberg, ein einer solchen Sache würdiger Verteidiger, ist zwar auch der Meinung, daß Nachkommen angesehner Männer *von Rechts wegen* geehrt werden müssen. »Es klebt – der Adel seines Gegenstandes scheint seine Sprache eben nicht veredelt zu haben – es klebt dem Hochgebornen an, sagt er*, daß seine Vorfahren von jeher zu den Angesehnen des Landes gehört haben. Er kann diese Würde vielleicht durch seine Laster schänden, so wie er sie durch seine Tugend ehrt. Aber vertilgen kann er sie nicht, wenn er es nicht dahin bringt, daß der Verwalter der Gesetze *von Rechts wegen* sein Wappen zerbricht, und seinen Titel vernichtet.« Ich bitte, ist denn nun jene *Würde*, wenn es eine war, vertilgt? Ist, nachdem der Verwalter der Gesetze sein Wappen zerbrochen hat**, *der* Mann nicht mehr sein Vater, der es vorher war, und dieses Mannes Vater nicht mehr der nämliche; – haben nun seine Vorfahren aufgehört, zu den Angesehenen des Landes gehört zu haben, und sind geschehne Dinge ungeschehen geworden? Richtiger, als Herr R. räsonnierte jene Hofdame: Meine Geburt kann mir Großvater nicht nehmen. Oder will vielleicht der Mann etwas anders sagen, als er wirklich sagt, und ist ihm bloß eine kleine Unbestimmtheit entgangen? Soviel aus seinen übrigen Unbestimmtheiten hervorgeht, mag er das wohl wollen. »Ein Altadliger, dessen Vorfahren seit vielen hundert Jahren zu den Ersten des Landes gehört haben, bekleidet eine sehr respektable Würde, auch sogar, wenn seine Person nicht respektabel sein sollte, sagt er vorher. – Kein Monarch der Welt (der Erde?), sagt er tiefer unten, kann denjenigen, den er adelt, dem Altadligen gleichmachen; – – er kann den Menschen nicht gebieten, daß sie diesen, der selbst eben emporstieg, jenem andern

---

* S. 64.

** Ein sauberer Verwalter der Gesetze, der eigenhändig Wappen zerbricht.

gleichachten, in dem sie den ganzen Stamm ehren.« Er scheint demnach von derjenigen *Würde* zu reden, welche die Volksmeinung gibt. Diese kann, seiner eignen Aussage nach, durch kein Gebot erteilt, aber sie kann durch einen Rechtsspruch genommen werden; es kann uns nicht geboten werden, jemanden zu verehren; aber es kann uns befohlen werden, aufzuhören, jemanden zu verehren. Gewiß, eine gründliche Philosophie! – Doch, wir wollen ihn ganz übersetzen, so gut wir's vermögen. Jene Würde, so scheint es, soll allerdings nicht von der freien Meinung abhängen, sie soll rechtsgültig sein: nur soll das Gesetz, das sie dazu macht, nicht ein Machtspruch des Monarchen sein, sondern es soll auf die notwendige Einrichtung der bürgerlichen Gesellschaft überhaupt sich gründen. – »Diese bestehe nicht aus einzelnen Menschen, die einander gleich geboren würden, *so wie das junge Vieh* – drückt er sich mit seiner gewöhnlichen Anständigkeit aus – *in einer Herde den Alten vollkommen ähnlich sei, wenn es auf die Welt kommt, und ihm von selbst gleich werde, wenn es heraufwächst;* sie bestehe aus Stämmen.« – Wenn das ist, so müssen wir jenen Altadligen, dem der Rehbergische Verwalter der Gesetze sein Wappen zerbricht, nach wie vor ehren; denn er bleibt von dem gleichen Stamme. – Aber das ist alles Erdichtung und ungeschickte Sophisterei. Wir ehren nie jemanden *von Rechts wegen.* Hochachtung läßt sich nie, weder durch die Staatsverfassung überhaupt, noch durch einen einzelnen Machtanspruch des Monarchen gebieten; sie gibt sich freiwillig: und allerdings fällt sie leicht auf den Nachkommen eines verdienten Mannes, wenn er sich derselben durch sein eignes verächtliches Betragen nicht unwürdig macht. Tut er dies, so wird er verachtet, auch ohne daß sein Adel durch einen Rechtsspruch aufgehoben werde. Ein solcher förmlicher Rechtsspruch könnte höchstens *die* Wirkung haben, daß das Vergehen des Bestraften, als rechtskräftig erwiesen, allgemein bekannt würde; aber die einfache Darlegung der Tatsachen mit ihren Beweisen würde das gleiche auf die Volksmeinung wirken. Wenn ein Despot einen Altadligen, der einem ungerechten Begehren desselben kühn und männlich widerstanden hätte, darum seines Adels entsetzte – so würden wir ihn darüber nicht *weniger*, wir würden ihn *mehr* ehren. *So* wenig hängt der Adel in der Volksmeinung von Rechtsaussprüchen und von Rechtsherkommen ab.

Es ist weder Vergnügen noch Ehre gegen einen Schriftsteller zu Felde zu ziehen, dem die Natur die Talente versagt hat, zu sein, was er gern wäre, ein blendender Sophist; und der in Gedanken und Ausdruck zur letzten Klasse der Autoren gehört, welche gerade vor den Skriblern hergeht: und gewiß hätte ich mich dieser undankbaren Arbeit überhoben, wenn nicht ebenderselbe durch seinen schneidenden Ton von einigen gutmütigen Lesern ertrotzt zu haben schiene, ihn in die erste Klasse der Schriftsteller Deutschlands zu setzen. Unsern Lesern zum Troste versprechen wir hiermit, uns im Verfolge dieser Schrift sorgfältig zu hüten, daß wir auf unserm Wege ihm nicht wieder begegnen. Aber, dürfte man noch einwenden – wenn wir auch nicht rechtskräftig verbunden sein können, die Nachkommen großer Männer im Herzen zu ehren, weil dies eine innere Gesinnung ist, die nicht in unsrer Macht steht; so läßt sich doch vielleicht eine Verbindlichkeit denken, ihnen gewisse äußere Zeichen der Ehrerbietung zu geben, die allerdings in unsrer Macht stehen: – eine Verbindlichkeit, über deren Beobachtung der andere Richter sein kann. – Wenn wir fragten, wozu solche äußeren Ehrenbezeugungen, von denen man nie wissen könne, ob sie innere Ehrerbietung zur Quelle haben, oder nicht, dienen sollten; so läßt sich kaum erwarten, daß unsre Adligen antworten würden: »damit wir wenigstens in der süßen Täuschung erhalten werden, daß ihr uns ehret, ob ihr auch vielleicht im Herzen uns verachtet.« – Es läßt sich demnach kein andrer Zweck dieser äußern Ehrenbezeugungen denken, als dieser, daß andere, die vielleicht willens sind, den Adligen bloß um seines Adels willen zu ehren, nicht durch uns in diesem guten Willen gestört werden. Wollen auch *wir* sie nicht ehren, so sollen wir doch durch unser Betragen nicht auch noch diejenigen aufreizen, die sie sonst vielleicht ehren möchten; wir sollen vielmehr durch unser ehrerbietiges Betragen andern diejenige Ehrfurcht gegen sie einflößen, die wir selbst einmal ihnen nicht geben können. – Dies hängt entweder von der Beantwortung jener Frage der Klugheit ab: ist es nützlich, daß gewisse Stände im Staate vorzüglich geehrt werden, und insbesondre, daß die Geburt diese Stände bestimme? – deren Beantwortung nicht in das gegenwärtige Buch gehört, als welches bloß vom Rechte, nicht aber von der Nützlichkeit handelt: – – oder es ist eine Frage von der Billigkeit: »da die Verdienste großer Vorfahren ihren Nachkommen keinen gegründeten Rechtsanspruch auf unsre Achtung geben, ist es nicht wenigstens der Billigkeit gemäß, daß wir ihnen die Möglichkeit, geachtet zu werden, soviel an uns ist, erleichtern?« und diese Frage steht mit unserm Vorhaben allerdings in Verbindung, und eröffnet uns überhaupt den Übergang zu der Untersuchung: was folgt denn aus dem Adel der Meinung auf unser Verhalten gegen den Adligen?

Ich bin von Adel, heißt fürs erste oft soviel: meine Vorfahren haben eine große Anzahl von Generationen hindurch in einer gewissen Wohlhabenheit gelebt; ich selbst bin von Jugend auf an dieselbe gewöhnt worden, und ich habe dadurch eine Art von Anspruch erlangt, bequemer zu leben, als ihr andern, die ihr dessen nicht gewohnt seid. – Nur oft heiße es das, sage ich: denn es gibt Provinzen, welche ich hier nicht nennen mag, in denen der adlige Ursprung eher auf das Gegenteil, auf eine unter niedrigen Beschäftigungen, unter Schmutz und Mangel zugebrachte Jugend schließen läßt. – Oder ich bin von Adel, heißt soviel: meine Vorfahren lebten in einem gewissen Ansehen unter ihren Mitbürgern; ich ward in meiner Kindheit und Jugend um ihrer willen geehrt; ich bin gewohnt, geehrt zu sein, und ich will mich jetzt durch mich selbst ehrwürdig machen: aber auch das heißt es in jenen Provinzen nicht, wo die Väter in der Dunkelheit ein kleines Gütchen mit eignen Händen bauten. – Wo es aber beides heißt, was könnte daraus folgen? Daß wir den Mann um des Ansehens und der Wohlhabenheit seiner Väter willen verehren, und ihn auf unsere Kosten in Wohlhabenheit versetzen müßten, nun einmal nicht. Also nur das, daß er eine höhere Aufforderung habe, als wir andern, die Wohlhabenheit und die Berühmtheit, an deren Genuß er gewöhnt ist, zu erringen, daß er alle seine Kräfte aufbieten möge, um sich über seine Mitbürger emporzuschwingen. Seine Geburt könnte also höchstens ein Freibrief für seinen durch eigne Talente und Kraft unterstützten Ehrgeiz sein. Aber, ich bitte, wem gäben denn diese eignen Talente und dieses eigentümliche Übergewicht der Kraft nicht auch ohne die Geburt diesen Freibrief? Bediene er sich, so gut er kann, der Volksmeinung, um durch sie ein Übergewicht zu erhalten, das seine persönliche Kraft ihm nicht gibt; wir werden mit unserm Rechte dieses Übergewicht zu schwächen suchen: wir sind in einer offenen Fehde begriffen, und jeder bedient sich seiner Waffen; der Überwundne muß sein Mißgeschick tragen. – Wenn mit gleichen Talenten und gleicher Kraft zwei Männer, der eine aus berühmtem Geschlechte, und der andere von unbekannter Herkunft, um die gleiche Würde im Staate ringen; kann der erstere verlangen, daß der letztere ihm weiche? Darf er ihm sagen: du hast einen erhabnen Platz weniger nötig, als ich, der ich mit dem Ruhme großer Vorfahren zu kämpfen habe; für dich ist ein niedrigerer hoch genug? Wie, wenn ihm der letztere antwortet: ruhe du auf den Lorbeeren deiner Ahnen; dir wird die Hochachtung des Volks nicht entgehen; mich ehrt man nur um meiner selbst willen; ich habe die Unberühmtheit meines ganzen Geschlechts zu rächen, ich muß für alle meine tatenlosen Vorfahren mitarbeiten – wollen wir diesem weniger recht geben? Aber, ich glaube, keiner von beiden hat recht. Jeder tue, soviel er kann; Zufall oder Kraftüberlegenheit mag über den Sieg entscheiden.

Ich bin von Adel, kann auch heißen: meine Vorfahren haben mit einer Publizität gelebt, die sie nötigte, über die Grundsätze der Rechtschaffenheit und der Ehre streng zu halten. Sie konnten an ihrem erhabnern Platze keine schlechte Handlung begehen, ohne die Augen der Welt auf sich zu ziehen, entdeckt und bestraft zu werden. – Da sie dies nicht geworden sind, so ist vorauszusetzen, daß sie nichts Entehrendes begangen haben. Diese in einer langen Reihe von Vater auf Sohn überlieferten, der Familie gleichsam zu einem Erbgute gewordnen Grundsätze sind endlich auf mich herabgekommen. Von mir läßt sich sichrer ein ehrenfestes, untadelhaftes Betragen erwarten, als von Leuten, von denen man nicht weiß, nach welchen Grundsätzen sie gebildet worden sind: – und so stünden wir denn bei der berufnen Ehrliebhaberei (point d'honneur) des Adels.

Diejenige Art des Ehrgefühls, die der Adel für sein ausschließendes Erbteil hält, ist eine Reliquie aus Zeiten und von Sitten, die nicht die unsrigen sind; soviel es ehemals gewirkt, und von so gutem Nutzen es gewesen sein mag, so ist es doch jetzt ganz von keinem; es ist ein Fremdling in unsrer Welt, der sich in seine Stelle nicht zu finden und seinen Platz nicht zu behaupten weiß. – Alle neugebornen Völker, die die Stimmung für den Naturstand in die ersten Versuche ihrer Staatsverfassungen mit herüberbrachten, setzten die ganze Tugend in Mut und Stärke. So war es bei den ältesten Griechen, so war es bei den germanischen Völkerschaften, und so wird es wieder sein, wenn einst die Wilden von Nordamerika Staaten errichten werden. Die Gesinnungen, welche durch jene Stimmung bewirkt wurden, waren auch wirklich in diesen einfachen Staatsgebäuden hinlänglich. Verachtung der Lüge, der List und des Kriechens; Schonung des Wehrlosen, Großmut gegen den Schwächern. Erzogen, zum Manne aufgewachsen, und grau geworden unter Gefahren, die er doch immer besiegt hatte, war des rauhen Kriegers Mut unerschütterlich, und er verachtete es, irgendwo den krummen Weg zu gehen, da er sicher war, auf dem kürzern geraden durch alle Gefahren hindurch zu seinem Ziele zu kommen. – So wie ein Volk aus diesem Zustande sich zum Genusse des Friedens und der Künste desselben erhebt, werden seine Bedürfnisse, und mit ihnen die Versuchungen, denen es ausgesetzt ist, mannigfaltiger. Es öffnen sich mehrere Wege, andern zuvorzukommen. Der bloße Mut reicht nicht überall mehr zu: hier erfordert es auch der Klugheit, der Biegsamkeit, des Nachgebens, der ausharrenden stillen Geduld. Der rauhe Krieger wird freilich anfangs in diese neue Ordnung der Dinge sich schwerlich fügen: Klugheit wird ihm List, Biegsamkeit Niederträchtigkeit, Nachgiebigkeit Kriecherei scheinen; aber allmählich wird er zu besserer Erkenntnis kommen, und wer verbürgt ihm, daß sein weniger vorbereiteter Sohn oder Enkel nicht über die schmale Grenzlinie hinübergerissen werde, und in die Laster versinke, die sein rauherer Ahnherr schon in den verwandten Tugenden scheute, und floh? Der Grund, worauf jenes Ehrgefühl aufgebaut war, ist nun weggerissen: – es steht als Luftschloß da, was vorher ein ehrwürdiges festes Gebäude war. – – Wer da sagt: ich habe es nicht getan, gibt dem sich beleidigt Glaubenden völlige Genugtuung; war der erhabne Grundsatz eurer Väter. – Ja wohl gab er, der Denkungsart der Zeiten nach, ihm eine schreckliche Genugtuung, wenn er's doch getan hatte; er erniedrigte sich so tief unter ihn, daß er aus Furcht vor ihm log. Er war vor seinem eignen Gefühle, das lebenslängliche Übung geschärft hatte, entehrt; er war vor Welt und Nachwelt tiefer gebrandmarkt, als eure Brandmale alle gehen, wenn die Lüge entdeckt wurde. Und ein solcher Grundsatz könnte heutzutage noch eine Anwendung haben, wo man es sich gegenseitig gar leicht verzeiht, die Wahrheit verschönert, und ihre Härte gemildert zu haben; wo man es sich nicht bloß verzeiht, sondern sogar sich damit rühmt? Das ist der wahre Unterschied zwischen dem Ehrgefühle des ehemaligen Adels und dem des größten Teils unsers heutigen: jener wollte nicht Unedles *tun*, dieser will nicht *sagen* lassen, daß er's tat; jener war stolz, dieser ist zu eitel, als daß er stolz sein könnte. – Seitdem es Höfe und Höflinge, und Hofintrigen und Hofadel gibt, wie viele Familien sind wohl noch übrig, die uns beweisen können, daß keiner ihrer Ahnherren durch niedrige Künste, durch Schmeicheln und Kriechen, und Lügen, und Beraubung des Wehrlosen ihrem Hause einen Teil desjenigen Glanzes verschafft habe, den sie so gern zur Schau ausstellen? Wir wissen zwar wohl, daß ihr noch immer fertig seid, auf jedes unedle Wort den, der es sagt, zu durchbohren; aber haltet euch an euer Zeitalter, wenn wir von dieser Zartheit eures Ohrs nicht mehr so sicher auf die Zartheit eures sittlichen Gefühls schließen, als wir zu eurer Urahnen Zeiten es vielleicht getan hätten. – Es ist wahr, Zweig eines edlen Stammes, es können sehr wohl die ehrenfesten Grundsätze der alten biedern Ritterschaft auf dich herabgeflossen sein; aber es ist ebenso möglich, daß die Grundsätze der Hofkünste dir überliefert seien: wir können beides nicht wissen. Siehe, wir wollen das letztere nicht voraussetzen; mute uns nur nicht zu, das erstere anzunehmen. Geh hin, und handle, und wir wollen dich dann nach dir selbst beurteilen.

Doch, es gab vor noch nicht langer Zeit in einigen Provinzen Stämme, von denen das erstere mit großer Wahrscheinlichkeit vorauszusetzen war, und es gibt sie vielleicht noch – jener Kriegsadel, den Friedrich der Zweite, welcher keinen Hof hielt, und in dessen Staaten auch vor ihm kein eigentlicher, d. h. kein verdorbner Hof gewesen war, aus seinen entferntesten Provinzen zog, und durch welchen er seine merkwürdigen Schlachten schlug. Mit der ganzen Erbschaft von seinem Vater, dem Degen und einem unbescholtnen Namen, ging der Jüngling in das Feld, und sog bald den Nationalstolz ein, der diese Heere begeisterte. Im Schlachtgewühle wuchs er herauf; täglich war er gewohnt, mit seinen Waffengenossen zu teilen, was der Tag brachte: auf den Besitz von Reichtümern konnte seine Leidenschaft nicht fallen. Täglich mit Gefahren kämpfend lernte er, daß keine sei, durch die der Degen nicht einen Weg bahne. Mut verschaffte ihm alles; leicht entbehrte er anderer Künste, deren er entbehren konnte; und die Blüte der alten Zeiten war, wie ein Wunder, in unserm Zeitalter wiederholt. – Ein solcher Adel ist allerdings da zu brauchen, wo der Mut und das Ehrgefühl, zu dessen Erzeugung dieser hinlänglich ist, alles gilt – im Kriege: hier, und so lange die Kriege noch notwendig sind, fordre jeder, der zu jenem Adel gehört, kühn den Vortritt; aber er schreite nicht über seine Grenzen in ein fremdes Gebiet hinüber.

Um endlich diese Untersuchung über den Meinungsadel zu schließen – das Vorurteil für den Enkel großer Ahnen ist ein Glücksgut. Benutze jeder, soviel dieses Glück ihm bietet, so gut er kann, wie er jedes andre Glücksgut, z. B. Witz, eine gefallende Gestalt, körperliche Stärke, so gut benutzt, als es ihm möglich ist. Es ist ein freiwilliges Geschenk der Völker, so wie das letztere ein freiwilliges Geschenk der Natur. Es gibt ihm keine Rechtsansprüche; auch nicht einmal auf die Fortdauer dieses Vorurteils, die er nicht erzwingen kann.

Da dieser Adel kein Eigentum ist, noch seiner Natur nach es je werden kann, so hat jeder Staat, den anderweitige Gründe der Klugheit bewegen, das Verschwinden desselben zu wünschen, das vollkommene Recht – nicht etwa diese Art des Adels selbst aufzuheben, das ist physisch unmöglich, die Meinung läßt sich nie gebieten – sondern die etwaigen äußern Auszeichnungen aufzuheben, an die sich bisher die Meinung gehalten hat. Wo die Volksmeinung noch für den Adel entschieden ist, wird eine solche Aufhebung nur langsam wirken; wo sie schnell wirkt, mußte schon vorher die Meinung zu verschwinden angefangen haben. Dergleichen Befehle wirken am stärksten, wo sie nicht nötig sind, und am wenigsten, wo sie höchst nötig sind. Es gibt zweckmäßigere Mittel, die Meinung zu bestimmen, als Befehle; und in unserm Falle kann man dem Adel selbst diese Sorge fast ganz allein überlassen. – – Ich begreife nicht, wie der Staat irgendeinem seiner Bürger verbieten könne, sich fernerhin mit einem gewissen Namen zu benennen, oder wie er den Mitbürgern desselben verbieten könne, ihn fernerhin mit diesem Namen zu benennen, wenn sie daran gewöhnt sind, und es freiwillig tun wollen; ich sehe nicht ein, wie das mit der natürlichen Freiheit bestehen könne. Aber das glaube ich wohl einzusehen, wie er entweder den bisherigen geringern Ständen *erlauben* könne, sich gegen die bisherigen höhern gewisser Benennungen nicht mehr zu bedienen, oder auch, wie er allen, die Lust dazu haben, erlauben könne, hinfort die gleichen Benennungen anzunehmen. Ob der Herr von X . . . oder der Ritter, oder der Baron, oder Graf von Y . . . sich fortschreibe, wie er sich bisher geschrieben hat, oder ob er auch seinem bisherigen Namen noch eine Menge Namen hinzufüge, das scheint mir sehr unwichtig. Aber wer darf dem Staate Einrede tun, wenn er allen seinen Bürgern erlaubt und anrät, den Herrn von X . . . und den Grafen von Y . . . hinfort geradezu Herr X . . . oder Herr Y . . . zu nennen, und wenn er ihnen verspricht, sie beim Gebrauche dieser Erlaubnis gegen den vorgeblichen Edelmann zu schützen? Oder auch, wer will ihm verwehren, alle seine Bürger, von dem höchsten bis zum niedrigsten, in den Adelsstand zu erheben, und etwa dem armen Hirtenknaben zu erlauben, sich Baron oder Graf, von soviel Grafschaften es ihm gut dünkt, zu nennen? Die Auszeichnung wird sich von selbst verlieren, wenn sie keine mehr ist, und jeder wird sich so kurz benennen, als er kann, wenn die Länge seines Titels ihm nichts mehr hilft. – Ein bekannter aristokratischer Freistaat, dessen regierungsfähige Häuser teils adlig, teils nicht adlig waren, erhob auf einmal alle diese Häuser in den Adelsstand. Das war nur eine andere Art von Aufhebung des Adels; eine Auszeichnung, die nicht mehr auszeichnete, war so gut als aufgehoben.

Die Abstammung von großen verdienten Männern erregt im Volke ein vorteilhaftes Vorurteil für den Abkömmling derselben: dies nannten wir den Adel der Meinung. Dieser Adel *selbst* kann nicht, als von Rechts wegen, gefordert werden, weil die Meinung ihrer Natur nach sich nicht gebieten läßt; und ebensowenig *erfolgen* aus ihm rechtskräftige Ansprüche auf wirkliche Vorrechte, weil in der Wirkung nicht liegen kann, was in der Ursache selbst nicht liegt. Ein Adel, der dergleichen Ansprüche macht, ist folglich mit denselben geradezu abzuweisen. – Um dies für alle besondren Fälle deutlicher einzusehen, laßt uns jetzt die Vorrechte, die der unsrige fordert, einzeln durchgehen! Zwar hat er in neuern Zeiten, aus Gründen, deren Entwicklung hier nicht nötig ist, in mehrern Staaten verschiedne von den Vorrechten, die er vorher ausschließend besaß, mit dem Bürgerstande teilen müssen. Dennoch fährt er fort auch in diesen Staaten einen solchen Fall, wenn er eintritt, bloß für eine Ausnahme von der Regel, keineswegs aber für die Regel selbst zu halten, und es als eine Art von gewaltsamem Eingriffe des Bürgers in seine Vorrechte zu betrachten. Wir tun daher im ganzen dem Adel gar nicht unrecht, wenn wir auch diese Rechte unter diejenigen zählen, auf deren ausschließenden Besitz er Anspruch macht. Wenn seine Ansprüche nicht immer befriedigt werden, so liegt wahrlich an ihm selbst die Schuld nicht. Dahin gehört vor allen andern sein angebliches Vorrecht, Rittergüter zu besitzen. Der Ursprung eines solchen Vorrechts zwar läßt sich leicht zeigen. Die Rittergüter sind ursprünglich Lehne; da der Besitz derselben zur Waffenbegleitung des Lehnsherrn verband, mit welcher der Adel verknüpft war, so ist es natürlich, daß jeder, der eins besaß – nicht vorher von Adel war – sondern durch den Besitz desselben in den Adelsstand erhoben wurde; wie aus unsern obigen Betrachtungen erhellt. Daß aber dieses Vorrecht jetzt, da die Rittergüter vererbt, und selbst an Fremde aus andern Familien verkauft werden, und da unmittelbar keine Kriegsdienste mehr darauf ruhen, noch fortdaure – besonders in Staaten fortdaure, wo Rittergüter das einzige reine Landeigentum sind, ist widersinnig, wenn je etwas widersinnig war. – Der Adel versichert, dieser Besitz der Rittergüter sei ein Vorrecht, dessen Behauptung zur Aufrechterhaltung des Adelsstandes nötig sei, und nach dessen Verlust dieser Stand verarmen und untergehen müsse: er muß demnach durch dieses Vorrecht doch etwas Beträchtliches gewinnen, wie sich auch außerdem einleuchtend dartun läßt. – Wir übergehn hier, wie billig, wenn ein Sohn sein väterliches Erbrittergut nicht veräußern will; – er will es dann vielleicht als Sohn, als gewohnter Besitzer, nicht aber als Edelmann, erhalten: jeder hat das Recht, sein Eigentum zu behaupten, auf welche Art er will. – Aber es wird ein Rittergut zum Verkauf ausgeboten; die Nutzung desselben ist ohne Zweifel genau in Anschlag gebracht; wer es bezahlen kann, wird es besitzen. Warum soll nur der Edelmann, der es bezahlen kann, und nicht ebensowohl der Bürger, der das gleiche bezahlen will, das Recht haben, es zu kaufen? – »Der Güterbesitz ist die sicherste und vorteilhafteste Art, sein Geld unterzubringen, und diese vorteilhafte Art soll dem Adel, zur Aufrechterhaltung seines Glanzes, ausschließend vergönnt sein.« – So? demnach soll ein und ebenderselbe Taler, wenn er in den Händen eines Edelmanns ist, mehr eintragen, als er in den Händen eines Bürgers eintrug? er soll also in den Händen des erstern auch einen höhern Wert haben, als in den Händen des letztern? Tausend Taler, die ein Edelmann besitzt, sind der gleichgeltende Preis von einem gewissen Stücke Landes; eben diese tausend Taler, wenn sie der Bürger besitzt, sind nicht der gleichgeltende Preis eben dieses Stückes. – Ich will hier nicht untersuchen, was daraus auf die Belebung des Erwerbungstriebes folge, wenn eben der erwerbendsten Volksklasse untersagt ist, ihr Geld mit Sicherheit anzubringen – und in Staaten, wo alle Freigüter Rittergüter sind, die nur der Adel besitzen kann, ist das offenbar der Fall; – nicht untersuchen, was auf die Verteilung der Reichtümer und die Sicherheit des Eigentums in den Familien daraus erfolge, wenn der Bürger genötigt ist, sein Kapitel in dem stets unsichern Handel umtreiben zu lassen, oder es fast ebenso unsicher, und gegen unverhältnismäßige Interessen auszuleihen; aber ich kann mich nicht enthalten, die tiefe Politik unsrer neuern Zeiten zu bewundern, denen die Erfindung des Geheimnisses vorbehalten war, dem allgemeinen Zeichen des Werts der Dinge noch einen besondern, von der Person des Besitzers entlehnten Wert zu geben, und zu machen, daß eine Summe durch das bloße Übergehen aus einer

Hand in die andere sich vermehre, oder vermindere. – – Diese Rüge leidet nur da eine Ausnahme, wo Landschaftskassen sind, aus denen der Adel allein und ausschließend Anleihen auf angekaufte Rittergüter, meist zu sehr niedrigen Interessen, erhält. Der Ankauf von Ländereien wird ihm dadurch ansehnlich erleichtert, und er muß allerdings bald alleiniger Besitzer der Landschaft werden. Aber diese Leihkassen stiftete der Adel; die Gelder sind sein; es muß ihm, wie jedem Eigentümer, freistehen, sein Eigentum zu verborgen, an wen er will, und auf welche Bedingungen er will, und kein anderer hat ihm darüber etwas einzureden. Zunftgeist und grober Egoismus herrscht allerdings in diesen Maßregeln, aber man kann nicht sagen, daß sie geradezu ungerecht sind. Dennoch muß es auch in diesen Staaten dem Bürger freistehen, Rittergüter anzukaufen, wenn er durch die Menge seines baren Geldes dem Kredite des Adels die Waage halten kann. Ein unbedingtes Verbot dieses Ankaufs ist überall unrechtmäßig.

Aber mit dem Rittergutsbesitze sind andre Vorrechte verknüpft, auf die der Adel eifersüchtig ist, und die er nicht gern in die Hände des Bürgers fallen lassen möchte. – Wohl, laßt uns doch geradezu diese Vorrechte selbst untersuchen, um zu finden, mit welchem Rechte der Gutsbesitzer, sei er nun von Adel oder nicht, Anspruch auf sie mache. – Wir finden zuvörderst Rechte auf *die Güter* des Landbauern: – gemessne oder ungemessne Frondienste, Trift- und Hutungsrechte und dgl. Wir wollen den *wirklichen* Ursprung dieser Rechte nicht untersuchen; gesetzt auch, wir entdecken die Unrechtmäßigkeit desselben, so würde doch daraus nichts gefolgert werden können, weil es leicht unmöglich sein könnte, die wahren Nachkommen der ersten Unterdrücker und der ersten Unterdrückten auszufinden, und den letztern den Mann anzuweisen, an welchen sie sich zu halten hätten. Der *Rechtsursprung* derselben ist leicht zu zeigen. – Die Äcker sind entweder nur zum Teil, oder sie sind gar nicht ein Eigentum des Landbauern; und dieser trägt entweder von dem Kapitale des Gutsherrn, das auf seinem Acker als ein eiserner Stamm* ruht, oder von dem ganzen Gute die Zinsen nicht in *barem Gelde* ab – sondern durch *Dienste* oder durch *Vorteile*, die er auf seinem eigentümlichen oder geliehenen Boden dem Gutsherrn ver-

* Für wenige, die das nicht wissen – ein Kapital, das auf einem Grund und Boden ruht, und von dem Besitzer desselben zu gewissen Prozenten verzinst werden muß, aber nie abgezahlt werden darf, heißt ein eiserner Stamm.

stattet. Sollten diese Vorrechte auch anfänglich nicht so entstanden sein, so kommt doch durch Verkauf der Ritter- und der Bauerngüter bald alles ins Gleiche. Es ist natürlich, daß der Bauer für seine Hufe Bauerngut um so viel weniger zahlt, als die darauf ruhenden Lasten, als Interessen zu Gelde gerechnet, an Kapital geben würden, und daß der Rittergutsbesitzer für seine Hufe Rittergut um so viel mehr bezahlt, als die dazugehörigen Dienste jenes Bauern, als Kapital berechnet, betragen; daß demnach dieser für jenen ein auf seinem Gute ruhendes Kapital bezahlt hat, und die Entrichtung der Interessen mit Recht fordert. Gegen die Rechtmäßigkeit dieser Forderung *an sich* ist demnach nichts zu erinnern; und es war allerdings ein grober Eingriff in das Eigentumsrecht, als vor einigen Jahren die Bauern eines gewissen Staats sich diesen Diensten gewaltsamerweise und ohne die geringste Entschädigung entziehen wollten; – ein Eingriff, der allein aus ihrer eignen Unwissenheit, und aus der Unwissenheit eines Teils ihres Adels, der über den Rechtsgrund seiner eignen Ansprüche nicht unterrichtet war, entsprang; und dem durch gründliche und faßliche Belehrung zweckmäßiger und menschenfreundlicher wäre abgeholfen worden, als durch lächerliche Dragonaden* und durch entehrende Festungsbaustrafen. Gegen *die Art* aber, jene Interessen abzutragen, ist gar viel zu erinnern. – Ich will nicht von der allgemeinen Schädlichkeit *des Hutungsrechts* reden; nach allen Vorstellungen dagegen, die seit geraumer Zeit fruchtlos verschwendet worden, gerät man nicht leicht in die Versuchung, noch mehrere zu verschwenden. Auch will ich nicht von der Zeit- und Kraftverschwendung, noch von der moralischen Verunedlung reden, die aus *der Fronverfassung* für den ganzen Staat entsteht. Ebendieselben Hände, die zur Frone auf dem Acker des Gutsherrn, sowenig als möglich, arbeiten, weil sie ungern arbeiten, würden auf ihrem eignen Acker arbeiten, soviel als möglich. Der dritte Teil der Fröner, um einen billigen Lohn gedungen, würde mehr arbeiten, als jene unwilligen Arbeiter miteinander; der Staat hätte zwei Dritteile der Arbeiter gewonnen; die Ländereien würden besser bearbeitet und höher benutzt; das Gefühl der Knechtschaft, das den Bauer tief verderbt, die gegenseitigen Klagen zwischen ihm und seinem Gutsherrn, und das Mißvergnügen mit

---

* »Die Bauern mit Sensen und Heugabeln bewaffnet hätten fast den mutigen Angriff zurückgeschlagen; aber der Lieutenant N. *rächte die Ehre der S . . . Waffen«* – erzählt ein pompöser Geschichtsschreiber dieses ruhmvollen Feldzuges.

seinem Stande fielen weg, und er wäre bald ein besserer Mensch, und sein Gutsherr zugleich. – Ich will geradezu den Grund angreifen, und fragen: woher entsteht denn das Recht eurer eisernen Stämme? Daß sie zu großem Vorteile derer, die etwas besitzen, besonders zum Vorteile des Adels gereichen, der sie erfunden hat, – sehe ich wohl ein; aber ich frage hier nicht nach eurem *Vorteile*; ich frage nach eurem *Rechte*. – Euer Kapital muß euch nicht geraubt werden; das versteht sich von selbst. Auch können wir euch nicht füglich nötigen, es in barem Gelde von uns zurückgezahlt anzunehmen. Ihr seid gleichsam Miteigentümer unsers Guts, und wir können euch nicht zwingen, euer Anteil daran uns zu verkaufen, wenn es euch nicht feil ist. Es sei! Aber, wer sagt uns denn, warum dies eine Gut notwendig unteilbar, und ein Gut sein müsse. Wenn uns euer Miteigentum und die sonderbare Art, wie ihr es benutzt, nicht länger gefällt, warum sollten wir nicht das Recht haben, euch euren Anteil zurückzugeben? Wenn ich zwei Hufen Land besitze, und nur die Hälfte ihres Werts bezahlt habe, weil die zweite Hälfte, als euer eisernes Kapital, stehenbleiben muß – ist nicht die Hälfte von zwei Hufen eine? Ich habe eine bezahlt, und die zweite ist euer: ich behalte die meinige, nehmt ihr die eure zurück. Wer könnte gegen dieses Verfahren einen Einspruch tun? – Es ist euch höchst ungelegen, sie zurückzunehmen? Wohl! wenn es mir gelegen sein kann, sie zu behalten, so wollen wir einen neuen Vertrag über die Entrichtung der Interessen machen, der nicht bloß für euch, der auch für mich vorteilhaft sei. Werden wir einig, so mag es sein. – Dies sind die Rechtsgrundsätze, aus denen sich mannigfaltige Mittel ergeben, das drückende Fronsystem, ohne Ungerechtigkeit und ohne Eingriff in das Eigentumsrecht, aufzuheben; wenn es dem Staate nur damit ein Ernst ist, – wenn seine Einwürfe nur nicht bloße Ausflüchte sind, – und wenn er nur nicht insgeheim den Vorteil der wenigen Begünstigten dem Rechte und dem Vorteile aller vorzieht.

Um eben diesen Grundsatz auf den Landbauer anzuwenden, der an seinem Gute kein Eigentum hat, sondern es bloß zum Gebrauche vom Gutsherrn entlehnt hat, so ist sogleich einleuchtend, daß er das vollkommne Recht hat, das Gut zurückzugeben, wenn die darauf ruhenden Frondienste ihm ungerecht oder drückend scheinen. Will der Gutseigentümer dennoch, daß er es behalte, so mögen sie miteinander handeln, bis sie einig werden.

Aber nein, sagt das hergebrachte Recht, – der Landbauer, der gar kein Eigentum am Boden hat, gehört selbst zum Boden; er selbst ist ein Eigentum des Grundherrn; er darf sich nicht vom Gute entfernen, wie er will; des Gutsbesitzers Recht geht auf *seine Person*: – und dies ist ein harter Widerspruch gegen das Recht der Menschheit an sich: es ist die Sklaverei in der ganzen Bedeutung des Worts. – Jeder Mensch kann Recht auf Sachen haben, aber keiner ein unabänderliches Recht auf die Person eines andern Menschen; daran hat jeder selbst das unveräußerliche Eigentum, wie in dieser Schrift zur Genüge erwiesen worden. Solange der Leibeigene bleiben will, mag er bleiben; sobald er gehen will, muß ihn der Gutsherr gehen lassen, und das kraft seines Rechts. Er darf hier nicht sagen: ich habe das Recht auf die Person meiner Leibeignen beim Ankaufe des Guts mitbezahlt. – Ein solches Recht konnte ihm niemand verkaufen, denn niemand hatte es. Hat er etwas dafür bezahlt, so ist er betrogen, und mag sich an den Verkäufer halten. – Kein Staat also rühme sich der Kultur, wo dieses unmenschliche Recht noch gilt, und wo noch irgend jemand das Recht hat, einem andern zu sagen: *du bist mein**!*

Unter die Vorrechte, die der Adel ausschließend besitzen möchte, und die er zuweilen mit innigem Widerwillen in den Händen eines Bürgers erblicken muß, gehören alle hohen Stellen in der Staatsverwaltung und im Felde. Eine solche Forderung ist offenbar ungerecht. Kein Amt im Staate, wenn es nur ein wirkliches Amt, und nicht etwa zu leerem Putze, – wenn es nur für das Bedürfnis des Staats, und nicht etwa einzig für das Bedürfnis des Besitzers erfunden ist, ist eine bloße Begünstigung; es ist eine schwere Bürde, die der Staat auf die Schultern eines seiner Bürger legt. Je wichtiger dieses Amt ist, desto einleuchtender wird das Recht des Staats, über die Besetzung desselben zu wachen; und je seltner die Talente sich vereinigt finden, die zur Verwaltung desselben erfordert wer-

* Zwei benachbarte Staaten trafen einen Vertrag über gegenseitige Auslieferung der Deserteure vom Soldatenstande. In den Grenzprovinzen beider Staaten war die Leibeigenschaft, das Eigentumsrecht auf die Person des Landbauern, eingeführt. Seit langer Zeit hatte zuweilen ein Unglücklicher, um der Unmenschlichkeit seines Herrscherlings zu entgehen, sich über die Grenze geflüchtet, und war frei, wenn er sie erreicht hatte. Die Gutsbesitzer eilten gegenseitig, den Vertrag auf Auslieferung der Bauern auszudehnen, und unter andern starb ein Leibeigener, der um ein paar entwendeter Weintrauben willen ausgetreten war, und wieder ausgeliefert wurde, kurz nach den ihm dafür eigenmächtig zugezählten Stockschlägen – – und das geschah in der letztern Hälfte des vorigen Jahrzehnts, in dem Staate, der sich für den aufgeklärtesten in Deutschland hält.

den, desto ausgedehnter muß der Kreis sein, aus welchem derselbe wählt; oder, wenn er auch das Wahlrecht nicht unmittelbar, sondern durch Stellvertreter ausübte, so hat er das volle Recht zu fordern, daß diese durch nichts, als durch die Anzahl der Bürger eingeschränkt werden. – Aber, kann man sagen – darf nicht ein engerer Kreis ausgewählter Männer festgesetzt werden, aus welchem man die wichtigsten Staatsämter besetze? – und ich antworte: dies darf nicht nur geschehen, sondern es wird auch für die Erleichterung der Wahl, und für die schleunigere Besetzung der erledigten Stellen sehr vorteilhafte Folgen haben – aber wodurch soll denn die Wahl in diesen engern Kreis selbst bestimmt werden? Doch wohl nicht durch die Geburt, wenn auf den wahren Vorteil des Staats abgesehen wird: denn aus welchem Grunde sollte doch folgen, daß – bei gleicher Geistesbildung, was doch in den neuern Zeiten mit dem Adel und dem bessern Bürgerstande in den mehrsten Staaten offenbar der Fall ist – die talentvollen und guten Menschen allein aus gewissen Häusern abstammen, und die Abkömmlinge aller übrigen Familien gegen jene, Schwachköpfe und unedle Menschen sein würden? So weit hat doch, soviel *mir* wenigstens bekannt ist, noch kein Verteidiger des Adels die Unverschämtheit getrieben, um dies zu behaupten. Die Aufnahme in diesen Kreis auserlesener, und zu den wichtigsten Staatsämtern bestimmter Bürger könnte demnach auf nichts anderes sich gründen, als auf die durch vorhergegangene kleinere Verdienste dem Staate erprobte Geschicklichkeit und Treue; und wir stünden wieder bei unsrer ersten Maxime in Besetzung der Ämter. Jede höhere Würde müßte durch treue und geschickte Verwaltung der niedrigern verdient werden. Auf dieses Recht, zur Verwaltung seiner öffentlichen Ämter den Fähigsten zu wählen, und diesen, nach seiner besten Überzeugung, aus der ganzen Menge seiner Bürger auszulesen, hat kein Staat Verzicht getan, und hat keiner Verzicht tun können, ohne seinem Zwecke zu widersprechen, und sich selbst aufzuheben. – – Was aber tut eine Kaste, die sich die ausschließende Fähigkeit anmaßt zu diesen Ämtern gewählt zu werden? – Wir wollen annehmen, diese Kaste wähle nach ihrer besten Überzeugung den Würdigsten, der unter ihr angetroffen wird; so folgt weder, daß dieser der Würdigste unter allen Staatsbürgern überhaupt sei, noch, daß er selbst in dieser Kaste den übrigen Bürgern der Würdigste scheine. Wenn diese Kaste allein die Summe der gesamten Staatsbürger ausmachte, dann wäre ihr Verfahren rechtmäßig; durch dieses Verfahren betragen sie sich als die ganze Summe, mithin als der Staat. Was sind denn nun die übrigen Bürger? Offenbar ein abgesonderter, von jenem unterjochter und eigenwillig beherrschter Staat. Ein solches Vorrecht macht den Adel nicht bloß zu einem Staate im Staate, der ein von den übrigen Bürgern abgesondertes Interesse hat; es vernichtet sogar gänzlich die übrigen Volksklassen in der Reihe der Staatsbürger, hebt ihr Bürgerrecht auf, und verwandelt sie, insofern jene Staatsämter, die aus ihrer Mitte nicht besetzt werden können, Beziehung auf sie haben, in eigenwillig beherrschte Sklaven, – und was ist unrechtmäßig, wenn dies es nicht ist?

Wir tun dem Adel nicht unrecht. Daß er bloß aus seiner Mitte gewählt wissen wolle – daß er die *wahlfähigen* Bürger hergeben wolle – ist unmittelbar der Inhalt seiner Forderung: daß er selbst wählen, – daß er auch die *wählenden* Mitglieder hergeben wolle, – folgt geradezu aus dieser Forderung, wenn sie nur einmal befriedigt worden ist. Wer wählt denn zu den obersten Staatsbedienungen? wer besetzt denn die erledigten Stellen? Die Fürsten, die ihre Leute selbst kennen, sind selten; ja es ist für sie unmöglich und zweckwidrig, und sogar schädlich in das einzelne der verschiednen Zweige der Staatsverwaltung einzugehen, und die untergeordneten Mitglieder der verwaltenden Staatskörper genau zu kennen und zu beobachten. Sie müssen die Wahl den höhern Mitgliedern dieser Körper überlassen, welche fähiger sind, über die Tauglichkeit ihrer Untergeordneten zu urteilen. Sind diese höhern Mitglieder einmal *alle* von Adel, und sind sie von dem Zunftgeiste ihres Standes besellt; so werden – so *müssen* sie, zur Folge ihrer Grundsätze, jeden, der Bürger ist, von jeder Stelle entfernen, solange noch ein Adliger vorhanden ist, der sie begehrt. Der Adel ist hierüber sein eigner Richter; und so, wie sich die Anzahl der Adligen mehrt, die der Einkünfte der Staatsämter bedürfen, so breitet sich der Kreis der adligen Stellen aus, soweit der Adel es will; so wie etwa der Adel in einigen Staaten sich seit kurzer Zeit der Postmeisterstellen und der höhern protestantischen geistlichen Stellen bemächtigt hat, welche vorher dem Bürger überlassen wurden. Welches ist hierüber die Grenze des Adels? Keine andere, als die seiner Bedürfnisse. Welches ist sein Gesetz? Kein anderes, als sein guter Wille. Wo noch Stellen übrig sind, die dem Bürger gegeben werden, da hat derselbe es lediglich diesem guten Willen zu danken. Wenn sie einträglicher oder ehrenvoller wären, so würden sie nicht bis zu ihm herabgelangen. – Ich behaupte hier nichts Neues, und nichts, was sich nicht durch tägliche Erfahrung beweisen ließe. Es wird im Regierungs- oder Justiz- oder Finanzdepartement die Stelle eines Rats erledigt. Neunmal unter zehnen wenigstens wird sie durch einen Adligen besetzt. Und wie sollte es denn zugehen, daß unter der drei- oder viermal größern Anzahl der bürgerlichen Sekretäre, die ihr halbes Leben in diesem Fache gearbeitet haben, so sehr selten ein ebenso tauglicher zur Ratsstelle sollte gefunden werden, als unter der weit kleinern Anzahl adliger Sekretäre, die erst kurze Zeit darin arbeiten? Da werden die Stellen doch wohl nicht nach Maßgabe der größern Fähigkeiten besetzt? – Auch geben konsequente Adlige dies gar nicht vor; sie behaupten, daß sie nach Geburt besetzt werden *müssen*, und hierüber eben bin ich mit ihnen nicht einig; ich behaupte, daß jedes Amt im Staate nach überwiegenden Verdiensten besetzt werden müsse. – – Man wende mir nicht ein, daß der Bürger, zu den höchsten Staatsbedienungen erhoben, sich von dem gleichen Zunftgeiste beherrschen lassen, und mit Ausschluß des würdigern Adligen, den Bürger, bloß weil er Bürger ist, zu erheben suchen werde. Ich weiß nicht, ob er das nicht tun werde; ich will dafür nicht einstehen. Aber wo entsteht denn diese Trennung zwischen den zwei Klassen, diese Parteilichkeit von beiden Seiten anders her, als von euren vorhergegangenen Ansprüchen, mit denen ich es hier zu tun habe? Wären nie Adlige und Bürger – wären nie etwas anderes, als Staatsbürger vorhanden gewesen, so würde weder der Adlige noch der Bürger seinesgleichen vorziehen können, weil *alle* seinesgleichen wären.

Dies ist eine unmittelbare Ungerechtigkeit gegen den Staat. Ich will eine andere mittelbare, die aus dieser Einrichtung entsteht, nicht weitläufig dartun. – Wer sich einem Zweige der öffentlichen Geschäfte widmet, wird durch die oft kärgliche Besoldung, die man dem Tätigen, wie dem Untätigen im gleichen Maße reicht, viel zuwenig angetrieben, alle seine Kräfte an seinem Platze anzustrengen. Es muß eine stärkere Triebfeder in Bewegung gesetzt werden; jeder muß auf dem Platze, den er errungen hat, einen höhern, als den Preis der würdigen Behauptung seines gegenwärtigen, vor sich erblicken. Was aber sieht der Bürger, der so hoch gestiegen ist, als er der Verfassung nach steigen kann, noch Höheres vor sich? Wird er nicht durch die mächtigern Triebfedern der uneigennützigen Tugend und der Vaterlandsliebe getrieben, für die ebensowenig jeder Bürger, als jeder Adlige Gefühl hat, so wird der Staat, neben der übrigen Kraft des Adels, der auf jeden Fall durch seine Geburt seines Vorrückens sicher ist, auch noch dasjenige von den Kräften dieses Bürgers verlieren, was derselbe nicht notwendig zur Behauptung seines jetzigen Platzes aufwenden muß.

In keinem Fache ist dies so einleuchtend, als im Kriegsdienste. – Wo ein Adel vorhanden ist, der die etwas rauhe, aber kräftige Denkungsart der alten Ritterschaft in seiner Familie als ein Erbgut aufzeigen kann – sei dieser doch in kriegerischen Staaten sogar ausschließend zum Besitz der Offizierstellen berechtigt! Oder, wo auch selbst der Adel durch das Hofleben, durch eine flüchtige Bekanntschaft mit den Wissenschaften, und vielleicht selbst durch die Handlung, seinem Geiste die alte Stärke benommen, und ihm eine dem Bürgerstande ihn völlig gleichstellende Biegsamkeit gegeben hat – behaupte er doch sogar da das erhabne, aber wenig Nachdenken kostende Amt, rechts oder links sich schwenken, oder das Gewehr präsentieren zu lassen, oder, wenn es ja ernsthafter werden sollte, zu morden, oder sich morden zu lassen. Vielleicht wird der Bürger gegen wichtigere Geschäfte, zu denen er sich durch eine anstrengendere Bildung vorbereitet, ihm jenen Vorzug freiwillig und ohne Neid abtreten. Aber daß man den Bürger zu diesem Stande zulasse, ihm aber zur Ersteigung der höhern Stufen desselben die Hoffnung abschneide, wie es in mehrern Staaten geschieht, ist, der ganz eignen Verfassung dieses Standes nach, höchst widersinnig. War es dem erfindungsvollsten Witze möglich, eine tiefere Herabsetzung des Bürgerstandes ausfindig zu machen, als die, ihn zu überreden, daß man ihn dem Adel, in dem Heiligsten, was dieser zu haben vermeint, gleichmachte, während man ihn bloß zur beständigen Betrachtung seiner eignen Niedrigkeit gerade neben ihn stellte; in einem Stande, wo Subordination über alles geht, den bürgerlichen Hauptmann zu verbinden, einem adligen Fähnrich oder Lieutenant zu befehlen, und für sein Betragen einzustehen, – indes alle beide recht wohl wissen, daß der Adlige nach Verfluß einiger Jahre der Obrist oder der General des Bürgerhauptmanns sein wird? Welche Aufforderungen soll in einem Stande, welcher Aufopferungen verlangt, die nur die Ehre bezahlen kann, der Bürger, der sein höchstes Ziel erreicht hat, noch fühlen, um diese Aufopferungen zu machen?

Aber dem Adel muß aufgeholfen werden, wiederholt man; und so treffen wir ihn denn gerade bei den Plätzen, die er völlig ausschließend behauptet, und deren Besitz eine Ahnenprobe voraussetzt. Ob, warum, und inwiefern ihm aufgeholfen werden müsse – davon noch ein paar Worte zum Beschluß! – Nachdem wir gesehen haben, daß man durch ausschließenden Besitz derjenigen Stellen, welche überwiegende Talente erfordern, ihm nicht aufhelfen dürfe, so laßt uns jetzt nur untersuchen, was denn noch übrig sei, um ihm aufzuhelfen. Wir treffen zuerst auf die *Domherrnstellen*, von denen eine bestimmte Anzahl immer nur vom Adel besessen werden kann. Ich rede nämlich hier bloß von protestantischen Stiftern. Über die katholischen, deren Glieder wahre Geistliche sind, wird das Nötige im folgenden Kapitel vorkommen. – Daß besondre Talente zur Verwaltung dieser Stellen erfordert werden, kann man eben nicht sagen; aus diesem Grunde demnach ließe der ausschließende Besitz derselben sich dem Adel nicht streitig machen; etwa so, wie der ausschließende Besitz der höhern Staatsbedienungen. Aber vielleicht aus andern.

Wenn wir auf die Geschichte der Errichtung der mehrsten Hochstifter – und im protestantischen Deutschland aller, zurückgehen, so finden wir, daß der Unterhalt derjenigen Männer, die für die Belehrung, und Kultur des Volks zu sorgen hatten, ihr einziger Endzweck war – ein Endzweck, der offenbar das Beste des Staats zur Absicht hat. – Wir haben hier nicht zu untersuchen, von wem die Güter zu diesen Stiftungen herkamen. Meist waren sie entweder aus der Beute des Eroberers, der in das Eigentumsrecht gewaltsame Eingriffe getan hatte; oder sie hatten, wo noch kein fester Staat und kein bestimmtes Erbrecht vorhanden gewesen war, gar keinen Eigentümer gehabt. Wenn sie nur nicht aus den Gütern des Adels sind, der damals noch überhaupt kein besondrer Volkskörper war – wofern nicht etwa aller Raub ihm von Rechts wegen zugehört; – wenn nur nicht zu befürchten ist, daß die vorhergehenden rechtmäßigen Eigentümer sich melden möchten – nicht etwa ihre Nachkommen, denn vor Einführung des Erbrechts könnten diese nicht erben: – so sind sie durch die Schenkung zum Besten des Staats dem Staate selbst geschenkt, mithin *sein*, d. i. der gesamten Bürger rechtmäßiges Eigentum geworden. – Tiefe Finsternis fiel herab auf die Völker; und die Kirche, welche etwas ganz anderes ist, als der Staat, und welche ihr verfinsterndes Dasein mit dem aufklärenden Dasein der Volkslehrer verwechselte, bemächtigte sich jenes Eigentums. Die Reformation, welche – in dem wahren Sinne des Worts, dessen Bedeutung wir in der Folge erklären werden, die *Kirche* vernichtete, stellte dasselbe seinem ersten und rechtmäßigen Besitzer, dem Staate zurück. Ohne Zweifel hatte der Staat das Recht, über sein Eigentum eine Verfügung zu treffen. War es entweder zur Erreichung seines ursprünglichen Endzwecks überflüssig geworden, oder hatte der Staat nähergelegne Endzwecke, zu deren Beförderung er es anwenden wollte, so war er ohne Zweifel berechtigt, es zu tun. Aber, wie ist denn eine einzige Kaste zum ausschließenden Besitze desjenigen gekommen, was rechtmäßiges Eigentum der gesamten Staatsbürger war? Sind die ausgeschlossnen Staatsbürger bei der Verfügung darüber zu Rate gezogen worden? haben sie ihr Anteil freiwillig an jene Kaste abgetreten? hatten sie keine angelegnere Sorge, als die, jene Kaste zu bereichern? Keineswegs. Der Adel hat sich abermals betragen, als ob er allein der Staat, als ob außer ihm niemand mehr vorhanden wäre. – Daß ein solches Verfahren rechtswidrig und ungültig sei, und daß die ausgeschlossnen Bürger das unverjährbare Recht haben, die Zurückstellung des Ganzen zur gemeinsamen Beratschlagung zu fordern – darüber ist wohl nach allem in dieser Schrift bisher Gesagten kein Zweifel möglich.

Und – ich bitte – sind denn etwa jene Güter dem gesamten Staate so ganz entbehrlich – ist er denn in einer so großen Verlegenheit über die Anwendung derselben, daß er sie, um ihrer nur entledigt zu werden, jener Kaste zu einem leeren Zierate leihen muß? Hat denn der Staat gar kein dringenderes Bedürfnis, als das, von sich sagen zu machen, daß er einen reichen Adel habe? Sind sie denn auch nur zur Beförderung der ursprünglichen Absicht so ganz entbehrlich geworden? Solange es in diesen Staaten entweder noch unmittelbare Volkslehrer gibt, die in dem drückendsten Mangel schmachten; oder, solange es noch eigentliche Gelehrte gibt, die für die Verdienste, welche sie um die Wissenschaften, und dadurch mittelbar um die Volksaufklärung haben, kümmerlich, oder gar nicht belohnt sind; oder, solange noch wichtige Unternehmungen für die Erweiterung der menschlichen Kenntnisse, aus Mangel an Unterstützung, unterbleiben müssen – wie kann doch solange der Adel unverschämt genug sein, jene Güter zur Behauptung seines Standes anwenden zu wollen? Dies ist die wahre Bestimmung der Einkünfte der Hochstifter: – zuerst verhältnismäßige Besoldung der Volkslehrer; wenn davon noch etwas übrig ist, Belohnung der Gelehrten, und Beförderung der Wissenschaften; und die Möglichkeit dieser Anwendung dauert, scheint es, noch immerfort. –

Die zweite Klasse der Vorrechte, welche der Adel ausschließend besitzt, sind die *Hofämter*. Diese sind entweder bloß dazu gestiftet, um der Meinung genug zu tun, und werden insofern sehr passend mit Geschöpfen der Meinung besetzt; oder sie dienen dem wirklichen, und nicht bloß dem eingebildeten Bedürfnisse des Fürsten, sie sind sein Umgang und seine Freunde; oder endlich, sie glauben eben dadurch, daß sie das letztere sind, mittelbar sehr viel Einfluß auf die Staatsverwaltung zu haben. – In der ersten Rücksicht wird wohl kein einzelner Bürger, sei er nicht von Adel, oder sei er von Adel, der seinen Wert fühlt, den Mann beneiden, der sich zum bloßen Zierat eines glänzenden Hofs herabwürdigt, und sich erniedrigt, etwas zu sein, das eine künstlich eingerichtete Sprechmaschine vielleicht noch besser wäre. Aber die gesamten Bürger, wenn sie sich so weit erheben sollten, um dieses Schauspiel entbehren, und die falsche Scham vor andern Staaten, die es ihnen geben, überwinden zu können, sind ohne Zweifel befugt zu fragen: – warum sie durch beträchtliche Aufopferungen diese kostbare Pracht noch länger unterhalten sollen: sie sind ohne Zweifel befugt, nicht nur das ausschließende Vorrecht des Adels, diese Stellen zu begleiten, sondern sogar die Stellen selbst aufzuheben.

Was die zweite Absicht ihrer Stiftung anbelangt, so hat ganz sicher der Fürst, ebensowohl wie jeder andre, das Recht, sich aus der ganzen menschlichen Gesellschaft zu seinen Freunden, und zu seinem Umgange auszusuchen, wen er will. Fällt seine Wahl auf Männer, die von ungefähr von Adel sind, oder hat er auch einen so sonderbaren Geschmack, daß eine gewisse Reihe von Ahnen die ausschließende Bedingung ist, um zu seinem Umgange zu gelangen; so hat darüber keiner ihm etwas einzureden, so wie er keinem einzureden hat, wen er sich zu Freunden wählen solle. Mag er sich Freunde erwerben, wie man sich Freunde erwirbt; oder mag er auch aus seinem Privatvermögen oder von der Besoldung, die ihm der Staat für seine persönlichen Bedürfnisse reicht, sich Gesellschafter oder Schmeichler erkaufen, so viele, und welche er will oder kann; – das ist nicht die Sorge des Staats, noch irgendeines Staatsbürgers. – Aber ebensowenig, als der Bürger das Recht hat, sich zu beklagen, wenn der Fürst lauter Adlige zu seiner Gesellschaft wählen will, ebensowenig hat der Adel ein Recht, ihm zu wehren, oder es zu einer Landesbeschwerde zu machen, wenn er auch Bürger oder sogar lauter Bürger zu seinem Umgange zuläßt. Des Fürsten Wille ist hierüber frei; und das Verbot, ihn einzuschränken, ist für beide Teile gleichgültig. – Es ist zu bewundern, daß der Adel nicht auch die Stelle des Hofspaßmachers, die in einem gewissen Zeitalter an den meisten Höfen wichtig genug war, zu einer ausschließend adligen Stelle gemacht hat; – oder fand er es vielleicht leichter, die Stelle eines Hofmarschalls oder eines Kammerherrn zu versehen, als jene, und bedurfte es, um die dazu erforderlichen Talente aufzufinden, eines weitern Kreises, als des eingeschränkten Adligen? Auf alle Fälle gereicht es ihm nicht zur Ehre, daß er die Erholungsstunden des von Regierungssorgen abgematteten Landesvaters nicht so gut ausfüllen konnte, daß ihm eine solche Zuflucht entbehrlich wurde.

Endlich fordert der Adel ausschließend den Umgang des Fürsten, weil es wichtig fürs Land sei, daß denselben Leute von guten Grundsätzen umgeben. Wäre dies richtig, so müßte das gerade Gegenteil desjenigen, was der Adel daraus schließen will, gefolgert werden. Dann gehörte der Umgang mit dem Fürsten unter die wichtigsten Staatsbedienungen, welche nach obigen Grundsätzen mit den größten und besten Männern aus der gesamten Masse der Bürger, und nicht bloß aus dem Adel zu besetzen sind. Aber ich bekenne schon im voraus, was ohnedem bald an den Tag kommen muß, daß kein Fürst, auf dessen gute Grundsätze und guten Willen sehr viel ankommt, und den man, wie ein Kind, vor bösem Einreden hüten muß, mir sonderlich gefalle. *Das Gesetz* muß durch den Fürsten herrschen, und ihn selbst muß es am strengsten beherrschen. Er muß nichts tun können, was dieses nicht will; und muß alles tun müssen, was dieses will; er liebe nun, so Gott will, im Herzen das Gesetz, oder er beiße unwillig in den Zaum, der ihn hält und leitet. Der Fürst, als Fürst, ist eine vom Gesetze belebte Maschine, die ohne jenes kein Leben hat. Insofern er Privatmann ist, mag *er*, oder die Gesellschaft für seinen sittlichen Charakter sorgen; der Staat sorgt bloß für den Charakter des Gesetzes. Der Fürst hat keinen Umgang; nur der Privatmann hat einen.

Es bleibt uns also überhaupt kein gesetzmäßiges Mittel übrig, um dem Adel aufzuhelfen. Aber warum soll ihm denn auch aufgeholfen werden? *Rechtsansprüche* hat der Adel, als Adel, d. i. als der gegenwärtige durch die Geburt bestimmte Volkskörper gar nicht zu machen; denn sogar sein Dasein hängt vom freien Willen des Staats ab. Was hat der Staat nötig, sich auf seine Forderungen lange einzulassen? Fällt er ihm dadurch beschwerlich, so hebt er ihn selbst auf, und ist dadurch aller seiner Anforderungen entledigt; denn was nicht ist, kann auch keine Ansprüche machen. Ist der Adel aufgehoben, so kann kein andrer begünstigter Volkskörper an seiner Stelle *Rechtsansprüche* auf den Staat machen; denn ehe er Ansprüche macht, muß er sein; und er kann nicht sein, ohne durch die Vergünstigung des Staats. Die Frage ist also überhaupt nicht *vom Rechte*; sie ist eine Frage *der Klugheit*, und ist so auszudrücken: *ist es dem Staate nützlich, daß es eine oder mehrere Volksklassen gebe, die, wegen ihres Ansehens und ihrer Reichtümer, zu wichtigen Geschäften und Unternehmungen für den Staat stets geschickt und bereit seien; und auf welche Art, und durch welche Mittel werden solche Volksklassen am schicklichsten bestimmt, hervorgebracht, und aufrechterhalten?* Die Beantwortung derselben gehört nicht in das gegenwärtige Buch.

Sechstes Kapitel: Von der Kirche, in Beziehung auf das Recht einer Staatsveränderung

Verschiedenheit und Veränderlichkeit ist der Charakter der Körperwelt; Gleichheit und Unveränderlichkeit der Charakter der geistigen. Leibniz behauptete, und bewies durch den Augenschein, daß nicht zwei Baumblätter einander gleich wären, und er hätte kühn hinzusetzen können, daß selbst ein und ebendasselbe nicht zwei Sekunden hintereinander sich selbst gleich sei; eben der Leibniz, welcher auf die Allgemeingültigkeit dieser Behauptung und aller seiner metaphysischen Behauptungen für alle richtigdenkenden Köpfe mit seinem vollen Rechte Anspruch machte. – Unter allen möglichen Meinungen über den gleichen Gegenstand kann, unser aller Urteile nach, nur eine die wahre sein; und wer sie gefunden zu haben glaubt, behauptet, daß vom Anbeginne der Geister an, solange es ihrer geben wird, jeder, der ihn verstehe, und die Gründe seiner Behauptung fasse, notwendig mit ihm übereinstimmen müsse. Irren kann man auf verschiedne Weise: die Wahrheit ist nur eine; sie war von Ewigkeit dieselbe, und wird auch in Ewigkeit dieselbe bleiben. – *Recht* oder *praktisch wahr* ist auch nur eins; und diese Wahrheit, die wichtigste für jeden freien Geist, ist so wenig tief verborgen, daß die Menschen, sowohl über die notwendige Allgemeingültigkeit derselben überhaupt, als über die einzelnen Sätze, die sie dazu rechnen, sich weit leichter vereinigen, als über theoretische Wahrheiten. Die Anerkennung dieser Wahrheit, vor der sie ihre Augen kaum verschließen können, erzeugt in ihnen gewisse Hoffnungen, Aussichten, Ansprüche, von denen in der

Welt der Erscheinungen nicht die geringste Spur sich zeigt; und deren Gültigkeit sie weder sich, noch andern so dartun können, wie etwa die Richtigkeit eines mathematischen Lehrsatzes. Dennoch setzen sie als gewiß voraus, daß alle vernünftigen Geister auch hierüber mit ihnen übereinkommen müssen; und dies erzeugt die – vielleicht allgemeine, wenngleich nicht immer deutlich gedachte, Idee einer unsichtbaren Kirche, – einer Übereinstimmung aller vernünftigen Wesen zu dem gleichen Glauben. Eine solche unsichtbare Kirche aber wird selbst nur geglaubt; und das, woran alle übrigen Glaubensartikel sich halten, ist selbst nur ein Glaubensartikel.

Da jedem, der jenen Glauben hat, unendlich viel an der Wahrheit desselben liegt, die er sich doch nie, weder durch Erfahrung, noch durch Beweisgründe völlig sicher dartun kann, so ergreift er alles, um sich in demselben zu bestärken. Von innern Beweisgründen entblößt, sucht er nach äußern. »Ist mein Glaube wahr, so müssen alle vernünftigen Geister den gleichen Glauben haben«, ist der Satz, von dem er ausgeht; und da er nicht füglich etwas Weiteres, als er schon hat, zum Erweise der Voraussetzung zu finden hoffen darf, so sucht er sich wenigstens über die Schlußfolge zu unterrichten. Er schließt umgekehrt: haben alle vernünftigen Geister den gleichen Glauben, den ich habe, so muß dieser wohl der wahre sein; und *ob* sie ihn haben, darüber sucht er, so weit nur irgend sein Wirkungskreis reicht, nachzuforschen. Da es ihm aber eigentlich gar nicht um Belehrung, sondern um Bestätigung zu tun ist; da er nicht nach Unterricht, sondern nach Beweisen sucht; da er über die Wahrheit an sich schon vorlängst mit sich selbst einig ist, und darin bloß befestigt sein will: so mag er nichts hören, als das Gewünschte: »ja, ich glaube dasselbe«; und wo er es nicht hört, arbeitet er, um den andern zu überzeugen, bloß in der Absicht, um durch die Überzeugung desselben endlich die erwünschte Glaubensbestätigung zu erhalten. – Es ist überhaupt ein angeborner Hang des Menschen über Gegenstände aller Art Einstimmigkeit des Denkens hervorzubringen, der sich auf jene notwendige Einförmigkeit alles Geistigen gründet, deren Idee tief im Menschen liegt; aber im Theoretischen bescheidet man sich weit leichter, entweder geteilt zu bleiben, und die Sache auf sich beruhen zu lassen, oder auch sogar die Überzeugung des andern statt seiner bisherigen anzunehmen, als im Praktischen. Hier ist man nicht so leicht abzuweisen, oder zu bekehren; hier will man selten belehrt werden, sondern fast immer belehren. – Es ist also ein Hang im Menschen, jene unsichtbare, und bloß gedenkbare allgemeine Kirche, soviel an ihm ist, in eine sichtbare zu verwandeln; jene Idee in der Sinnenwelt wirklich darzustellen; nicht bloß zu glauben, daß der andere glaube, wie er, sondern auch, insoweit das irgend möglich ist, es zu wissen, sein Glaubenssystem wenigstens in einem Punkte an etwas, das er weiß, anzuknüpfen. – Dies ist der Grund der kirchlichen Verbindung.

Die sichtbare Kirche ist eine wahre Gesellschaft, die sich auf einen Vertrag gründet. In der *unsichtbaren* Kirche weiß keiner etwas von dem andern; aus eines jeden Seele entwickelt sein Glaube sich, unabhängig von allem, was außer ihm ist. Die Übereinstimmung, wenn sie da ist, hat sich von selbst gefunden, ohne daß jemand den Zweck hatte, sie hervorzubringen. Ob sie da sei, könnte keiner wissen, als ein Geist, in dessen Wissen die Vorstellungsarten aller Geister sich vereinigten. – Die *sichtbare* Kirche setzt die Übereinstimmung – und die Folge derselben, die Glaubensstärkung als Zweck voraus. Jeder, der dem andern sagt, was er glaube, will von dem andern hören, daß er das gleiche glaube. Der erste Grundsatz des kirchlichen Vertrags ist der Satz: *sage mir, was du glaubst; ich will dir sagen, was ich glaube.* Da aber, wie schon angemerkt worden, die Absicht der Verbindung gar nicht die ist, verschiedne Meinungen zu sammeln, sich durch Vergleichung derselben zu belehren, und die seinige danach zu bilden; sondern durch die Übereinstimmung der Meinung des andern mit der unsrigen in derselben bestärkt und befestigt zu werden; so ist jener Satz für die Gründung einer Kirche gar nicht hinlänglich. Es muß nicht bloß bestimmt werden, *daß* der andere sagen solle, was er glaube, sondern auch, *was* er sagen solle, daß er glaube. Der kirchliche Vertrag setzt mithin die Grundlegung eines gesetzlichen Glaubensbekenntnisses voraus, und sein Grundsatz heißt nunmehr so: *wir wollen alle einmütig das gleiche glauben, und diesen unsern Glauben uns gegenseitig bekennen.*

Man dürfte vielleicht in dieser Vertragsformel einen innern Widerspruch finden. – Wir sollen nicht schweigen, sondern unsern Glauben laut *bekennen.* Unser Stillschweigen würde die Mitglieder der Kirche auf den Verdacht bringen, daß wir entweder gar nichts glaubten, oder etwas anderes glaubten, als *sie*; und sie in ihrem Glauben stören. – Wir sollen *aufrichtig* sagen, was wir glauben, und den Glauben nicht etwa bloß erheucheln. Wenn die Kirche von ihren Mitgliedern annähme, daß ihr Bekenntnis nur Heuchelei, nur ein Werk der Lippen, und aus keiner innern Überzeugung entsprungen sei, so würde der Zweck derselben dadurch abermals vernichtet, ein Glaubensbekenntnis, das man für falsch und heuchlerisch hält, kann uns in unserm Glauben nicht bestärken. – Dennoch sollen wir mit dieser völligen Überzeugung ein *bestimmtes, schon vorher vorgeschriebenes* Glaubensbekenntnis ablegen. Wenn wir nun aber von der Wahrheit desselben weder überzeugt sind, noch uns davon überzeugen können, was sollen wir dann tun? Keine Kirche nimmt Rücksicht auf diesen Fall; jede konsequente Kirche, d. h. jede, die eine wirkliche ist, muß die Möglichkeit desselben schlechterdings leugnen; und alle Kirchen, welche konsequent verfahren sind, haben sie wirklich geleugnet. – Die erste Voraussetzung, ohne welche überhaupt kein kirchlicher Vertrag möglich ist, ist die: daß das ihm zugrunde gelegte Glaubensbekenntnis ohne allen Zweifel die einzige und reine Wahrheit enthalte, auf welche jeder, der die Wahrheit suche, notwendig kommen müsse; daß es der einzige wahre Glaube sei: – die zweite, welche unmittelbar aus der ersten folgt: daß es in der Macht jedes Menschen stehe, diese Überzeugung in sich hervorzubringen, wenn er nur wolle; daß der Unglaube immer entweder auf Mangel an aufmerksamer Beherzigung der Beweise, oder auf mutwillige Verstockung sich gründe, und daß der Glaube von unserm freien Willen abhänge. Daher gibt es in allen kirchlichen Systemen eine *Glaubenspflicht*; Pflicht aber kann nichts sein, was nicht in unsrer Macht steht; das hat noch nie eine Kirche geleugnet. – Beide Sätze kann man in jedem katholischen Lehrbuche finden, das man aufschlagen will. Über das inkonsequente Verfahren der protestantischen Gemeinen, wofern sie anders Kirchen sein und kirchliche Rechte haben wollen, in diesem und noch manchem andern Punkte werden wir weiter unten Gelegenheit haben, einige Worte zu sagen.

Durch, – ich weiß nicht ob wirkliche oder erdichtete Tatsachen unterstützt dürften, gegen die Behauptung, daß die Kirche sich auf Vertrag gründe, einige Leser die Einwendung machen, daß sie doch wirklich monarchischen Ursprungs sei, und mithin nicht auf einen Vertrag der Mitglieder, sondern auf die Übermacht eines Herrn sich gründe. – Aber, wenn es auch wahr wäre, daß die Gewissen ursprünglich sich nicht ergeben hätten, sondern unterjocht worden wären; so würde dadurch zwar ein Trupp abgesonderter Sklaven, die alle dem gleichen Herrn dienten, doch ohne gegenseitig von ihrer gemeinsamen Knechtschaft etwas zu wissen, aber nimmermehr eine Gesellschaft, – zwar der gleiche Glaube in dem Herzen aller, aber nimmermehr ein gegenseitiges gleichförmiges Glaubensbekenntnis entstanden sein. Zwei wenigstens müssen den Anfang machen, sich ihre beiderseitige Unterwürfigkeit zu gestehen, und die übrigen, die sie etwa im Verdachte der gleichen Unterwürfigkeit hatten, zum Bekenntnisse einladen; sonst wäre aus Millionen Menschen nie eine Kirche entstanden. – Es ist allerdings physisch, aber freilich nicht moralisch möglich, daß ein irdischer Staat durch Unterjochung entstehe. Ein übermächtiger Eroberer kann sich Sklaven unterwerfen, und sie durch seine Befehle in Vereinigung und gegenseitigen Einfluß aufeinandersetzen; die Leiber der Untergeordneten und ihre Unterwürfigkeit unter die Gebote ihres Oberherrn erscheinen allerdings in der Sinnenwelt. Daß aber ein geistlicher Staat auf diese Art entstehe, ist physisch ebenso unmöglich, als es moralisch unmöglich ist. Dieser unterjocht nur die Gewissen, und nicht die Körper: und die Unterwürfigkeit der Geister zeigt sich nicht, wenn sie sich nicht freiwillig entdeckt. Die Kirche ringt mit einer noch weit größern Schwierigkeit, als mit der oben angezeigten, daß ihr Glaubensbekenntnis vorgeschrieben ist, aus welcher sie sich auf eine so leichte Art zog. – Die Erreichung ihres Zwecks gründet sich auf die *Wahrhaftigkeit* ihrer Mitglieder; kann sie dieser Wahrhaftigkeit sich nicht versichern, kann sie dem Bekenntnisse ihrer Mitglieder keinen Glauben zustellen, so findet die gegenseitige Stärkung des Glaubens nicht statt, sondern die Gemüter werden nur noch mehr geärgert und irregemacht. Es wäre ihnen besser, daß sie in der Stille geglaubt hätten, alle anderen möchten wohl ebenso denken, wie sie; als daß sie durch tägliche Bekenntnisse, denen sie nicht trauen, immer tiefer in Zweifel gestürzt werden.

Für die Lüge gibt es an sich keinen äußern Richterstuhl; dieser ist innerlich in eines jeden Gewissen. Wer lügt, muß sich vor sich selbst schämen; er muß sich verachten. – Im Falle wir durch die Erfahrung uns von der Wahrheit oder Unwahrheit einer vorgeblichen Tatsache nicht überzeugen können, so müssen wir im bürgerlichen Leben es dem Gewissen eines jeden überlassen, ob er wahr reden oder uns belügen wolle; wir müssen ihn der Strafe überlassen, die er bei gesagter Unwahrheit sich selbst zufügt, oder auch nicht zufügt. Eine solche innere Bestrafung, die doch immer zweifelhaft bleibt, und in keinem Falle an den Tag kommt, kann keiner Gesellschaft, die auf Wahrhaftigkeit aufgebaut ist, und mit ihr steht oder fällt, Genugtuung geben.

Fast durch den einmütigen Glauben aller Menschen ist jenes innere Richteramt schon an ein Wesen außer uns, an den allgemeinen moralischen Richter, an Gott, veräußert. Daß ein Gott sei, und daß er die Lügen strafe, ist wohl der einstimmige Glaube aller Kirchen. Jede also kann die Bestrafung ihrer heuchlerischen Mitglieder von Gott erwarten. – Aber diese Strafe Gottes ist entfernt; sie erwartet den Sünder erst in jenem Leben; der Zweck der Kirche aber ist für das Gegenwärtige berechnet. Dann, wenn diese Strafen ausgeteilt werden, werden sie freilich sehen, wer ihnen die Wahrheit gesagt, oder wer den Glauben bloß erheuchelt hat; dann aber bedürfen sie der Glaubensstärkung überhaupt nicht mehr, um derentwillen sie eine kirchliche Verbindung eingingen. Wenn der Ungläubige völlig und entschlossen ungläubig ist, so glaubt er überhaupt an keinen Gott, kein künftiges Leben und keine Bestrafung seiner Falschheit; er fürchtet also die angedrohte Strafe Gottes gar nicht, und wird dieserhalb kein Bedenken tragen, ein falsches Glaubensbekenntnis abzulegen, wenn er anderweitige Ursachen dazu hat: oder, wenn er auch vielleicht nicht ganz ungläubig wäre, so hofft er vielleicht auf andere Art sich mit Gott abzufinden, und durch irgendein Mittel der Entdeckung seiner Falschheit und der Strafe zu entgehen. Dies legt der Kirche die Aufgabe auf, die Strafe zu verfrühen, und, da sie einmal Gott nicht bewegen kann, um ihretwillen eher zu strafen, als er sonst würde gestraft haben, selbst sein Richteramt an sich zu nehmen. Dadurch wird das innere Richteramt des Gewissens abermals veräußert, und zwar an einen Richter, der das Urteil auf der Stelle sprechen kann, an die sichtbare Kirche.

Diese neue Veräußerung des innern Richteramts, dieses Urteilen an der Stelle Gottes ist Fundamentalgesetz jeder Kirche, die konsequent ist; und ohne desselben kann sie sich schlechterdings nicht behaupten. Was sie löset, das muß auch im Himmel gelöset sein, und was sie bindet, das muß auch im Himmel gebunden sein. Ohne dieses Richteramt verlangt sie vergeblich eine Herrschaft über die Seelen der Menschen, die sie durch nichts behaupten kann; drohet vergebens mit Strafen, von denen sie gesteht, daß sie sie nicht zuerkennen könne; läßt die Menschen in ihrem Glauben nach wie vor von sich selbst abhängig, den sie doch vorzuschreiben verlangte. Sie hebt ihren eignen Begriff auf, und steht in innerm Widerspruche mit sich selbst.

Da sie über die Herzensreinigkeit von Menschen richten, und

ihnen nach Maßgabe derselben Strafe und Belohnung austeilen will, deren Inneres sie nicht erforschen kann, so entsteht dadurch eine neue Aufgabe für sie; nämlich diese: ihr Glaubensbekenntnis also einzurichten, daß es sich in äußern Folgen zeige, ob man von der Wahrheit desselben überzeugt sei, oder nicht – sich selbst eine solche Verfassung zu geben, daß sie von dem Gehorsame und der Ergebenheit ihrer Mitglieder aus sichern und unverdächtigen Merkmalen urteilen könne. Damit sie sicher sei, sich nicht zu irren, wird sie diese Merkmale so in die Augen springend machen, als es ihr möglich ist. – Dies geschieht auf zweierlei Art; durch harte Bedrückungen ihres Verstandes und durch strenge Gebote, die man ihrem Willen auflegt. – Je abenteuerlicher, ungereimter, der gesunden Vernunft widersprechender die Lehren einer Kirche sind, desto fester kann sie von der Ergebenheit solcher Mitglieder überzeugt sein, welche das alles ernsthaft anhören, ohne eine Miene dabei zu verziehen, und es ihr lernbegierig nachsagen, und mit Mühe und Arbeit in ihren Kopf einprägen, und sich sorgfältig hüten, daß nicht ein Wörtchen auf die Erde falle. Je härter die Versagungen und Selbstverleugnungen, je grausamer die Büßungen sind, die sie fordert, desto fester kann sie an die Treue solcher Mitglieder glauben, welche sich diesem allen unterziehen, um nur mit ihr vereinigt zu bleiben; welche auf alle irdischen Genüsse Verzicht tun, um nur ihrer himmlischen Güter teilhaftig zu werden. Je mehr man aufgeopfert hat, desto stärker muß unsre Anhänglichkeit an dasjenige sein, um dessentwillen man das alles aufgeopfert hat. – Nachdem sie die Früchte des Glaubens in äußerliche Übungen gesetzt hat, deren Beobachtung oder Unterlassung jedes gute Auge sieht, hat sie sich dadurch eine leichte Aussicht in das Herz selbst eröffnet. Ob jemand an das Primat des heiligen Petrus glaube oder nicht, zu erforschen, möchte etwas schwer sein: ob jemand die durch einen Nachfolger und Stellvertreter desselben gebotne Fasten gehalten habe oder nicht, entdeckt sich schon leichter. Hat er sie nicht gehalten, so muß sein Glaube an dasselbe, und an die Unfehlbarkeit aller seiner Nachfolger und an die Unentbehrlichkeit des Gehorsams gegen alle ihre Gebote zur Seligkeit nicht sehr fest sein, und die Kirche kann mit hoher Sicherheit ihn als einen Ungläubigen in Anspruch nehmen.

Durch diese schon an sich notwendige Veranstaltung gewinnt die Kirche noch zwei andre sehr wesentliche Vorteile. Sie verschafft sich fürs erste, wenn sie zweckmäßig erdichtet, durch jene zur Prüfung des Glaubens auferlegten Glaubensartikel zugleich einen reichen Vorrat der mancherlei Strafen und Belohnungen einer andern Welt, deren sie bedarf, um sie ihren so sehr verschiednen Mitgliedern, – jedem nach Maßgabe seines Glaubens oder Unglaubens, – nach Gebühr zuzumessen. Statt des einfachen Himmels bekommt sie unzählige Stufen der Seligkeit und einen unerschöpflichen Schatz von Verdiensten der Heiligen unter ihre gehorsamen Mitglieder zu verteilen; neben der einfachen Hölle bekommt sie ein Fegefeuer, das an Qual und Dauer unendlicher Verschiedenheiten fähig ist, um die Ungläubigen und Unbußfertigen – jeden, nachdem es not tut – damit zu schrecken. – Sie stärkt fürs zweite den Glauben ihrer Mitglieder, indem sie ihn nicht müßig läßt, sondern ihm Arbeit genug gibt. Es scheint auf den ersten Anblick wiedersprechend, aber es wird durch die häufigsten Erfahrungen bestätigt, und der Grund dieser Erscheinung läßt sich bald auffinden – je unglaublichere Dinge man zu Glaubensartikeln macht, desto leichter findet man Glauben. Man leugnet am ehsten das, was noch so ziemlich glaublich ist, weil es uns zu natürlich vorkommt; aber man baue den geleugneten Satz auf einen wunderbaren, und diesen auf einen noch wunderbarern und vermehre Schritt vor Schritt das Abenteuerliche, und der Mensch wird gleichsam schwindelnd; er kommt nicht mehr zur kalten Besinnung; er ermüdet, und seine Bekehrung ist gemacht. Es ist nichts Neues, daß man manchen, der keinen Gott glaubte, durch den Glauben an den Teufel, die Hölle, das Fegefeuer bekehrt habe, und das Tertullianische: »das ist widersinnig, mithin kommt es von Gott« ist, als Beweis für seinen Mann, vortrefflich. – Das kommt daher: Einen, zwei, drei Sätze übersieht der gewöhnliche Kopf in ihren natürlichen Gründen und Folgen; er wird dadurch zum Nachdenken über sie eingeladen, und glaubt über ihre Wahrheit oder Unwahrheit aus Gründen der Vernunft urteilen zu können: ihr baut sie ihm, um ihn an diesem Unternehmen zu verhindern, auf andere künstliche Gründe, die selbst wieder Glaubensartikel sind, diese wieder auf andere, und so ins Unendliche hinaus. Er kann jetzt nichts mehr übersehen; er irrt ohne Leitfaden in diesem Labyrinthe herum, er erschrickt über die ungeheure Arbeit, die er sich aufgelegt sieht, er ermüdet ob dem vergeblichen Suchen, und aus einer Art von fauler Verzweiflung ergibt er sich blindlings in die Hände seines Führers, und ist froh einen zu haben.

Man verstehe mich nicht unrecht; ich sage nicht, daß alle Stifter oder Erweiterer des kirchlichen Systems die Absicht, durch solche boshaften aber völlig zweckmäßigen Mittel die Gewissen der Menschen zu unterjochen, sich immer deutlich gedacht haben. Nein; ängstlich gewissenhafte, schon vorher in Schrecken versetzte Gemüter gingen, vom Instinkte geleitet, mit sich selbst den Weg, den sie hernach mit andern einschlugen. Sie täuschten erst sich selbst, ehe sie andere täuschten. *Eine* Ungereimtheit, die nicht aufgegeben, sondern aus Angst und Furcht geglaubt werden muß, führt zu unzähligen, und je scharfsinniger der gewissenhafte Grübler ist, eine desto reichlichere Ausbeute von Träumen wird er aus dem Lande der Chimären zurückbringen. – Aber unsern heutigen Eiferern für die Aufrechthaltung ihres reinen alleinseligmachenden Glaubens, die großenteils nicht mit derselben Ehrlichkeit eifern, muß ich eine Lehre geben, die den Verdruß reichlich ersetzt, den ihnen die Durchlesung dieses Kapitels verursachen könnte. – Wenn sie ihren Glauben dadurch zu behaupten suchen, daß sie etwa die abenteuerlichsten Sätze aufgeben, und ihn der Vernunft näherzubringen suchen, so ergreifen sie ein Mittel, das geradezu gegen ihren Zweck läuft. Sie erregen durch dieses Nachgeben den Gedanken, daß doch auch wohl im Beibehaltnen Dinge sein könnten, die mit der Zeit auch würden aufgegeben werden. – Doch, das ist noch der geringste Schaden; aber indem sie das System abkürzen, und es von einem Teile seines Wunderbaren entkleiden, erleichtern sie die Prüfung und Übersicht desselben: kam das vorherige, dessen Prüfung schwerer war, in Gefahr; wie will sich dasjenige erhalten, das sie erleichtert? Geht den umgekehrten Weg; jede Ungereimtheit, die in Anspruch genommen wird, beweist kühn durch eine andere, die etwas größer ist; es braucht einige Zeit, ehe der erschrockne menschliche Geist wieder zu sich selbst kommt, und mit dem neuen Phantome, das anfangs seine Augen blendete, sich bekannt genug macht, um es in der Nähe zu untersuchen: läuft es Gefahr, so spendet ihr aus dem unerschöpflichen Schatze eurer Ungereimtheiten ein neues; die vorige Geschichte wiederholt sich, und so geht es fort bis an das Ende der Tage. Nur laßt den menschlichen Geist nicht zum kalten Besinnen kommen, nur laßt seinen Glauben nie ungetrübt; und dann trotzt Pforten der Hölle, daß sie eure Herrschaft überwältigen. – Laßt euch, so ihr Verfinsterer und Freunde der Nacht – laßt euch diesen Rat durch die Vermutung, daß er von einem Feinde herkomme, ja nicht verdächtig werden. Auch sogar gegen euch ist Tücke unerlaubt, ob ihr sie gleich gegen uns braucht.

Prüft ihn aufmerksam, und ihr werdet ihn völlig richtig finden.

Nach jenen Grundsätzen richtet auf Erden die Kirche statt Gottes; teilt sie an seiner Stelle die Belohnungen und die Strafen einer andern Welt unter ihren Mitgliedern. Man hat in einer bekannten Kirche sich auch zeitlicher Strafen gegen den Unglauben und die Unbußfertigkeiten bedient; aber das ist eine unglückliche, auf Mißverstand, und gereizte Leidenschaft sich gründende Maßregel. Zeitliche Folgen der Kirchenzensuren können nichts sein, als *Abbüßungen*, denen der Gläubige mit seinem guten Willen, und mit dem guten Willen der Kirche sich unterwirft, um den Folgen derselben in jener Welt zu entgehen. Wer für seinen Unglauben sich geißelt, und fastet und wallfahrtet, will der Kirche genug tun, um von ihrem Fluche für jenes Leben losgesprochen zu werden; selbst derjenige, der durch das heilige Amt sich verbrennen läßt, kann auf keine andere Bedingung sich verbrennen lassen, als daß er, wenn auch nicht in diesem, doch in jenem Leben, in der Kirche bleiben dürfe: er überliefert dem Satanas sein sündliches Fleisch zum Verderben, auf daß der Geist selig werde am Jüngsten Tage. Dies ist auch ursprünglich die Bedeutung jener körperlichen Züchtigungen, wie man deutlich an den Förmlichkeiten sieht, mit denen sie ausgeübt werden. Aus der Fassung gebrachte Rachsucht war es, die sich ihrer als *Strafen* bediente, dadurch den Geist dieser Anstalten veränderte, und ihrem eignen Zwecke geradezu entgegenarbeitete. Werden diese Abbüßungen Strafe, d. h. werden sie *wider seinen Willen* demjenigen aufgelegt, der auf diese Bedingung nicht in der Kirche bleiben, der ihr nicht gehorchen will, der ihren Fluch oder Segen verachtet und verlacht, der entschlossen ungläubig ist, so bewirken sie gerade das, was sie verhindern sollten; sie bewirken *Heuchelei.* Habe ich nichts zu wagen, als die Strafen der Kirche in der andern Welt, so werde ich ihren Büßungen sicher mich nicht unterwerfen, wenn ich ihren Drohungen nicht glaube: mein Unglaube ist entdeckt, die Kirche ist von einem räudigen Schafe gereinigt, das sie nun mit allen Flüchen belegen kann, die sie erfindet. Habe ich aber, ich mag nun glauben oder nicht, in dieser Welt Strafen zu erwarten, so werde ich meinen Unglauben verbergen, solange ich kann, und lieber einem geringern Übel mich unterwerfen, um dem größern zu entgehen. – Ich übergehe hier, daß es eine offenbare Ungerechtigkeit ist, wenn die Kirche Menschen straft, die ihr den Gehorsam aufgekündigt oder nie zugesagt haben, über die sie mithin gar kein Recht hat; und daß ein solches Betragen den

Abscheu und den unversöhnlichsten Haß aller ungerecht Behandelten gegen sie reizt. – Die Römische Kirche, ein Muster von Konsequenz, verfuhr bloß hierin inkonsequent. Alle Verfolgungen der Juden und der geständigen Schismatiker durch die Inquisition, die Hinrichtung jedes Unbußfertigen, solange er noch unbußfertig war, die Verbindung der zeitlichen Acht mit dem geistlichen Banne gegen die Regenten, die Entbindung ihrer Untertanen vom Eide der Treue, und der Befehl an dieselben, ihre Fürsten zu verlassen, waren solche Inkonsequenzen, und sie kamen ihr teuer zu stehen.

Eine Kirche hat Glaubensgesetze, und also *eine gesetzgebende Macht.* Diese aber kann sehr geteilt sein. Das *Materiale* dieser Gesetze, die Glaubensartikel, müssen gar nicht durch die einmütigen Stimmen der Mitglieder hergegeben werden. Entweder ein Mitglied, oder mehrere können dazu ausschließend berechtigt sein; die Kirche kann in dieser Rücksicht eine Monarchie, oder auch eine Oligarchie sein – das wird durch ein Fundamentalgesetz über diesen Punkt bestimmt: ihrer *Form* nach aber, als Glaubens*gesetze*, werden sie für keinen einzelnen anders, als durch die freiwillige Übernehmung verbindend. – Freilich rechnet die Kirche, wie schon oben gezeigt worden, auf ihre ursprüngliche, von keiner Freiheit der Willkür abhängige Allgemeingültigkeit für alle Menschen, und diesem Grundsatze zufolge ist sie freilich berechtigt, alle zu verfluchen und zu verdammen, die dieselben nicht annehmen; aber sie kann nicht verlangen, daß diese Flüche die geringste Folge in der Welt der Erscheinungen haben sollen, in welcher das Naturrecht herrscht, das von keinem ursprünglichen Glaubensgesetze etwas weiß, und jeden berechtigt, sich durch keinen Fremden willkürlich ein Gesetz aufdringen zu lassen. Wer das Gesetz für willkürlich hält, wird an die Verordnungen der Kirche nicht glauben; wer es für ursprünglich verbindend hält, wird sich ihm ohne Mühe unterwerfen.

Diese Gesetze müssen alle gleich verbindend sein; sie dürfen zum Behuf der Beurteilung zwar in wesentliche oder außerwesentliche eingeteilt werden; aber für den Glauben müssen sie alle gleich wesentlich sein. Wer an die geringste kirchliche Verfügung, betreffe sie nun einen Lehrsatz, oder eine Tatsache, oder die Kirchenzucht, nicht glaubt, dem muß es angerechnet werden, als ob er an alle nicht glaubte. Das Grundgesetz, welches alle übrigen in sich faßt, ist der Glaube an die Kirche, als alleinige untrügliche Gesetzgeberin und Richterin an Gottes statt, wie oben erwiesen worden. Kein

Glaubensartikel muß geglaubt werden, weil er an sich glaubwürdig ist, sondern weil die Kirche ihn zu glauben befiehlt. Die Kirche befiehlt *alle* zu glauben; wer also dem geringsten widerspricht, widerspricht der Kirche, und der Glaube an die übrigen, die er unmöglich aus Gehorsam gegen die Kirche, aber wohl aus anderen Gründen glauben kann, kann ihm nichts helfen; es ist nicht der geforderte kirchliche Glaube. – Ich warne gewisse meiner Leser wohlmeinend, bei dieser Härte, und bei größern Härten, die noch folgen werden, doch ja nicht zu vergessen, auf welchem Felde wir sind; doch ja nicht die Ungereimtheit zu begehen, und mir zu sagen: das alles mag wohl ehemals Grundsatz gewesen sein; jetzt sind die Zeiten viel feiner. – Was ehemals, was jetzt, was jemals Grundsatz gewesen, will ich nicht wissen; ich bin nicht auf dem Felde der Geschichte, sondern auf dem Gebiete des Naturrechts, welches eine philosophische Wissenschaft ist. Ich entwickle den Begriff einer *sichtbaren Kirche*; ich folgere Satz vor Satz aus diesem Begriffe. *Wenn* jemals eine Gesellschaft sich angemaßt hat, eine sichtbare Kirche sein zu wollen, und *wenn* diese Gesellschaft konsequent war, so hat sie notwendig dies und das annehmen müssen; sage ich. *Ob* es eine solche Gesellschaft gegeben, und *ob* sie konsequent gewesen, das weiß ich nicht. Nur wenn ich unrichtig folgere, habe ich unrecht. Die Kirche hat *ein Richteramt*, und es muß durch die Kirchengesetze, welche über diesen Punkt so gut, als über andre, Glaubensartikel sind, bestimmt werden, wer dieses Richteramt zu verwalten habe. – Das *Lehramt* ist keins von den wesentlichen Ämtern der Kirche, sondern es ist zufällig. Der Lehrer darf nichts hinzu- oder davontun; er hat die Kirchenlehren bloß vorzutragen, wie sie festgesetzt sind. Er ist Gesetzerklärer und Einschärfer, und es ist schicklich, daß dieses Amt von demjenigen verwaltet werde, der zugleich Richter ist, weil beides die gleiche völlige Kenntnis der Gesetze voraussetzt. – Die ausschließende Verrichtung der Priester in kirchlichen Gesellschaften besteht bekanntermaßen nicht im Lehren; lehren darf jeder: sie besteht im Richten; im Beichtehören, Lossprechen oder Verurteilen. Das Meßopfer selbst ist eine richterliche Handlung, und der Grund aller übrigen: – es ist, wenn wir wollen, die feierlich vor jedermanns Augen, und zu jedermanns Nachricht wiederholte Belehnung der Kirche mit dem Richteramte Gottes. Wenn *sie* richten, in der höchsten Instanz richten soll, so muß Gott nichts mehr zu richten haben: und wenn er nichts mehr zu richten haben soll, so muß die Kirche ihm genug getan haben, sie muß völlig rein, heilig und ohne Sünde sein, sie muß die geschmückte Braut sein, die nicht habe einen Flecken oder Runzel, oder des etwas, sondern die da heilig sei und unsträflich. Dies wird sie durch die Verdienste von Kirchenmitgliedern, welche für die ganze Kirche genug getan haben: – Verdienste, die die Kirche in der Messe Gott darbringt, und sich dadurch von ihm völlig loskauft. Nur kraft dieser Loskaufung hat die Kirche das Recht, ihre Mitglieder selbst zu richten. – Jeder, der Messe liest, muß Beichte hören können; jeder, der Beichte hört, muß Messe lesen können, und beides ist Folge von der Bevollmächtigung der Kirche, ihre richterlichen Handlungen auszuüben. Die Richtersprüche der Kirche sind untrüglich, weil sie, kraft des Meßopfers, die *alleinige* Richterin für die unsichtbare Welt ist; sie mußten untrüglich sein, wenn eine Kirche möglich sein sollte. Wie kann eine Gesellschaft sich des Gehorsams versichern, wenn sie den Ungehorsam nicht bestrafen kann; und wie könnte die Kirche, deren Strafen in eine unsichtbare Welt fallen, den Ungehorsam bestrafen, wenn es nicht sicher wäre, daß ihre Ansprüche in dieser unsichtbaren Welt gelten, und daß die Strafen, die sie aufgelegt hat, dort gewiß erfolgen. – Die Lutherische Kirche ist inkonsequent, und sucht ihre Inkonsequenz zu bemänteln: die Reformierte ist frank und frei inkonsequent. Beide haben Glaubensgesetze, – ihre symbolischen Bücher; oder wenn auch nur die Bibel dieses symbolische Buch wäre, so ist schon der Satz: die Bibel ist Gottes Wort, und was sie enthält, ist wahr, *weil* sie es enthält, – ein Satz, der notwendig das ganze kirchliche System, wie wir es jetzt entwickelt haben, begründet. – Wer ihnen glaubt, wird selig; wer ihnen nicht glaubt, – dem schadet es an seiner Seligkeit auch nicht. Wenn ich einmal dem Ansehen glauben muß, und aus Gründen mich nicht überzeugen kann, so sehe ich nicht ein, warum ich dem Ansehen der einen Kirche lieber, als dem Ansehen der andern glauben solle, da ich in beiden selig werden kann; und wenn ich noch von einer dritten wissen sollte, die das Recht, selig zu machen, ausschließend zu besitzen vorgibt, und die alles, ohne Ausnahme, verdammt, was ihr nicht glaubt, so muß ich *notwendig* dieser mich unterwerfen. – Ich will selig werden, das ist mein letzter Endzweck; alle Kirchen versichern, daß das nicht durch eigne Vernunft und Kraft, sondern allein durch den Glauben an sie möglich sei: ich muß also, ihrer eignen Versicherung nach, ihnen glauben, wenn ich selig werden will. Alle drei Kirchen lehren, daß man in der Römischen Kirche selig werden könne; trete ich, um selig zu werden, in die Römische Kirche, so glaube ich allen dreien: ich werde demnach, nach Versicherung aller dreier, selig. Die Römische Kirche lehrt, daß man in den beiden übrigen nicht selig werden könne; bin ich in einer von diesen beiden, und glaube dennoch selig zu werden, so glaube ich einer Kirche nicht: ich werde demnach, nach der Versicherung einer Kirche, nicht selig. – Der Glaube gründet sich, der einstimmigen Lehre aller Kirchen nach, nicht auf Vernunftgründe, sondern auf Autorität. Wenn die verschiednen Autoritäten nicht *abgewogen* werden sollen – das könnte nur durch Vernunftgründe geschehen, deren Gebrauch untersagt ist – so bleibt nichts übrig, als die *Stimmen zu zählen.* Wenn ich in der Römischen Kirche bin, so werde ich durch alle Stimmen selig; wenn ich in einer andern bin, nur durch zwei, und durch eine verdammt. Ich muß, nach der Lehre aller Kirchen, die größere Autorität wählen; ich muß also, nach der Lehre aller Kirchen, in die Römische Kirche treten, wenn ich selig werden will. – Kann den protestantischen Lehrern, welche kirchliche Grundsätze haben, diese leichte Folgerung entgangen sein? Ich glaube, kaum. Ich glaube, daß sie in ihrem Herzen alle verdammen, die nicht denken, wie sie und daß sie sich nur nicht getrauen, es laut zu sagen. Dann sind sie konsequent, und dafür gebührt ihnen ihr Lob. – Die Reformierte Kirche hat kein Richteramt; die Lutherische hat bloß den Schein desselben. Der lutherische Priester vergibt mir die Sünde, mit der Bedingung, daß Gott sie mir auch vergebe; er erteilt Leben und Seligkeit, mit der Bedingung, daß Gott sie auch erteile. – Ich bitte, was tut er denn da Sonderliches? was sagt er mir denn da, das mir nicht ein jeder, und das ich mir nicht selbst ebensowohl hätte sagen können, als er mirs sagt. Ich wollte bestimmt wissen, *ob* Gott mir die Sünde vergeben habe; er sagt mir, *er* wolle sie mir vergeben, *wenn* Gott sie mir auch vergäbe. Was bedarf ich *seiner* Vergebung; ich wollte die Vergebung *Gottes.* Wenn ich dieser sicher wäre, so bedürfte ich seiner nicht; ich wollte es mir dann schon selbst sagen. Er muß *unbedingt* vergeben, oder er muß es gar sein lassen. – Der lutherische Priester gibt sich also bloß den Anschein, als ob er Segen erteilen könnte; er kann es nicht wirklich; Strafe auflegen darf er auch nicht einmal zum Scheine. Er kann weiter nichts gegen die Sünde unternehmen, als sie vergeben; behalten darf er sie gar nicht, als vor der ganzen Gemeine ins blaue Feld hin. Er kann nur den Himmel versprechen; mit der Hölle drohen darf er keinem; sein Mund muß immer in ein segnendes Lächeln gezogen sein. (D'un air bénin le pécheur il caresse.)

Die Kirche hat eine *ausübende Gewalt*; aber nicht in diesem Leben; ihre Richtersprüche werden erst in der zukünftigen Welt vollzogen. Daß die Vollziehung genau mit dem Urteile übereinkommen werde, und müsse, daß nicht mehr und nicht weniger geschehen werde, als die Kirche festgesetzt und verordnet hat, folgt schon aus dem Obigen; was auf der Erde – in diesem Leben – von der Kirche gebunden ist, ist eben so und nicht anders im Himmel – in jener Welt – gebunden, und was die Kirche hier losgesprochen hat, muß auch dort losgesprochen sein*. Daß die Vollzieher dieser Urteile keine andern sein können, als Mitglieder der einigen alleinseligmachenden Kirche, weil, und inwiefern sie das sind, folgt gleichfalls aus dem Obigen; und es ist auch ohnedies bekannt: – Jesus, das Haupt der Kirche, seine ersten Bekenner, die zwölf Apostel, sitzend auf zwölf Stühlen, alle Heilige, die durch ihr erübrigtes Verdienst zum Schatze der Gnaden, den die Kirche verwaltet, Beiträge geliefert haben, werden, der Lehre der Kirche nach, dort die Urteile vollziehen lassen. – In dieser Welt kann eine konsequente Kirche keine vollziehende Gewalt haben, weil es, wie wir oben gezeigt haben, gegen ihren Endzweck läuft, physische Folgen mit ihren Zensuren zu verknüpfen. Erlaubt sie Abbüßungen, welche an den Büßenden durch bestimmte Diener vollzogen werden müssen, die freilich die Kirche einsetzen kann, so handeln diese bei jenen Vollziehungen nicht im Namen der Kirche, sondern im Namen des büßenden Ungläubigen, der sich selbst freiwillig zur Abbüßung entschlossen, und den verordneten Dienern aufgetragen haben muß, sie an ihm[1] zu vollziehen.

Dies ist das notwendige System der sichtbaren Kirche, welche, wie aus allem Gesagten erhellet, ihrer Natur nach, nur eine einige

---

* Sprachgebrauch und Zusammenhang beweisen *mir* wenigstens, daß die katholische Erklärung dieser und der vorhergehenden Worte (die Anwendung auf den Papst als Nachfolger Petrus abgerechnet) die einzig richtige sei, und daß es keine andere geben könne, ohne beiden die höchste Gewalt anzutun. Diese Stelle verdiente wohl in unsern neuern Zeiten die Revision eines gründlich gelehrten, aber unparteiischen Schrifterklärers. – Wenn sie denn nun auch so erklärt werden müßte, wenn denn nun auch das so sehr gefürchtete Primat, und die Unfehlbarkeit Petrus wirklich hier angetroffen würde – was könnte doch gegen den *wahren Protestanten* daraus gefolgert werden.

---

1 *Im Originaldruck:* ihnen.

und allgemeine sein kann. Wenn von mehrern Kirchen geredet wird, so ist sicher, daß entweder alle insgesamt, oder alle, außer einer einzigen, inkonsequent verfahren. Wir haben jetzt das Verhältnis dieser Kirche zum Menschen unter dem Naturgesetze, und unter dem Gesetze des Staats; – die Beziehung derselben auf die Menschen, als solche, und auf die Menschen, als Bürger, zu untersuchen. Ob diese selbst abgesondert leben, oder sich zu einem Staate vereinigt haben; – die Kirche, als abgesonderte Gesellschaft betrachtet, steht gegen die übrigen Menschen, und diese gegen sie unter dem Gerichtshofe des Naturrechts; sie steht gegen ihre eignen Mitglieder unter dem Gesetze des Vertrags, welches selbst ein naturrechtliches Gesetz ist.

Jeder Mensch ist von Natur frei, und niemand hat das Recht, ihm ein Gesetz aufzulegen, als er sich selbst. Die Kirche hat demnach kein Recht, jemandem ihr Glaubensgesetz durch physischen Zwang aufzudringen; oder ihn mit Gewalt ihrem Joche zu unterwerfen. Durch physischen Zwang, sage ich; denn das Naturrecht gebietet auch nur über die Welt der Erscheinungen. Gegen moralische Bedrückungen, dürfte der Beleidigte mit keinen andern Waffen kämpfen, als mit gleichen, – wenn sie anders, als in der Welt der Erscheinungen, – anders, als mit der Einwilligung des andern Teils ausgeübt werden könnten. – Du fürchtest mein Einreden, meine Zunötigungen, meine Scheingründe; du scheuest die Vorstellung der schrecklichen Übel jener Welt, die ich dir androhe: kann ich dir dies anders beibringen, als durch Äußerung meines Gedankens durch Zeichen? Höre mich nicht an, verstopfe vor mir deine Ohren; jage mich aus deinen vier Pfählen, und verbiete mir, je wieder dahin zu kommen, oder, wenn ich es durch Schriften tue, lies sie nicht: zu allem diesen hast du das vollkommne Recht. Aber wenn du dich einmal mit deinem guten Willen mit mir auf den moralischen Kampfplatz begeben hast, so hast du dein Einspruchsrecht an mich veräußert; laß dir nun das Kriegsglück gefallen. Hättest du mich überzeugen können, so wäre ich dir unterworfen worden; da ich dich überzeugt habe, bist du mir unterworfen. Das war unsre Abrede: du hast dich über mich nicht zu beklagen. – Die Kirche, wenn sie das vor ihrem eignen Gewissen verantworten zu können glaubt, mag verdammen, und mit den härtesten Flüchen belegen, wer sich ihr nicht unterwerfen will; solange diese Verdammungsurteile im Gebiete der unsichtbaren Welt bleiben, wohin sie gehören – wer dürfte etwas dagegen haben? Sie flucht im Herzen, wie jener unglückliche Spieler, und diese Genugtuung kann man jedem gönnen. Sobald aber diese Flüche Eingriffe in die Rechte des andern in der sichtbaren Welt zur Folge haben; so behandelt derselbe rechtlich die Kirche als Feind, und nötigt sie zum Schadenersatz.

Jeder Mensch wird wieder frei, sobald er frei werden will, und hat das Recht, Verbindlichkeiten, die er sich selbst auflegte, sich auch selbst wieder abzunehmen. Jeder kann demnach der Kirche den Gehorsam aufkündigen, sobald er will; und die Kirche hat ebensowenig das Recht, ihn durch physische Mittel zu nötigen, in ihrem Schoße zu bleiben, als sie jenes hatte, ihn durch dergleichen Mittel zu nötigen, in denselben zu flüchten. Der Vertrag ist aufgehoben; er gibt der Kirche ihren himmlischen Schatz, den er noch nicht angegriffen hat, unversehrt zurück, und läßt ihr die Freiheit, alle ihre Zornschalen in der unsichtbaren Welt über ihn auszuschütten; und sie gibt ihm seine Glaubensfreiheit wieder. Alle physischen Strafen, die die Kirche irgendeinem Menschen wider seinen Willen auflegt, sind demnach nicht bloß den eignen Grundsätzen der Kirche; – sie sind auch dem Menschenrechte zuwider. Übernimmt er die ihm angetragene Abbüßung der ewigen Verdammnis nicht freiwillig, so glaubt er der Kirche nicht – denn daß er wohlberechneterweise die ewige Verdammnis zu seinem Endzwecke habe, läßt sich nicht annehmen – er ist mithin ihr Mitglied nicht mehr, und sie darf ihn nicht antasten. Tut sie es, so versetzt sie sich gegen ihn in das Verhältnis des Feindes. Jeder Ungläubige, den, bei fortdauerndem Unglauben, die heilige Inquisition hingerichtet hat, ist gemordet, und die heilige Apostolische Kirche hat sich in Strömen unschuldig vergossnen Menschenbluts berauscht. Jeder, den die protestantischen Gemeinen, um seines Unglaubens willen, verfolgt, verjagt, seines Eigentums, seiner bürgerlichen Ehre beraubt haben, ist unrechtmäßig verfolgt worden; die Tränen der Witwen und Waisen, die Seufzer der niedergetretenen Tugend, der Fluch der Menschheit lastet auf ihren symbolischen Büchern.

Darf einer aus der Kirche heraustreten, so dürfen es mehrere. Durften die Mitglieder der erstern Kirche sich durch einen Vertrag verbinden, und eine Kirche ausmachen, so dürfen auch diese sich vereinigen, und eine besondre Kirche bilden. Die erstere darf das durch physische Mittel nicht verhindern. Es entstehen mehrere geistige Staaten nebeneinander, die ihre Kriege nicht mit fleischlichen Waffen, sondern mit den Waffen der Ritterschaft, welche geistlich ist, zu führen haben. Mögen sie sich gegenseitig exkommunizieren, verdammen, verfluchen, soviel sie können; das ist ihr Kriegsrecht. – »Aber von mehrern Kirchen werden alle, außer einer, inkonsequent sein.« Das mögen sie; und wie, wenn selbst die konsequenteste in ihrem Grundsatze unrecht hätte? Es ist jedem erlaubt so inkonsequent zu folgern, als er will oder kann, das Naturrecht richtet nur über das Tun, nicht über das Denken.

Jedes Mitglied hat, kraft des Vertrags mit der Kirche, das Recht über die Reinigkeit des Glaubensbekenntnisses zu wachen. Jeder hat sich zu dem bestimmten Glaubensbekenntnisse mit ihr verbunden, und zu keinem andern. – Die Kirche hat im Namen aller das Recht, über diese Reinigkeit zu wachen, und jeden, der sie verfälscht, mit den gesetzlichen Strafen zu belegen; oder, wenn er sich ihr nicht unterwirft, aus ihrer Gemeinschaft auszuschließen. Er bricht dann den Gesellschaftsvertrag. – Da die Kirche das Recht hat, jedes Mitglied, um falschen Glaubens willen, auszuschließen; so kann darüber keine Frage entstehen, ob sie nicht auch das Recht habe, einen Lehrer, um falscher Lehre willen, zu entsetzen, oder gar auszuschließen.

Jeder, der der Kirche gehorsam ist, hat kraft des Vertrages einen Rechtsanspruch auf Duldung, und auf die durch die Gesetze bestimmten Segnungen derselben. Die Kirche muß ihr Versprechen halten, oder sie vernichtet sich selbst.

Kirche und Staat, als zwei verschiedne abgesonderte Gesellschaften gedacht, stehen gegeneinander unter dem Gesetze des Naturrechts, wie einzelne, die abgesondert nebeneinander leben. Daß meistens die gleichen Menschen Mitglieder des Staats und der Kirche zugleich sind, tut nichts zur Sache; wenn wir nur die beiden Personen, die dann jeder ausmacht, in der Reflexion absondern können, wie wir es müssen. Geraten Kirche und Staat in Streit, so ist das Naturrecht ihr gemeinschaftlicher Gerichtshof. Wenn beide ihre Grenzen kennen, und die Grenzen des andern respektieren, so können sie nie in Streit geraten. Die Kirche hat ihr Gebiet in der unsichtbaren Welt, und ist von der sichtbaren ausgeschlossen; der Staat gebietet nach Maßgabe des Bürgervertrages in der sichtbaren, und ist von der unsichtbaren ausgeschlossen.

Der Staat kann nicht in das Gebiet der Kirche eingreifen; das ist physisch unmöglich – er hat die Werkzeuge eines solchen Eingriffs nicht. Er kann in dieser Welt strafen oder belohnen; dazu hat er die ausübende Gewalt in den Händen, und die Leiber und Güter seiner Bürger stehen in seiner Macht. Er kann nicht in jener Welt

Fluch oder Segen ausspenden; das findet nur gegen den statt, der da glaubt; und der Staat hat im Bürgervertrage den Glauben nicht gefordert, keiner hat ihm Glauben versprochen, und er hat nichts getan, um sich denselben zu verschaffen. Er hat, laut des Bürgervertrages, bloß über unsre Handlungen, nicht aber über unsre Gedanken zu richten. Wo es scheint, als ob der Staat etwas dergleichen unternähme, da ist es nicht der Staat; es ist die Kirche, die sich in die Rüstung des Staats verkleidet hat; und hierüber werden wir sogleich weiterreden. – Kleinere oder größere Gesellschaften im Staate, oder, wenn wir wollen, der Staat selbst kann Anstalten zur Belehrung der Menschen oder Bürger über die Sittenlehre, oder auch über das, was bloß *glaubwürdig* ist (im Gegensatze dessen, was man *weiß*) oder überhaupt zur Geistesaufklärung errichten. Aber das macht noch keine Kirche. Die Kirche ist aufs *Glauben*, diese Anstalten sind auf *das Forschen* aufgebaut; die Kirche *hat* die Wahrheit, diese *suchen* sie; die Kirche fordert *gläubiges Annehmen*; diese suchen zu *überzeugen*, wenn sie können, und lassen es, wenn sie nicht können, sie fragen keinen aufs Gewissen, ob er überzeugt sei oder nicht, sondern überlassen das jedem selbst; die Kirche macht selig oder verdammt, diese Anstalten überlassen jedem, was er sein wolle oder könne; die Kirche zeigt den unfehlbaren Weg zum Himmel, diese Anstalten suchen jeden soweit zu bringen, daß er ihn selbst finden könne. Nur da, wo ein Glaubensbekenntnis und eine Glaubenspflicht, und die unfehlbare Verheißung der Seligkeit ist, wenn man dieses Glaubensbekenntnis annimmt, ist eine Kirche; wo aber ein Glaubensbekenntnis ist, und bestehe es auch bloß in dem kurzen Satze: was in der Bibel steht, ist wahr, *weil* es in der Bibel steht; da ist eine Glaubenspflicht und eine Kirche, und eine alleinseligmachende Kirche, und alles ohne Ausnahme, was wir oben aus dem Begriffe der Kirche entwickelt haben; – so gewiß ist es da, als die Glieder derselben drei bis vier Schlüsse verfolgen können. – Da jene Anstalten keine *gefundne*, sondern eine *aufzusuchende* Wahrheit voraussetzen, so folgt schon daraus, was sich ohnedies aus dem Obigen versteht, daß auch der Staat sich den Besitz derselben nicht anmaßen könne, daß er mithin keine Aufsicht über die Vorträge der Lehrer in diesen Anstalten habe. Sie müssen nach der Richtung des *Gemeinsinns* (des ursprünglichen, nicht nach dem Meinungssysteme der Völker) hinarbeiten; dieser ist ihr alleiniger Richter, und er wird, ohne das Zutun der ausübenden Gewalt, schon ein Urteil über sie fällen. Nähern sie sich ihm, so wird man sie hören; widerstreiten sie ihm, so werden sie bald leeren Bänken predigen.

Die Kirche aber kann in die Grenzen des Staats eingreifen, weil ihre Mitglieder physische Kräfte haben. Sie greift darin ein, wenn sie an denselben menschliche oder bürgerliche Rechte kränkt, und der Staat ist laut des Bürgervertrages verbunden, diese Rechte zu schützen, und die Kirche, im Falle der Verletzung, zur Genugtuung und Schadenersatz, durch physischen Zwang gegen die Werkzeuge ihrer physischen Unterdrückung, anzuhalten. Kränkt die Kirche an Staatsbürgern diejenigen Rechte, die sie nicht als Menschen oder Bürger, sondern als Kirchenglieder haben, – versagt sie ihnen die vertragsmäßigen Belohnungen, überschüttet sie sie mit unverschuldeten Strafen, so hat der Staat darum sich nicht zu kümmern: diese Beeinträchtigungen geschehen in einer andern Welt, in der der Staat nicht schützen kann, noch zu schützen versprochen hat. – Gegen Beeinträchtigungen in der sichtbaren Welt aber muß er schützen. Nötigt die Kirche ein Mitglied des Staats durch Zwangsmittel ihre Oberherrschaft anzuerkennen; fügt sie irgendeinen, der sich nicht freiwillig der Büßung unterwirft, oder der ihr überhaupt den Gehorsam aufkündigt, physische Strafen zu, so hat derselbe den gegründetsten Rechtsanspruch auf den Beistand des Staats. Verknüpft die Kirche gar Folgen im Staate mit dem Ungehorsame gegen ihre Gebote, so greift sie unmittelbar in die Rechte des Staats ein, und kündigt ihm den Krieg an. In allen diesen Fällen hat der Staat nicht nur ein Recht, die Kirche feindlich zu behandeln, sondern er ist sogar, laut des Bürgervertrags, dazu verbunden.

Man hat einen gewissen gegenseitigen Bund der Kirche und des Staats erdacht, kraft dessen der Staat der Kirche seine Macht in dieser, und die Kirche dem Staate ihre Gewalt in der zukünftigen Welt freundschaftlich leiht. Die Glaubenspflichten werden dadurch zu bürgerlichen; die Bürgerpflichten zu Glaubensübungen. Man glaubte ein Wunder der Politik vollbracht zu haben, als man diese glückliche Vereinigung getroffen hatte. Ich glaube, daß man unvereinbare Dinge vereinigt und dadurch die Kraft beider geschwächt habe. – Schon oben ist bemerkt worden, daß die Kirche sich selbst widerspreche, und ihrem eignen Zwecke, sich der Lauterkeit ihrer Mitglieder zu versichern, entgegenhandle, wenn sie den Unglauben mit irdischen Strafen belegt. Ich habe also kein Wort weiter hinzuzusetzen, um zu beweisen, daß die Kirche durch dieses sonderbare Bündnis geschwächt werde. Nicht weniger verliert der Staat. Er hat keine so unsichre Herrschaft, wie die Kirche über die Gewissen; er gebietet über Handlungen, die sich in der sichtbaren Welt zeigen, und seine Gesetze müssen so eingerichtet sein, daß er auf den Gehorsam gegen dieselben sicher rechnen kann; keins muß ungestraft übertreten werden können; er muß auf den Erfolg jeder Handlung, die er geboten hat, sicher rechnen können, wie man in einer wohlgeordneten Maschine auf das Eingreifen eines Rads in das andre sicher rechnen kann. – Jene Deklamationen, daß der Staat nicht stets wachen, nicht alles beobachten könne, sind seicht und oberflächlich; der Staat muß keine Handlung gebieten, über deren Ausführung er nicht wachen kann; keiner seiner Befehle muß ohne Wirkung sein, oder sie werden es nach und nach alle. Ein Staat, der die Krücke der Religion borgt, zeigt uns nichts weiter, als daß er lahm ist; wer uns um Gottes und um unsrer Seligkeit willen beschwört, seinen Befehlen zu gehorchen, der gesteht uns, daß er selbst nicht Kraft habe, uns zum Gehorsam zu nötigen, sonst würde er es tun, ohne Gott zur Hilfe zu rufen. – – Was kann denn zuletzt eine solche Vermittlung der Religion helfen? Wie denn, wenn wir nicht an Gott und an keine andere Welt, und an keine Belohnungen oder Strafen derselben glauben? Entweder der Staat hat anderweitige Mittel, uns zum Gehorsam zu zwingen, oder nicht. Hat er sie, so bedarf er des Bewegungsgrundes der Religion nicht; er tut etwas Überflüssiges, wenn er sich ihrer bedient, und macht sich ohne Vergeltung zum Werkzeuge der Kirche. Wollen *wir selbst* im Kampfe gegen unsre Neigungen uns dieser Bewegungsgründe bedienen, um uns das pflichtmäßige Verhalten weniger beschwerlich zu machen, so mögen wir das wohl tun; aber *seine* Sorge ist das nicht. – Hat er keine solchen Mittel, so kann er auch durch den Gebrauch der Religion nicht sich unsers Gehorsams versichern, wenn wir entschlossne Ungläubige sind; – da er selbst seinen Arm der Kirche leiht, so werden wir uns sorgfältig genug hüten, unsern Unglauben nicht zu verraten: – er gebietet demnach ins blaue Feld hin; sind wir rechtgläubig, so werden wir gehorchen; sind wirs nicht, so werden wir es freilich sein lassen, aber – er hat es nur versuchen wollen; es kommt ihm auf einen Ungehorsam mehr oder weniger nicht an. Welch ein Staat! – Es steht ihnen allerdings wohl an, uns die Bezahlung in jenem Leben anzuweisen, wenn sie uns in diesem alles nehmen; oder uns mit der Hölle zu drohen, wenn wir uns ihren ungerechten Gewalttätigkeiten nicht unterwerfen wollen. Was glauben sie selbst denn, indes sie so frank und frei ungerecht sind? Entweder nicht Himmel noch Hölle; oder sie denken für ihre Person die Sache mit Gott wohl abzumachen. Wie nun, wenn wir ebenso klug sind, als sie? – Nirgends zeigt sich dies auffallender, als in protestantischen Staaten. Eine und ebendieselbe physische Person kann allerdings Fürst sein, und Bischof sein; aber die Verrichtungen des Fürsten sind andre, als die des Bischofs, und keiner darf den andern bestechen. In einer und ebenderselben Handlung kann man nicht beides zugleich sein. – Nun haben die protestantischen Fürsten sich sagen lassen, daß sie zugleich Bischöfe seien, und eifrig, wie sie sind, wollen sie auch ihre bischöflichen Pflichten erfüllen. Die Reinigkeit des Glaubens liegt ihnen am Herzen, und diese wird, wenigstens ihren geringen Einsichten nach, verfälscht. Im gerechten Ingrimme tappen sie um sich, ergreifen, was ihnen unter die Hände kommt, und schlagen drein. Es war der Zepter. Aber ist denn der Zepter dazu? Der Hirtenstab sollte es sein. Sind sie Bischöfe, so mögen sie den Ungläubigen verfluchen, verdammen, des Himmels verweisen, und in die Hölle gefangensetzen; sie mögen Scheiterhaufen errichten, auf denen jeder sich verbrennen könne, der gern verbrannt sein will, um selig zu werden; aber die Macht des Staats dürfen sie nicht gegen ihn brauchen, sonst fleht er den Staat um Schutz an. – Den Staat? Ach, in welche Hände sind wir geraten! es ist der Staat selbst, der im Namen Gottes auf uns zuschlägt*. Aber die protestantischen Bischöfe haben nicht das Recht, zu verdammen. – So? ich bitte, was ist denn *ein Bischof*? Ich meinte, ein untrüglicher Richter im Namen der Kirche. Und was ist denn die Kirche? Ich meinte, die alleinige und letzte Richterin in

---

* »Aber wenn es nun den Fürsten ein wahrer Ernst wäre, für die künftige Seligkeit ihrer Untertanen nach ihrer Art zu sorgen; sollte man dann nicht wenigstens ihre gute Absicht ehren? – Vielleicht; aber ihren Verstand und ihr Gerechtigkeitsgefühl sicher nicht. Jeder hat das Recht, Mittel zu seiner Seligkeit selbst zu suchen, zu prüfen, zu wählen, und er duldet mit seinem vollen Rechte keine fremde Hand auf diesem seinen eigentümlichen Boden. – Und *warum* wollen denn wohl eigentlich die Fürsten ihre Untertanen so gern selig haben? ob das wohl in der Regel aus bloßer reiner Liebe zu ihnen, oder ob es nicht bisweilen aus Selbstliebe geschieht? Wie kommt es doch, daß es meist eben die vierzehnten Ludwige, und ihresgleichen sind, die so angelegentlich für *andrer* Seligkeit sorgen? – Solche Fürsten wissen an ihren Untertanen alles zu brauchen. Die sterblichen Leiber derselben haben sie Glied für Glied schon so hoch in Anschlag gebracht, daß an diesen weiter kein großer Gewinn zu machen ist. – »Aber, sagt ihnen ihr Gewissensrat, haben ihre Untertanen nicht auch eine unsterbliche Seele?« – und auf diese willkommne Erinnerung entwerfen sie geschwind einen Plan, sie noch im ewigen Leben zu benutzen, und selbst dem lieben Gott die Seelen derselben so teuer, als es gehen will, zu verhandeln.

der unsichtbaren Welt. Wenn es wahr ist, daß die protestantischen Bischöfe nicht das Recht haben, zu verdammen, so sind sie nicht Bischöfe, und ihre Kirchen sind nicht Kirchen. – Überhaupt die protestantischen Gemeinen sind entweder höchst inkonsequent, oder sie geben sich gar nicht für Kirchen aus. Es sind Lehranstalten, wie wir sie oben schilderten. Es gibt kein drittes; man muß sich entweder in den Schoß der alleinseligmachenden Römischen Kirche werfen, oder man muß entschlossner *Freigeist** werden. Was wollen denn also diejenigen, die uns in unserm Zeitalter wieder an die symbolischen Bücher ketten, wo es nicht leicht viele geben wird, die durch eignes Nachforschen auf die in denselben vorgelegten Resultate kommen, – was wollen sie doch eigentlich? Sobald wir uns irgendeinen Satz, als vor aller Untersuchung vorher ausgemacht, aufdringen lassen, müssen wir entweder auf alle gesunde Logik Verzicht tun, oder den gröbsten, härtesten Katholizismus annehmen. Ich weiß wohl, daß die wenigsten protestantischen Eiferer für die symbolischen Bücher dieses einsehen; aber ich weiß gar wohl, wer die sind, die es gar wohl einsehen, und die es un in ihren Schriften gründlich genug zeigen; ich weiß von welcher Partei aus diese Sache zuerst so eifrig in Anregung gekommen, und das ganze Publikum weiß es. Sind nicht vielleicht jene protestantischen Eiferer Werkzeuge jener uns an Konsequenz und Schlauheit weit überwiegenden Köpfe? Ich weiß nichts von Jesuiten, und jesuitischen Machinationen; aber daß an einem großen Verfinsterungssysteme gebrütet werde, und welches Mittel das einzige sei, um dieses Sy-

---

* Zur Nachricht und Ehrenrettung eines sehr ehrenwerten Worts! – *Frei* hat doch wohl von jeher die *Form,* und nicht die *Materie* bezeichnet? Es kommt also nicht darauf an, *was* man glaube, sondern *aus welchen Gründen* man es glaube, um ein Freigeist zu sein. Wer *der Autorität* glaubt, sei sein Glaubensbekenntnis so kurz es wolle, ist ein *Gläubiger;* wer *nur seiner eignen Vernunft* glaubt, ist ein *Freigeist.* Wenn jemand an den Esel des Mohammed, oder an die unbefleckte Empfängnis der Jungfrau Maria, oder an die Gottheit des Apis glaubt, weil er durch eignes Nachdenken von der Wahrheit dieser Sätze sich überzeugt zu haben wähnt, so ist er ein Freigeist; und wenn jemand auch weiter nichts glaubt, als daß ein Gott sei, weil er etwa in der Bibel, die er auf die Aussage der Kirche hin für Gottes Wort hält, nichts weiter findet, so ist er ein Gläubiger. – Die Reformatoren waren die erklärtesten Freigeister; und vielen würdigen Männern hat es geschienen, daß der Protestant alles von sich weisen müsse, wovon er sich nicht selbst überzeugen könne. Da ich wünsche, daß sie konsequent wären, so möchte ich wohl, daß es so wäre. – Aber dann dürfte es kein Luthertum, keine reformierte Religion, keinen Deismus, Naturalismus, usw. geben. Katholizismus und Protestantismus sind gerade entgegengesetzte Begriffe: der erstere ein positiver, und der zweite ein negativer.

stem durchzuführen, kann jeder wissen, der Augen hat, zu sehen, und einen Kopf, zwei Sätze zusammenzureihen.

Staat und Kirche sind demnach voneinander geschieden: es ist zwischen beiden eine natürliche Grenze, die keins zu überschreiten das Recht hat. Es läuft dem eigentümlichen Geiste der Kirche entgegen, und es ist offenbar ungerecht, wenn sie sich eine Gewalt in der sichtbaren Welt anmaßt; der Staat hat keine Verbindlichkeit, und überhaupt auch keine Befugnis nach unsern Meinungen über die unsichtbare Welt zu fragen. Es entsteht aber noch *die* Frage, ob es nicht in gewissen Fällen *die Klugheit* anraten könne, und inwiefern der Staat berechtigt sei, ihrem Rate hierin zu folgen; und wir wollen auch diese Frage mit abhandeln, um unsre Äußerungen vor jedem möglichen Mißverständnisse zu sichern.

Eine Kirche kann ihren Mitgliedern Verbindlichkeiten auflegen, die den Verbindlichkeiten derselben als Staatsbürger widersprechen. Was soll ein Staat tun, wenn ihm dies durch zuverlässige Äußerungen bekannt wird? – Hat der Staat nur über Handlungen, nicht aber über Meinungen zu richten, so tritt seine Verbindlichkeit in diesem Falle nicht eher ein, bis jene kirchliche Meinung bei irgendeinem Bürger zur Tat geworden ist: dann hat er die Tat zu bestrafen. – Aber ein weiser Staat mag lieber der Tat zuvorkommen, als sie hinterher strafen: er mag sie lieber verhindern, als rächen. Wohl; aber wie kann er wissen, ob jene Meinung seiner Bürger wirklich in Handlungen übergehen werde? Die Kirche hat ihnen die Verbindlichkeit dazu aufgelegt; und der Bürger hat sie – der Staat weiß nicht, ob gläubig oder heuchlerisch – übernommen. Soll der Staat annehmen, daß er ehrlich gegen die Kirche sei, und daß er seinen Grundsätzen zufolge handeln werde? Es scheint. Aber eben dieser Mann hat ja die entgegengesetzte Verbindlichkeit gegen den Staat übernommen. Jenem Grundsatze zufolge müßte der Staat annehmen, daß er auch diese Verbindlichkeit ehrlicherweise übernommen, und auch dieser gemäß handeln werde, und dann würden in seiner Seele die kirchliche Verbindlichkeit und die bürgerliche sich gegenseitig aufheben. Die Kirche kann die geforderte Handlung nicht durch äußere Mittel erzwingen; der Staat aber kann es, und hat daher auf seine Übermacht zu rechnen. – Aber man kennt die Kraft der religiösen Meinungen auf die Seelen der Menschen; je größere Aufopferungen sie fordert, desto leichter wird ihr gehorcht; man gehorcht ihr oft eben darum, weil man in ihrem Dienste der Gefahr oder dem grausamsten Tode entgegengeht. –

Ich könnte hierauf antworten, daß der Staat und die Gesellschaft diese Schwärmerei mit denjenigen Waffen zu bekämpfen habe, die uns ganz eigentlich gegen sie gegeben sind: mit kalter, gesunder Vernunft; daß er nur desto mehrere und zweckmäßigere Anstalten zur Aufklärung und Geisteskultur seiner Bürger zu treffen habe; und daß er auf diese Art von religiöser Wut sich immer sicherer stellen werde. Aber wenn er dies nun nicht versteht? So bediene er sich seiner Rechte!

Der Staat kann keinen Menschen nötigen, mit ihm in den Bürgervertrag zu treten; ebensowenig kann irgendein Mensch den Staat nötigen, ihn darein aufzunehmen, gesetzt auch, der Staat habe zu dieser Versagung gar keine gegründete Ursache, oder er wolle ihm keine sagen. Beide Teile sind gleich frei, und der Bund wird freiwillig geschlossen. Befürchtet der Staat von gewissen Meinungen üble Folgen, so kann er alle, die bekanntermaßen denselben zugetan sind, von der Fähigkeit, Bürger zu werden, ausschließen; er kann bei Schließung des Bürgervertrags von jedem die Versicherung fordern, daß er dieselben nicht annehme. – Jeder hat das Recht, aus dem Staate zu treten, sobald er will, der Staat darf ihn nicht halten; der Staat hat demnach gleichfalls das Recht, jeden von sich auszuschließen, den er will, und sobald er will, selbst ohne irgendeine Ursache anzuführen; doch unbeschadet der Menschenrechte, des Eigentums, und der Freiheit desselben, sich im Raume aufzuhalten, wo er will, wie oben im dritten Kapitel gezeigt worden. Bediene sich der Staat dieses seines Rechts gegen diejenigen seiner Bürger, von denen ihm, nachdem sie schon im Bürgervertrage sind, bekannt wird, daß sie Meinungen hegen, die ihm gefährlich scheinen. – Ich widerspreche hier nicht demjenigen, was ich oben sagte. Ich gestehe dem Staate eine *negative* Aufsicht über das Meinungssystem zu; aber ich sage, daß die *positive* seine Schwäche und seine Unklugheit verrate. Der Staat mag bestimmen, was man *nicht* glauben dürfe, um des Bürgerrechts fähig zu sein: aber zu bestimmen, *was* man glauben müsse, um desselben fähig zu sein, streitet gegen seinen Zweck, und ist ungereimt. Ich sehe wohl ein, warum ein weiser Staat keinen konsequenten Jesuiten dulden könne; aber ich sehe nicht ein, warum er den Atheisten nicht dulden sollte. Der erstere hält Ungerechtigkeit für Pflicht; das setzt den Staat in Gefahr; der letztere anerkennt, wie man gewöhnlich glaubt, gar keine Pflicht; das verschlägt dem Staate gar nichts, als welcher die ihm schuldigen Leistungen durch physische Gewalt erzwingt, man mag sie nun gern vollbringen, oder nicht.

Hieraus fließen die Rechte eines Staats, der umgeschaffen wird, auf das kirchliche System. Er darf Lehren der Kirche, die bisher von dem Bürgerrechte nicht ausschlossen, durchstreichen, weil sie seinen neuen Staatsgrundsätzen zuwider sind; er darf von allen, die das Bürgerrecht begehren, die Versicherung, daß sie jenen Meinungen entsagt haben, und die feierliche Übernehmung der neuen, jenen Lehren widerstreitenden Verbindlichkeiten fordern; er darf alle, welche diese Versicherung nicht geben wollen, von seiner Gemeinschaft und von dem Genusse aller Bürgerrechte ausschließen. Weiter aber hat er auch kein Recht auf sie; ihr Eigentum und ihre persönliche Freiheit muß ungekränkt bleiben. Führen sie, öffentlich oder heimlich, Krieg gegen den Staat; dann erst bekommt dieser ein Recht, auf ihre persönliche Freiheit, nicht als auf Bürger, sondern als auf Menschen, nicht vermöge des Bürgervertrags, sondern vermöge des Naturrechts, nicht das Recht, sie zu strafen, sondern das Recht, sie zu bekriegen. Er wird gegen sie in den Fall der Notwehr versetzt.

Doch, die Hauptquelle aller Irrungen zwischen Staat und Kirche ist es, wenn die letztere Güter in der sichtbaren Welt besitzt; und nur eine gründliche Untersuchung über den Ursprung und die Rechte der Kirchengüter kann alle noch übrigen Schwierigkeiten lösen.

Die Kirche, bloß als solche betrachtet, hat nur in der unsichtbaren Welt Kräfte und Rechte; in der sichtbaren keine. Dort steht den Eroberungen ihres Glaubens ein weites unbegrenztes Feld offen; hier kann sie durch diesen Glauben, – ihr einziges Instrument, – keinen Besitz erwerben; denn es gehört in dieser Welt – mit Erlaubnis einiger Naturrechtslehrer sei es gesagt! – noch etwas mehr zur Zueignung, als der Wille, und der Glaube, daß es unser sei. Ein Mitglied der Kirche kann okkupieren, aber nicht *als* Mitglied der Kirche, durch die Kraft seines Glaubens, sondern als Mitglied der Sinnenwelt, durch die Kraft seiner physischen Werkzeuge. Die Kirche, als Kirche, kann nicht okkupieren; was sie demnach besitzt, besitzt sie durch Vertrag, und zwar nicht durch Arbeitsvertrag – sie kann nicht arbeiten – sondern durch Tauschvertrag. Sie vertauscht himmlische Güter, die sie im Überflusse besitzt, gegen irdische, die sie gar nicht verachtet. – Die Kirche hat Beamte, die nicht vom bloßen Glauben leben, sondern die zu ihrer Erhaltung auch noch irdischer Speise und irdischen Tranks bedürfen. Es liegt in der Natur jeder Gesellschaft, daß die Mitglieder diejenigen erhalten, die ihre Zeit und Kraft zum Dienste der Gesellschaft anwenden; demnach sind ohne Zweifel auch die Mitglieder der kirchlichen Gesellschaft verbunden, ihre Beamten zu ernähren. Dies kann durch *vorgeschriebene* Beiträge geschehen, welche das Gesetz bestimme, das hierüber ebensogut, wie über alle möglichen Gegenstände, ein zur Seligkeit notwendiges Glaubensgesetz sein, und ohne die unausbleibliche Strafe der ewigen Verdammnis nicht übertreten werden muß. Derjenige, der die Beiträge entrichtet, entrichtet sie demnach, um selig zu werden; er vertauscht das, was er gibt, gegen den Himmel. – Oder es geschieht durch *freiwillige* Beiträge. Wenn die Schenkung nur wirklich an die Kirche geschieht, insofern sie Kirche ist, und nicht etwa an eine Person, die zufällig Mitglied oder Beamter der Kirche sein kann, um dieser Person wohlzutun, so setzt sie den Glauben an die Kirche, und mithin die Hoffnung, durch die Gnade der Kirche selig zu werden, voraus. – Wenn endlich die Abtretung irdischer Güter an die Kirche unmittelbar zur Abbüßung kirchlicher Sünden, oder unmittelbar zur Erkaufung höherer Seligkeiten des Himmels geschieht, so ist der Tausch offenbar.

Aus dieser Art des Ursprungs der Kirchengüter fließt eine wichtige Folge. – Kein Vertrag ist vollzogen, bis er in die Welt der Erscheinungen eingeführt, bis von *beiden* Teilen geleistet worden ist, was sie zu leisten versprochen, wie wir oben gezeigt haben. Ein Tauschvertrag irdischer Güter gegen himmlische geht in diesem Leben wenigstens nie in die Welt der Erscheinungen über. Der Besitzer der irdischen Güter zwar leistet an seinem Teile; aber nicht so die Besitzerin der himmlischen an dem ihrigen. Nur durch den Glauben eignet sich der erstere einen Besitz zu, gegen den er nicht die bloße Hoffnung, daß er seine zeitlichen Güter der Kirche übergeben werde, sondern den wirklichen Besitz dieser Güter der Kirche übergibt. Wer weiß, ob er den Glauben an die Kirche wirklich habe? wer weiß, ob er ihn immer behalten, ob er nicht noch vor seinem Ende ihn verlieren werde? wer weiß, ob die Kirche den Willen habe, ihr Wort zu halten? ob sie, wenn sie diesen Willen auch jetzt hätte, ihn nie ändern werde? wer weiß, ob ein wirklicher Vertrag zwischen beiden Teilen sei, oder nicht? Keiner, als der Allwissende. Ein Teil, oder beide können in jedem Augenblicke ihren Willen zurücknehmen; demnach ist der beiderseitige Wille nicht in die Welt der Erscheinungen eingeführt.

Der Besitzer der irdischen Güter zwar hat geleistet, und dagegen das Recht erhalten, zu *hoffen*, daß die Kirche auch leisten werde; er meint, sein Eigentum sei Eigentum der Kirche: jetzt verliert er den Glauben entweder an den guten Willen der Kirche, oder an ihre Gewalt, ihn selig zu machen; er hat fürderhin keine Entschädigung zu hoffen; sein Wille ist geändert, und sein Gut folgt seinem Willen nach. Es war immer sein Eigentum geblieben; jetzt eignet er sich dasselbe wirklich wieder zu. – Hat man bei irgendeinem Vertrage das Recht der Reue, so hat man es offenbar bei einem Tauschvertrage mit der Kirche. Kein Schadenersatz! wir haben die himmlischen Güter der Kirche nicht abgenutzt; die Kirche mag sie zurücknehmen, sie mag uns mit ihren Strafen, mit ihrem Banne, mit ihrer Verdammung belegen. Das steht ihr frei; wenn wir überhaupt nicht mehr an die Kirche glauben, so wird dies alles eben keinen großen Eindruck auf uns machen. – Ich betrachte hier noch bloß die Kirche, insofern sie das ist, als Besitzerin unsrer Güter. Was etwa *daraus* auf Schadenersatz folge, daß sie ein Beamter der Kirche, als Person in der Sinnenwelt besitze, werden wir weiter unten sehen.

Mein Vater hat alle seine Güter für das Heil seiner Seele an die Kirche abgetreten. Er stirbt, und ich trete, laut des Bürgervertrags, in den Besitz seiner Güter ein; freilich mit der Bedingung alle Verbindlichkeiten, die er durch wahre Verträge auf den Besitz derselben gelegt hat, zu erfüllen. Er hat mit der Kirche einen Vertrag über dieselben geschlossen, der aber nie in die Welt der Erscheinungen eingeführt worden, sondern sich bloß auf den Glauben gründet. Wenn ich an die Kirche nicht glaube, so ist ein solcher Vertrag nichtig für mich; für mich ist die Kirche nichts, und ich wenigstens tue, wenn ich meines Vaters Güter zurückfordre, in niemandes Rechte einen Eingriff. – Der Staat darf mich daran nicht verhindern. Der Staat, *als* Staat, ist ebenso ungläubig als ich; er weiß als Staat ebenso wenig von der Kirche, als ich; die Kirche ist für ihn ebensowenig etwas, als sie für mich etwas ist, wie oben gezeigt worden; der Staat kann nicht die Ansprüche eines Dinges schützen, das nach ihm nicht ist. Ich aber bin etwas für ihn, und mich hat er gegen jenes Unding zu schützen. Er hat mir den Besitz meiner väterlichen Güter zugesagt, auf die Bedingung, daß ich keines andern verstorbnen Bürgers Eigentum mir zueigne. Das habe ich nicht getan; er ist demnach nach dem Vertrage schuldig, mich im Besitze derselben zu schützen. – Es waren noch meines Vaters Güter; es sind die seinigen geblieben, bis an seinen Tod: denn jener

Vertrag, der in der Welt der Erscheinungen vor dem Gerichtshofe des Naturrechts und vor dem des Staatsrechts gleich null und nichtig ist, hat sie nicht veräußern können. Er durfte wohl freiwillig darauf Verzicht tun; ich hätte durch mein Stillschweigen seinen Willen bestätigen können: dann wäre der Staat nicht in Anspruch genommen worden. Jetzt aber bestätige ich diesen Willen nicht, und der Staat wird durch mich in Anspruch genommen. *Ich* darf mein Recht wohl aufgeben, aber der Staat darf es nicht statt meiner. – – Aber mein Vater hat geglaubt; für ihn war dieser Vertrag verbindend. – Er hat zu glauben geschienen; ob er wirklich geglaubt habe, weiß ich nicht; ob er noch jetzt glaube, wenn er noch existiert, weiß ich noch weniger. Verhalte sich dies, wie es wolle; selbst mit meinem Vater habe ich es nicht zu tun, als mit einem Mitgliede der unsichtbaren Welt, sondern der sichtbaren, und insbesondre des Staats. Er ist gestorben, und im Staate besetze ich seine Stelle. Lebte er noch, und seine Abtretung reute ihn – hätte er wohl das Recht, seine Güter zurückzunehmen? Hätte *er* es, so habe *ich* es, denn im Staate bin ich er selbst, ich stelle die gleiche physische Person vor; für *ihn* ist er nicht gestorben, er ist es nur für mich; für ihn hat in meiner Person er seinen Willen verändert. Will mein Vater das nicht, so komme er zurück in die sichtbare Welt, nehme seine Rechte in derselben wieder in Besitz, schalte mit den Gütern, die dann wieder die seinigen sind, wie er will. Bis dahin handle ich in seinem Namen. – Aber da er im Glauben verstorben ist, gehe ich doch sichrer, wenn ich *seinem* Glauben gemäß verfahre; ich darf wohl *meine* Seele wagen, aber nicht die eines andern. – O, wenn ich so denke, so bin ich noch gar nicht entschlossen ungläubig gegen die Kirche; so handele ich inkonsequent, und töricht, wenn ich auch nur *meine* Seele wage. Entweder die Kirche hat in einem andern Leben eine ausübende Gewalt, oder sie hat keine. Hierüber muß ich zur Festigkeit kommen. Solange ich das nicht bin, gehe ich freilich sicherer, wenn ich das Kirchengut nicht antaste; denn die Kirche flucht, und das mit ihrem vollen Rechte, jedem Kirchenräuber bis an den Jüngsten Tag. – Das Rückforderungsrecht, welches der erste Erbe hat, hat auch der zweite, und der dritte, und der vierte, und so durch alle Generationen durch; denn der Erbe erbt nicht bloß Sachen, sondern auch Rechte auf Sachen.

Es folgt aus obigem Grundsatze noch mehr, und wir haben keine Ursache, irgendeine mögliche Folgerung zurückzubehalten. Gesetzt auch, sie würde durch nachfolgende Betrachtungen wieder sehr eingeschränkt, und litte keine Anwendung im Leben, so erleichtert doch jede die Übersicht des Ganzen, und wird eine Übung des Nachdenkens. – Nicht nur der rechtmäßige Erbe oder Erbnehmer, – jeder Mensch, ohne Ausnahme, hat das Recht, sich Güter zuzueignen, die bloße Kirchengüter sind. Die Kirche, als solche, hat weder Kraft noch Rechte in der sichtbaren Welt; für den, der nicht an sie glaubt, ist sie nichts; was keinem gehört, ist Eigentum des ersten besten, der sich dasselbe rechtskräftig für die Welt der Erscheinungen zueignet. – Ich gerate auf einen Platz (ich lasse hier mit Fleiß unentschieden, ob er die Spur der Bearbeitung trägt, oder nicht) und fange an, ihn zu bearbeiten, um mir ihn zuzueignen. Du kommst und sagst mir: weiche von hier, dieser Platz gehört der Kirche. – Ich weiß von keiner Kirche, ich anerkenne keine Kirche; mag deine Kirche mir in der Welt der Erscheinungen ihr Dasein beweisen; von einer unsichtbaren Welt weiß ich nichts; und die Macht deiner Kirche in derselben hat über mich keine Gewalt, denn ich glaube nicht an sie. Du hättest mir weit füglicher sagen können, dieser Platz gehöre dem Mann im Monde; denn ob ich schon den Mann nicht kenne, so kenne ich doch den Mond: deine Kirche kenne ich nicht, und die unsichtbare Welt, in der sie gar mächtig sein soll, kenne ich auch nicht. Aber laß deinen Mann sein Wesen im Monde treiben, oder laß ihn auf die Erde kommen, und mir sein früheres Eigentum auf diesen Platz beweisen; ich bin der Mann von der Erde, und will bis dahin auf meine Gefahr sein Eigentum an mich nehmen. Aber die Mitglieder der Kirche sind zugleich Personen in der Körperwelt; sie haben, *als solche,* in dieser Welt Kraft und Rechte. Die Kirche, als geistige Gesellschaft, kann überhaupt keine Erdengüter besitzen; sie muß sie an physische Personen austun, und diese werden von ihr, in Rücksicht auf sie selbst, betrachtet als ihre Lehnsträger; sie sind vor ihrem Gerichtshofe nicht Eigentümer, sondern bloße Besitzer. Aber was sind eben diese vor dem Gerichtshofe des Natur- oder Staatsrechts; und welche Einschränkungen folgen daher auf die eben jetzt abgeleiteten Rechte auf Kirchengüter?

Ein Lehnträger der Kirche besitzt ein Gut, das mein Eigentum ist; sei es durch vorherigen Besitz, den ich selbst an die Kirche abgetreten habe, oder sei es durch Erbe von meinen Vorfahren her, die diesen Besitz abgetreten. – Ich nehme das meinige zurück, wo ich es finde; ich halte mich lediglich an *das Gut*, nicht *an die Person.* Der jetzige redliche Besitzer, der an die Kirche glaubt, der das Gut für ein Eigentum der Kirche, und sie für berechtigt hielt, dasselbe an ihn zu verleihen, wird dadurch in Schaden versetzt; er hat auf den fortdauernden Besitz gerechnet; er kann nicht leben, wenn ich ihm denselben entziehe. Muß ich ihn entschädigen? – Mit ihm habe ich es ja gar nicht zu tun; weder ich noch meine Vorfahren haben das Gut an ihn ausgetan, sondern an die Kirche; ihm hat es die Kirche verliehen; durch *sie* ist er beschädigt, von *ihr* hat er den Schadenersatz zu fordern, nicht von mir. Hätte ich oder meine Vorfahren das Gut ihm für seine Person verliehen, dann hätte er gerechte Anforderungen an mich; nicht als Mitglied der Kirche, sondern als Mitglied der Körperwelt; jetzt hat er sich an die Kirche zu halten. – Aber bin ich nicht vielleicht der Kirche zur Schadloshaltung verpflichtet? – bin ich keinem ihrer Mitglieder, insofern sie Mitglieder der Körperwelt sind, dazu verpflichtet, – und das bin ich nicht, denn insofern sie das sind, hat niemand einen Vertrag mit ihnen gemacht – so bin ich der Kirche, als geistiger Gesellschaft, gewiß nicht dazu verpflichtet. Sie hat, als solche, gar keine Rechte in der Sinnenwelt, und kann keine Verbindlichkeiten in derselben auflegen. Ich müßte sie durch geistliche Güter entschädigen, über welche der Handel getroffen ist; und an diesen kann sie denn ihr volles Vergeltungsrecht gegen mich ausüben. Sie kann mich und alle meine Vorfahren der Seligkeiten berauben, die sie austeilt; sie kann sie jenem in der Sinnenwelt durch meine Zurückforderung verletzten Mitgliede zu seinem Anteile zulegen, wenn er sich damit will abfinden lassen; alles das steht ihr frei. – Hat der bisherige Lehnträger der Kirche, als Besitzer, mein Gut verbessert, und den *natürlichen* Wert desselben erhöht, so hat er das getan nicht als Mitglied der Kirche, – der Glaube verbessert nach der Meinung des Ungläubigen kein irdisches Gut – sondern als Mitglied der Sinnenwelt durch seine körperlichen Kräfte, oder, durch das Zeichen derselben, durch sein Geld; und ich bin ihm den Ersatz dieser Verbesserungen schuldig, denn als Mitglied der Sinnenwelt kann er allerdings Rechte auf mich haben. Ist es etwa von den Geldern der Kirche geschehen? Ich weiß ja, meinem eignen Geständnisse nach, nichts von der Kirche; der Wert liegt in der Sinnenwelt offen da; für mich ist er Eigentümer; ich muß es an ihn ersetzen; glaubte er für seine Person es der Kirche zurückgeben zu müssen, so mag er vor mir das halten, wie er will. – Bestünden aber etwa diese Verbesserungen meines Eigentums in geistlichem Segen, der nur für denjenigen da ist, der es glaubt; hätte der bisherige Besitzer etwa durch die Kraft seines Glaubens eine besondre Fruchtbarkeit in meinen Boden gelegt, oder hätte er durch diese Kraft Unkraut, Erdmäuse oder Heuschrecken davon verbannt, so ersetze ich diese Verbesserungen nicht; denn meinen Grundsätzen nach glaube ich nicht, daß er sie gemacht habe, und er kann es mir nicht beweisen. Ist mein Boden wirklich vorzüglich fruchtbar, ist er wirklich vor jenen Landplagen ausgezeichnet gesichert, – weiß ich denn, ob dies nicht in der natürlichen Beschaffenheit desselben liege, oder, wenn es doch ja ein übernatürlicher Segen sein soll, ob er nicht mir für meine Person zugedacht sei? Mag er seine Segenshand zurückziehen; mag er Unfruchtbarkeit und Ungeziefer über meine Saat schicken, wenn er das durch seinen bloßen Glauben vermag; das steht ihm völlig frei.

Habe ich keinen ausdrücklichen Rechtsanspruch auf ein Gut, das ein Lehnträger der Kirche besitzt, so ist dieser *für mich* Eigentümer. Daß er es nicht zu sein glaubt, daß er von einer Kirche abzuhängen meint, gibt mir kein Recht, eben darum, weil ich nicht an die Kirche glaube, und die Kirche für mich nichts ist. Ich anerkenne in der sichtbaren Welt nur den Gerichtshof des Naturrechts; vor diesem ist der Eigentümer der letzten Form Eigentümer des Dinges, und ich muß ihn dafür anerkennen; er selbst mag darüber glauben, was er will. Ich ehre in ihm nicht die Rechte der Kirche, sondern seine eignen; mag er selbst sie nun kennen oder nicht; *ich* muß *meinen* Grundsätzen treu sein. Jenes Recht also, Kirchengut, als niemandes Eigentum sich zuzueignen, findet nur dann statt, wenn dasselbe keinen Besitzer hat; und da dies selten oder nie der Fall sein möchte, so folgt für uns andre daraus gar wenig. Aber für den Lehnträger der Kirche folgt daraus viel. Er ist nach dem Naturrechte Eigentümer, wenn niemand vorhanden ist, der einen frühern Rechtsanspruch darauf erweisen kann. Gibt er den Glauben an die Kirche auf, so wird er wirklicher Eigentümer in jeder Betrachtung. Niemand könnte ihm einen Einspruch tun, wenn er sich als wirklicher Eigentümer betrug, ausgenommen die Kirche. Jetzt kündigt er der Kirche den Glauben auf; sie ist für ihn vernichtet, und was nicht ist, dessen Rechte können nicht verletzt werden. – Es ist, als ob ein Kaufmann mit dem Manne im Mond in Gesellschaft handelte. solange seine Einbildung von dieser Handlungsgesellschaft fortdauerte, möchte er in seinen Büchern jenem den Gewinn richtig anrechnen; aber wer außer ihm selbst hätte doch das Recht, ihn zur Verantwortung zu fordern, wenn er seinen Associé zuweilen ein wenig bevorteilte? oder wenn er diese Einbildung gar aufgäbe, wer wollte ihn doch verhindern, den Hauptstuhl und den Gewinn desselben zugleich in sein Eigentum aufzunehmen, und die bisherige Firma zu ändern? – – Man könnte folgern, daß diese Grundsätze den Unglauben an die Kirche mächtig befördern würden, da sie ihn so einträglich darstellen; aber ich kann nicht für alle Folgen meiner Sätze einstehen; wenn sie nur aus richtigen Grundsätzen richtig abgeleitet sind, so muß ich weiterhin folgen lassen, was folgen mag. Hat die Kirche recht, so hat der Ungläubige seinen zeitlichen Gewinn nicht umsonst; er wird dafür auch ewig verdammt. Man muß den Leuten ihre Freiheit lassen. Wer lieber auf dieser Erde begütert, und dort verdammt, als hier arm, und dort selig sein will, der muß es auf seine eigne Gefahr dürfen.

Die Anwendung dieser Grundsätze auf den Staat ist leicht. Der Staat verhält sich gegen die Kirche, wenn diese, als Mitglied der Sinnenwelt, wegen ihres Besitzes auf dem Boden derselben betrachtet wird, wie ein einzelner zu einem einzelnen, und sie stehen gegeneinander unter dem Gerichtshofe des Naturrechts. Der Staat ist nur durch Einstimmigkeit Staat. Wenn *alle* Mitglieder desselben – die Kirchenbeamten oder Geistlichen gehören auch mit dazu, wie sich von selbst versteht – zu einer und ebenderselben Zeit einmütig der Kirche den Gehorsam aufkündigen, so ist für diesen Staat die Kirche vernichtet; er hat alle die Rechte, die jeder einzelne im Naturstande haben würde, der an keine Kirche glaubte.

Der Staat erhält zuvörderst, unter den oben angeführten Bedingungen, und aus den oben entwickelten Gründen, alles zurück, was ihm als *Staatseigentum*, als Gemeingut aller Bürger vorher zugehörte – nicht etwa alles das, was in dem Raume liegt, den seine Bürger bewohnen; der Staat ist kein Stück Erde, er ist eine Gesellschaft von Menschen; er besteht nicht aus Feldern, sondern aus Personen. – Hat etwa der Staat selbst, im Namen und als Mittelsperson der Kirche, die Kirchengüter an die gegenwärtigen Besitzer verliehen, so ist er zwar nicht schuldig, den Vertrag eines Dinges zu halten, das für ihn nicht mehr da ist, und dessen Mittelsperson er mithin nicht mehr sein kann, aber er ist schuldig, den beschädigten Besitzer, der auch mit durch des Staates Schuld in Verlust kommt, zu entschädigen. Dieser ist zu betrachten, als ein Begünstigter, und die schuldige Entschädigung richtet sich nach den oben im vierten Kapitel entwickelten Grundsätzen. Hat der Staat an der Verleihung dieses Besitzes keinen Anteil? und hat die Kirche unmittelbar gehandelt, so hat der Beschädigte keinen Rechtsanspruch auf Entschädigungen an den Staat, so wie er vor dem Gerichtshofe des Naturrechts keinen an den einzelnen hatte. Dies kann in manchen Lagen höchst hart, drückend unbillig sein; aber es ist nicht geradezu ungerecht. Milde und Menschlichkeit können manches anraten, was das Naturrecht nicht schlechthin gebietet; und es ist in philosophischen Schriften wohl erlaubt, die Gebiete beider scharf voneinander zu trennen.

Jeder einzelne Bürger bekommt zurück, worauf er aus irgendeinem Rechtsgrunde erweislich Anspruch hat. Alle einzelnen können diese Ansprüche an Kirchengüter an den Staat abtreten: dann werden auch die Güter der einzelnen *sein* Eigentum.

Ist der rechtmäßige Erbe von gewissen Kirchengütern unbekannt, und hat im Staate schon vorher das Gesetz bestanden, daß nach dem Aussterben der Familien der Staat Erbe ihres Eigentums sei – ein Gesetz, das durch den allgemeinen Willen ausdrücklich gemacht werden muß, und sich nicht etwa von selbst versteht – so ist der Staat Eigentümer aller Kirchengüter, die erweislich von ehemaligen Mitgliedern des Staats an die Kirche abgetreten worden, deren Erben sich nicht finden. Ich sage *erweislich*; denn so wahrscheinlich das auch immer sein mag, so reicht doch eine bloße Wahrscheinlichkeit nie hin, um einen Rechtsanspruch zu begründen. Ist ein solches Gesetz überhaupt nicht vorhanden, oder läßt sich nur dieser besondre Beweis, daß der Fall seiner Anwendung vorhanden sei, nicht führen, so ist ein solches Kirchengut, so wie alle Kirchengüter, auf welche weder der Staat, noch ein einzelner sein Eigentumsrecht dartun kann, niemandes Eigentum, und fällt an den ersten Besitznehmer; und das wird ohne Zweifel allemal der bisherige wirkliche Besitzer sein. Er ist zu betrachten als Eigentümer, und niemand kann wider seinen Willen sich seines Besitzes bemächtigen. Ist dieser Besitzer, der nun Eigentümer wird, Bürger, so hat er unter seinen Bürgerrechten auch das Erbrecht, und kann daher diese Kirchengüter sogar auf seine Nachkommen vererben, wenn er nicht etwa über dieselben einen besondern Vertrag mit dem Staate eingegangen ist.

Da aber *der* Fall, daß alle Staatsbürger einmütig zu gleicher Zeit der Kirche den Glauben aufkündigen, mithin der ganze alte Staat mit seinen übrigen Rechten und Verbindlichkeiten fortdaure, kaum zu erwarten ist; da vielmehr eine solche Aufhebung der Kirche entweder nur bei einer Revolution geschehen, oder sie doch ohne

Zweifel herbeiführen dürfte, so ist das Bisherige weniger anwendbar in der wirklichen Welt, als vielmehr Richtschnur für die Beurteilung; und wir haben auch nach dieser Richtschnur noch über den zweiten, weit wahrscheinlichern Fall zu sprechen, daß die Stimmen der Bürger über die Kirche geteilt seien. Können sie sich nicht vereinigen, will kein Teil dem andern nachgeben, so ist der Staat im Zustande der Revolution.

Jeder, der aus der Kirche tritt, hat das Recht, sein Eigentum, das dieselbe besitzt, zurückzufordern. Es ist also kein Zweifel, daß jene von dem bisherigen für die Kirche stimmenden Staate getrennten Mitglieder entweder einzeln, oder wenn sie ihre Ansprüche und ihre Kräfte vereinigen, gemeinschaftlich, alles das, worauf sie persönliche Ansprüche haben, zurücknehmen dürfen. Jeder, der aus dem Staate tritt, behält, wie im dritten Kapitel gezeigt worden, sein Eigentum, mithin auch den Anteil, den er zu dem Gemeingute des Staats beigetragen hat. Ein einzelner Bürger würde von dem Rechte, das letztere zurückzufordern, nicht so leicht Gebrauch machen, weil er nicht mächtig genug ist, sich selbst zu schützen; jene Restitutionsklage gegen den Staat aber nicht anstellen kann, ohne sich von ihm abzusondern, und sich durch seines ihm so nötigen Schutzes zu berauben. Da diese mehrern und stärkern Glieder sich einmal von dem Staate losgerissen haben, und sich selbst Kraft genug zutrauen, sich zu schützen – wer dürfte sie verhindern, ihr Recht, der Strenge nach, geltend zu machen, und insbesondere dasjenige, was von dem Staatsvermögen, das an die Kirche verliehen ist, auf ihren Anteil kommt, von der Kirche zurückzunehmen. Jener alte Staat, der der Kirche treu bleibt, behält seinen Anteil, und mag diesen der Kirche lassen; über den Anteil der abgetrennten Glieder hat er nicht zu verfügen. – Daß diese Glieder, welche die Trennung veranlaßten, schuldig sind, diejenigen Lehnträger der Kirche, die durch ihre Zurückforderung in Schaden versetzt werden, für ihren Anteil zu entschädigen, wenn etwa der alte Staat dieselben mit ihren Gütern belehnt hat, *als sie selbst noch einen Teil desselben ausmachten,* ist aus dem Obigen klar; sie haben dann wenigstens als Teil des Ganzen an der Beschädigung schuld, und sind daher verbunden, sie, soviel auf ihren Teil kommt, zu ersetzen.

So wie mehrere Mitglieder des bisherigen kirchlichgläubigen Staats zu dem neuen, der Kirche nicht glaubenden Staate übertreten, wird der Anteil desselben an den Kirchengütern durch die vereinigten, gemeinsamen und persönlichen Rechtsansprüche immer größer. Treten endlich alle, etwa bis auf die unmittelbaren Beamten der Kirche, oder auch ein Teil dieser zu derselben Partei, so bleibt jenen nichts übrig, was sie der Kirche lassen könnten, als ihr kleiner Anteil an dem gemeinsamen Staatsvermögen, und das, worauf sie persönliche Rechtsansprüche haben. – Das, worauf niemand sein Eigentumsrecht erweisen kann, bleibt dem Besitzer, er möge es nun als sein durch Zueignung erworbenes Eigentum, oder als ein Lehn der Kirche behalten wollen. Der Staat hat kein Recht, es an sich zu nehmen; will er sich auf seine Übermacht berufen, so handelt er ungerecht, und kündigt der Menschheit den Krieg an.

Ist ein solcher eigentümlicher, oder von der Kirche sich abhängig glaubender Besitzer eines ehemaligen Kirchenguts mit dem neuen Staate nicht in den Bürgervertrag getreten, so hat er das Vererbungsrecht nicht, und nach seinem Tode kann dieser Staat sein Gut nach dem Rechte des ersten Besitznehmers sich zueignen, und im voraus mit seinen Bürgern ein Abkommen und Veranstaltungen auf diesen Fall treffen; und so würden denn nach und nach alle Kirchengüter eingehen, und auf rechtmäßige Art an den Staat kommen.

Nacherinnerung

Der Verfasser warf das erste Bändchen auf gut Glück ins Publikum, und es schien ihm in der Flut der neuen Schriften über den gleichen Gegenstand untergegangen. Er legte die Materialien, die er für die im zweiten enthaltenen Kapitel bestimmt hatte, unter mancherlei Zerstreuungen und Verhinderungen zusammen; mehr um einem Manne Wort zu halten, als daß er geglaubt hätte, das Publikum werde noch diese Schrift seiner Aufmerksamkeit würdigen. – Ein edler Mann, dem ich es gleichfalls bezeuge, daß derselbe mich nicht kennt, mich auf keine Art erraten kann, noch, wenn er's könnte, das entfernteste Interesse haben würde, eine Schrift von mir über ihren innern Wert zu erheben, hat, nachdem keines der übrigen Journale, soviel mir bekannt ist, sie eines Winkes gewürdigt, in der Schleswigschen Monatsschrift, von deren Mitarbeitern ich keinen kenne, mit keinem in Briefwechsel stehe, diese fast vergessne Schrift mit einer Wärme empfohlen, die seinem Herzen die höchste Ehre macht – ob auch seiner Beurteilungskraft, darüber hat wenigstens ihr Verfasser keine Stimme. Dies munterte mich auf, mich des günstigen Urteils dieses würdigen Mannes, besonders in dem, was er über meine Schreibart sagt, noch werter zu machen, und die zwei noch übrigen wichtigen Kapitel für eine sorgfältigere Bearbeitung auf ein drittes Bändchen aufzusparen. Doch hofft der Verfasser, daß es nicht an ihm liegen werde, wenn dasselbe nicht binnen drei, bis vier Monaten die Presse verläßt.

Manche Klagen über die Dunkelheit des ersten Bändchens sind ihm zu Ohren gekommen. Das Publikum ist es schon zu gewohnt, daß die Schriftsteller immer recht haben, und daß seine Klage über die Dunkelheit ihrer Schriften durch die Klage über die Flüchtigkeit und Zerstreuung der Leser erwidert wird, als daß der Verfasser der gegenwärtigen – Lust haben könnte, das so oft Wiederholte noch einmal zu wiederholen. Er läßt es gänzlich auf sich beruhen, inwiefern die Schuld davon auch mit an ihm liegen könne. Er will den Leser nicht zur Vergleichung seiner Schrift mit andern Schriften auffordern, die über die gleichen Gegenstände aus den gleichen Grundsätzen geschrieben sind; er will ihn nicht erinnern, daß philosophische Untersuchungen, in denen man der Gründlichkeit sich wenigstens befleißigt, sich unmöglich so leicht weglesen können, als ein modischer Roman, Reisebeschreibungen oder selbst philosophische Untersuchungen, die auf das angewohnte Meinungssystem aufgebaut sind; er will ihm sogar gegen die ersparte Mühe ein dickes Buch zu lesen, nicht die Mühe zumuten, ein dünnes etlichemal zu lesen; er will weiter nichts sagen, als daß er sorgen werde, immer faßlicher zu schreiben, und daß der Leser sorgen möge, immer aufmerksamr zu lesen.

TEXTE ZUR

ENTSTEHUNGS- UND DEUTUNGSGESCHICHTE

VON FICHTES REVOLUTIONSSCHRIFTEN

Bernard Willms: **Vorbemerkung**

Der Kontext der Fichteschen Revolutionsschriften ist der Deutsche Jacobinismus. Mit diesem, der als revolutionäre Erscheinung im Gegensatz zum französischen keine reale Basis hatte, teilen die Schriften das zweifache Schicksal der relativen Wirkungslosigkeit und das der Vergessenheit. Im Falle Fichtes kommt noch hinzu, daß er als Denker des subjektiven Idealismus, als Autor der ›Wissenschaftslehre‹ einerseits und als Philosoph des Nationalen, der er später wurde, andererseits, auch selbst so vor seine Jugendschriften zu stehen gekommen war, daß diese im Vergleich mit jenen späteren Arbeiten lange Zeit nicht ernst genommen wurden. Daß aber diese frühen Schriften, von denen Fichte eine, die ›Rede‹, immerhin seine Lieblingsarbeit genannt hat, genau dies Schicksal hatten, und daß vor allem der Zusammenhang der späteren ›Wissenschaftslehre‹ mit den frühen Revolutionsschriften in Deutschland bis heute verkannt, ja geleugnet werden kann, ist selbst kein Zufall, sondern ein höchst lehrreiches Beispiel für die Entwicklung bürgerlichen Denkens in Deutschland. Tatsächlich hat es einhundertsiebzig Jahre gedauert, bis in Deutschland in den sechziger Jahren – und dann gleichzeitig im Westen und im Osten Deutschlands – diese Bedeutung der Revolutionsschriften für Fichtes gesamtes Denken entdeckt und herausgestellt wurde. (vergl. B. Willms; Die totale Freiheit. Fichtes politische Philosophie. Köln und Opladen 1967 und M. Buhr; Revolution und Philosophie. Die ursprüngliche Philosophie Johann Gottlieb Fichtes und die französische Revolution. Berlin, 1965). Die wichtigsten Stationen dieses eigentümlichen Schicksals der Revolutionsschriften Fichtes sind hier mit Texten belegt.

An den Anfang stelle ich die allgemeine Charakterisierung des Jacobinismus durch W. Grab. Wenn Grab selbst auch Fichte eher zu den ›liberalen‹ als zu den ›demokratischen‹ Autoren dieser Zeit zu zählen bereit ist, was sicher auch eine Folge des Schattens ist, in den der Idealist Fichte den Jacobiner Fichte gestellt hat, so ist doch seine zusammenfassende Charakterisierung des jacobinischen Denkens und dessen Situationen in Deutschland in allen Stücken für Fichte zutreffend, was die Lektüre der keineswegs bloß ›liberalen‹ Frühschriften Fichtes klar ergibt.

Es sind dann anschließend eine Reihe von Äußerungen Fichtes über seine frühen Arbeiten wiedergegeben, aus denen deren Zusammenhang mit der Französischen Revolution ebenso hervorgeht, wie ihre Bedeutung für Fichtes ganzes späteres ›System der Freiheit‹.

Darauf folgen Belege für die Misere eines deutschen Radikalen, der zu diesem Zeitpunkt deutscher Professor werden wollte; es schließlich auch wurde, ein ›Lernprozeß‹, dessen Wandlungen freilich weniger für subjektiven Opportunismus zeugen als für die Unentwickeltheit der Verhältnisse in Deutschland.

Wie schon gesagt, konzentriert sich die Fichte-Literatur bis heute auf Fichte, den Phänomenologen der Subjektivität und auf den nationalen Denker Fichte; die das Fichte-Bild des spätbürgerlichen Denkens wesentlich prägende Werkausgabe von Medicus druckt die Revolutionsschriften nicht einmal mehr ab. Immer wieder aber stößt die Gründlichkeit der Aufnahme und der Bearbeitung des Fichteschen Denkens auch auf diese ärgerlichen Frühschriften, und hier ist es im höchsten Grade charakteristisch, wie die jeweilige Zeit mit ihnen fertig zu werden glaubte.

Die unbestreitbare Bedeutung des späteren Werkes und dessen scheinbare Entfernung von den frühen Anfängen machten es natürlich den Autoren einerseits leicht, bei der Behandlung der Frühschriften jene Gründlichkeit eben nicht allzusehr zur Anwendung zu bringen. Andererseits ist eben die Art und Weise, wie man mit diesen irritierenden Radikalismen fertig zu werden versuchte, lange Zeit weniger eigentliche Fichteforschung gewesen, als vielmehr ein Beleg für die jeweilige Entwickeltheit bürgerlichen politischen Denkens in Deutschland. So ist in den Bemerkungen, die der Sohn, Immanuel Hermann Fichte, der Ausgabe der frühen Schriften innerhalb der ersten Werkausgabe 1845/46 voranstellte, einerseits bereits eine liberalisierende Entschärfung zu erkennen, andererseits deutet sich auch hier schon ein Vorwurf an, der sich lange durchhalten wird, der nämlich, daß Fichte das eigentliche – für Immanuel Hermann Fichte das ›sittliche‹ – Wesen des Staates hier noch nicht zu bestimmen gelungen sei. (Nr. 13) So ist auch Zeller 1865 (Nr. 14) noch bemüht, den Philosophen eher gegen seine eigenen radikalen Äußerungen in Schutz zu nehmen, als darum, sie als Grundlage des späteren Denkens zu begreifen. Wobei er im übrigen natürlich Recht hat, wenn er gewisse politisch absurde Konsequenzen in dieser Schrift auf die zu wenig reflektierte schmale Basis des noch ungeübten Rationalismus zurückführt.

Die Zeit nach 1865 wurde zur Blüte der nationalistischen Fichte-Rezeption, eine Zeit, die begreiflicherweise mit dem Jacobinismus nichts anfangen konnte. Noch 1916 war für Strecker (Nr. 15) das

Wichtigste an diesen frühen Arbeiten ›die Verkennung des Staatszwecks‹, der von der Autonomie des Subjekts her eben nicht bestimmbar sei. Danach, 1922, hob aber Leibholz Fichte als den Denker demokratischer Volkssouveränität hervor (Nr. 16), und Rickert entdeckte im gleichen Jahr in einem wichtigen Aufsatz die ›philosophischen Grundlagen von Fichtes Sozialismus‹ in der Verbindung von Freiheit und Eigentum, ein zaghafter und später Hinweis auf die sozialistischen Konsequenzen bürgerlicher Bewußtseinsgrundlagen, die gerade die frühe Radikalität des bürgerlichen Denkers Fichte schon deutlich gemacht hatte.

Wundt (Nr.18) hingegen möchte den revolutionären Charakter der Fichteschen Frühschriften zugunsten eines bürgerlichen Bildungsidealismus ganz eliminiert sehen und scheut dabei nicht vor der groben Verdrehung zurück, daß ›die Hinrichtung des französischen Königs und der französischen Königin‹ Taten gewesen seien, ›die Fichte unmöglich billigen konnte‹. Aber Fichte billigte diese Konsequenz damals durchaus; (vergl. Willms; Totale Freiheit, a. a. o. Seite 18) Wundts Text ist jetzt nur noch ein Beleg dafür, wieweit der spätbürgerliche Vulgäridealismus sich von den revolutionären Inhalten seiner eigenen Anfänge entfernt hatte.

Dies vulgäridealistische Bildungselend des bürgerlichen Subjekts tritt dann in dem Text von Schenkel überdeutlich hervor, in dem die französische Revolution für Fichte nur noch ›der Ausdruck eines geistigen Ringens des Menschen‹ ist. Schenkels Buch, das 1933 erschienen ist, hat weder innerhalb der Fichteforschung noch überhaupt vom Autor her einen Stellenwert vergleichbar den Arbeiten von Zeller oder Wundt, aber der Text ist hier angeführt, um die Bedeutungslosigkeit, die das Denken aus spätbürgerlicher Partikularität nicht nur für Theorie im ›emphatischen‹ Sinne, sondern auch für sein ureigenstes Gebiet, der Interpretation historischen Denkens, erlangen konnte, hervorzuheben.

Diese Texte sind dann abschließend mit zwei, auf die Fichteschen Frühschriften bezogenen Auszügen aus Arbeiten konfrontiert, die aus der DDR stammen. Es zeigt sich daran, daß erst die Aufklärung bürgerlichen Denkens durch historischen Materialismus wieder einen adaequaten Zugang zu den revolutionären Frühschriften eben dieses bürgerlichen Denkens in Deutschland erlangen konnte.

Für die Fichteforschung wie für das gegenwärtige theoretische Bewußtsein kommt es freilich weder darauf an, den philosophischen Jacobinismus Fichtes zu verdrängen, noch ihn einfach als diesen schon zu feiern. Letzteres aber wirkt jedenfalls erschließender für das Denken als jenes. In Marx selbst ist mehr bürgerliche Aufklärungstradition und mehr ›Fichteanismus‹, als im allgemeinen erkannt und zugegeben ist. Es kommt nun weniger darauf an, mit dergleichen Einsichten bürgerliches und sozialistisches Denken gegeneinander zu relativieren, oder gar zu ›entlarven‹, als vielmehr darauf, durch die Erkenntnis gemeinsamer Ursprünge der realen Koexistenz zum entsprechenden Bewußtsein zu verhelfen.

1. Kontext: **Der deutsche Jakobinismus**

Aus: Walter Grab: Die deutschen Jakobiner. In: Deutsche revolutionäre Demokraten I. Herausgegeben und eingeleitet von W. Grab. Tübingen 1971, S. XIX–XXIX.

[...]

Parallel zu dieser Entwicklung der Revolution im Inneren Frankreichs ging ihre Wirkung auf Deutschland. Nachdem schon der Kriegsausbruch zu einer Erhitzung der politischen Atmosphäre diesseits des Rheins geführt hatte, gab der wachsende Einfluß der Jakobiner in Frankreich den Anstoß, daß der Jakobinismus eine gewisse Position im politischen Kräftefeld Deutschlands gewinnen konnte. Seit dem Sommer 1792 begann ein Teil der aufklärerischen Publizisten in den deutschen Teilstaaten vom liberalen Standpunkt abzurücken und sich die Anschauungen der revolutionären Demokratie zu eigen zu machen.

In Frankreich und besonders in dessen hauptstädtischem Katalysator Paris hatte die Revolution weite Bevölkerungsschichten politisiert und radikalisiert. Dies traf in Deutschland in geringem Maß zu, da kein geistiger und politischer Mittelpunkt vorhanden war, um den sich das Leben der werdenden bürgerlichen Nation konzentrieren konnte. Die konfessionelle und territoriale Zerrissenheit und die unterschiedlichen Regierungsformen der deutschen Kleinstaaten verhinderten, daß sich die revolutionären Demokraten von einem anerkannten Forum an die Öffentlichkeit wenden und gemeingültige, überall anwendbare Losungen aufstellen konnten. Einer der bedeutendsten deutschen Jakobiner, Georg Friedrich Rebmann, wies auf diese Hindernisse hin:

»In Frankreich waren nur zwei Hauptinteressen, das Interesse des Hofs, dessen, was zum Hof gehört, des Adels, der Geistlichkeit, und das Interesse des Volks, der Bürger. Daher entstanden zwei Parteien, die miteinander um die Oberhand kämpften. In Deutschland hingegen haben wir dreihundert kleine Höfchen, zweierlei Religionen und statt einer gleich leidenden Nation mehrere ungleichartige, durch Religion, Sitten, Regierungsform getrennte, hie und da ganz leidlich regierte Völker, die nie gleichen Schritt halten können und werden, ehe eine gänzliche, jetzt noch nicht zu erwartende Konsolidierung erfolgt.«[1]

Der deutsche Jakobinismus, der immer im Schatten seines französischen Vorbilds stand, umfaßt vielgestaltige Erscheinungen und entzieht sich präziser und eindeutiger Charakterisierung und Definition. Während in Frankreich die revolutionären Demokraten zur Herrschaft gelangten und ihre politischen Maximen in der Verfassung vom Juni 1793 verankern, einige davon sogar zeitweise praktisch erproben konnten, blieb den deutschen Jakobinern die Mitwirkung am Staatsleben versagt. Sie mußten sich damit begnügen, an den herrschenden Zuständen in journalistischer Form Kritik zu üben. Beim Mangel einer autonomen revolutionären Umwälzung in Deutschland gehören literarische Zeugnisse zu den wichtigsten Quellen der jakobinischen Tätigkeit. Nur im Rheinland, das von den Revolutionsheeren erobert und 1797 an Frankreich angeschlossen wurde, erfuhr die deutsch-jakobinische Bewegung eine revolutionäre Praxis; nur dort gelang es ihr, eine gewisse Massenbasis zu erreichen. Der Süden Deutschlands erlebte die bewaffneten Sendboten der Revolution erst, als die Jakobiner jenseits des Rheins als Regierungspartei bereits vernichtet waren und die Eroberungs- und Ausbeutungspolitik ihrer Nachfolger klar zutage traten. Die übrigen Teile des Reichs wurden nur von den Theorien der Revolution berührt. Daher fanden die deutschen Jakobiner im Rechtsrheinischen bei Bauern und Stadtplebejern nur sporadisch eine gesellschaftliche Stütze[2].

Beim Fehlen eines einheitlichen politischen Programms der jakobinischen Bewegung in Deutschland müssen zahlreiche revolutionäre Publikationen auf ihre staatstheoretischen und gesellschaftspolitischen Prinzipien untersucht werden. Dabei ergibt sich, daß es nicht alle Jakobiner vermochten, ihr früheres liberal-idealistisches Denken

---

1 *G. F. Rebmann,* Vollständige Geschichte meiner Verfolgungen und meiner Leiden. Ein Beitrag zur Geschichte des deutschen Aristokratism. Amsterdam (vielm. Altona 1796), S. 21. Vgl. *Nadeshda v. Wrasky,* A. G. F. Rebmann. Leben und Werke eines Publizisten zur Zeit der großen französischen Revolution (Phil. Diss. Heidelberg 1907), S. 73.

2 Vgl. *Heinrich Scheel,* Deutsche Jakobiner, in: Zeitschrift für Geschichtswissenschaft, 17. Jg., Heft 9, Berlin 1969, S. 1130, sowie die Diskussionsbeiträge in: Zur Frage des Charakters der französischen Kriege in bezug auf die Entwicklung in Deutschland in den Jahren 1792 bis 1815 (Deutsche Akademie der Wissenschaften zu Berlin, Schriften des Instituts für Geschichte, Reihe III, Bd. 2. Berlin/DDR 1958).

völlig abzuschütteln – daß nämlich der Erziehung der Primat zukomme und daß die Erringung der Freiheit im Bewußtsein anstatt in der realen Welt vor sich gehe. In den Kampforganen der revolutionären Demokratie stehen widersprüchliche Auffassungen oft unvermittelt nebeneinander oder gehen ineinander über. Die ideologischen Unklarheiten sind sowohl auf das im Vergleich zum Westen relativ niedrigere Entwicklungsniveau Deutschlands zurückzuführen, als auch auf den (oben bereits erwähnten) Umstand, daß die französische Staatsverfassung ebenfalls unterschiedliche Theorien miteinander zu vereinbaren versuchte. Die Grenzen zwischen liberaler und demokratischer Einstellung sind in den jakobinischen Publikationen daher oft schwer zu ziehen. Die Höhe der politischen Erkenntnis des einzelnen Publizisten hing oft von äußeren Umständen wie von seinem Wohnsitz und seinen persönlichen Erfahrungen ab[1].

Trotz dieser Schwierigkeiten soll in folgendem versucht werden, liberales von demokratischem Ideengut zu trennen, um die für den deutschen Jakobinismus kennzeichnenden idealtypischen Merkmale festzustellen und zu analysieren.

Wichtigstes Kriterium für die Bestimmung der jakobinischen Bewegung Deutschlands ist ihre revolutionär-demokratische Grundeinstellung. Die jakobinischen Publizisten verzichten darauf, sich weiterhin an die *Fürsten* mit Bitten um *Reformen* zu wenden; sie sagten sich von der Ideologie einer evolutionären Umwandlung des Privilegiensystems in die bürgerliche Ordnung los und richteten ihre Appelle ans *Volk* mit der Aufforderung zum gewaltsamen *Umsturz*. Sie sahen es als ihre Aufgabe an, das politische Bewußtsein der Unterschichten zu heben, um von der abstrakten Befürwortung des Repräsentativsystems und des parlamentarischen Rechtsstaats zu seiner praktischen, revolutionären Verwirklichung schreiten zu können und die Geburt der bürgerlichen Gesellschaftsordnung zu beschleunigen. Der Hamburger Jakobiner Friedrich Wilhelm von Schütz drückte dies folgendermaßen aus:

»Wir können dem Publico nur insofern nützlich werden, als wir die Werkzeuge sind, herrschende Vorurteile zu bestreiten und richtige

---

1 So gelangten sowohl Forster als auch Rebmann nach ihrer Übersiedlung nach Frankreich zu neuen Erkenntnissen. Vgl. die Analyse bei *W. Grab,* Eroberung oder Befreiung?, Deutsche Jakobiner und die Franzosenherrschaft im Rheinland 1792/99, in: Schriften aus dem Karl-Marx-Haus, Heft 4, Trier 1970, S. 83 f.

Ideen über diesen oder jenen Gegenstand schneller als sonst gewöhnlich in Umlauf zu bringen. Um uns einer passenden Allegorie zu bedienen, so sind wir gleichsam der Geburtshelfer, die Entbindung zu erleichtern, und wir sehen den verständigen Teil des Publikums als die Gebärerin an, die eigentlich die Hauptrolle spielen muß, und welcher wir die Wehen erleichtern helfen.«[1]

Die deutschen Jakobiner begriffen, daß eine stabile Basis für eine nationale Entwicklung in Deutschland nur auf den Trümmern des Reichs, durch eine gewaltsame Beseitigung der alten Reichsverfassung und Konstitution zu gewinnen war. Sie mußten es daher ablehnen, sich an die bestehenden politischen Verhältnisse anzupassen und mit den herrschenden Partikulargewalten Kompromisse einzugehen. Da die demokratische Perspektive auf die Regeneration Deutschlands durch eine siegreiche Volkserhebung gerichtet war, mußte die dumpfe Unzufriedenheit der Bauern und der Stadtarmut mit ihrem materiellen Elend auf politische Ziele gerichtet und in Revolutionsbereitschaft und Umsturzwillen verwandelt werden: Orientierung auf die Revolution mußte auch Orientierung auf die soziale Besserstellung der plebejischen Massen bedeuten. Dazu war es notwendig, die durch Herkunft und Bildung bedingten und vom Absolutismus konservierten Schranken zwischen den Besitzenden und dem »gemeinen Haufen« niederzureißen. Stil und Diktion der jakobinischen Revolutionsaufrufe, Gedichte und Aufsätze waren der Vorstellungswelt und dem Begriffsvermögen der Mindergebildeten und Minderbesitzenden angepaßt. Die von patriotischer Volksverbundenheit und zukunftsfreudigem Optimismus erfüllten Schriften dieser Volkstribunen sollten die Leser zu kritisch denkenden und politisch aktiven Staatsbürgern heranbilden, sie von der geistigen Bevormundung durch Kirche und Adel befreien und über die engen Grenzen der deutschen Zwergstaaten hinweg ein demokratisches Nationalbewußtsein entfachen. Ihr Patriotismus hatte nichts mit chauvinistischer Überheblichkeit, Stolz auf das eigene Volkstum oder Haß auf andere Völker zu tun. Sie betonten vielmehr ihre Solidarität

1 *(F. W. v. Schütz)*, Niedersächsischer Merkur, sehr vermischten Inhaltes, 2. Bändchen, 12. Stück, S. 182 (Altona, vielm. Hamburg 1792). – Schütz hatte bei seiner Bemerkung über die »herrschenden Vorurteile« besonders die Diskriminierung der Juden im Auge, deren Emanzipation von allen deutschen Jakobinern energisch gefordert wurde.

mit anderen von Despotismus und Priesterherrschaft befreiten Nationen. Weltbürgertum und Patriotismus bedeuteten in ihren Augen keinen Gegensatz, sondern waren zwei Seiten der gleichen Medaille. Ihre kosmopolitischen Ideen beruhten auf der Überzeugung, daß Frankreich als bürgerlicher Verfassungsstaat prinzipiell eine sittlichere Politik betreibe als die Willkürregimes der absolutistischen Mächte; als Weltbürger fühlten sie sich gleichzeitig als Vorkämpfer der Befreiung ihrer eigenen Nation vom Feudaljoch. Die europäischen Staaten boten sich ihnen als einheitliches Terrain dar, in dem die »Vernunft« mit den »vielköpfigen Ungeheuern des Despotismus«[1] im Kampf lag. Diese deutschen Citoyens teilten mit ihren französischen Gesinnungsfreunden die Illusion, mit der bürgerlichen Emanzipation auch die allgemeine menschliche Befreiung bewirken zu können. Die Einsicht in die Notwendigkeit, mit dem Volk und für das Volk politische Rechte zu erkämpfen, ohne die alle bürgerlichen Gleichheits- und Freiheitsforderungen blutleere Schemen bleiben mußten, trennte die deutschen Jakobiner von der großen Masse der deutschen Aufklärer, die 1789 voller Begeisterung gewesen waren, aber beim Anstieg auf die Gipfelhöhe des Berges, der Montagne, unter Atemnot zu leiden begannen und der Revolution beim Beginn der Jakobinerherrschaft in Frankreich den Rücken kehrten[2].

Die Jakobiner schöpften aus der politischen und staatsphilosophischen Theorie Rousseaus Anregungen zur Kritik der in Deutschland bestehenden Zustände und sahen nur jene Macht als gesetzmäßig an, die ihre Legitimation auf ausdrückliche Einwilligung aller Volksschichten begründete. Als Revolutionäre, die das neue Evangelium der Selbstbefreiung von Willkürherrschaft in Praxis umzusetzen strebten, betonten sie, daß die Grundsätze der Volkssouveränität und der nationalen Selbstbestimmung zur Beibehaltung der monarchischen Gewalt in unüberbrückbarem Widerspruch stünden. Vom Standpunkt des Rousseauschen Gesellschaftsvertrags erschienen die feudalen Rechtsverhältnisse als Verletzung der »Natur

1 Vgl. *(F. W. v. Schütz)*, Hamburger Merkur, 1. Bändchen, 1. Stück, S. 2 (Hamburg 1792).

2 Vgl. *Heinrich Scheel*, Deutsche Jakobiner (Anm. 2, S. 298), S. 1131. Eine treffende Analyse des Unterschiedes zwischen Liberalismus und Demokratie zur Revolutionsepoche nimmt *Ludwig Uhlig, Georg Forster*. Einheit und Mannigfaltigkeit in seiner geistigen Welt, Tübingen 1965, S. 164 ff. vor.

des Menschen«[1]. – Die Jakobiner griffen auch auf die von den »Monarchomachen« und anderen älteren revolutionären Strömungen Westeuropas aufgestellten Vertragstheorien einer beiderseitigen Verpflichtung zwischen Herrschern und Beherrschten zurück und begründeten ihr Widerstandsrecht damit, daß der Vertrag vom Despoten gebrochen worden sei. Auf der Grundlage des Naturrechts ließ sich gewaltsamer Widerstand gegen die etablierte Herrschaft nur aus der Kontinuität des alten und zugleich ewigen Rechts, eben als die Restauration und Regeneration einer bloß durch Fürstenwillkür unterbrochenen Rechtstradition legitimieren[2]. Die Jakobiner betonten, daß die natürliche Gleichheit und Freiheit des Menschen, gegen die die Privilegienordnung verstieß, wiederhergestellt werden müsse und daß daher Widerstand gegen die despotische Obrigkeit das Recht, ja sogar die Pflicht des politisch mündigen Staatsbürgers sei. Die Auffassung, daß die natürlichen und unveräußerlichen Menschenrechte durch kein positives Gesetz des Monarchen aufgehoben werden dürften oder könnten, war dem deutschen Staatsrechtsdenken bis dahin nahezu fremd.

In der Auseinandersetzung zwischen Edmund Burke und Thomas Paine über die Rechtmäßigkeit der französischen Revolution ergriffen mehrere deutsche Jakobiner energisch für Paine Partei; sein Buch *The Rights of Man* wurde sogleich nach Erscheinen unter Georg Forsters Mitwirkung ins Deutsche übersetzt und wegen seiner Beliebtheit bald als das »gepriesene Evangelium« breiter Teile des Volks bezeichnet[3]. Paine betrachtete in diesem Werk alle erbliche Herrschaft als Tyrannei und sah eine auf Gewaltenteilung beruhende Republik, deren Legislative aus allgemeinen und gleichen Wahlen hervorging, als einzig rechtliche Staatsform an. Auf die Wegbereiter der Revolution Rousseau und Paine, auf die republikanischen Vor-

---

1 Zu dieser Problematik vgl. *Bernhard Weissel,* Von wem die Gewalt in den Staaten herrührt. Beiträge zu den Auswirkungen der Staats- und Gesellschaftsauffassungen Rousseaus auf Deutschland im letzten Viertel des 18. Jahrhunderts (Berlin/DDR 1963).

2 Vgl. *Jürgen Habermas,* Naturrecht und Revolution, in: Theorie und Praxis. Sozialphilosophische Studien (Politica, Band 11, Abhandlungen und Texte zur philosophischen Wissenschaft, Hrsg. von W. Hennis und R. Schur, Neuwied und Berlin 1963), S. 52.

3 Vgl. *Ernst Brandes,* Betrachtungen über den Zeitgeist in Deutschland in den letzten Dezennien des vorigen Jahrhunderts (Hannover 1808), S. 193. Über die Mitwirkung Georg Forsters bei der Herausgabe von Paines Werk vgl. *K. Kersten,* Der Weltumsegler. Johann Georg Adam Forster 1754–1794, Bern 1957, S. 230.

bilder der Vereinigten Staaten und Frankreichs wiesen die deutschen Jakobiner in ihren staatsphilosophischen und agitatorischen Schriften immer wieder hin[1].

In politischer Hinsicht betonten die Jakobiner, daß kein Feudalherrscher jemals den Untertanen politische Rechte zugestanden oder seinen Platz freiwillig geräumt habe und daß daher die schillernde Vielfalt der Privilegienordnung nur durch eine Revolution beseitigt werden könne; in religiöser Hinsicht waren sie antiklerikal, religionskritisch und tendierten zu atheistischen Auffassungen, da sie in der aufklärungsfeindlichen Haltung der Kirchen, in der transzendenten Legitimierung der Monarchie von Gottes Gnaden und im Bündnis zwischen Thron und Altar verläßliche Stützpfeiler der absolutistischen Macht erblickten; in philosophischer Hinsicht waren sie weitgehend von den materialistischen Konzeptionen französischer Aufklärer beeinflußt, wandten sich gegen die Bestimmung des Menschen aus einer übermundanen Essenz und bekämpften die metaphysische Denkweise, den Mystizismus und den Aberglauben.

Der demokratische Gleichheitsbegriff schloß die von den Liberalen geforderte Rechtsgleichheit ein, ging aber darüber hinaus. Die Jakobiner erkannten, daß auch nach der formellen Gleichstellung der Staatsbürger vor dem Gesetz politische Rechte nur den Wohlhabenden vorbehalten blieben. Da nach ihrer Auffassung die Rechte der Menschen aus ihrer Natur, ihrem Menschsein, nicht aber aus ihrem Besitz entsprangen, forderten sie die vom Privateigentum gelöste *politische* Gleichheit – das Recht aller Bürger, an staatlichen Entscheidungen mitzubestimmen. »Genug, diejenigen, die durch ihre Beiträge die Armeen unterhalten, den Hofstaat ernähren, die Staatsdiener bezahlen, die Wege bessern, die rohen Produkte veredeln und dann versilbern, die Gesundheit des Staatsbürgers erhalten, seinen Geist aufklären und Köpfe haben, von denen sie Kopfgeld bezahlen, sind Bestandteile der Nation, nützliche unentbehrliche Mitglieder

---

1 Z. B. Huergelmer (Pseud., d. i. *Johann Friedrich Ernst Albrecht* und/oder *Georg Friedrich Rebmann)*, Der politische Tierkreis oder die Zeichen unserer Zeit (Straßburg 1797); Monarchomachus (ebenfalls *Rebmann* und/oder *Albrecht)*, Des politischen Tierkreises oder der Zeichen unserer Zeit zweiter Teil (Mainz, im 6. Jahr der Republik, = 1798). – Auch das Flugblatt der Altonaer Jakobiner vom 3. Dezember 1792 nennt Paines Werk ausdrücklich und macht sich dessen Argumentation zu eigen. Vgl. *W. Grab*, Demokratische Strömungen in Hamburg und Schleswig-Holstein zur Zeit der ersten französischen Republik (Veröffentlichungen des Vereins für Hamburgische Geschichte, Band 21, Hamburg 1966, S. 103.

und müssen mitgehört werden, wenn von einer Umformung die Rede ist«, heißt es in einem jakobinischen Aufsatz des Jahres 1792[1]. Das leidenschaftliche Eintreten der Jakobiner für die Belange der Unterklassen kam auch darin zum Ausdruck, daß ihr Freiheitsbegriff eine viel größere Spannweite besaß als die liberalen Freiheitspostulate, die den Interessen des Großbürgertums zu entsprechen suchten. Das demokratische Freiheitsideal bedeutete Attribut und Funktion der Gleichheit, das heißt Unabhängigkeit vom Einfluß anderer, Befreiung von jeglicher Art politischer Vorrechte und sozialer Unterdrückung. Ihnen galt es, ein Gemeinwesen zu schaffen, in dem eine auf vernünftige, objektive Zwecke gerichtete Übereinstimmung des Wollens herrschte und in dem niemand Verfügungsrecht über seinen Mitmenschen hatte. Eine Gesellschaft von mündigen, ebenbürtigen, politisch gleichberechtigten Staatsbürgern, die kein Untertanenverhältnis kannte, mußte nach ihrer Überzeugung auch frei sein.

Obwohl die Demokraten – im Gegensatz zu den Liberalen – für einen Staat eintraten, der dem Eigentum keine politischen Privilegien einräumte, blieben sie in ihrer überwiegenden Mehrzahl bürgerlichen Eigentumsbegriffen verhaftet. Sie hofften, daß die Beseitigung der alten, auf dem Vorrecht der Geburt beruhenden ständischen Ordnung und die Gewährung politischer Gleichheit für alle die ersehnte »Glückseligkeit« herbeiführen und einen »neuen Menschen« hervorbringen werde[2]. Der Verlauf der französischen Revolution zeigte jedoch, daß auch nach dem Sturz des Privilegiensystems die auf der Ungleichheit des bürgerlichen Besitzes basierenden Klassengegensätze und sozialen Abstufungen bestehen blieben und daß Ausbeutung und Unterdrückung nicht verschwunden waren, sondern nur ihre *Form* gewandelt hatten: An die Stelle des adligen Grundherren trat der bürgerliche Fabrikherr, an die Stelle des Fronarbeiters der Lohnarbeiter. Auch in der neuen Gesellschaftsordnung lebten »die einen als Masttiere, die anderen als Lasttiere«[3], – auch nach dem

1 Die Stelle findet sich im unsignierten Artikel: Wie ein westfälischer Küster das Recht der Nationen, ihre Konstitution zu ändern, ansehe, in: Schleswigsches ehem. Braunschweigisches Journal (Hrsg. *August v. Hennings*, Altona 1792), Bd. 1, 6. Stück, S. 448 f.

2 Vgl. *B. Weissel* (Anm.1, Seite 302), S. 281 ff. Der Flensburger Jakobiner *Georg Conrad Meyer* gab seinem Journal den Namen »Der neue Mensch« (Flensburg 1796/97).

3 *Franz Heinrich Ziegenhagen*, Lehre vom richtigen Verhältnis zu den Schöpfungswerken und die durch öffentliche Einführung derselben allein zu bewirkende allgemeine Menschenbeglückung (Hamburg 1792), S. 622.

Verschwinden der Feudalordnung gab es »eine hervorbringende und eine verzehrende Klasse«[1]. Obwohl die Jakobiner das Entstehen des neuen Antagonismus konstatierten, blieben ihnen dessen Ursachen, die in der Produktionsweise der kapitalistischen Klassengesellschaft lagen, verborgen. Sie schrieben daher das Ausbleiben einer Sozialordnung gleicher und freier Menschen moralischen und subjektiven Faktoren, wie der egoistischen Wesensart der Franzosen, der Bosheit und Unfähigkeit ihrer Machthaber und der Habsucht der Reichen zu. Um den Widersprüchen der entstehenden kapitalistischen Ordnung zu entgehen, stellten einige Jakobiner die utopische forderung nach Besitzgleichheit auf und kamen auch sozialistischen Vorstellungen des gesellschaftlichen Gemeineigentums nahe[2].

In der von den Jakobinern erstrebten Republik sollten »tugendhafte« Persönlichkeiten Macht ausüben, also jene, die sich um das öffentliche Wohl, um den Fortschritt des Menschengeschlechts Verdienste erwarben, – nicht aber solche, die Verdiensten im Sinne des materiellen egoistischen Profits nachjagten. Die Jakobiner teilten die liberale Illusion, daß der bürgerliche Verfassungsstaat Moral und Politik vereinigen werde. Legten aber die Liberalen das Schwer-

---

1 *Heinrich Christoph Albrecht,* Versuch über den Patriotismus (Hamburg 1792), S. 120.

2 So wollte der Demokrat F. H. Ziegenhagen das soziale Problem durch Errichtung von landwirtschaftlichen Gemeinschaftssiedlungen lösen, aus denen alles Privateigentum verbannt sein sollte. Vgl. sein unter Anm. 3 (S. 304) genanntes Werk und die Darstellung und Analyse seines Projekts bei *Gerhard Steiner,* Franz Heinrich Ziegenhagen und seine Verhältnislehre. Ein Beitrag zur Geschichte des utopischen Sozialismus in Deutschland (Berlin 1962). – Auch der Berliner Sozialutopist *Carl Wilhelm Frölich* schlug in seinem Werk »Über den Menschen und seine Verhältnisse« (Berlin 1792) die Begründung von kommunistischen Gemeinden, in denen der Privatbesitz aufgehoben und die Produktion gelenkt sein sollte, vor. Diese Abhandlung wurde von *G. Steiner* neu herausgegeben und eingeleitet (Berlin/DDR 1960). Vgl. auch *G. Steiner,* Der Traum vom Menschenglück (Berlin 1959). Frölichs Frau Henriette veröffentlichte 1820 einen Briefroman »Virginia oder die Kolonie von Kentucky«, in dem sie ein ideales auf der Grundlage des Gemeinschaftseigentums beruhendes Staatswesen beschrieb. – Der Jakobiner G. C. Meyer schlug in seiner Zeitschrift 9. Stück, S. 105, Besitzgleichheit vor; er stand vermutlich mit Mitgliedern von Gracchus Babeufs Zirkel in Paris in Korrespondenz. – Der österreichische Jakobiner *Franz Hebenstreit von Streitenfeld* verfaßte ein lateinisches Gedicht von über 500 Hexametern, »Homo Hominibus«, dessen moralphilosophischer und gesellschaftskritischer Inhalt den Vorstellungen Ziegenhagens ähnelt und in der Forderung gesellschaftlichen Gemeineigentums gipfelt. Über dieses Werk vgl. *Ernst Wangermann,* From Joseph II to the Jacobin trials (2. Aufl. Oxford 1967), bes. S. 192 f., und *Alfred Körner,* Andreas Riedel. Ein politisches Schicksal im Zeitalter der französischen Revolution (Diss. Köln 1969), S. 167 f.

gewicht auf die freiheitlichen *Rechte* der wohlhabenden Oberschicht und auf die von staatlichen Machtbefugnissen freie Wirtschaft, so betonten die Jakobiner die *Pflichten* des Gemeinwesens gegenüber den sozial Benachteiligten und wirtschaftlich Schwachen. Der Staat, der nach demokratischer Auffassung die Summe aller Bürger, also auch der Mittellosen verkörpert, hat die Aufgabe, den Anspruch aller seiner Bewohner auf materielle und geistige Güter zu gewährleisten. Er muß darauf achten, daß sich der wirtschaftlich Stärkere nicht über Gebühr zur Geltung bringe. Die Demokraten forderten, daß der Staat das Recht des einzelnen auf Arbeit garantiere, für die Unterstützung der Bedürftigen aufkomme, das Bildungsprivileg der Wohlhabenden breche und die Förderung kultureller Interessen übernehme. Sie bejahten daher staatliche Eingriffe in den Privatbereich des Bürgers, was eine Schmälerung des unbeschränkten Verfügungsrechts des einzelnen über sein Privateigentum zur Folge haben mußte.

Obwohl nur eine Minderheit der deutschen Aufklärer sich diese radikalen Auffassungen zu eigen machte und die Majorität an ihren überkommenen gemäßigten Konzeptionen festhielt, sahen die herrschenden konservativen Mächte in *jedem* Aufklärer, auch im zahmsten Liberalen, einen radikalen Demokraten. Die oppositionellen Journale waren ständigen Beschlagnahmungen und Verboten ausgesetzt und daher meist kurzlebig. Zur Unterdrückung der aufrührerischen Ideen boten die Machthaber die erprobten Mittel der Diskriminierung und Diffamierung, des Rufmords und der Korrumpierung auf. Polizeischikanen und Spitzelwesen, die Verletzung des Briefgeheimnisses und körperliche Mißhandlungen der Jakobiner gehörten in fast allen deutschen Teilstaaten zur täglichen Praxis. Die fast überall bestehenden strengen Zensurbestimmungen machten einen über den lokalen Rahmen hinausgehenden Meinungsaustausch und organisatorischen Zusammenschluß der oppositionellen Schriftsteller nahezu unmöglich. Von freiwilligen und gedungenen Konfidenten und Denunzianten ständig beschattet, als »Freiheitsschwindler« verfemt und geächtet, wurden die Jakobiner von einem Teilstaat in den anderen gejagt, ausgewiesen, eingekerkert, ihrer Existenzgrundlage beraubt, zum Selbstmord getrieben oder zur Flucht nach Frankreich gezwungen. Die Verfolgungen wurden dadurch erleichtert, daß die Jakobiner isoliert kämpften und mit den Volksmassen nur selten unmittelbaren Kontakt hatten. Da sich manche Verleger aus Furcht vor der Obrigkeit weigerten, demokratische Schriften herauszugeben, waren die Demokraten oft genötigt, ihre Erzeugnisse illegal zu verbreiten. Zahlreiche Aufrufe und Revolutionsgedichte liegen nur handschriftlich vor. Viele Streiter für ein demokratisches Deutschland mußten mit geschlossenem Visier auf den Kampfplatz treten und ihre Schriften anonym oder unter Pseudonym und unter Angabe von falschen und fingierten Druckorten erscheinen lassen.

Die deutschen Jakobiner verfügten über drei Plattformen zur Verbreitung ihrer Grundsätze und zur Einwirkung auf das Publikum. Es waren die Maurerbünde, die Publizistik und die Bühne. Mehrere Demokraten benutzten alle drei Plattformen gleichzeitig.

Die meisten Jakobiner waren Freimaurer. In den sektenmäßigen Verbindungen der Freimaurerlogen, die über die deutschen Binnengrenzen hinweg Beziehungen unterhielten, suchten die Demokraten gleichsam hinter dem Rücken der Privilegienordnung die gesellschaftliche Gleichheit zu verwirklichen, die ihnen im öffentlichen Leben vorenthalten wurde. Innerhalb des Maurerbundes war der Bürger kein Untertan der Staatsgewalt mehr, sondern Mensch unter Menschen. In den Logen fand die Idee des Humanitätsideals und der moralischen Vervollkommnung begeisterte Anhänger; dort fiel jede Rücksicht auf einengende Standesvorrechte fort. Die große Bedeutung des Freimaurerwesens in Deutschland zur Revolutionszeit war ein Zeichen der Schwäche des Bürgertums, das nicht imstande war, den absolutistischen Staat und die hierarchische Privilegienordnung auf revolutionäre Weise analog zu Frankreich zu beseitigen und daher seine Opposition in Geheimzirkeln auszudrücken versuchte. Zum Wesen der Geheimbünde gehörte aber die beschränkte Zahl ihrer Mitglieder und der dadurch bedingte geringe Einfluß auf die Massen des einfachen Volkes.

Die Publizistik ist als Höhepunkt der jakobinischen Tätigkeit und Wirkungsmöglichkeit anzusehen. Die demokratische Literatur der Epoche weist viele Gattungen auf; die Skala reicht von schwierigen staatstheoretischen Werken bis zu philosophisch-lehrhaften und satirischen Romanen, Zukunftsutopien, Reisebeschreibungen, Agitationsbroschüren und kritischen Kommentaren zum Tagesgeschehen. Besonders zahlreich sind die Revolutionsgedichte; mittels einprägsamer Verse wandten sich die Jakobiner darin fast ausschließlich an den einfachen Mann. Die Freiheitsgedichte sind als Bindeglieder zwischen den gebildeten Demokraten und dem Volke anzusehen. Obwohl sich fast alle Jakobiner publizistisch und schriftstellerisch betätigten, hatte sich fast keiner von ihnen ursprünglich den Journalismus als Lebensberuf gewählt; die Unzufriedenheit mit den politischen Zuständen drängte sie zur Publizistik. Alle Bildungsberufe – Theologen, Offiziere, Advokaten, Ärzte, Lehrer, Universitätsprofessoren – sind unter den Jakobinern zu finden. Nur Angehörige dieser Berufe konnten sich das für einen Publizisten notwendige historische und politische Wissen aneignen. Bei dem damaligen Fehlen einer staatlichen Grundausbildung vermochten Menschen aus den unteren Sozialklassen die zur Herausgabe von Zeitschriften nötigen Kenntnisse nicht zu erwerben.

Nicht nur durch die Presse, sondern auch von der Bühne herab konnte auf die öffentliche Meinung Einfluß genommen werden. Das Theater, auf dem sich ein Stück bürgerlichen Emanzipationskampfes abspielte, konnte eine erzieherische Funktion auf ungebildete Massen ausüben und ihnen demokratisches Gedankengut nahebringen. Die Wirkungsbreite der Bühne übertraf infolge des Analphabetentums breiter Bevölkerungsschichten sogar noch die Presse. Durch die von der Bühne herab verkündete moralische Rechtsprechung wurde die Unzulänglichkeit der bestehenden Sozialordnung jedermann deutlich sichtbar vor Augen geführt. Hier war es den Stückeschreibern und Schauspielern möglich, den absolutistischen Staat anzuprangern und über seine Repräsentanten Verdammungsurteile zu fällen. Ebenso wie in den Freimaurerbünden die Privilegienordnung kritisiert wurde und sich die Logen durch ihre Geheimhaltung dem Arm weltlicher Gerichtsbarkeit entzogen, war die Bühne imstande, die Untaten und die Unfähigkeit der politischen Gewalthaber zu geißeln und lächerlich zu machen, ohne daß die Verfasser der Stücke Gefahr liefen, zur Rechenschaft gezogen zu werden. Allerdings barg die Bühnentätigkeit der Jakobiner auch einen Nachteil: Das Theater konnte in seiner künstlerischen Aussage zwar eine versteckte politische und moralische Verurteilung der herrschenden Zustände aussprechen, war aber viel weniger als die Presse imstande, die bestehende Ordnung unverhüllt und offen zu bekämpfen.

[...]

2. Fichte an Kant: **Politische Kritik und ›ordentliche Abhilfe‹**

Aus einem Brief Fichtes an Kant vom 20. September 1793. Abgedruckt in: J. G. Fichte: Briefwechsel. Kritische Gesamtausgabe. Gesammelt und herausgegeben von Hans Schulz. Zwei Bände, Leipzig 1930. (Im Folgenden abgekürzt: Schulz, mit Band- und Seitenzahl; I, S. 298/299).

[...]

Mein Plan in Absicht des Naturrechts, des Staatsrechts, der Staatsweisheitslehre geht ins weitere, und ich kann leicht ein halbes Leben zur Ausführung deßselben bedürfen. Ich habe also immer die frohe Aussicht Ihr Werk für dieselbe zu benutzen. – Sollten bis dahin meine Ideen sich formen, und ich auf unerwartete Schwierigkeiten stoßen; wollen Sie dann wohl erlauben, daß ich mir Ihren gütigen Rath erbitte? Vielleicht lege ich, doch anonym, in verschiedenen Einkleidungen meine der Entwicklung entgegenstrebende Ideen dem Publikum zur Beurtheilung vor. Ich gestehe, daß schon etwas dieser Art von mir im Publikum ist[1], wovon ich aber vor der Hand nicht wünsche, daß man es für meine Arbeit hielte, weil ich viele Ungerechtigkeiten mit voller Freimüthigkeit, und Eifer gerügt habe, ohne vor der Hand, weil ich noch nicht soweit bin, Mittel vorgeschlagen zu haben, wie ihnen ohne Unordnung abzuhelfen sey. *Ein* enthusiastisches Lob[2], aber noch keine gründliche Beurtheilung dieser Schrift ist mir zu Gesichte gekommen. Wollen Sie mir dieses – soll ich sagen Zutrauen, oder Zutraulichkeit? – erlauben, so schike ich es Ihnen zur Beurtheilung zu, sobald ich die Fortsetzung[3] aus der Preße erhalte. Sie verehrungswürdiger Mann, sind der Einzige, deßen Urtheile sowohl, als deßen strenger Verschwiegenheit ich völlig traue. Über politische Gegenstände sind leider! bei der jetzigen besondren Verwikelung fast Alle partheiisch, selbst recht gute Denker; entweder furchtsame Anhänger des Alten, oder hitzige Feinde deßselben, blos weil es alt ist. – Wollen Sie mir

---

1 Beitrag zur Berichtigung der Urteile des Publikums über die französische Revolution. Erster Teil. Zur Beurteilung ihrer Rechtmäßigkeit. [1. Heft] 1793. Erschienen zur Ostermesse.

2 Gemeint ist wohl die Ankündigung im Intellig.-Blatt der A. L. Z. Nr. 57 vom 12. Juni 1793.

3 Das 2. Heft des 1. Teils erschien zur Michaelismesse 1793. Ein 2. Teil ist nicht mehr herausgekommen.

diese gütige Erlaubnis ertheilen, ohne welche ich es nicht wagen würde, so wird, denk ich, der Herr Hofprediger Schulz Gelegenheit haben, Briefe an mich zu besorgen.

[...]

3. Fichte an von Schön: **Stellenwert der Anonymität**

Aus einem Brief Fichtes an Theodor von Schön vom 20. September 1793. (Schulz, I, S. 300/301).
H. Th. V. Schön, (1773–1856) den späteren preußischen Staatsmann und Reformer, hatte Fichte 1791 in Königsberg kennengelernt.

Was mögen Sie von meinem Worthalten denken? bester, theuerster Freund. – Seit so einer Ewigkeit nicht geschrieben; ich, der ich Ihnen versprach, so bald zu schreiben? Soll ich Ihnen meinen Lebenslauf seit dieser Zeit erzählen, so werden Sie vielleicht Gründe finden, mich, wenn auch nicht zu vertheidigen, doch zu entschuldigen. – Nach meiner Abreise von Königsberg warf ich mich in Danzig gierig über mein Papier her, als ob alles voll geschrieben seyn müßte. Bis zu Anfange des Merz kam ich nicht zu Athem, außer so oft ich nothwendig Lebensluft schöpfen mußte. Dann reiste ich nach Berlin, Dresden, Leipzig, Jena, Weimar, Gotha, Erfurt, Frankfurt, durch die Pfalz, das Würtembergische bis Zürich, wo ich erst in der Mitte des Junius ankam. Allenthalben fand ich alte, und neue Freunde, Bekannte, Zerstreuungen, Geschäfte, nothwendige Briefstellerei ohne Ziel, Maaß und Ende. – Ich lange in Zürich an; finde meine Geliebte, kann um der pedantischen Zürcher Gesetze willen nicht getraut werden. Urtheilen Sie, wie viel Mühe, Gänge, Schreiberei mir dies nur verursacht. Ich gerathe in Umgang mit verschiednen Freunden, denen ich mich nicht ganz entziehen konnte: und überdies – hatte ich für die Michaelis Meße eine Schrift zu liefern. Erst h e u t e sende ich die lezten Bogen ab. – – Jezt werden Sie mir verzeihen; ich weiß es.

Das erste, was Sie fragen werden, weiß ich – was ich denn seit dem geschrieben habe? – Die Schriften sind anonym. Ihre Preußischen Posten sind nicht ganz sicher; ich laße Ihnen also es über, sie zu errathen; mich in ihnen zu erkennen. Ich werde über einen Gegenstand, der mich mit unwiderstehlicher Stärke an sich zieht –

über Natur- und Staatsrecht noch manches schreiben; ich werde so lange schreiben bis ich durch irgend eine Schrift hierüber mich so in Respekt gesezt habe, daß sich niemand an mich traud; dann werde ich zu allem mich freimüthig bekennen. – *Haec inter nos.*

[...]

4. Fichte an Reinhold: **Erste politische Befürchtungen**

Aus einem Brief Fichtes an Reinhold vom 13. November 1793. (Schulz, I, S. 312/313).
K. L. Reinhold, (1758–1823), ein Schwiegersohn Wielands und Transzendentalphilosoph in der Nachfolge Kants, war Fichtes Vorgänger als Professor in Jena.

[...]

Es erschien eine Schrift, die Sie vorteilhaft beurtheilten; um dieses vortheilhaften Urtheils willen glaubten Sie mich für den Verfaßer halten zu müßen. Ich fühle das Ehrenvolle dieses Schlußes, wenn ein Reinhold ihn macht, in seiner ganzen Ausdehnung, und trage kein Bedenken, Ihnen, jedoch im Vertrauen, zu sagen, daß ich wirklich der Verfaßer jener Schrift bin. Leider ist es durch die nur nicht ganz besonnene Wohlmeinenheit eines Mannes, für den ich keine Geheimniße haben durfte, in der Schweiz nicht mehr ein Geheimniß, daß ich es bin; und ich habe, nach meinem Grundsatze, mich wohl nicht zu allem zu bekennen, aber auch nichts geradezu abzuläugnen, was ich geschrieben habe, es sogar einigen zugestehen müßen. Nach der Absonderung aber, die im Ganzen zwischen den Schweizerischen, und den Nordteutschen Gelehrten Statt findet, kann es für Teutschland noch lange eins bleiben, da es daselbst *durch mich* niemand weiß, als der (selbst nicht genannte) Verleger, der Führer des Grafen Castell Stephani, und sein Zögling, und nunmehr Sie, und ich nicht gesonnen bin, es irgend Jemanden zu schreiben, als vielleicht in einiger Zeit Kanten; und da keiner unsrer Kritiker dem Verf. der Offenbarungskritik die Sprache jener Schrift zutraut. Daß man dieses Argument brauchen würde, wenn ja etwa durch den Verleger etwas über den Verfaßer verlauten sollte, erwartete ich mit Zuversicht, und ich habe mich in unserm Publikum nicht geirrt. Möchte man doch, oder vielmehr, möchte man zum Behuf des Incognito wohlmeinender Schriftsteller lieber nicht die Unsicherheit dieser Schlußart inne werden! Als Kant nicht Verfaßer der Offenbarungskritik war, beschuldigte man mich, ich habe seinen Styl künstlich nachgemacht; jezt würde man mich beschuldigen, ich habe den meinigen künstlich verstellt: und dennoch wollte ich wohl noch fünf bis sechs Schriften über verschiedne Gegenstände schreiben, in denen keiner der gewöhnlichen Beurtheiler die Schreibart der vorhergegangenen wiederfinden sollte, ohne daß ich bei ihrer Abfaßung das im geringsten beabsichtiget hätte. – Unerkannt wollte ich besonders auch deswegen noch recht lange seyn, weil ich einer blutigen Fehde mit Hrr. Rehberg entgegen sah, und durch mein Incognito verhindern wollte, daß diese nicht persönlich würde; auch besonders um der A.[llgemeinen] L.[iteratur] Z.[eitung] willen. – Besonders über Rehberg ersuche ich Sie um Ihr Urtheil. Glauben Sie, daß ihm Unrecht geschehen sey; oder daß er, *bei seinem Verhältniße zum lesenden Publikum u. der Wichtigkeit der Untersuchung, n. seinem schneidenden Tone*, auf eine schonendere Art hätte zu Recht gewiesen werden sollen? – Was die Sachen anbelangt, so habe ich mir reiferes Nachdenken darüber vorbehalten; da ich besonders in diesem Fache noch manches zu arbeiten gedenke.

[...]

5. Fichte an Stephani: **Theoretische Grundlegung der Freiheitsphilosophie**

Aus einem Brief Fichtes an Stephani vom Dezember 1793. (Schulz, I, S. 318/319).
Mit H. Stephani (1761–1850), Hofmeister wie Fichte, freilich in stabileren Verhältnissen, war Fichte im Sommer 1793 bekannt geworden.

[...]

Die Züricher haben das Geheimniß gefunden, mir so herzlich fatal zu werden, daß ich oft in 4 bis 5 Wochen niemand sehe als meine Frau und unsern guten Vater, und daß ich seit Ihrer Abreise nicht zweimal in Gesellschaft gekommen bin. Die wüthende Parteilichkeit zwischen Aristokraten und Demokraten dauert fort: man sagt öffentlich, daß wir bei Ihnen auf Ott's Landgute einen Jakobinerclub gehalten hätten, usw. usw. Hätte ich nicht ernsthaftere Sachen zu thun, so könnte es wohl kommen, daß ich diesen neuen Abderiten ein Liedchen sänge. Aber das einzige ihrer Würdige ist, weder im Guten noch im Bösen ihrer zu gedenken. – Seyn Sie übrigens muthig; es wird in Deutschland so nicht bleiben; ich habe neulich ein paar nur noch nicht ganz aufgedeckte Entdeckungen gemacht. Es ist Same des Guten da; er keimt, er wird zu seiner Zeit schon hervorbrechen. Was wir über dessen Realisierung so oft speculirten, ist zum Theil schon realisirt. Bestimmtes weiß ich noch nichts.

Das Merkwürdigste, was ich weiß, ist aus meiner Studirstube. Nach dem gütigen Antheil, den Sie an meinem wissenschaftlichen Treiben nehmen, verschmähen Sie es vielleicht nicht. Haben Sie den »Aenesidemus« gelesen? Er hat mich eine geraume Zeit verwirrt, Reinhold bei mir gestürzt, Kant mir verdächtig gemacht, und mein ganzes System von Grund aus umgestürzt. Unter freiem Himmel wohnen geht nicht! Es half also nichts; es mußte wieder angebaut werden. Das thue ich nun, seit ungefähr 6 Wochen, treulich. Freuen Sie sich mit mir der Ernte: ich habe ein neues Fundament entdeckt, aus welchem die gesammte Philosophie sich sehr leicht entwickeln läßt. – Kant hat überhaupt die richtige Philosophie; aber nur in ihren Resultaten, nicht nach ihren Gründen. Dieser einzige Denker wird mir immer wunderbarer; ich glaube, er hat einen Genius, der ihm die Wahrheit offenbart, ohne ihm die Gründe derselben zu zeigen! Kurz, wir werden, wie ich glaube, in ein paar Jahren eine Philosophie haben, die es der Geometrie an Evidenz gleich thut. Was meinen Sie, daß daraus für die Menschheit folgen werde? Wir wollen es uns nicht verhehlen: der Zustand der Philosophie ist noch immer traurig; die neuern Streitigkeiten über die Freiheit, die Misverständnisse der kritischen Philosophen untereinander beweisen es nur zu sehr. – Von dem neuen Standpunkte, den ich mir verschafft habe, kommen einem die neuern Streitigkeiten über die Freiheit sehr komisch vor, erscheint es einem drollig, wenn Reinhold die Vorstellung zum Generischen desjenigen machen will, was in der menschlichen Seele vorgeht. Wer das thut, kann nichts von Freiheit, vom praktischen Imperativ wissen, wenn er consequent ist; er muß empirischer Fatalist werden! – Daß Sie meine Rede jetzt günstiger beurtheilen, freut mich; ich gestehe, daß sie die liebste meiner Schriften ist. Mein »Beitrag« hat ziemliches Aufsehen gemacht, und leider werde ich, wie man mir schreibt, ziemlich allgemein für den Verfasser gehalten. Reinhold, höre ich, hat es bekannt gemacht. Der Druck dieses zweiten Theisl ist zur Messe nicht fertig geworden, er wird es aber jetzt seyn. – Ihr »Katechismus« wird nächstens gleichfalls erscheinen, an irgendeinem Ende der Welt, schreibt mir der Verleger, der sehr in Angst ist. Meine beiden Schriften sind in Berlin verboten. Ich habe sehr Lust, in meinen Erholungsstunden den Berlinern einen Bissen zu geben, den sie mir nicht verbieten sollen. –

[. . .]

6. Fichte an Reinhold: **Relativierung des revolutionären Denkens**

Aus einem Brief Fichtes an Reinhold vom 1. März 1794. (Schulz, I, S. 342/343).

[. . .]

Den zweiten Theil meines Beitrags habe ich vorigen Sommer, unter beständigen Zerstreuungen, und einem großen lärmenden Baue gegenüber in 4. Wochen niedergeschrieben. Haben Sie daher Geduld mit ihm. Ich hofte damals nicht, daß Männer, wie Sie, ihre Augen auf diese Schrift werfen würden, und schrieb sie hin, um nur den Verleger zu befriedigen. Beurtheilen Sie sie aus diesem Gesichtspunkte. Das Kapitel über den Adel würde ich jezt gewiß ganz anders bearbeiten. Über die Kirche aber glaube ich manches neue gesagt zu haben. – Eine kleine Schrift: *Zurükforderung der Denkfreiheit pp Eine Rede.* ist auch von mir. Der Rec.[ensent] in der A.[llgemeinen] L.[iteratur] Z.[eitung] meint, es sey nichts neues darin gesagt. Daran kann er recht haben. Er tadelt den Gebrauch des Ausdrucks *Denkfreiheit, und Gewißen;* daran hat er gewiß recht; nur daß ich es so gut wuste, als er, und um der Verständlichkeit willen mich des gewöhnlichen Ausdruks bedienen wollte. Wenn er aber wegen einer gewißen Stelle mich des Jesuitism beschuldigt, so hat er gewiß unrecht. Wenn Jesuitism in der Verwechselung der Moral und des Naturrechts besteht, so ist *er* der Jesuit; denn er hat einen Saz, den ich ausdrücklich als einen naturrechtlichen aufstellte für einen moralischen genommen. Es ist eine Kleinigkeit – jene Schrift; aber ich glaube, daß sie einiges Verdienst in Absicht der Diktion hat. Sie ist, wie mir der Verleger klagt, fast gar nicht bekannt [ge]worden.

[...]

7. Fichte an Goethe: **Absage an den Jakobinismus**

Brief Fichtes an Goethe vom 24. Juni 1794. (Schulz, I, S. 379–383). Bei der Berufung Fichtes nach Jena ergaben sich die aus den Briefen deutlich werdenden politischen Schwierigkeiten.
Goethe war als Wirklicher Geheimer Rat in Weimar amtlich mit diesen Vorgängen befaßt; er bezeichnete die Berufung Fichtes als Nachfolger Reinholds als einen Akt der ›Kühnheit, ja der Verwegenheit‹.

Verehrungswürdigster Gönner, und Freund.

Noch in meinem lezten Briefe nahm ich bloß des edlen Mannes, und großen Geistes Freundschaft in Anspruch; ich glaubte nicht binnen ein paar Tagen in der Lage zu seyn, Ihr politisches Ansehen in Anspruch zu nehmen.

Man meldet mir von Weimar aus: »es würden daselbst Schändlichkeiten (es sind genau zu reden nur Dummheiten) herum geboten, die ich in meinen Vorlesungen vorgetragen haben solle. Meine Lage sey gefährlich. Es sey von einer gewißen Klaße eine förmliche Verbindung gegen mich geschloßen. Der Herzog höre Sie, und was es noch an Männern giebt, seltner, als andre, die in jenen Bund gehörten; ich soll nicht so sicher seyn, ehe ich mir's versähe, usw. usw.« Man giebt mir Rathschläge, die ich sicher befolgen würde, wenn ich – Parmenio wäre[1]. – »Ich soll eine gewiße anonyme Schrift abläugnen, die mir zugeschrieben wird.« Mag ein andrer sich so etwas erlauben; ich halte es *mir* nicht für erlaubt. *Anerkennen* werde ich auch keine anonyme Schrift. Wer seine Schriften anerkennen will, der thut es gleich bei der Herausgabe. Wer anonym schreibt, will sie nicht anerkennen.

»Ich soll mich doch nur wenigstens dieses halbe Jahr in Acht

---

1 Feldherr unter Alexander dem Großen, der stets zu Vorsicht und Mäßigung riet. Vgl. Plutarchs Alexander.

nehmen, um die Politik nicht zu berühren.« Ich lese nicht Politik, und ich bin dazu nicht berufen. Das Naturrecht werde ich freilich, *wenn es in meinem Kursus an der Reihe ist,* meiner Überzeugung gemäß lesen, man *verbiete es mir denn ausdrücklich, und öffentlich;* aber es kommt im ersten Jahr gewiß noch nicht an die Reihe. Ich handle dieses halbe Jahr nach Regeln, nach denen ich immer handeln werde; und werde immer so handeln, wie ich dieses halbe Jahr handle. Ich habe keine besondre *Sommer*- und keine besondre *Winter-Moral.*

»Ich soll mich versteken, um desto mehr Gutes stiften zu können.« Das ist Jesuiter Moral. Ich bin dazu da gutes zu thun, *wenn* ich *kann*; aber böses thun darf ich unter *keiner* Bedingung, und auch nicht unter der des künftigen Gutesthun's.

Betrachte ich mich hierbei völlig *isolirt,* so wäre ich der lezte unter den Menschen, wenn ich bei meinen Grundsätzen, und bei der etwanigen Kraft, mit der ich sie gefaßt habe, irgend etwas fürchten, und darum auch nur um eines Fußes Breite von meiner Bahn weichen wollte. Wer den Tod nicht fürchtet, was unter dem Monde soll der doch fürchten? – Ueberhaupt, es wäre dann lächerlich, wenn ich jene Dinge nur einer ernsthaften Maasregel würdigen wollte.

Aber ich bin leider nicht mehr isolirt. An mein Schiksal ist das Schiksal mehrerer Menschen gebunden. Ich rede nicht von meiner Frau. Sie wäre es nicht, wenn ich ihr nicht die gleichen Grundsätze zutraute. Aber an Sie ist ein 74jähriger Greis, ihr Vater, unzertrennlich gebunden. Sein Alter bedarf der Ruhe; er kann nicht der Gefahr, umhergetrieben zu werden, sich aussetzen, der ich selbst mich wohl aussetzen darf. Es ist also die Frage, und es ist nöthig daß diese Frage bei Zeiten beantwortet werde: Kann, und will der Fürst, dem ich mich anvertraut habe, mich schützen? will er's unter folgenden Bedingungen?

Ich *komme künftigen Sonnabend*[1] *nach Weimar*, und stelle mich den Leuten, die mir etwas zu sagen haben könnten, unter's Gesicht, um zu sehen, ob sie Muth genug haben, mir zu sagen, was sie andern *von mir* sagen. Ich laße die *bis jezt öffentlich gehaltenen* 4. Vorlesungen, in welchen ich jene Thorheiten gesagt haben soll, und welche ich

1 28. Juni.

mit *gutem Vorbedacht* wörtlich niederschreibe, und wörtlich ablese ehestens unverändert *wörtlich abdruken*[1]. Es würde die höchste Vergünstigung für mich seyn, wenn der Herzog mir erlauben wollte, ihm dieselben zuzueignen. Mit voller Wahrheit könnte ich diesen Fürsten einer unbegränzten Verehrung versichern, die alles was ich je von ihm gehört, später das, daß er mir bei der Meinung, die das Publikum nun einmal von mir gefaßt hat, ein Lehramt auf seiner Universität anvertraute, in mir gegründet, und welche die persönliche Bekanntschaft mit Demselben ins unendliche erhöht hat. Es würde mich sehr freuen, vor dem ganzen Publikum zeigen zu können, daß ich einen großen Mann verehren kann, auch wenn er ein Fürst ist; und ich sollte glauben, daß diesem Fürsten, der in sein Menschseyn seinen höchsten Werth setzen *kann*, die Versicherung einer Verehrung, die dem Menschen in ihm, und nicht dem Fürsten gilt, nicht unangenehm seyn könnte. – Ich bin erbötig auf diesen Fall hin, Ihnen oder dem Herzoge selbst die Schrift in Probebogen vorher vorzulegen; sowie auch, wenn es verlangt wird, die Dedikation: ob es mich gleich, ich gestehe es, noch mehr freuen würde, wenn man mir ohne vorläufige Untersuchung zutraute, daß ich mich in einer so delikaten Sache würde zu benehmen wißen.

Wenn man es verlangt, so will ich versprechen, daß eine *gewiße anonyme Schrift nicht fortgesetzt werden soll*; ja ich will sogar versprechen binnen einer beliebigen Zeit keine *anonyme Schrift über politische Gegenstände zu schreiben*, (wenn nicht etwa die Selbstvertheidigung es nothwendig macht) – Daß ich dies leicht versprechen, und hinterher doch thun könne, was ich wolle, da ich unentdekt zu bleiben hoffen dürfte – diesen Einwurf erwarte ich von Niemanden, mit dem ich unterhandeln soll. Was ich verspreche, halte ich, und wenn auch keiner, als ich selbst, weiß daß ich es halte.

In meinen *Vorlesungen aber* kann ich nichts ändern; und werden sie nicht gebilligt, so müßen sie mir *überhaupt öffentlich* untersagt werden. Ich *soll*, und *werde* sagen, was ich nach meiner besten Untersuchung für wahr *halte*, ich

---

1 Einige Vorlesungen über die Bestimmung des Gelehrten. Jena und Leipzig, bei Christian Ernst Gabler, 1794. Diese fünf Vorlesungen erschienen als Buch zur Michaelis-Messe.

kann irren; ich sage es meinen Zuhörern täglich, daß ich irren kann; aber nachgeben kann ich nur *Vernunftgründen.* (Wenigstens hat bis jezt noch Niemand sich auch nur den *Schein* gegeben, als ob er das, was man für meine Irrthümer hält, *aus Prinzipien* wiederlegen *könnte).* Ich werde es *an seinem Orte*, und zu *seiner Zeit*, d. i. wenn es in der Wissenschaft, die ich lehre, an die Reihe kommt, sagen. Es wird in meinen Vorlesungen zu seiner Zeit auch *von der Achtung gegen eingeführte Ordnung*, usw. die Rede seyn; und diese Pflichten werden mit nicht geringerm Nachdrucke eingeschärft werden.

Unter diesen Bedingungen nun erwarte ich *Schutz, und Ruhe zu Jena, wenigstens so lange mein alter Schwieger Vater* lebt; und bitte darüber *um das Wort* des biedern Fürsten.

Darf ich einige Betrachtungen hinzu setzen, um die Billigkeit meiner Bitte darzuthun. Ich habe keinen Schritt gethan um den Ruf zu erhalten, den ich erhalten habe. Man kannte mich, als man mich rufte; man wußte, welche Schriften mir zugeschrieben würden; man wußte, welche Meinung das Publikum von mir gefaßt hatte; ich habe an den gehörigen Mann geschrieben, und der Brief muß noch existiren, »daß ich eher Mensch gewesen, als akademischer Lehrer, und es länger zu bleiben hofte, und daß ich nicht gesinnt sey, die Plichten des erstern aufzugeben, und daß ich, wenn das die Meinung sey, auf den erhaltnen Ruf Verzicht thun müße«; ich schrieb dies, als von gewißen Grundsätzen die Rede war.

Ich bin gewarnt worden; man hat mir in der Schweitz von verschiednen Orten her gesagt, daß man mich bloß deshalb riefe, um mich in seine Gewalt zu bekommen. Ich habe diese Drohungen verachtet; ich habe der Ehre des Fürsten, der mich rief, getraut. Er wird mich schützen; oder kann Er's unter den genannten Bedingungen wenigstens bis auf die bestimmte Zeit nicht, so wird Er mir's reimüthig sagen. In diesem Falle schreibe ich künftigen Dienstag den Meinigen, die ich *nicht ohne Vorbedacht* in der Schweitz zurück gelaßen habe, zu bleiben, wo sie sind; und kehre nach Vollendung meiner halbjährigen angefangnen Vorlesung, in mein ruhiges Privatleben zurück.

Vergeben Sie den entschiednen Ton, mit welchem ich geredet habe. Ich wußte, daß ich mit einem Manne, und mit einem gütig gegen mich gesinnten Manne redete. Mein Antrag wäre lächerlich, wenn bloß von mir die Rede wäre; *ich* darf keine Gefahr fürchten: aber mein Bewegungsgrund entschuldigt mich vor meinem Herzen, und wird mich vor dem Ihrigen entschuldigen.

Mit wahrer warmer Hochachtung

Ihr

Jena innigst ergebener

d. 24. Jun 1794 Fichte

8. Fichte an von Schön: **Politische Rücksichten und die Absicht neuer theoretischer Begründungen**

Aus einem Brief Fichtes an Theodor von Schön vom September 1795. (Schulz, I, S. 505/506).

Die politischen Schwierigkeiten aufgrund der Autorschaft an den Frühschriften dauerten auch nach Fichtes Berufung nach Jena an. Seine Regierung konnte vor allem dadurch in Ungelegenheiten kommen, daß andere deutsche Fürsten ihren Landeskindern verboten, in Jena zu studieren. Daß Fichte in Bezug auf die Gegenstände künftig noch ›weiter gehen‹ wollte, ist kaum auf die politische Radikalität, sicher vielmehr auf die theoretische Grundlegung zu beziehen.

[. . .]

Zuforderst – daß dem alt- und bedenklich werdenden Kant mein Beitrag nicht behagt, kann ich sehr wohl glauben: der Grund aber, den er dafür angiebt, daß ich mich nicht dazu melde, ist nicht der rechte. Ich bin allerdings mit dem meisten nicht mehr zufrieden, was ich darin gesagt: aber nicht, weil ich *zu weit*, sondern darum, weil ich *nicht weit genug* gegangen. Das Natur- und Staats-Recht muß, so wie die ganze Philosophie, noch eine ganz andere Umkehrung erfahren. – Die Fehler, die ich [in] diesem Buche finde, sind daher von der Art, daß mir sie soleicht kein andrer entdeken wird, wenn ich sie nicht selbst endekt hätte – wie ich denn auch bis jezt von denen, die dagegen geschrieben, noch nichts gelesen, als albernes, oberflächliches Geschwäz. Ich nenne mich darum nicht, weil ich seitdem in Verhältniße gekommen bin, die diese kleine Rüksicht von mir zu erwarten, ein Recht haben; es ist weltbekannt, daß ich der Verfaßer bin; aber ein *öffentli-*

ches Anerkennen könnte meine Regierung selbst in Unannehmlichkeiten verwikeln, oder wenigstens ein Verbot für manche Landeskinder verursachen, die Akademie zu Jena nicht zu besuchen. Ich vertheidige die Schrift nicht, weil noch nichts dagegen vorgebracht worden, daß einer Antwort würdig wäre. Ich werde die Schrift sogleich anerkennen, sobald ich etwas Beßeres an ihre Stelle setzen werde; und das wird bald geschehen, denk ich.

[. . .]

9. Hufeland an Fichte: **Entschärfung des Jakobinismus**

Aus einem Brief Hufelands an Fichte vom Dezember 1793. (Schulz, I, S. 320).
G. Hufeland (1760–1817) war Professor der Jurisprudenz in Jena und setzte sich für Fichtes Berufung ein. Aus diesem Brief, der im Zusammenhang mit den Berufungsvorgängen geschrieben wurde, geht vor allem hervor, wie sich der bürgerliche Radikalismus schon damals relativierte: Fichtes Ausführungen bezeichnet Hufeland als ›nur in Rücksicht des Rechtes und ganz in abstracto‹ gemacht.

Ich wünschte inständigst, daß Sie sich für unsere Universität bestimmen. Wenn Sie es aber thun wollen, so thun Sie es recht bald, damit alles in Richtigkeit ist, ehe der Herzog, den wir jetzt im Lande haben, uns wieder verläßt. Auch würden einige Leute Ihren Aufschub oder Ihre Weigerung bald zu einer Concurrenz benutzen; denn daß immer auf solche Lücken Plane gemacht werden, versteht sich von selbst. Man hat daher auch Ihren Demokratismus, den Sie in den »Beiträgen« usw. dargelegt hätten, gegen Sie geltend gemacht. Ob nun gleich unsere Regierung unter allen denen, die Freiheit im Lehren und Schreiben begünstigen, in der ersten Reihe steht, so muß man doch bei der jetzigen Gärung der Gemüther, die so leicht ausarten kann, und bei dem gespannten Verhältnisse der Regierungen untereinander alle Schritte ungern sehen, die gar zu laut compromittiren *oder Vorwürfe auswärtiger Minister zuziehen können*. Ich habe aber auf dies alles dadurch geantwortet, daß Sie die demokratische Partei nur in Rücksicht des Rechtes und ganz in abstracto in Schutz nähmen, daß bei den Vorlesungen, die vorzüglich Ihre Beschäftigung ausmachen würden, wenig von diesen Fragen die Rede sein würde, und daß Sie Mäßigung, Klugheit und Kälte genug hätten, unnütze und am unrechten Orte angebrachte Aeußerungen zu vermeiden.

10. Voigt an Hufeland: **Druck gegen die weitere Veröffentlichung des ›Beitrags‹**

Aus einem Brief Voigts an Hufeland vom 10. Oktober 1794. (Abgedruckt in: Fichte in vertraulichen Briefen seiner Zeitgenossen. Herausgegeben von H. Schulz, Leipzig 1923, S. 25).
Voigt war Geheimer Rat in Weimar. Dieser wie auch der folgende Text erhellen die Problematik einer Situation, in der zweifellos wohlmeinende Freunde sich genötigt sahen, aus Angst, in den Geruch der ›Jacobinerei‹ zu kommen, einen mäßigenden politischen Druck auf den Autor auszuüben.

Ich vernehme insgeheim, daß Fichte seine Beiträge zur Beurteilung der franz. Revolution in einer 2. Auflage liefern soll. Es wäre mir doch leid für ihn; alles, was er damit für Beutel und Eitelkeit gewinnen kann, ersetzt ihm nicht, was er damit zu verlieren wagt. Warum ist er über so etwas nicht vertraulicher – mit Goethe, mit mir, den andern Freunden? Raten Sie in der Stille, was zu tun ist.

11. Voigt an Hufeland: **Druck gegen die weitere Veröffentlichung des ›Beitrags‹**

Aus einem weiteren Brief Voigts an Hufeland vom 25. Oktober 1794. (Vertrauliche Briefe, S. 26).

Betreffend Fichte, so wünscht auch Herr v. Goethe sehr, er leihe seinen Namen oder auch seine Anonymität (die so gut als Name ist) vor der Hand zu keiner neuen Auflage der B e u r t e i l u n g. Er glaubt, daß dieses selbst damit übereinstimme was Fichte bei seiner ersten Unterredung mit ihm verheißen habe. Dieses sagt er mir ganz vertraulich und ich weiß nicht, ob wir davon gegen Fichte

Gebrauch machen können; indeß ist dieses damals auch dem Herzog von seinen Freunden zugesichert worden, die also gewissermaßen compromittirt werden, wenn er Anteil an der Herausgabe seiner Schrift nimmt.

12. **Verteidigung und Selbstrechtfertigung. Revolution nur noch im Denken**

Aus: »Der Herausgeber des Philosophischen Journals gerichtliche Verantwortungsschriften gegen die Klage des Atheismus.« Herausgegeben von J. G. Fichte. J. G. Fichtes als Verfassers des ersten angeklagten Aufsatzes und Mitherausgebers des Philosophischen Journals Verantwortungsschrift. Abgedruckt in: Die Schriften zu J. G. Fichtes Atheismusstreit. Herausgegeben von H. Lindau, München, 1912, S. 258–265.
Der Aufenthalt Fichtes in Jena endete in dem sogenannten ›Atheismusstreit‹, also einer Anklage Fichtes und anderer wegen ›Atheismus‹. An diesem ›Atheismusstreit‹ ist die bürgerliche Forschung in der Folge stets mehr interessiert gewesen als an den politischen Hintergründen. Wie immer man die Vorgänge beurteilen mag, aus der ›Verantwortungsschrift‹ Fichtes geht eindeutig hervor, daß Fichte zu diesem Zeitpunkt bereits die politische Unklarheit eines möglicherweise auch ›praktischen‹ Jakobinismus in die Theorie zurückgenommen hatte.

[...]

Oder habe ich seit meinem hiesigen Aufenthalte bedenkliche anonyme Schriften geschrieben? Es ist hierüber auch nicht einmal ein leiser Verdacht auf mich gefallen. Ich kann sagen, was ich nur bei dieser Gelegenheit sagen darf, daß ich Zeugen dafür habe, unüberlegte Schriften, die mir zur Beförderung für den Druck zugesandt worden, unterdrückt zu haben; bis man nun endlich auch darüber meine Grundsätze zu wissen scheint und diese vergebliche Mühe sich nicht mehr macht.

Ist denn endlich mein persönlicher und bürgerlicher Charakter, ist meine Lage von der Art, daß mit einem Anschein von Vernunft der Wunsch einer Staatsumwälzung bei mir vorauszusetzen wäre? Nur diejenigen pflegen eine Revolution zu wünschen, die von einer steten Unruhe umgetrieben werden, die kein Geschäft oder keinen

Wohlgefallen an ihrem Geschäft haben, die mit ihren Mitbürgern in Haß und Streit verflochten sind; die im Hause Unfrieden und Mangel, außer dem Hause Unehre und Schulden haben; die das Ihrige durchbringen und darum das Fremde begehren, welche, da sie nichts zu verlieren haben, bei Unruhen nur gewinnen können, unruhige Bürger, schlechte Wirtschafter, üble Gatten und Hausväter. Diejenigen, welche mich kennen, unter denen ich seit fünf Jahren lebe, mögen antworten, ob in jenem Bilde ein Zug ist, der auf mich paßt. Der akademische Senat hat schon vor vier Jahren mir ein rühmliches Zeugnis der Unbescholtenheit gegeben; ich bin sehr sicher, daß er es gegenwärtig nicht zurücknehmen würde. – Ich kann mit Freude sagen, daß ich in diesen fünf Jahren den größten Teil meiner Feinde in meinem nächsten Umkreise mit mir versöhnt habe: lasse man mich noch fünf Jahre unter ihnen leben, und sie werden mich lieben.

Aber ich bin denn doch nun einmal *Gelehrter*; und nach der Meinung angesehener Politiker sollen, außer dem eigentumslosen und rechtslosen Pöbel, mehrere unter diesen, unzufrieden damit, daß sie nicht selbst die ersten Stellen im Staate bekleiden – diese nebst dem Pöbel allein sollen es sein, die eine Revolution in den bestehenden Staatsverfassungen wünschen. – Ich weiß nicht und kann nicht wissen, ob es überhaupt dergleichen Gelehrte, wie sie dieselben beschreiben, gibt oder nicht; aber jene Politiker erlauben mir, ihnen ein untrügliches Kriterium anzugeben, welche Individuen *nicht* zu dieser Klasse gehören. *Es sind diejenigen, welche ihre Wissenschaft lieben und zeigen, daß sich dieselbe ihres ganzen Geistes bemächtigt hat.* Die Liebe der Wissenschaft und ganz besonders die der Spekulation, wenn sie den Menschen einmal ergriffen hat, nimmt ihn so ein, daß er keinen andern Wunsch übrig gehält, als den, sich in Ruhe mit ihr zu beschäftigen. Von außen bedarf er nur der Stille, darum sind revolutionäre Zeiten gerade gegen seinen Wunsch; den innern Frieden trägt er in sich selbst.

Diejenigen, welche meine Lebensweise und die Anwendung meiner Zeit kennen, mögen urteilen, ob ich mir einen Platz unter der letzteren Klasse nicht mit Recht anmaßen dürfte; und selbst das große Publikum, vor welchem meine Arbeiten der letzten fünf Jahre liegen, vor welchem sie denn doch bei weitem noch nicht alle liegen, und ebensowenig die Zeit, die ich auf meine Vorlesungen wende – mag mit urteilen! Wer mich und meine Lage näher kennt, ermesse, wen ich wohl beneiden möge, was es wohl sein möge, das ich lieber zu sein wünschen könnte, als das, was ich bin, was es wohl sein möge, das ich durch eine Staatsveränderung gewinnen könne. Meinen Unterhalt gibt mir das Publikum; noch nie haben meine Wünsche sich weiter erstreckt, als die Mittel, sie zu befriedigen; und ich beneide hierüber keinen und weiche keinem. Wollte ich herrschen, so treibt mich meine Neigung weit mehr, es im Reiche der Begriffe zu tun, diesen zu gebieten, sich aufzuklären und sich in Reihe und Glieder zu stellen, was ich verstehe, als eigenwilligen, schwer zu lenkenden und so selten der Vernunft sich fügenden Menschen zu befehlen, was ich nie gelernt, noch geübt habe. Könnte mich der Ruhm reizen – oh, ich lebe unter einer Nation und in einem Zeitalter, in welchem der Name eines seine Wissenschaft nicht unglücklich bearbeitenden Gelehrten wohl so oft genannt wird, als andrer Namen.

Ich kann keine Revolution wünschen, denn meine Wünsche sind befriedigt. Ich kann keine Revolution herbeiführen und unterstützen wollen; denn ich habe dazu nicht Zeit; meine Zeit ist für ganz andre Dinge, die der Ruhe bedürfen, bestimmt. Es wäre etwas völlig Neues und Unerhörtes in der Menschengeschichte, daß der Urheber eines neuen ganz spekulativen Systems sich auch an die Spitze einer politischen Revolution stellte. – Es ist denn doch wohl zu erwarten, daß ein nicht ganz Unverständiger sich, sowie er nur aus dem Jünglingsalter heraustritt, einen Plan für sein Leben entwirft. Einen solchen Plan habe ich längst entworfen. Zuvörderst habe ich mein philosophisches System deutlich darzustellen und zu vollenden; und es ist darüber noch sehr viel zu tun. Von ihm aus bieten sich mir andere neue Entdeckungen dar, welchen ich dann nachgehen werde. Es zeigt sich mir ein Übergang zu andern Wissenschaften und eine gänzliche Umschaffung mehrerer, welches mir nach Vollendung jener Aufgaben Arbeit geben wird. Und sähe ich ein Leben von Jahrhunderten vor mir, ich wüßte dieselben schon jetzt ganz meiner Neigung gemäß so einzuteilen, daß mir nicht eine Stunde zum Revolutioniren übrigbleiben würde.

Schon der literarische Gang eines Mannes enthüllt seinen Charakter. Wer mit einer unruhigen Tätigkeit heute in diese Wissenschaft, morgen in eine andre sich wirft, allenthalben sich umtreibt und nirgends etwas endet, sorgsam in jedem Fache dasjenige aufsucht, was unmittelbar Aufsehen erregt, in die Augen fällt und glänzet, wer an die Großen und Bedeutenden sich hängt und ihnen schmeichelt – auf den könnte allenfalls ein Verdacht revolutionärer Absichten fallen.

Auf mich wohl nicht, der ich von allem diesem das gerade Gegenteil tue. Daß ich früher, als ich erwartete, einem großen Teile des Publikums bekannt worden, haben ganz allein meine Gegner durch ihre Angriffe und durch die Art derselben bewirkt. Mein Ich und Nicht-Ich hatte nicht das Ansehen, die Aufmerksamkeit anderer Personen, als die wenigen vertrauten Kenner der Spekulation, an sich zu ziehen; und sogar diese nur spät. – So viel wird jeder, der mich kennt, gestehen müssen, daß, wenn ich ehrgeizige Absichten hätte, ich mich sehr verkehrt benehme, um sie auszuführen.

Wenn denn nun dies alles notorisch ist, was beabsichtigt man denn durch jenen Ausruf: er ist ein Demokrat, durch jenen unauslöschlichen Verdacht, durch jenen bittern Haß, mit welchem man – denn ich bin müde, von mir allein zu reden – eine Menge verdienter Gelehrter und Schriftsteller in Deutschland verfolgt, an denen man enbonsowenig Schuld finden wird, als an mir? Was beabsichtigt man durch jenes terroristische Verleumdungssystem, welches man mit so viel Wohlgefallen aufnimmt, so kräftig unterstützt, so fürstlich belohnt? Wenn es denn wirklich wahr wäre, daß einige dieser Schriftsteller einigen der bestehenden Regierungen nicht gute Absichten zugetraut, daß sie sie im Verdachte der Illegalität und der Gewalttätigkeit gehabt hätten, werden dieselben denn nun dadurch widerlegt, daß man gegen sie wirklich gewalttätig verfährt – und mit den Waffen, deren sich sonst nur die Niedrigsten im Volke bedienen, mit den Waffen der Verleumdung? Wenn es wahr wäre, daß einige unter diesen Schriftstellern den bestehenden Regierungen abgeneigt wären; werden sie ihnen denn dadurch versöhnt werden, daß diese Regierungen sie in beständigem Schrecken erhalten und jede Gelegenheit ergreifen, sie zu verderben? Jedoch, das will man auch wohl nicht, sie aussöhnen; denn daß in der Brust des Menschen auch eine Macht ruhe, die sich durch keinen Mechanismus fesseln und durch keinen Mechanismus ersetzen lasse, und daß das Talent ein nicht zu verachtender Alliierter sei, will man noch nicht anerkennen. Will man sonach etwa nur Rache nehmen? Dieser Zweck wäre zu klein für Regierungen; nur beleidigte Subalternen können ihn haben; aber die Regierungen werden leider oft unwissentlich zu Werkzeugen dieser niedern Leidenschaften gemacht.

Ich erkläre hierdurch mit der entschiedensten Freimütigkeit, daß gegenwärtig kein anderes Land in Europa ist, in welchem ich lieber leben möchte, als Deutschland; und keine Lage, die ich mehr wünsche, als die, in welcher ich wirklich mich befinde. Ich bedarf nur der Ruhe um mich herum und persönlicher Sicherheit; alles übrige will ich mir selbst verschaffen. Jene beiden Güter haben bis jetzo die teutschen Gesetze mir gewährt. Aber, wenn es denn nunmehro wirklich dahin kommen sollte und der Plan gemacht wäre und seine Ausführung bei uns anheben sollte, daß in Deutschland keine Ruhe und bürgerliche Sicherheit mehr für den Schriftsteller wäre, daß alle durch das Gesetz geschützt würden, nur er nicht, so bleibt ja nichts übrig, als zu gehen, wohin man uns ausstößt. Wo drauf zu rechnen ist, daß nur Gewalt gelte, da kann man ja hoffen, selbst einen Teil derselben an sich zu ziehen, um sich dadurch zu schützen. Ganz unleidlich ist nur der Zustand, da uns das Gesetz beschränkt, aber nicht beschützt. Und so werden hoffentlich noch mehrere rechtliche Deutsche denken.

Ich übertreibe nicht; ich male nicht ins Schwarze. Meine Regierungen wollen nicht, daß ich klage, daß ich Verfolgung befürchte; edle Mitglieder derselben sind schon durch das, was ich in meiner (nicht gegen die *Anklage*, die mir damals noch gar nicht bekannt war, sondern gegen die Anschuldigung des Atheismus im *Konfiskationsreskripte* gerichteten) Appellation gesagt, verwundet worden. Sie wollen, daß ich mich dem Schutze ihres gerechten, ihres aufgeklärten, ihres großmütigen Regiments ruhig überlasse, mir nicht selbst helfe, mich so gelind verteidige, als möglich. Gott behüte meinen Verstand vor der Verwirrung, daß ich diesen Regierungen nicht vertraute! Durch diese ganze Verteidigungsschrift weht ja der Geist des reinsten Vertrauens. Sie werden mich sicher schützen, wogegen sie schützen *können*, und wogegen sie zu schützen *haben*.

Sie werden meinen Leib schützen; in den Ernestinischen Landen wird mir denn wohl nicht, wie dem *Vanini*, der Scheiterhaufen gebaut. Sie werden mich nicht mit Schimpf meines Amtes entsetzen, mich nicht des Landes verweisen; mir auch wohl nicht eine, als Ausnahme und in diesem Zusammenhange strafende und entehrende Beschränkung meiner Lehr- und Schreibefreiheit zufügen; mir auch wohl keinen gerichtlichen Verweis geben lassen, tätig nichts gegen meine Ehre und guten Namen, die ich höher schätze als das Leben, vornehmen.

Aber können sie, kann irgendeine Macht der Erde wieder gutmachen, was mir *schon wirklich zugefügt ist?* Können sie das Brandmark auswaschen, das man vor den Augen der Nation auf meine Stirn gedrückt hat?

Dem Gelehrten, besonders dem akademischen, der nicht von einem engen Kreise, sondern von der ganzen Nation abhängt, geht Ehre, guter Ruf und Zutrauen der Nation über alles; denn diese sind die ausschließende Bedingung aller seiner Wirksamkeit, er besteht nur durch sie: und ich insbesondere kann hinzusetzen, – was für mich das *allerletzte* ist, worauf aber wahrscheinlich meine Richter Rücksicht nehmen werden, – daß ich auch kein Brot mehr habe, wenn ich keine Ehre mehr habe. Diese Ehre aber kann durch nichts unwiederbringlicher angegriffen werden, als gerade durch die gegen mich vorgebrachte Beschuldigung des Atheismus. Diese Beschuldigung ist's, welche unmittelbar verpestet und vergiftet. Diese muß ich selbst von mir abwehren, soweit ich kann.

[. . .]

13. Immanuel Hermann Fichte: **Freiheitsdenken und ›bloßes Naturrecht‹**

Aus: ›Vorrede des Herausgebers‹ zum 6. Band der sämtlichen Werke Johann Gottlieb Fichtes, die Fichtes Sohn, Immanuel Hermann Fichte 1864/65 herausgab. Der Text stammt aus dem 6. Band, der unter anderem die frühen politischen Schriften enthält (S. V–VII).

Der gegenwärtige sechste Band, welcher die Reihe von Fichte's popularphilosophischen Werken eröffnet, umfaßt seine frühesten politischen Schriften und die Vorlesungen über die »Bestimmung« und über das »Wesen des Gelehrten«, mit einer Rede verwandten Inhaltes: »über die einzig mögliche Störung der akademischen Freiheit«, welche jetzt wohl zum ersten Male in einen weiteren Kreis von Lesern eintritt.

Die beiden politischen Schriften: »*Zurückforderung der Denkfreiheit*« und die »*Beiträge zur Berichtigung der Urtheile des Publicums über die französische Revolution*«, sind im Jahre 1793, also vor länger als ein und fünfzig Jahren, geschrieben. Welche Wirkung die Originalität und Kühnheit ihrer Gedanken, die Energie und Unerbittlichkeit ihrer Beweisführungen gegen die herrschenden Gewalten jener Zeit, die Wärme der Menschen- und Freiheitsliebe, welche ihre Darstellung belebt, in der damaligen Zeit hervorbrachte, ist bekannt: Fichte war durch dieselben, wiewohl sie anonym erschienen, an die Spitze der strebenden deutschen Jugend gehoben worden, und ihnen vorzüglich verdankte er die Aufmerksamkeit, die auch seine philosophischen Unternehmungen gleich Anfangs zu Theil wurde, aber auch die Abneigung und das Mißtrauen, welche mancherseits von Obenher ihn trafen; und so sind sie zunächst als Actenstücke zur Literaturgeschichte der damaligen Zeit nicht zu übersehen.

Aber auch jetzt, obwohl ihre Abfassung so weit zurückliegt, scheinen sie für die Gegenwart wie neue hervorzutreten. Wenn sie damals den Parteien anheimfielen, und nicht ohne Leidenschaft bekämpft oder vertheidigt wurden; so können sie jetzt, ohne alle Beziehungen auf die unmittelbare Gegenwart aus einer entschwundenen Welt zu uns sprechend, desto reinere Nachwirkungen üben: denn ihr Inhalt selber, die Untersuchung über Pressefreiheit, über den Adel, über das Wesen des Staates und der Souveränität, über das Verhältnis von Staat und Kirche, ist auch noch jetzt an der Tagesordnung; ja diese Fragen haben sich durch die seitdem gepflogenen Verhandlungen nur weiter ausgebildet, und durch manches Zeitereignis für die Praxis tiefer verwickelt. Wenn jedoch Fichte selbst nicht behaupten würde, daß er jene politischen Aufgaben überhaupt gelöst habe oder für alle Zeiten habe lösen können, da auch diese in verschiedenen Zeiten verschiedene Form und Ausdruck annehmen; – hat er doch in der eigenen Theorie Vieles und Wesentliches von dem hier Behaupteten in seinen späteren rechtsphilosophischen Werken (1796 und 1812) schärfer oder ganz anders bestimmt: – so ist doch seine Charakteristik der bisherigen Zustände so scharf und unwiderleglich, daß sich der Unbefangene ihrer Wirkung kaum entziehen kann. Was Fichte, in der Schilderung auch gegenwärtig noch nicht überwundener Konflikte, über den Adel, über die äußere Kirche und Aehnliches sagt, gilt auch der unmittelbaren Gegenwart, in welcher dergleichen Erscheinungen mit dem bewußten Trotze der Vernunftwidrigkeit und mit den Waffen der Täuschung sich als berechtigte wieder erheben wollen.

Übrigens erkennt der Einsichtige bald, daß in den hier vorliegenden Werken, ebenso wie bei Kant, der allgemeine Standpunkt, welcher der Theorie vom Staate zu Grunde liegt, der des bloßen Naturrechtes sei: der Staat wird gefaßt, als lediglich bestimmt, den strengen Begriff des Rechtes zu realisieren; er wird nicht zugleich als ein sittliches Institut gedacht, sondern als die bloß äußere negative Bedingung der Sittlichkeit. Es ist, wie Fichte späterhin dies ausdrückte, der Notstaat, oder, wie er in den Vorlesungen über die Bestimmung des Gelehrten diesen Standpunkt treffend bezeichnet: »es sey der Zweck aller Regierung, die Regierung überflüssig zu machen.« Dieser Begriff ist unstreitig ein einseitiger, wesentlicher Bestimmungen ermangelnder; die philosophische Entwicklung der späteren Zeit ist über ihn hinausgegangen; auch von Fichte ist dies immer entschiedener geschehen, wie die weiter mitzuteilenden Werke zeigen werden. Dennoch kann um deswillen die von hier aus geübte Kritik des Bestehenden nichts an ihrer Wahrheit verlieren, wenn sie zeigt, wie weit der gegenwärtige Staat noch davon entfernt ist, auch nur den strengen Rechtsbegriff nach allen Seiten zur festen Verwirklichung in sich gebracht zu haben. –

14. Eduard Zeller: **Die Revolutionsschriften als ›Frühschriften‹. Vorwurf der Abstraktheit**

Aus: E. Zeller: Fichte als Politiker. In: Derselbe; Vorträge und Abhandlungen geschichtlichen Inhalts. Leipzig 1865, S 150 – 158.

[...]

Ich durfte diese Auseinandersetzung über Fichte's philosophisches System nicht umgehen, weil erst von hier aus auf seine politischen Ideen das volle Licht fällt. Ist der Geist die schöpferische Macht, welche die Erscheinung hervorbringt, so muß er sich als solche auch in der äußeren Erscheinung bewähren; ist die freie That das erste und das letzte, aus dem selbst die Natur stammt, so wird noch viel mehr verlangt werden müssen, daß der Mensch seine sittliche Welt mit Freiheit sich selbst schaffe. Die Sittlichkeit wird auf diesem Standpunkt nicht in der Zurückziehung aus der Sinnenwelt gesucht werden können, sondern in ihrer Beherrschung durch die Freiheit; das sittliche Streben wird sich nicht auf das Innere des Menschen beschränken, in der sittlichen Idee wird unmittelbar der Trieb liegen, sich auszubreiten und in der Welt durchzusetzen; und je höher nun hier die Ansprüche gespannt sind, je weniger ihnen daher die Wirklichkeit entspricht, um so stärker wird der Reiz, dieser verkehrten Welt die wahre, den bestehenden Zuständen das politische Ideal entgegenzusetzen. Ein Philosoph, wie Fichte, konnte sich der

Politik nicht entschlagen, und er konnte in der Politik nur Idealist sein.

Dieser Gegensatz des Ideals gegen die Wirklicheit tritt uns bei Fichte als Triebfeder seiner schriftstellerischen Thätigkeit auf diesem Felde gleich zu Anfang entgegen. Seine zwei ersten politischen Schriften sind Gelegenheitsschriften, und ihr Inhalt ist die Forderung und Verteidigung politischer Reformen. Durch beide geht noch etwas von dem Geist, in dem Schiller zwölf Jahre zuvor seine Räuber geschrieben hatte, etwas von dem Tone französischer Conventsreden. Wie es in diesen gewöhnlich war, gegen die »Tyrannen« im allgemeinen zu donnern – und Tyrann hieß ja jeder Regent –, so wirft Fichte in seiner »Zurückforderung der Denkfreiheit« die Fürsten, als ob einer notwendig sein müßte, wie der andere, alle zusammen, um über alle bald mit stürmischer Leidenschaft, bald im Tone der schneidendsten Geringschätzung sich zu ergehen. »Nein, ihr Völker, ruft er aus (W. W. VI, 6), alles alles gebt hin, nur nicht die Denkfreiheit. Immer gebt eure Söhne in die wilde Schlacht, um sich mit Menschen zu würgen, die sie nie beleidigten, entreißt euer letztes Stückchen Brot dem hungernden Kinde und gebt es dem Hunde des Günstlings – gebt alles hin; nur dieses vom Himmel abstammende Palladium der Menschheit, dieses Unterpfand, daß ihr noch ein anderes Los bevorstehe, als dulden, tragen und zerknirscht werden, – nur dieses behauptet«. Und wenn er unmittelbar darauf die Miene annimmt, als ob er die Fürsten entschuldigen wolle, daß sie nicht anders sind, so lautet diese Entschuldigung verletzender, als die heftigste Anklage. «Haßt eure Fürsten nicht, sagt er, euch selbst solltet ihr hassen. Eine der ersten Quellen eures Elendes ist die, daß ihr von ihnen und ihren Helfern viel zu hohe Begriffe habt«. Wie weise sie sich auch in ihrer Politik, dem Erbstück halbbarbarischer Jahrhunderte, dünken mögen: »das könnt ihr sicher glauben, daß sie von dem, was sie wissen sollten, von ihrer eigenen wahren Bestimmung, von Menschenwert und Menschenrechten, weniger wissen, als der ununterrichtetste unter euch«. Woher sollten sie es auch erfahren, sie, für die man eine eigene, von der allgemeinen himmmelweit verschiedene Wahrheit hat, »sie, deren Kopfe man von Jugend auf mühsam die allgemeine Menschenform nimmt, und ihm diejenige einpreßt, in welche allein eine solche Wahrheit paßt«? »Wie sollten sie, wenn sie es auch erführen, je Kraft haben, es zu begreifen? sie, deren Geiste man künstlich durch eine erschlaffende Sittenlehre, durch frühe Wollüste, und wenn sie für diese verstimmt sind, durch späten Aberglauben seine Schwungkraft raubt«. »Man ist versucht, fügt er mit bitterem Hohn bei, ein stets fortdauerndes Wunder der Fürsehung anzunehmen, wenn man in der Geschichte doch so ungleich mehr bloß schwache als böse Fürsten antrifft; und ich wenigstens rechne den Fürsten alle Laster, die sie *nicht* haben, für Tugenden an, und danke ihnen für alles das Böse, das sie mir *nicht* tun«. Die ungerechte Allgemeinheit und übertreibende Herbheit dieser Anklagen – ungerecht und übertrieben selbst in den damaligen Zuständen, welche doch mit unsern jetzigen keine Vergleichung aushalten – konnte nicht glänzender widerlegt werden, als dadurch, daß ihr Urheber unmittelbar darauf von einem deutschen Fürsten – freilich einem Karl August – als Professor nach Jena berufen wurde; und diese Universität hatte den hochherzigen Schritt ihres fürstlichen Beschützers nicht zu bereuen; denn Fichte mehr, als irgend einem anderen, hatte sie es zu verdanken, daß sie in den letzten zwölf Jahren vor der unglückseligen Schlacht auf ihren Höhen ihre höchste Blüte erlebt hat.

Auch dem Philosophen würde man aber unrechttun, wenn man ihn nur nach solchen einzelnen Äußerungen beurteilen wollte. Schon die Schrift über die französische Revolution, so wenig es auch an vernichtender scharfer Polemik darin fehlt, trägt doch in der Hauptsache das Gepräge einer ruhigen wissenschaftlichen Untersuchung; es handelt sich in ihr weit weniger um die Verteidigung dessen, was geschehen ist, als um die Feststellung der Grundsätze, nach denen in jedem ähnlichen Fall geurteilt werden müsse. Fichte will nachweisen, daß ein Volk das Recht habe, seine Staatverfassung zu ändern, und sie nötigenfalls auch einseitig zu ändern; daß der Adel sich nicht beklagen könne, wenn man ihm seine Privilegien, die Kirche, wenn man ihr ihren zeitlichen Besitz nehme. Für diesen Zweck untersucht er das Wesen und den Ursprung der staatlichen Vereinigung, und er findet dasselbe mit Rousseau in dem Gesellschaftsvertrag. Jeder Mensch ist von Natur schlechthin sein eigener Herr, jede Abhängigkeit von anderen kann sich nur auf seine freie Einwilligung, nur auf einen Vertrag gründen. Diesen Standpunkt hält Fichte in der genannten Schrift mit solcher Ausschließlichkeit fest, daß er selbst die elterliche Gewalt nur aus einem freiwilligen Akt herzuleiten weiß: das Kind gehört, wie er meint den Eltern, weil sie sich seiner zuerst bemächtigt haben, um die gemeinschaftlichen Ansprüche der Menschheit an dasselbe und ihrer Pflichten gegen dasselbe zu übernehmen; ja es würde, wie er beifügt, aus demselben Grunde, nach dem Rechte der ersten Besitzergreifung, der Geburtshelferin gehören, wenn nicht diese nur im Auftrag der Eltern handelte. Wenn so selbst die erste und natürlichste Verbindung zwischen Menschen auf eine willkürliche Handlung zurückgeführt wird, so wird dies von jeder späteren und künstlicherer in verstärktem Maß gelten müssen: der Staat kann nur durch einen Vertrag zu Stande kommen und niemand ist ihm gegenüber zu etwas verbunden, wozu er sich nicht durch einen Vertrag verbinden kann. Jeder Vertrag kann aber, wie Fichte damals noch irrigerweise annahm, nicht bloß durch Übereinkunft der Parteien, sondern auch einseitig von einer derselben aufgelöst werden, wenn sie nur die andere für etwaige Nachteile entschädigt; denn da er nur auf ihren übereinstimmenden Willen beruhe, meint der Philosoph, so höre er auf, zu existieren, wenn diese Übereinstimmung aufhöre. Auch der Staatsvertrag könne mithin von jedem Beteiligten in jedem beliebigen Augenblicke gekündigt werden, und auf dieses Recht zu verzichten, einen Staatsvertrag und eine Verfassung für unabänderlich zu erklären, sei rechtlich unmöglich. Dem Zweck aller staatlichen Verbindung würde ein solches Versprechen ohnedem schnurstracks zuwider laufen. Denn dieser Zweck sei in letzter Beziehung kein anderer, als die Kultur zur Freiheit; ein solcher Zweck vertrage sich aber mit einer unveränderlichen Staatsverfassung weder dann, wenn diese Verfassung selbst ihn verfolge, noch wenn sie ihn verhindere. Im letzteren Fall versteht sich dies von selbst; aber auch im ersteren läßt es sich, wie Fichte glaubt, nachweisen. Denn in demselben Maß, wie sich die Menschheit der wirklichen sittlichen Freiheit annäherte, würde die staatliche Fürsorge für diese entbehrlich, und könnte das Ziel je völlig erreicht werden, so wäre kein Staat und keine Staatsverfassung mehr nötig. Wie man daher die Sache ansehen mag: Verfassungsänderungen, und auch einseitige Verfassungsänderungen, sind nicht allein zulässig, sie sind selbst notwendig, kein Volk kann darauf verzichten, weil es auf seine freie Selbstbestimmung, auf seinen Fortschritt zur Freiheit nicht verzichten kann, und hätte eines darauf verzichtet, so wäre dieser Verzicht null und nichtig, weil er unveräußerliche Menschenrechte beträfe, die man durch keinen Vertrag aufgeben oder verlieren kann. Wer allerdings mit einer Verfassungsänderung nicht einverstanden ist, den kann man, nach Fichte's eigenen Grundsätzen, nicht zwingen, daß er sich ihr unterwirft; aber ebensowenig kann er die, welche sie verlangen, nötigen, sie zu unterlassen; in einem solchen Fall bleibt nur übrig, daß jeder von beiden Teilen seinen eigenen Weg gehe, und den anderen auf dem seinigen ungestört lasse: mögen die, welche in dem alten Staat bleiben wollen, sich, so gut sie können, darin einrichten, nur sollen sie andere nicht hindern, neben ihrem altväterischen Schloß ein Staatsgebäude nach eigenem Geschmack und Bedürfnis aufzuführen. Fichte hat an diesem Ausweg auch noch später, in seinem Naturrecht, festgehalten, und der Vertragstheorie bleibt wirklich kein anderer übrig; daß er aber praktisch möglich sei, daß zwei oder mehrere Staaten in demselben Raume beisammen sein könnten, ohne sich bei jeder Bewegung zu stören und sich schließlich zu zerstören, dies freilich hat Fichte durch die Beispiele von angeblichen Staaten im Staat, die er anführt (a. a. O. 149 ff.), der Juden, des Militärs, des Adels und des Klerus, entfernt nicht bewiesen. Die Einseitigkeit seiner Voraussetzungen bingt sich eben hier in unmöglichen Folgesätzen an den Tag.

Ihn selbst jedoch stört diese Schwierigkeit nicht; er sieht nicht, daß gerade seine Vertragstheorie jede Verfassungsänderung, über die nicht alle Staatsbürger übereinstimmen, also überhaupt jede Verfassungsänderung, unmöglich machen würde; er hält sich an das, wie er glaubt, durch seine Beweisführung gesicherte Ergebnis, und fragt nun weiter, was sich im Fall einer Verfassungsänderung für die bisher bevorzugten, was sich insbesondere für *die* Stände ergebe, welche im Feudalstaat die größten Vorrechte besessen und durch seinen Untergang am meisten gelitten hatten, den Adel und den Klerus. Nach allem bisherigen läßt sich zum voraus erwarten, daß er sich auch hier im Prinzip auf die Seite der Revolution stellen werde. Gesetzt auch, es seien gewissen Volksklassen in einem Staatsvertrag besondere Vergünstigungen eingeräumt, so kann dies nach Fichte doch immer nur auf Widerruf geschehen sein, denn das Recht, seine Verträge auch einseitig wieder aufzuheben, ist ihm zufolge ein unveräußerliches Menschenrecht, das Versprechen, seinen Willen über den Gegenstand des Vertrags nicht zu ändern, wäre ein Versprechen, seine Einsichten nicht zu vermehren und zu vervollkommnen; sobald daher der unbegünstigtere Bürger bemerkt, daß er durch den Vertrag mit dem begünstigten übervorteilt sei, steht es ihm frei, den nachteiligen Vertrag aufzuheben. Hiemit ist die Frage im Grundsatz entschieden. Indessen ist Fichte damit nicht zufrieden. Er führt aus, daß zwischen den privilegierten Klassen und dem Volk gar kein wirkliches Vertragsverhältnis bestehe, daß die Rechte und Verbindlichkeiten aus einem solchen Vertrage sich nicht vom Vater auf den Sohn forterben könnten, daß die Vorrechte der Privilegierten, wenn man sie im einzelnen prüfe, auf unrechtmäßiger Usurpation und grundlosen Ansprüchen beruhen. Er untersucht die Entstehung des Adels, um zu zeigen, daß die Vorzüge der Geburt nur allmählich durch Unwissenheit, Anmaßung und Mißbrauch herbeigeführt worden seien, daß sie aber in unserer Zeit keinen Boden mehr haben, daß der Adel als solcher keine Rechte gewähre, ja daß selbst sein Dasein lediglich vom Willen des Staats abhänge. Er wendet sich ebenso gegen die Kirche, um ihre politischen Ansprüche zu prüfen, und während er die Orthodoxie seiner Zeit mit der ätzendsten satirischen Lauge übergießt[1]), gewinnt er seinerseits, wie sich nicht anders erwarten ließ, das Ergebnis, daß sich der Staat um die Kirche nicht im geringsten zu kümmern, und die Kirche beim Staate schlechthin nichts zu suchen habe. »Die Kirche, sagte er, hat ihr Gebiet in der unsichtbaren Welt und ist von der sichtbaren ausgeschlossen; der Staat gebietet nach Maßgabe des Bürgervertrages in der sichtbaren und ist von der unsichtbaren ausgeschlossen«. Fällt jemand vom Glauben der Kirche ab, so mag ihn diese ausschließen, oder wenn er Lehrer ist, absetzen, sie mag ihn, falls sie dies vor ihrem Gewissen verantworten kann, verdammen und verfluchen, mag ihn des Himmels verweisen und ihn in der Hölle gefangen setzen, mag auch etwa Scheiterhaufen errichten, auf denen jeder sich verbrennen könne, der gern verbrannt sein will, um selig zu werden; aber die Macht des Staats darf sie nicht gegen ihn brauchen, und physische Gewalt nicht

---

1 Hier ein Beispiel. »Unseren heutigen Eiferern für die Aufrechterhaltung ihres reinen alleinseligmachenden Glaubens« sagt F. S., »muß ich eine Lehre geben, die den Verdruß reichlich ersetzt, den ihnen die Durchlesung dieses Kapitels verursachen könnte. Wenn sie ihren Glauben dadurch zu behaupten suchen, daß sie etwa die abenteuerlichen Sätze aufgeben und ihn der Vernunft näher zu bringen suchen, so ergreifen sie ein Mittel, das geradezu gegen ihren Zweck läuft.« Damit, meint er, werde nur der Zweifel auch gegen das beibehaltene erregt, und indem das System abgekürzt werde, werde seine Prüfung und Übersicht erleichtert. »Geht den umgekehrten Weg: jede Ungereimtheit, die in Anspruch genommen wird, beweiset kühn durch eine andere, die etwas größer ist; es braucht einige Zeit, ehe der erschrockene menschliche Geist wieder zu sich selbst kommt, und mit dem neuen Phantome, das anfangs seine Augen blendete, sich bekannt genug macht, um es in der Nähe zu untersuchen: läuft es Gefahr, so spendet ihr aus dem unerschöpflichen Schatze eurer Ungereimtheiten ein neues; die vorige Geschichte wiederholt sich, und so geht es fort bis an's Ende der Tage. Nur laßt den menschlichen Geist nicht zum kalten Besinnen kommen, nur laßt seinen Glauben nie ungeübt; und dann trotzt den Pforten der Hölle, daß sie eure Herrschaft überwältigen.« Man würde übrigens dieser wahrhaft lessingischen Stelle unrechttun, wenn man sie als bloße Ironie faßte. Fichte's Rat ist ja auch in neuerer Zeit vielfach mit bestem Erfolge befolgt worden, und daß dies nicht immer Einfalt, sondern auch Politik war, dafür kann man gutstehen.

gegen ihn ausüben. Der Staat umgekehrt mag staatsgefährliche Lehren *ver*bieten, aber er hat kein Recht zu *ge*bieten, was Jemand glauben und lehren soll: das Gebiet des Staats und der Kirche ist gänzlich geschieden. Was aber die irdischen Güter betrifft, durch deren Besitz sich die Kirche ein Dasein in der sichtbaren Welt gegeben hat, so meint Fichte, diese seien ihr immer nur bedingungsweise überlassen: wer ihr etwas schenke, der tue dies nur, um ihre himmlischen Güter dafür zu bekommen; wenn er nicht mehr glaube, daß dies der Fall sein werde, oder wenn seine Erben dies nicht glauben, so sei der Vertrag, den sie mit der Kirche geschlossen haben, aufgehoben, denn der Schenkende habe eben damit jede Bürgschaft für die Erfüllung der Bedingung, an die er die Schenkung geknüpft hatte, verloren; ja streng genommen könnte jeder die Kirchengüter als herrenloses Gut an sich nehmen, da eine Anstalt aus der unsichtbaren Welt keine Rechte in der sichtbaren besitzen könne, und wenigstens dem jeweiligen Inhaber eines Kirchenguts müßte jedenfalls das Recht zustehen, es zu behalten, und allen, die aus einer Kirche austreten, das Recht, ihren Anteil an dem gemeinsamen Vermögen zurückzufordern. – Eine weitere Fortsetzung der »Beiträge«, worin wohl noch manche ähnliche Punkte erörtert worden wären, ist unterblieben.

Es ist nun hier nicht meine Aufgabe, diese Ansicht zu prüfen; ich habe weder das Wahre darin zu verteidigen, noch ihre Blößen aufzudecken, ich hatte sie nur als bezeichnende Äußerungen des Philosophen zu berichten. Ihr Urheber selbst hat fortwährend an ihrer Berichtigung und Vervollständigung gearbeitet. Die großen Fragen des Staatslebens und der Gesellschaft haben ihn bis zu seinem Tode beschäftigt, und eine Reihe von Vorlesungen und Schriften bezeichnet die Stufen, welche seine politische Theorie hiebei durchlaufen hat. Zu einem durchaus befriedigenden Abschluß ist sie nicht gekommen; aber es ist ein Beweis seiner philosophischen Rastlosigkeit und Spürkraft, daß er die Hauptgesichtspunkte, aus denen sich sein Gegenstand betrachten ließ, nach und nach vollständig herausgearbeitet hat; wie es andererseits für seine Neigung zu vorzeitigem Abschließen und einseitiger Durchführung seiner Untersuchungen Zeugnis ablegt, daß er dieselben nicht gleichzeitig zur Einheit zu verknüpfen, sondern sie nur nacheinander, den einen durch den andern zurückdrängend, hervorzuheben gewußt hat. Wenn nämlich dem Staat überhaupt eine dreifache Aufgabe obliegt: der Rechtsschutz, die Sorge für das materielle Wohl, die Förderung der Sittlichkeit und der Bildung, so hat Fichte die erste von diesen Aufgaben einseitig in's Auge gefaßt, und den Staat auf den Zweck einer Rechtsanstalt beschränkt; in der Folge trat für ihn die zweite so entschieden in den Vordergrund, daß er eine sozialistische Organisation der Arbeit verlangte; in dem letzten Abschnitt seines Lebens endlich erscheint ihm die Volkserziehung als die wichtigste und wesentlichste Bestimmung des Staates, umd im Zusammenhang damit tritt auch das nationale Element, welches er früher vernachlässigt hatte, in den Mittelpunkt seines politischen Strebens.

15. Reinhard Strecker: **›Die Verkennung des Staatszwecks‹**

Aus: R. Strecker: Die Anfänge von Fichtes Staatsphilosophie. Leipzig, 1916 (S. 66–70).
Strecker brachte 1919 und 1922 Fichtes Revolutionsschriften zum ersten Mal wieder heraus, nachdem sie in die Ausgabe von F. Medicus, Ficht, Werke, 6 Bände, Leipzig 1908 – 1912, keinen Eingang gefunden hatten.

Der Staat ist ein geschichliches Gebilde. Mängel des geschichtlichen Verständnisses werden sich daher naturgemäß auch auf die Staatsauffassung übertragen. Umgekehrt war die Eigenart der staatlichen Lebensformen zu Fichtes Zeit mitbestimmend für sein Urteil über die Geschichte. Eine großzügige, den höchsten Aufgaben des Staates gerecht werdenden Geschichtsschreibung wird sich immer erst da entfalten können, wo der Staat in Wirklichkeit solche höchsten Aufgaben zu erfüllen strebt und die besten Köpfe zur Mitarbeit heranzuziehen weiß, wo der Staat selbst im vollen Strom großer geschichtlicher Entwicklung lebt. In diesem Sinne war im damaligen heiligen römischen Reich deutscher Nation für eine Geschichtsschreibung und für eine Geschichtsphilosophie modernen Geistes wenig Raum. Es ist eine Pflicht der Billigkeit, an diese allgemeinen Zusammenhänge bei der Beurteilung von Fichtes Geschichts- und Staatsauffassung in seinen Erstlingsschriften zu erinnern, selbst wenn zugegeben werden muß, daß es auch damals schon wenigstens einzelne sehr viel realpolitischere Schriften als die seinen gab. Aber wir müssen uns doch auch – wie wir sahen – in eine uns gründlich fremd gewordene und inzwischen seit den Befreiungskriegen von einer völlig neuen Entwicklung abgelöste Welt versetzen.

Fichtes »Beitrag« ist Fragment geblieben. Die zwei Kapitel des zweiten Teiles, die Fichte seiner Nacherinnerung zufolge uns schuldig geblieben ist, hätten die Anwendung der von ihm aufgestellten Grundsätze auf die französische Revolution bringen müssen. War es nun die ihm inzwischen aufleuchtende Grundidee der »Wissenschaftslehre«, oder war es die neue Aufgabe, die ihm seine Berufung auf Reinholds Lehrstuhl nach Jena stellte, was ihn von der Vollendung abhielt? Hat das Publikum, trotz des Verfassers dringender Ermahnung, aufmerksamer zu lesen, schließlich doch versagt? Oder war es der historisch-politische Charakter, den diese letzten Kapitel notwendigerweise hätten annehmen müssen, was Fichte damals noch nicht lag? Wie sein endgültiges Urteil ausgefallen wäre, darüber läßt doch auch der fertig gewordene Teil des Beitrags schon kein Zweifel mehr. Der Revolution wendet sich der junge Denker als der großen Hoffnung des Menschengeschlechts zu.

»Hier ist es, wo der Verehrer der Menschheit auch nicht einen flüchtigen Blick hinwerfen kann, ohne sein Herz von einem sanften Feuer durchdrungen zu fühlen. Ich darf noch nicht jenen Umriß ausmalen, ich bin noch beim Reiben der Farben . . . Aber es ist nicht bloß ein süßer Traum, nicht eine bloß täuschende Hoffnung, der sichere Grund beruht auf dem notwendigen Fortgange der Menschheit – sie soll, sie wird und muß diesem Ziele immer näher kommen, sie hat vor euern Augen an einem Ende einen Durchbruch begonnen . . .«. Das ist der Optimismus von Lessings »Erziehung des Menschengeschlechts« ins Politische übertragen.

Fichte gehörte zu denjenigen, die am längsten auf der Seite der Revolution aushielten und sich auch durch die Hinrichtung des Königs und die übrigen Schreckenstaten der Jakobiner nicht irre machen ließen. Daher ist auch ihm wie so vielen anderen der Krieg der ersten Koalition gegen Frankreich keine deutsch-nationale Angelegenheit. Wie für Goethe »nur Kultur und Barbarei« Dinge von Bedeutung waren, so für Fichte nur Freiheit und Despotismus. Ihm war also der Krieg kein Zusammenstoß zwischen dem deutschen Reich und Frankreich , sondern einer zwischen den Freiheitsidealen der Menschheit, die in Frankreich zum Durchbruch zu kommen versprachen, und dem Despotismus, der ihm in den verschiedensten Stufen in den einzelnen Staaten des Reichs verkörpert schien. Fichte sieht dabei das deutsche Reich nicht einmal als eine Einheit. In scharf tendenziöser Zuspitzung schildert er dessen Zustand: »Habt ihr nie gesehen, daß in verschiedenen Strichen des deutschen Reichs die gedrückten und ausgesogenen Ländereien größerer und kleinerer Despoten sich durch die gesegneten Fluren milder und menschenfreundlicher Fürsten hindurchwinden, und daß dennoch der verwelkende Sklave neben dem starken Landmanne ruhig ackert? Seid ihr nie aus dem Gebiete einer gewissen Reichsstadt, auf welchem der genährte, gebildete und geehrte Landmann es nicht neu findet, daß er eueresgleichen sei, da er ein Mensch sei, über Grenzen getreten, welche statt des Wappens überall durch das Bild der Hand unter dem Beile und des an die Karre Gefesselten bezeichnet werden, auf welchen euch ausgetrocknete Mumien in Lumpen begegneten, die vor euerem ganzen Rocke den Rest ihrer Kopfbedeckung abzogen, ehe sie noch in eueren Gesichtskreis kamen? Die letzteren leben ruhig neben und unter den ersteren und verbluten jetzt ihren letzten Tropfen Blutes für den, der ihre vorherigen verkaufte.« Wohl sieht er die Anfänge besserer Zukunft auch in Deutschland. Der gotische Umriß des Gebäudes, die alte Zeit, wird allmählich verdeckt durch die neuen Nebengebäude, in denen sich Bekenner der neueren Anschauungen immer zahlreicher ansiedeln, um die alten Raubschlösser den lichtscheuen Eulen und Fledermäusen zu überlassen. Fichte verkennt auch nicht die Gefahr, daß durch gewaltsame Staatserschütterungen ein Volk ebensoweit in die Barbarei zurückgeworfen wie unter günstigen Umständen vorwärts gebracht werden könne. Aber daß ihm die friedliche Weiterentwicklung in Deutschland gar zu langsam geht, daß er von dem Feuer der französischen Denker gern etwas nach Deutschland herüberholen möchte, das verrät doch die glühende Leidenschaft seiner Sprache allzudeutlich.

Wir hören als Hauptnote überall den Haß gegen die Unterdrücker durchklingen. Ihnen hätte wohl Fichte alles Übel gegönnt, ohne danach zu fragen, ob sie zum deutschen Reiche oder zu irgend einem andern Staatenverbande gehörten. Der unbändige persönliche Stolz, der ihn erfüllte, ist hier die Verbindung mit dem Stolz auf seine Nation, die später eintreten sollte, noch nicht eingegangen. Damals fühlte sich sein auf das Bewußtsein hervorragender geistiger Fähigkeiten gegründeter Stolz von dem ängstlich kleinlichen Autokratenregiment der großen und kleinen Herren der Zeit noch verkannt und bedrückt. Man wird es wohl gerade in der Zeit der modernen weit über die räumlichen Grenzen hinausgreifenden Staatszugehörigkeitsgesetze gelten lassen können, wenn Fichte einmal schreibt: »Der Staat ist kein Stück Erde, er ist eine Gesellschaft von Menschen; er besteht nicht aus Völkern, sondern Personen.« Aber nicht jedem wäre es doch so leicht geworden, diesen Satz bedingungslos hinzuschreiben. Wir erschrecken heute förmlich vor der Gleichgültigkeit des Ausspruchs: »Glaubt ihr, daß dem deutschen Künstler und Landmanne sehr viel daran liege, daß der lothringische oder elsässische Künstler und Landmann seine Stadt und sein Dorf in den geographischen Lehrbüchern hinführo in den Kapitel vom Deutschen Reiche finde, und daß er Grabstichel und Ackergerät wegwerfen werde, um es dahin zu bringen?«

Es ist der Grundfehler, den Fichte mit so vielen Zeitgenossen gemein hat, daß er den Staat lediglich als Mittel für die Zwecke des Individuums betrachtet. Der Zweck freilich bekommt durch Fichtes Kantische Auffassungen eine neue und besondere Färbung, indem nicht wie sonst das Glück, sondern die sittliche Freiheit des Einzelnen in den Vordergrund gestellt wird. »Die Frage, welches ist der beste Endzweck der Staatsverbindung, hängt von der Beantwortung folgender ab: welches ist der Endzweck jedes Einzelnen? Die Anwort auf diese Frage ist rein moralisch und muß sich auf das Sittengesetz gründen, welches allein den Menschen als Menschen beherrscht und ihm einen Endzweck aufstellt. Die daraus zunächst folgende ausschließende Bedingung jeder moralisch möglichen Staatsverbindung ist die, daß ihr Endzweck dem durch das Sittengesetz vorgeschriebenen Endzwecke jedes Einzelnen nicht widerspreche, seine Erreichung nicht hindere oder störe. Ein Endzweck, der gegen diese Grundregel sündigt, ist schon in sich selbst verwerflich, denn er ist ungerecht. Überdies aber muß er, wenn die ganze Verbindung nicht völlig zwecklos sein soll, auch noch den höchsten Endzweck jedes Einzelnen befördern«. Eine logisch unanfechtbare Schlußkette: Nur daß die Frage nach dem Inhalt des individuellen Endzwecks, des Sittengesetzes, und also auch die Frage, inwieweit staatsbürgerliche Pflichten zu diesem Inhalt gehören, unbeantwortet bleibt. Man erkennt sogleich die Wertlosigkeit solcher rein formalen Konstruktionen. Sobald Fichte aus deren Bereich in das der Erfahrung und Geschichte übertritt, wird sein Urteil trotz der Unbestreitbarkeit seiner allgemeinen Thesen höchst zweifelhaft oder geradezu falsch. »Ich fürchte«, schreibt er, »daß ihr in allen bisherigen Staaten vergeblich nach einer Zweckseinheit suchen werdet – in ihnen, die der Zufall zusammenfügte, an denen jedes Zeitalter mit schüchterem Respekte für die Mannen der vorhergehenden flickte und ausbesserte, in ihnen, deren lobenswürdigste Eigenschaft es ist, daß sie inkonsequent sind, weil die Durchführung mancher Grundsätze die Menschheit völlig zerdrückt, und jede Hoffnung eines einstigen Auferstehens in ihr vernichtet haben würde – in ihnen, in denen man höchstens nur diejenige Einheit antrifft, die die verschiedenen Gattungen der fleischfressenden Tiere zusammenhält, daß das schwächere vom stärkeren gefressen wird und das noch schwächere selbst frißt.« Wieviel Bitterkeit in diesen Zeilen! Wir gehen wohl nicht fehl, wenn wir darin auch noch viel suchen von den persönlichen Erfahrungen und Enttäuschungen des Hauslehrers und Theologiekandidaten. Nachdem man es nicht für der Mühe wert gehalten hatte, einen guten Kopf und einen ehrlichen Willen wie den seinen dem Vaterlande zu erhalten, da war auch ihm das Gefühl verloren gegangen, diesem Vaterlande viel schuldig zu sein.

[...]

16. Gerhard Leibholz: **Fichtes Idealismus und die demokratische Verfassung**

Aus G. Leibholz: Fichte und der demokratische Gedanke. Freiburg 1922, S. 66–73.

Leibholz versucht in dieser Schrift vor allem, Fichte, der jahrzehntelang nationalistisch ausgebeutet worden war, von seinen Grundprinzipien her in ein Verhältnis zur Weimarer Demokratie zu setzen.

[...]

Hier ist ein Punkt, an dem Fichte nie gedeutelt, der stets mit derselben Schärfe behandelt wird. Fichte muß trotz des Bemühens, die soziale Erscheinung als solche zu rechtfertigen, die ganze Einrichtung, lediglich als geheiligt durch die Tradition, verdammen und bezeichnet deren Beseitigung als eine der ersten Bedingungen, ohne die das Staatswesen nicht zu gesunden vermag. Was Fichte umgestalten will, was Fichte zum Vorwurf macht, ist die unwürdige Behandlung des Volkes, aus dem die besten Kräfte geboren, die aber durch das Bildungsmonopol der sogenannten höheren Klassen gehemmt werden, dieselben zu entfalten. Aus diesem Ethos heraus, das die auf nicht natürlichen Eigenschaften beruhenden Ungleichheiten beseitigen will, erklärt sich notwendig Fichtes Stellung nicht nur zu der Monarchie als solche, sondern auch zu den einen aristokratischen Einschlag aufweisenden Verfassungen. Schon in der »Rede zur

Zurückforderung der Denkfreiheit von den Fürsten Europas« beharrt er auf dem rein negativen Standpunkt des Nichtanerkennens eines nicht durch geistige Anlagen qualifizierten Menschen über das eigene Ich. »Fürsten, daß Ihr nicht unsere Plagegeister sein wollt, ist gut, daß Ihr unsere Götter sein wollt, ist nicht gut. Warum wollt Ihr Euch nicht entschließen, zu uns herabzusteigen, die Ersten unter Gleichen zu sein« – »Fürst, Du hast kein Recht, unser Recht zu erdrücken, und wozu Du kein Recht hast, das sollst Du nicht tun, und wenn die Welt untergehen sollte; dafür wird der sorgen, der uns die Rechte gab, die Du nicht respektiertest.« Die absolute Monarchie ist für ihn eine Staatsform, die dem Postulat seines innersten Wesens widerspricht, weil sie die Freiheit des Menschen untergräbt, ihre Entfaltung zu verhindern trachtet. »Wagt's, den Fürsten, der Euch beherrschen will, zu fragen, mit welchem Recht er über Euch herrsche. Durch Erbrecht? Woher bekam es denn der, der der Erste war, oder hatte der kein Recht, wie konnte er ein Recht vererben, was er nicht hatte?« Dieser Gesichtspunkt mußte Fichte sein Leben lang der Monarchie entfremden, es ist derselbe, der später noch klarer formuliert wurde in seinem Vermächtnis, in dem als das einzige Hindernis, eine vernunftgemäße Verfassung zu verwirklichen, der Monarch bezeichnet wird.

Wenn nämlich für Fichte im Grunde genommen der Endzweck der Staatsverfassung dahin tendiert, die Kultur als den Zustand des Menschen, in dem er immer mehr frei, d. h. wo er nur noch von seinem reinen Ich abhängig ist, zu fördern, so ist eine Verständigung über das Wesen der Monarchie unmöglich. Für Fichte ist der Monarch nur eine Person, der zwar einmal als Repräsentant seinesgleichen die Rechte seines Volkes gewahrt, damit seine Mission erfüllt hat, aber seiner Bestimmung nicht eingedenk, sich unterfängt anstatt sich der Wahrheit und dem Rechte zu unterwerfen, über Menschen wie über Eigentum zu schalten.

Dazu kam noch ein ihn in der Verfolgung dieser Absichten bestärkendes anderes Moment; während in der französischen Revolution eine vollständige Umwertung der Begriffe sich vollzog, waren die Freiheitsbestrebungen auf dem sonstigen Kontinent recht sekundärer Natur und es schien, als ob die Stagnation der im wesentlichen doch nur den Charakter der absoluten Monarchie tragenden Staatsverfassungen sich verewigen sollte. Wenn nun Fichte sich auch damals noch über die Schwierigkeiten der Realisierung der ihm vollendet erscheinenden Staatsform klar war, so mangelt es doch jetzt an einer Wesensbedingung des Zurechtbestehens einer Verfassung, die doch als solche das Prinzip innerer Veränderung und Verbesserung in sich tragen müsse. Das Gegenteil schien ihm der Fall, die Verfassung erscheint nur als die rechtfertigende Grundlage für willkürliche Eingriffe des Fürsten, der das Grundgesetz des Menschen, der Unterwerfung nur unter dem von dem eigenen Ich diktierten Freiheitsbegriff, sabotiert.

So begründet, so rechtfertigt er die Staatsumwälzung, steigert das Verlangen zur Pflicht, zur Sühne für die Pflichtverletzung des Fürsten. Es ist nämlich der denkmöglichste Tiefstand der Kultur, in dem die Menschheit auf sich selbst Verzicht leistet; denn das freiwillige oder erzwungene Unterwerfen des freien Menschen unter den Willen eines doch nur Gleichberechtigten, das »Du bist mein«, ist ein Widerspruch gegen das Recht der Menschheit an sich. Es ist die Sklaverei in der ganzen Bedeutung des Wortes. »Die Völker sind ja nicht Eigentum der Fürsten, der Fürst gehört seiner Nation vielmehr ebenso an, wie sie ihm angehört. Ihre ganze Bestimmung im ewigen Rate der Gottheit ist in seine Hände niedergelegt und er ist dafür verantwortlich.« So heißt es in seinem Machiavelli-Aufsatz[1], in realpolitischer Hinsicht das Tiefste, was wir aus seiner Feder besitzen. Und es ist interessant und charakteristisch, daß Fichte in dem Momente, in dem er absah von allen theoretischen Ausführungen, Gedanken aussprechen konnte, die in ihrer Schärfe die wesentlichen Punkte berühren, an deren Nichtbeobachtung moderne Staatsformen zerbrochen sind. Das Fürstentum soll sich, wenn es den berechtigten Kern wahren will, auffassen als ein von dem Volksgeist getragenes Organ. Die stets vorhandene, bisweilen vertuschte Krise zwischen Volk und Fürst wird durch die Einheit des beide verbindenden, in der tiefsten Wurzel gemeinsamen, transzendentalen Freiheitsbegriffes gelöst.

Dieses stets ausdrücklich oder konkludent in Erscheinung tretende, die ganze Lebensführung beherrschende Freiheits- und Gleichheitsprinzip ruht auf demokratischer Grundlage[2]. Gemeinsame Durchdringung des Staates seitens aller freien Menschen, eine Genossenschaft aller Staatsbürger, ist das eigentliche Ziel, soweit von einem solchen gesprochen werden darf, dem der Staat zustreben soll,

---

1 Nachgelassene Werke Bd. 3, S. 246.

2 Auch scheinbar mit dieser Deutung nicht übereinstimmende Äußerungen Fichtes, wie in der Rektoratsrede (1811), lösen sich unter den hier zugrunde gelegten Voraussetzungen auf.

um letzthin sich selbst zu negieren.

Aus diesem Grunde war für Fichte die monarchische Staatsform zu verwerfen. Er kennt nur rein menschliche Qualifikationen an, die eine graduelle Differenzierung zulassen, und in der Durchführung dieses Gedankens gibt Fichte seiner Lehre einen rein monarchischen Zuschnitt, ohne den demokratischen Prinzipien untreu werden zu müssen; hier liegt der Grund, der Fichtes politische Ideen in dieser Beziehung oft so mißverstehen läßt und der es vor allem gebietet, diese Gedanken stets in Beziehung zu dem Ganzen zu setzen; denn aus dem Zusammenhang genommen ergeben sich unhaltbare Widersprüche. »Erziehung und Freiheit ist die erste Pflicht des Zwingherrn, Vererbung der Gewalt geht gar nicht. Also her einen Zwingherrn zur Deutschheit, wer es sei, mache sich unser König das Verdienst, nach seinem Tode einen Senat; da kann es sogleich im Gange sein.« Meinecke hat schon richtig interpretiert, als er das »Es« mit Erziehung zur Freiheit übersetzte, der König als Zwingherr eingesetzt soll die Freiheit realisieren, um den Weg zur Republik zu ebnen, die nach seinem Tode verwirklicht wird[1]. Fichte ist hier willens, für eine bestimmte Situation dem Staate eine monarchische Spitze zu geben, die die Errichtung des Endzieles beschleunigen soll. Fichtes Zwingherr zur Deutschheit ist verfassungspolitisch ganz untergeordneter Bedeutung und rechtfertigt keineswegs das unhaltbare Verlangen, um der monarchischen Spitze des demokratischen Gedankens willen ihn aus der Reihe der Vertreter derselben zu streichen. Der Zwingherr, der Zwangsmittler zur Freiheit ist aus derselben Tendenz geboren, die gegebenenfalls die ärgsten Zwangsmittel im Staate rechtfertigt und zu einer – im Sinne von Tüchtigkeit – aristokratischen Ausgestaltung der Verfassung führt.

---

1 So darf der Treitschkesche Interpretationsversuch, »Historische und politische Aufsätze« Bd. 1, S. 136, als auf einem Mißverständnisse beruhend, nicht akzeptiert werden, der Fichte hiermit endgültig mit den alten Überlieferungen brechen sieht; jetzt sei der König von Preußen als der Zwingherr der Deutschen an die Spitze des gesamten Vaterlandes gestellt. Fichte sei der erste Verkünder jener Ideen, die heute Deutschlands nationale Parteien bewegen, gewesen. Das ist meines Erachtens nicht der Fall; Fichte ist nie der Verkünder nationaler Ideen im modernen Sinne gewesen, sondern, wie aus den obigen Ausführungen hervorgeht, konnte es für Fichte keinen Kosmopolitismus überhaupt geben, sondern für ihn mußte in Wirklichkeit der Kosmopolitismus notwendig Patriotismus werden; insoweit ist der nationale Gedanke noch nicht in voller begrifflicher Schärfe erfaßt; siehe die Dialoge, Nachgelassene Werke Bd. 3, S. 129. Eine derartige Konstruktion ist nur unter Loslösung von den Voraussetzungen möglich und ist nicht geboten; siehe Bauch, Der Begriff der Nation, 1916.

Fichte verlangt bereits im »Naturrecht«, daß die Exekutive mit monarchischen Funktionen versehen werden müßte, die wiederum durch ein Ephorat in Ausführung des allein gesetzgebenden Volkswillen kontrolliert werden solle[1]. Weil der Begriff der Freiheit als gleichbedeutend mit dem Leben in der rein sittlichen Welt die höchsten Anforderungen stellt, weil reine Demokratie im Sinne voller Autarkie nur im höchsten Stadium der Vollendung realisierbar erscheint, deswegen die Teilung der Gewalten, wovon eine, die supremste, das Volk, den andern erst Gehalt und Bedeutung verleiht. Fichte wendet sich, gleich Aristoteles, nur gegen die Auswüchse der Demokratie, insofern sie extrem alle Ausleseprinzipien inhibiert und den Staat den schwankenden Leidenschaften von Volksversammlungen preisgibt. »Die Gemeinde sollte über die Verwaltung des Rechtes ihr eigener Richter sein; eine solche Verfassung, die demokratische in ihrer eigentlichen Bedeutung des Wortes, wäre die allerunsicherste, die es geben könnte, indem man nicht nur, wie außer dem Staate, immerfort Gewalttätigkeiten aller gegen alle, sondern von Zeit zu Zeit auch die blinde Wut eines gereizten Haufens, der im Namen des Gesetzes ungerecht verführe, zu fürchten hätte.«[2] Die Gemeinde als Masse ohne Differenzierung ist wider die Vernunft. Hier ist der Demagoge der Mann, der in dem Mittel der Umwerbung der Massen am unbedenklichsten ist; eine Idealisierung ist zweckloser Selbstbetrug[3]. Vielmehr verlangt die strenge Deduktion die absolute Notwendigkeit einer Repräsentation aus freier Vernunft – »nur der gesetzlose Haufe begeht Ausschweifungen, nicht der unter einem Gesetze sich versammelnde und in gewissen Formen beratschlagende«. – Die Gemeinde muß sich gliedern, muß die Verwaltung der öffentlichen Macht veräußern und sie auf eine oder mehrere Personen übertragen. Der Fundamentalsatz jeder vernunftgemäßen Staatsverfassung, auf den das Postulat Fichtes hinausläuft, ist der, daß die exekutive Gewalt, worunter er die richterliche und ausübende im engeren Sinne versteht, und das Recht der Aufsicht und Beurteilung, das Ephorat im weitesten Sinne, getrennt sei; wie die exekutive Gewalt gestaltet sei, ob es sich um eine Demokratie mit Repräsentativverfassung, um eine mit aristokratischen oder monarchischen Elementen gefärbte Staatsform handelt, das ist für Fichte im »Natur-

1 Siehe Windelband, Geschichte der Philosophie.
2 Naturrecht Bd. 3, S. 158.
3 Siehe hierzu Max Weber, Parlamentarismus und Regierung S. 110 ff.

recht« eine Frage sekundärer Natur[1]. Hier hat nicht eine Regierungsform vor der anderen den Vorzug, hier entscheidet nicht die Theorie, sondern die Politik.

Auch dieser Zug charakterisiert. Die Forderung der Trennung der Gewalten, die sich sehr erheblich von der von Montesquieu formulierten unterscheidet, beruht nicht auf historischer, kritischer Untersuchung, sondern wieder auf dem autonomen Freiheitsbegriff. So wie jedes Beisammensein mehrerer in Freiheit nur durch Selbstbeschränkung möglich erscheint, so verlangt eine vernunftgemäße Verfassung, gerade um diesen Begriff realisieren zu können, eine derartige Gliederung und Trennung der Gewalten, deren Einzelheiten der Beschaffenheit jedes Landes überlassen bleiben müssen. Das Volk als Ganzes ist souverän und muß es bleiben, muß um der Freiheit willen den Willen abtrennen und übertragen an eine nicht willkürlich absetzbare und mit umfangreichen Kompetenzen versehene Exekutive. Bleibt aber beim Volk die originäre Gewalt, so ist der Schluß Fichtes nur folgerichtig, der ein Kontroll- und Aufsichtsorgan, und da das Volk als Masse nicht ausübungsfähig ist, einen gesonderten Stand, das Ephorat, fordert, das mit rein negativen Funktionen versehen durch Interdikt den Magistrat der verfassungsmäßigen Befugnisse entkleiden kann. Entstehen Schwierigkeiten zwischen den Ephoren und der Obergewalt, so versammelt sich das Volk und entscheidet durch autoritativen Machtsprch den Zwist. Keineswegs darf aber der Exekutive zuviel Machtkompetenzen an die Hand gegeben werden; denn dann würde der Gemeinde ein nahezu gleichstarker Wille gegenüberstehen und die originäre Gewalt des Volkes wäre vernichtet. Somit gehört zu einer rechtmäßigen Konstitution neben dem Träger der Staatsgewalt, dem Volke, eine gehörig konstituierte verantwortliche exekutive Macht und ein Ephorat, gegen deren Omnipotenz sich der geringste Ungehorsam als Gewalttätigkeit darstellt. Das Volk als Ganzes steht im Mittelpunkt; die Zusammenkünfte der Gemeinde hält Fichte ähnlich Rousseau nur in kleinen Staaten, besonders in republikanischen, für möglich, wo die Volksmenge nicht sehr zerstreut wohnt, wo man leicht und ohne Zeitverlust sich versammelt und auch die Staatsgewalt leicht und einfach zu übersehen ist[2]. Auch

---

1 Bd. 3, S. 163, 192. Ähnlich hatte schon zuvor Kant die nähere Ausgestaltung der von ihm geforderten republikanischen Verfassung, die für ihn nur das Charakteristikum der Repräsentativvrsammlung besitzen mußte, den gegebenen Verhältnissen überlassen.

2 Bd. 3. S. 170.

in größeren Staaten darf trotz der vorgeschlagenen Kompetenzver-das Referendum muß möglich gemacht werden, und zwar so, daß wirklich große Haufen des Volkes hier und da auf dem Platze zusammenkommen[1]. So tief wurzelt der Gedanke der Volkssouveränität bei Fichte, daß er als Hauptmaxime seiner vernunftgemäßen Konstitution eine aktive Tätigkeit des Volkes verlangt, die sich zur Rebellion steigern darf, wenn die von ihm eingesetzten Oberen ihre Macht mißbrauchen. »Denn das Volk ist in der Tat und nach dem Rechte die höchste Gewalt, über die keine geht, die die Quelle aller anderen Gewalten und die Gott allein verantwortlich ist.«[2]

Ein derartig aus der Vernunft deduziertes Theorem erscheint utopisch und unverständlich und doch begreiflich, wenn man es nur nicht von Fichte und seiner Zeit abzulösen trachtet. Fichtes System, besonders in den neunziger Jahren, wurzelt in dem Zeitalter des Naturrechts und der Verfassungsexperimente der französischen Revolution, und hier sind schon vor Fichte Konstruktionen entworfen worden, die mit der von Fichte deduzierten auffallende Übereinstimmungen aufweisen, die somit die bedingenden Umstände der heute phantastisch anmutenden Konstitution erklärlich machen, so vor allem am tiefsten und ausführlichsten begründet in der Politica des Althusius, auf der ihrerseits wieder der Rousseausche »Contrat Social« basiert[3].

[...]

---

1 Bd.3, S. 173ff.

2 Siehe Medikus, 3. Kap. anm.

3 Althusius C. 18, 48–122; T. 18, 1–48. U. I. D. Politica. Methodice Digesta et exemplis sacri et profani illustrata; siehe auch Gierke: Althusius S. 29, 295. Nach Althusius hat die Volksgesamtheit die Befugnis, die Verwalter ihres Gesamtreiches anzustellen und zu bevollmächtigen und er kennt zwei Arten von Verwaltern (Kap. 18, 48 ff.), das Ephorat und den Summus magistratus (Kap. 19). An der Spitze des Staates steht der Summus magistratus, demgegenüber die Ephoren im Namen des gesamten Volkes dessen Recht zu wahren haben. Auch Fichte spricht vom Magistrat und dessen Personen, denen die exekutive Gewalt anvertraut wird. Beide sind darüber einig, daß die Macht des Volkes ungebrochen demselben erhalten bleibt; siehe Bd. 3, S. 172, 174, 177. Differenzen zeigen sich in der Verteilung der Funktionen und in der Begründung, in der Verteilung insofern, als das Schwergewicht bei Althusius bei den Ephoren, den Säulen des Staates, ruht, denen Fichte lediglich eine negative Rolle zugestehen will, während der Magistrat dementsprechend konträr organisiert ist und andererseits in der Begründung, als es bei Althusius keine andere Quelle als freiwilligen Konsens geben darf, den Fichte verwirft, der die Übertragung als ein Gebot der absoluten Vernunft postuliert und nicht vor Anwendung von Zwangsmaßnahmen zurückschreckt.

17. Heinrich Rickert: **Philosophie und Sozialismus in den Frühschriften**

Aus: H. Rickert: Die philosophischen Grundlagen von Fichtes Sozialismus. In: Logos, XI, 1923, Seite 149 ff (hier die S. 154–159).

[...]

Nachdem der Grund hierfür klar ist, suchen wir weiter zu verstehen, wie Fichte aus seiner Philosophie der Tat Folgerungen für das politische Leben im allgemeinen und für das wirtschaftliche Leben im besonderen zieht. Um die Sache bei ihrer Wurzel zu fassen, werfen wir zunächst einen Blick auf das Buch, in dem Fichte zum erstenmal politische Probleme behandelte. Er schrieb es schon im Jahre 1793, bald nachdem er die Kantische Philosophie kennen gelernt hatte, und er nannte es: Beitrag zur Berichtigung der Urteile des Publikums über die französische Revolution. Zwar kann man die Schrift, wie wir sehen werden, noch nicht eigentlich sozialistisch nennen, aber sie enthält bereits die Begriffe, die Fichte wenige Jahre darauf zum Sozialismus führten, und gerade dadurch wird am besten deutlich, welches die letzten theoretisch philosophischen Grundlagen seiner später ausgeführten sozialistischen Gedanken sind.

Fichte versuchte, im unmittelbaren Anschluß an die Kantische Philosophie zur französischen Revolution Stellung zu nehmen. Um ihre Probleme philosophisch behandeln zu können, entwickelte er seinen allgemeinen Begriff der *Kultur*. Damit schlug er die Brücke vom reinen oder vernünftigen Ich zum empirischen oder sinnlichen Menschen, der sich praktisch in der Sinnenwelt betätigen will. Von hier aus kam er dann weiter auf das wirtschaftliche Leben im besonderen, und zwar betrachtete er es unter dem Gesichtspunkt, daß der empirische Mensch, um sinnlich wirken zu können, des *Eigentums* bedarf. Was ist in Wahrheit Eigentum; und was folgt aus diesem Begriff für die Aufgaben des Staates gegenüber dem ökonomischen Leben der Gesellschaft? Achtet man auf diese Zusammenhänge in Fichtes erster politischer Schrift, dann tritt die Verbindung von Philosophie und Sozialismus bei ihm vielleicht noch deutlicher zutage als in den eigentlich sozialistischen Werken, in der Grundlage des Naturrechts von 1796 und in dem geschlossenen Handelsstaat von 1800. Wir halten uns daher, um das Grundprinzip klarzulegen, zunächst an das Buch über die französische Revolution. Das empfiehlt sich um so mehr, als es in den meisten Darstellungen nicht genug beachtet worden ist, wo es galt, den letzten theoretischen Ursprung von Fichtes Sozialismus aufzuzeigen. Die unmittelbare Verknüpfung mit den Lehren Kants wird hier besonders deutlich.

Fichtes Begriff der Kultur

Die Untersuchung über die französische Revolution will nicht geschichtlich sein. Das große politische Ereignis, welches damals fast alle denkenden Köpfe in Europa beschäftigte, bedeutet für Fichte ein reiches Gemälde über den Text: Menschenrecht und Menschenwert, und vor allem interessiert ihn die Frage, ob ein Volk das Recht hat, seine Staatsverfassung abzuändern. Dies Problem hat ihn zugleich auf seinen Begriff des Eigentums und damit auf den Weg zum Sozialismus geführt. Aus welchem Grundsatz ist eine Verfassungsänderung zu beurteilen?

Schon Kant erklärte, es sei höchst verwerflich, die Gesetze über das, was ich tun soll, von demjenigen her zu nehmen oder dadurch einschränken zu wollen, was getan wird. Ebenso kann Fichte an eine Entscheidung aus den bestehenden geschichtlichen Verhältnissen nicht denken. Deshalb stellt er einen allgemeinen Begriff der Kultur auf, aus dem sich ein Urteil über das besondere Kulturproblem der französichen Revolution gewinnen läßt. Will er dabei seinen philosophischen Grundsätzen treu bleiben, so muß er die Kultur unter dem Gesichtspunkt ihrer Bedeutung für den von ihm erkannten Sinn des menschlichen Lebens überhaupt bringen, und dann darf für ihn Kultur nichts anderes sein als Übung aller unserer Kräfte auf den Zweck der völligen *Freiheit*, der Unabhängigkeit von allem, was nicht wir selbst, d. h. unser reines, vernünftiges Selbst ist. Durch Kants Sittengesetz wird uns unser wahrer letzter Endzweck bestimmt, und daher kann alles in uns, was uns zu sinnlichen Wesen macht, nicht Selbstzweck, sondern bloßes Mittel sein. Es darf uns nie bestimmen, sondern soll durch die Vernunft in uns bestimmt werden. Das ist das allgemeinste philosophische Prinzip: Herrschaft der Vernunft.

Daraus jedoch ergibt sich notwendig ein *Kampf* der sittlichen Vernunft mit unserer Sinnlichkeit, und in ihm muß nun zweierlei ge schehen, damit der Sinn unseres Lebens sich erfüllen kann. Die Sinnlichkeit muß erstens bezähmt und unterjocht werden, da sie nicht zu gebieten, sondern zu dienen hat. Aber das allein genügt nicht. Sie soll außerdem ein geschickter, tauglicher Diener, sie soll zu *gebrauchen* sein, und dazu gehört, daß man alle ihre Kräfte aufsuche, sie auf alle Art bilde und sie ins Unendliche erhöhe und verstärke. So entsteht der Gedanke einer *Kultur der Sinnlichkeit,* in der Natur und Freiheit zusammengehen, und sie ist der einzig mögliche Endzweck des Menschen, insoweit er ein Teil der Sinnenwelt ist. Alles bloß leidende Verhalten ist das gerade Gegenteil der Kultur. Niemand *wird* kultiviert, sagt Fichte, sondern jeder hat sich selbst zu kultivieren. Bildung geschieht immer durch Selbsttätigkeit und deckt auf Selbsttätigkeit ab. Wir verstehen: dies Kulturideal folgt notwendig aus Fichtes Philosophie der Tat, wie er sie im unmittelbaren Anschluß an Kants transzendentalen Idealismus und die Lehre von der sittlichen Autonomie entwickelt hat.

Von hier aus nimmt Fichte nun die Fragen der Politik in Angriff. Kultur der Sinnlichkeit zur Freiheit ist der einzige Sinn auch des Werdegangs der *Staaten.* Unter diesem Gesichtspunkt muß das Recht der Verfassungsänderung beurteilt werden. Dann ergibt sich: wo der Zweck der freien Selbstbestimmung unerreicht bleibt, sind die Recht der Verfassungsänderung beurteilt werden. Dann ergibt si9: wo der Zweck der freien Selbstbestimmung unerreichtbleibt, sind die Staaten so umzugestalten, daß sie zu dem Zwecke der Vernunft taugen. Unveränderliches wäre daher der härteste Widerspruch gegen den Geist der Menschheit. Der Biber baut heute, wie seine Vorfahren vor 1000 Jahren gebaut haben. Der Mensch dagegen ist nur dadurch »Mensch«, d. h. ein frei tätiges Wesen, daß er fortschreitet zu dem Ziel der absoluten Selbstbestimmung durch immer vollkommenere Staatsformen hindurch. Droht eine Verfassung, uns bei solchem Streben zu hemmen, dann muß sie geändert werden. Das folgt aus dem allgemeinen Begriff der Kultur als dem des Wehrhaftmachens der Sinnlichkeit zum Zweck der Freiheit. In solchen Gedanken tritt das letzte philosophische Fundament der Staatslehre oder der Politik als Wissenschaft bei Fichte deutlich hervor.

Fichtes Begriff des Eigentums

Wie wendet nun Fichte seine allgemeinen Grundsätze auf das *wirtschaftliche* Leben an? Das ist die für uns entscheidende Frage. Auf ökonomische Probleme wird er mit Notwendigkeit durch den Begriff des Eigentums geführt. Auch was Eigentum bedeutet, muß aus den letzten Prinzipien der Philosophie des freien Tuns verstanden werden, und indem Fichte dies versucht, entwickelt er die Gedanken, in denen noch mehr als in seinen andern Lehren seine sozialphilosophische Eigenart sich ausprägt. Hier kommen wir an die philosphische Wurzel seines Sozialismus.

Den Ausgangspunkt nimmt Fichte wieder vom reinen Ich oder von der freien Persönlichkeit. Ursprünglich, sagt er, sind wir selbst unser Eigentum. Niemand ist unser Herr, und niemand kann es werden. Wir tragen unseren Freibrief tief in unserer Brust. Doch wenn wir sagen: *wir* sind *unser* Eigentum, so nehmen wir dadurch ein zweifaches an, einen Eigentümer und ein Eigentum, und das kann nur bedeuten: das reine Ich in uns oder die Vernunft ist Herr unserer Sinnlichkeit, d. h. aller unserer geistigen und körperlichen Kräfte. Die Vernunft darf sie als Mittel zu ihren Zwecken gebrauchen. In diesem Sinne sind sie ihr Eigentum, und damit ist der Eigentumsbegriff für das Leben der *Personen* aus Fichtes philosophischen Grundprinzipien eindeutig bestimmt.

Aber das genügt für sich allein noch nicht. Außer den Personen gibt es *Sachen*, d. h. um uns herum sind Dinge, die nicht ihr eigenes Eigentum sein können, da sie nicht freie Wesen sind wie wir selber. Diese Sachen aber sind ursprünglich auch nicht unser Eigentum, denn sie gehören nicht unmittelbar zu unserem sinnlichen Ich. Trotzdem dürfen wir das, was überhaupt noch nicht Eigentum ist, als Mittel für vernünftige Zwecke verwenden, und wenn wir einmal den Dingen die Form eines Mittels für unsere Zwecke gegeben haben, dann darf kein anderer sie ebenfalls gebrauchen. Er würde nämlich dabei die Wirkung unserer Kräfte, die unser Eigentum sind, für sich verwenden, und das verbietet das Sittengesetz: die freie Wirkung irgendeines freien Wesens zu stören, kann nicht erlaubt sein. Daraus aber folgt: wir haben das Recht, jeden anderen von dem Gebrauch einer Sache auszuschließen, die wir durch unsere Kräfte gebildet, oder der wir unsere Form gegeben haben, und dieses Recht heißt bei Sachen das Eigentum. So wird der aus den letzten philosophischen Prinzipien abgeleitete Eigentumsbegriff Fichtes vollständig. Auf diese Zusammenhänge muß man achten, um Fichtes Politik als Wissenschaft zu verstehen.

Von dem Gedanken, daß Eigentum allein durch Tätigkeit oder Arbeit begründet ist und insofern soviel wie ein Recht auf Tätigkeit oder Arbeit an einer Sache bedeutet, ergibt sich auch das, was Fichte über das Grundeigentum lehrt. Man meint, daß niemand ursprünglich Eigentümer des Landes sein könne, und daß daher jeder das Recht am Boden vom Staate haben müsse. Doch mit dem Acker steht es nicht anders als mit aller Materie überhapt. Die rohe, unbearbeitete Materie gehört noch keinem. Wir haben auf sie nur ein

Zueignungsrecht, noch kein Eigentumsrecht, denn dieses kann ja immer nur auf eine durch unsere freie Tätigkeit geformte Materie bestehen. Daher ist es nach Fichte falsch, daß alle Menschen auf einen gleichen Teil des Landes rechtlichen Anspruch besitzen, und daß der Erdboden zu gleichen Portionen an alle zu verteilen sei. Insofern erst durch Zueignung vermittels unserer Arbeit Eigentum als Recht entsteht, darf der Mensch, welcher mehr arbeitet, auch mehr besitzen, und der, welcher nicht arbeitet, besitzt rechtlich gar nichts. Nicht der Staat, sondern die Vernunft oder die Freiheit des Menschen ist ja die Quelle des Eigentums. Sogar der Umstand, daß wir im Staate geboren werden, in dem es außer Luft und Licht kaum noch unbearbeitete, rohe Materie gibt, vermag daran nichts zu ändern, denn es ist nicht der Staat, der alles schon in Besitz genommen hat, sondern die Einzelnen sind es, denen alles gehört.

Ebensowenig kann die Tatsache des vererbten Eigentums einen Einwand gegen Fichtes philosophisch abgeleiteten Begriff bilden. Sobald jemand stirbt, wird sein Eigentum wieder so gut wie rohe Materie, und darauf hätten dann alle durch ihre Arbeit ein Zueignungsrecht. Nur weil dies zu Kampf und Streit führen würde, ist das Erbrecht entstanden, und auch dies Recht darf allein die Bedeutung haben, daß eine bestimmte Persönlichkeit ihr Zueignungsrecht benutzt, um einen Stoff durch freie Arbeit an ihm zu ihrem Eigentum zu machen. Fichte vertritt damit schon 1793 denselben Tatgedanken, dem Goethe später mit den bekannten, aber von den Erklärern des Faust nicht immer verstandenen Worten Ausdruck gab: Was du ererbst von deinen Vätern hast, *erwirb* es, um es zu besitzen. Jedenfalls: die einzige *Rechts*quelle auch des Erbeigentums bleibt für Fichtes Aktivismus die vernünftige Tätigkeit des Menschen im Dienste der Kultur, d. h. der Formung des sinnlichen Stoffes zum Zwecke der Freiheit. So wird am Erbeigentum der Zusammenhang von Fichtes politischen Ansichten mit Kants transzendentalem Idealismus und der Autonomielehre besonders deutlich.

Allerdings erinnern Fichtes Gedanken, solange man nur auf ihren Wortlaut achtet, zugleich an Meinungen, die mit der idealistischen Philosophie nichts zu tun haben. Man kann dabei an die physiokratische Theorie denken, nach der Eigentum der durch Arbeit an einem Rohstoff hervorgebrachte Wert ist, also ebenfalls erst durch Arbeit Eigentum entsteht. Für die *philosophische* Grundlage des Fichteschen Sozialismus bedeutet jedoch die äußerliche Übereinstimmung nicht viel. Fichte fragt ja nicht danach, woraus *fak-*

tisch Eigentum entsteht, sondern allein der Rechtsgrund interessiert ihn, und daher sind gegen ihn auch die Argumente nicht brauchbar, die man gegen den physiokratischen Begriff geltend machen kann. Er will seine Lehre vom Eigentum nicht auf historische Untersuchungen, sondern allein auf philosophische Prinzipien stützen. Unter diesem Gesichtspunkt erst wird die überhaupt verständlich. Fichte redet nirgends als »Realpolitiker«, sondern überall als Philosoph. Das mag man in der Politik für gänzlich verfehlt halten. Doch darum handelt es sich für uns nicht. Wir suchen Fichtes Politik in ihren theoretischen Grundlagen kennen zu lernen, wie sie faktisch vorliegt, und dabei kommt ausschließlich der begriffliche Zusammenhang der Bestimmung dessen, was als Eigentum zu gelten hat, mit der Lehre vom freien Tun als dem letzten Sinn des menschlichen Lebens in Betracht.

[...]

18. Max Wundt: **Revolution und später bürgerlicher Idealismus**

Aus: M. Wundt: Fichte. Stuttgart 1927. (S. 152–155)

[...]

Zunächst aber verhindern die mächtigen Eindrücke der von Paris herüberwirkenden revolutionären Vorgänge und der daran sich anschließende Streit der Meinungen in Deutschland, diese Aufgabe in ihrem ganzen Umfang in Angriff zu nehmen, sondern beschränken sie auf die brennende Frage des Tages nach dem Rechte der Revolution. So entstehen als das erste größere Zeugnis von Fichtes politischem Denken die *Beiträge zur Berichtigung der Urteile des Publikums über die französische Revolution* (1793). Erschienen ist davon nur der erste Teil Zur Beurteilung ihrer Rechtmäßigkeit; ein zweiter Teil, welcher die Weisheit einer solchen Staatsumwälzung beurteilen sollte, ist nicht mehr ausgeführt, und Fichte konnte nicht mit Unrecht darauf hinweisen, daß dadurch seine endgültige Stellungnahme zu dem geschichtlichen Ereignis als solchem noch nicht zum Ausdruck gekommen sei. Als einen Verteidiger der französischen Revolution schlechthin darf man ihn deshalb nicht bezeichnen. Er will nur ihr Recht dartun und die Frage, ob und wann es für ein Volk ratsam sei, von einem solchen

Rechte Gebrauch zu machen, bleibt offen. Ja einige Bemerkungen in der Vorrede weisen deutlich genug darauf hin, daß er vor einer Nachahmung der französischen Vorgänge ernstlich warnen und durch seine Schrift eher zum Nachdenken darüber anregen will, mit welchen Mitteln man einem solchen Ereignis vorbeugen könnte.

Die französische Revolution ist ihm »ein reiches Gemälde über den großen Text: Menschenrecht und Menschenwert.« Was sie predigt, ist dies: »So wie es jetzt ist, kann es nicht bleiben, so gewiß in unserem Herzen jener Funke der Gottheit glimmt, und so gewiß uns derselbe auf einem allmächtigen Gerechten hinweiset. Wollen wir mit dem Bauen warten, bis der durchgebrochene Strom unsere Hütten weggerissen hat? Jetzt ist es Zeit, das Volk mit der Freiheit bekannt zu machen, die dasselbe finden wird, sobald es sie kennt; damit es nicht statt ihrer die Gesetzlosigkeit ergreife, um die Hälfte seines Weges zurückkomme und uns mit sich fortreiße.«

Also nicht als historisches Ereignis verteidigt Fichte die französische Revolution und er ist weit entfernt, ihre Nachahmung in Deutschland zu empfehlen. Lieber möchte er auf Wege hinweisen, eine solche Erschütterung zu vermeiden. Falls die Fürsten diesen Wink der Zeit nicht verstehen, so bleibt den Bürgern doch nichts anderes übrig, als die äußeren Zustände hinzunehmen, wie sie sind, und sich innerlich einer Freiheit wert zu machen, die ihnen äußerlich zunächst noch versagt bleibt und die umso gewisser kommen wird, je mehr sie sich ihrer wert gemacht haben. »Würdigkeit der Freiheit muß von unten herauf kommen; die Befreihung kann ohne Unordnung nur von oben herunter kommen.« »Seid gerecht, ihr Völker, und eure Fürsten werden es nicht aushalten können, allein ungerecht zu sein.«

Die Schrift ist ungefähr in der Zeit zwischen der Hinrichtung des französischen Königs und der französischen Königin geschrieben, Taten, die Fichte unmöglich billigen konnte. Sie zeigt, wenn man diese Andeutungen des Vorwortes mit der Schrift selbst vergleicht, den tiefen Zwiespalt in Fichtes politischem Denken, der es zur Abfassung des zweiten Teils wohl nicht hat kommen lassen. Die inneren Rechtsgründe der Revolution scheinen ihm, der hier ganz in der Gedankenwelt Rousseaus lebt und sie mit der erhabenen Lehre Kants von der sittlichen Freiheit erfüllt, unbestreitbar. Aber einen Weg zur Verwirklichung dieses Rechts sieht er noch kaum, da er von dem ungeheuren Strome, der jetzt in Frankreich alle Dämme durchbrochen hat, keine wahrhaft befruchtende Wirkung erwarten konnte.

Was halfen Grundrechte, wenn sie nur mit Mitteln zu verwirklichen waren, die alles Recht vernichteten? Dieser Zwiespalt, der schon an dieser frühen politischen Schrift Fichtes deutlich hervortritt, sollte für das gesamte politische Nachdenken Fichtes bezeichnend bleiben. Die Kluft, die sich hier zwischen Recht und Wirklichkeit, zwischen Sollen und Sein, zwischen dem Staat in der Idee und dem Staat der Geschichte auftut, hat er niemals wahrhaft zu überwinden vermocht, so sehr er auch durch sein ganzes Leben hindurch nach einer solchen Überwindung rang.

Über die Schrift selbst braucht nur weniges hinzugefügt zu werden. Sie ist ganz im Sinne jenes abstrakten Naturrechts geschrieben, das Fichte besonders bei Rousseau kennen lernte und das damals auch sonst in der deutschen juristischen und politischen Literatur eine gewaltige Wirkung ausübte. Diese Auffassung, welche alles geschichtlich Gewordene nach allgemeinen Vernunftgesetzen beurteilt, ist durch den kantischen Einfluß noch verstärkt. In diesem Sinne setzt Fichte seine naturrechtliche Beurteilung der Revolution jener Bewegung entgegen, welche für das Recht des geschichtlich Gewordenen sich gegen die Revolution wandte. Sie war von *Burke* ausgegangen und hatte auf deutschem Boden in dem Hannoverschen Staatsmann *Rehberg,* der Möser nahestand, einen Kämpfer gefunden. In Rehberg sieht Fichte seinen Hauptgegner.

Den Kern aller rechtlichen Fragen bildet für Fichte der Gedanke der sittlichen Freiheit. Diese Idee, die ihn für die kantische Philosophie gewann, wird der Leitstern für sein Nachdenken auch auf politischem Gebiete. Die Beurteilung alles Rechts nur von diesem Standpunkte aus, bildet den bestimmenden Zug der Schrift. Dem Geschichtlichen als solchem wird ein eigenes Recht überhaupt nicht zuerkannt und der Bereich des Staates möglichst eingeschränkt. Die wahren Beziehungen der Menschen sind zunächst die freien gesellschaftlichen, und auch das Eigentum als eine wichtige Sicherung der persönlichen Freiheit entsteht wesentlich durch die eigene Leistung des Einzelnen. Der Staat hat nur die Aufgabe äußerlicher Sicherung des Lebens, und er muß sich tiefgreifende Änderungen gefallen lassen, wo er seine Machtsphäre erweitert und dadurch die Freiheit der Einzelnen eingeschränkt hat. Mit leidenschaftlicher Kritik wendet sich Fichte gegen alle mit einem Vorrecht ausgestatteten Einrichtungen, gegen den Adel ebensowohl wie gegen die Kirche. Oft hören wir deutlich den vom Leben Enterbten, der alles nur sich selbst zu verdanken glaubt und mit Begeisterung Rousseaus Predigt von der Gleichheit Aller aufnimmt. Die volle Beweglichkeit des Einzelnen gegenüber dem Staate erscheint selbstverständlich; jeder kann jederzeit aus seinem Staate austreten und nach freier Willkür in Verbindung mit Anderen neue Staaten gründen.

So fehlt jedes wahre staatliche Bewußtsein. Wo hätte es Fichte bei seinen Lebensumständen und den damaligen Zuständen in Deutschland auch herhaben sollen? Der einzige Versuch, mit dem allein wahrhaft lebendigen Staatswesen auf deutschem Boden, mit dem Staate Friedrichs des Großen – seine Verehrung für ihn bringt Fichte selbst in dieser Revolutionsschrift zum Ausdruck – in Verbindung zu treten, war kläglich gescheitert. Der Staat Wöllners war nicht der Staat Friedrichs des Großen. Und so führt Fichte mit höchst einseitiger Folgerichtigkeit seine Gedanken nur abstrakten Voraussetzungen durch. Aber vor den letzten Folgerungen für die Wirklichkeit, wie man sie jedenfalls in Frankreich aus Rousseaus Gedanken gezogen hatte, scheut er zurück. Der Wunsch, irgendwie an das Bestehende anzuknüpfen, um zu wahrer Wirksamkeit zu kommen, spricht deutlich aus der Vorrede, in der Fichte den Sinn seiner Schrift bezeichnet.

So ist das Grundthema der politischen Spekulation Fichtes angeschlagen, das sich nun in mannigfaltigen Abwandlungen durch sein ganzes Leben hindurch ziehen sollte: die reine aus der sittlichen Idee geborene Forderung, die der Wirklichkeit fremd und feindlich gegenübertritt, und doch der dringende Wunsch, sie an die Wirklichkeit heranzubringen und in ihr Gestalt gewinnen zu lassen.

[...]

19. Ernst Schenkel: **Revolution als ›geistiges Ringen‹**

Aus: E. Schenkel: Individualität und Gemeinschaft, der demokratische Gedanke bei Johann Gottlieb Fichte. Zürich, Leipzig, Stuttgart 1933, (S. 2 –23, 30–37, 69–73)

[...]

Fichte, den wir zu Anfang als Platoniker bezeichnet haben, unterscheidet sich hier von Plato dadurch, daß der platonische Staat vom Weisen selbst regiert wird; der platonische Staat ist Kulturstaat. Bei Fichte wird in dieser Schrift der Staat in seiner Funktion wesentlich auf das Gebiet des Rechtes beschränkt. Der Weise, d. h. der Lehrer, erzieht das Volk, und es wird dem Staatsmanne selbst anheimgestellt, in freier Weise den Erkenntnissen des Volkserziehers Gehör zu schenken.

Wie Fichte von diesen Impulsen, die auszuführen als Notwendigkeit vor ihm standen, beseelt war, wird aus einem Briefe an *Kant* vom 2. April 1793 ersichtlich: ». . . Dann glüht meine Seele von einem großen Gedanken: die Aufgabe, Seite 372–374 der Kritik der reinen Vernunft (3. Auflage) zu lösen.«[1]

An dieser bezeichneten Stelle heißt es bei Kant: »Eine Verfassung von der *größten menschlichen Freiheit* nach Gesetzen, welche machen: *daß jedes Freiheit mit der andern ihrer zusammenbestehen kann* . . . das ist doch wenigstens eine notwendige Idee, die man nicht bloß im ersten Entwurfe einer Staatsverfassung, sondern auch bei allen Gesetzen zugrunde legen muß, und wobei man anfänglich von den gegenwärtigen Hindernissen abstrahieren muß, die vielleicht nicht sowohl aus der menschlichen Natur unvermeidlich entspringen mögen, als vielmehr aus der Vernachlässigung der echten Ideen bei der Gesetzgebung.« Diese Ausführungen Kants über die »Platonische Republik«, abgesehen davon, wie sie von Kant selbst verstanden sein wollten, mögen Fichte darin bestärkt haben, sich durch sein eigenstes, nach geistiger Klärung bedachtes Wirken, tätigen, unmittelbaren Anschluß an aktuelles Zeitgeschehen zu erwerben. Die Schriften über die »Zurückforderung der Denkfreiheit« und die Beiträge . . . über die Französische Revolution« sind eine der ersten öffentlichen Erweise dieser aktiven Haltung Fichtes. Dieses sein ganzes Leben durchpulsende Bemühen ist das dynamische geistige Freiheitselement. Wahrhaftes menschliches Freiheitsstreben bei jedem Einzelnen innerhalb einer Schicksalsgemeinschaft zu erwecken, ist schon hier der Kern seiner Erweckungsbotschaft. Es ist das Problem von der Freiheit des Individuums und seiner Stellung in der Gemeinschaft. Dies kann in der Frage zusammengefaßt werden: Wie kann der sich selbst verantwortliche Mensch auf freie Weise in eine Gemeinschaft sich eingliedern, ohne Rücksicht auf das, »was ehemals, was jetzt, was jemals Grundsatz gewesen« ist? Fichte löst sie, indem er alle Autoritäten des geschichtlichen Lebens in dem Lichte des sich selbst verantwortlichen Menschen betrachtet.

---

1 H. Schulz, Bes. Briefwechsel, 1. Bd., S. 275.

Beiträge zur Berichtigung der Urteile des Publikums über die Französische Revolution.

Wiederum nimmt Fichte seinen Ausgangspunkt von dem Ereignis der Französischen Revolution, die für ihn ein reiches Gemälde ist »über den Text: Menschenrecht und Menschenwert«. Die Geschehnisse der Französischen Revolution sind für Fichte der Ausdruck eines geistigen Ringens des Menschen, das sich auf geistige Weise nur dem nach Erkenntnis Strebenden offenbart. Die Ansicht, daß die Französische Revolution oder die Revolutionen überhaupt Ausdruck des nach Klarheit und Befreiung ringenden menschlichen Geistes sind, findet man in jener Zeit auch bei *Wilhelm v. Humboldt*, wenn dieser schreibt: »Wenn man die wichtigsten Revolutionen der Geschichte übersieht, so entdeckt man ohne Mühe, daß die meisten derselben aus den periodischen Revolutionen des menschlichen Geistes entstanden sind.« *Hegel* weist später in »Philosophie der Weltgeschichte« darauf hin: »Die Französische Revolution hat im Gedanken ihren Anfang und Ursprung genommen.« *Fichte* stellt zur Beurteilung der Geschehnisse der Französischen Revolution die Gesichtspunkte fest, aus denen für den Menschen erkennbar wird, was in den Ereignissen der Zeit vor sich geht. Sein Gesichtspunkt ist der menschliche. Um ihn erkennbar zu machen, muß er den *Begriff vom Wesen des Menschen* darstellen, aus dem heraus die »Rechtmäßigkeit und Weisheit« einer Verfassungsänderung erkannt wird. Der Mensch unterscheidet sich für Fichte vom Tiere dadurch, daß er die Motive für sein Handeln in den »Urgesetzen der Geisterwelt« finden kann. Fichte befaßt sich nur mit solchen Menschen, die durch die »reine Form ihres Selbst« sich denkend erheben können in diese Welt. Menschen, denen diese Fähigkeit abgeht, erachtet er als unfreie Wesen, die noch nicht auf der Stufe des Menschen angelangt sind. Sie urteilen nach äußeren Klugheits- und Erfolgsgründen, nicht aus dem Geiste der Wahrheit über die *»Rechtmäßigkeit und Weisheit«* einer *Verfassungsänderung*.

[...]

Fichte zeigt, wie in einem Staate, der das Geistesleben bevormundet, die geistig freie Individualität nicht zu ihrem Rechte kommt. Im Dienste des wahren Menschen steht nur ein solcher Staat, der als Rechtsstaat die geistige Freiheit jedes Einzelnen nicht unterdrückt, sondern schützt. Indem der Staat auf demokratischer Grundlage die

Rechte seiner Bürger schützt, kann der einzelne Mensch sich zu einer geistig autonomen Persönlichkeit steigern. *Staatsverfassungen, in denen dies nicht der Fall ist, müssen abgeändert werden.*

So kommt Fichte zum *zweiten Teile* seiner Frage: »Wenn nun eine Staatsverfassung gegeben würde, welche diesen Endzweck erweislich durch die sichersten Mittel beabsichtigte, würde nicht diese schlechterdings unabänderlich sein?« In einem Staat, der das Recht der geistigen Freiheit des Menschen achtet, würde sich der einzelne Bürger zu immer höherer geistiger Freiheit *entwickeln*. Die Staatsverfassung, die nur Mittel ist, um den Endzweck des Einzelnen zu fördern, würde sich allmählich erübrigen. So ist durch die Tatsache, daß alle individuelle Freiheit durch Entwicklung errungen wird, für Fichte »keine Staatsverfassung unabänderlich«; »es ist in ihrer Natur, daß sich alle ändern«. Daran wird ersichtlich, daß in dieser Schrift die Behandlung von Problemen der Gemeinschaft, insbesondere auch der Rechtsgemeinschaft, *keine äußerlich politische Angelegenheit ist, sondern eine geistige.*

Wenn man die politischen Zustände zu Fichtes Zeit betrachtet und feststellen kann, wie mehr oder weniger ein Streben nach politischer Gleichberechtigung und wirtschaftlicher Unabhängigkeit sich zeigt, dann kann man erkennen, wie Fichte auf seine Zeit in geistiger Weise einwirken wollte. Es war ihm darum zu tun, das Freiheitserleben, das sich in Bestrebungen auf politischem und wirtschaftlichem Gebiet zeigte, auf seinen Urgrund zurückzuführen, nämlich auf die nach geistiger Freiheit ringende menschliche Individualität.

Wie Fichte besonders über die Frage der äußerlich politisch-demokratischen Bestrebungen seiner Zeit dachte, wird aus einem Briefe vom Dezember 1793 ersichtlich. Fichte schreibt dort unter anderem an Stephani aus Zürich in Bezug auf die dortigen Zustände: »Die wüthende Parteilichkeit zwischen Aristokraten und Demokraten dauert fort: man sagt öffentlich, daß wir bei Ihnen auf Otts Landgute einen Jakobinerklub gehalten hätten usw. usw. Hätte ich nicht *ernsthaftere* Sachen zu tun, so könnte es wohl kommen, daß ich diesen neuen Abderiten ein Liedchen sänge . . . aber das Einzige ihrer Würdige ist, weder im Guten noch im Bösen ihrer zu gedenken.«

Es wird daraus ersichtlich, daß Fichte mit den parteimäßigen Agitationen der politischen Tageserscheinungen seiner Zeit nichts zu tun haben wollte. Der bewußtseinsmäßige Aspekt, mit dem Fichte den Freiheitsimpuls seiner Zeit aufgreift, ist nicht derjenige eines politischen »Kannegießers«, sondern der eines geistigen Erziehers. So darf auch der Begriff eines Demokraten, wenn er mit den Augen Fichtes aufgefaßt wird, nicht in einem äußerlich oberflächlichen Sinne genommen, sondern er muß erfaßt werden aus den geistigen Tiefen eines wahrhaft menschlichen Freiheitserlebens.

Einen Begriff von der Gesinnungshöhe, in der Fichte verstanden werden wollte, hatte der Rechtsgelehrte Gottlieb *Hufeland*, wenn er aus Anlaß der Berufung Fichtes nach Jena an denselben im Dezember 1793 schreibt: »Man hat daher auch Ihren Demokratismus, den Sie in den ›Beiträgen‹ usw. dargelegt hätten, gegen Sie geltend gemacht. ... Ich habe aber auf dies alles dadurch geantwortet, daß Sie die demokratische Partei nur in Rücksicht des Rechts und ganz in abstracto in Schutz nähmen ...«

Die Art des Fichteschen Freiheitserlebens wird noch anschaulicher, wenn man in Betracht zieht, daß er »Jesus und Luther« als »heilige Schutzgeister der Freiheit« anruft. Wie diese Art des Freiheitsimpulses dann besonders in »Angewandte Philosophie« ersichtlich werden wird, so leuchtet schon in diesem Zusammenhang ein ideelles Geistprinzip auf, das im Wesen des Christentums urständet.

Zusammenfassend läßt sich sagen, daß Fichte in den Darlegungen der zwei ersten Kapitel dieser Schrift die Frage nicht dahin stellt, daß er sich für eine konstitutive monarchische oder eine demokratische Staatsverfassungsform entscheiden würde. Allein die Form einer absoluten Monarchie, sei es rein politischer oder religiös-politischer Art, schließt er in dieser Schrift aus. Hingegen liegt für ihn das Interesse in der Frage, wie in einer äußerlich als Monarchie oder in einer als Demokratie sich darlebenden Staatsverfassung die Freiheit jedes einzelnen Menschen gefördert oder gehemmt werden kann. So wie Tradition und Vernunft, so kann sowohl eine Monarchie wie auch die Majorität einer Demokratie die wahrhafte Freiheit des einzelnen Menschen untergraben. Eine absolute Monarchie ist nach Fichte keine lebensfähige Verfassungsform für einen Staat, in dem *Menschen* leben sollen. Fichte entscheidet sich hier hinsichtlich der Form einer Staatsverfassung lediglich dafür, daß jede Verfassung reformbedürftig ist, die der Freiheit des Menschen Abbruch tut. Dieses Bedürfnis nach Verfassungsänderungen ist seines Erachtens bedingt durch den Grad der Steigerung, in dem das Bewußtsein der freien Individualität in einer Volksgemeinschaft wach wird.

Wenn, wie im Briefe Hufelands ersichtlich ist, Fichte mit Anfeindungen zu tun hatte, die ihn parteimäßig in das Lager der politischen Tagesdemokraten eingliedern wollten, so wurde damit Fichtes wahrhafte Lebensgesinnung nicht voll erkannt. Fichte fühlte sich nicht als Anwalt einer Partei. Er lebte in der Gesinnung, der Anwalt des *Menschen* zu sein, der in jeder äußeren Partei nach Recht und Freiheit streben kann. Im Entwicklungsgang der Menschheit schritt Fichte an der Spitze derjenigen, die zur wahren Befreiung des Menschen führen wollen.

Im *dritten Kapitel* beginnt Fichte darzustellen, wie sich das freie Ich durch die ideellen Formkräfte seines Wesens die Möglichkeit zu geistbegründeter *Vertragsbildung* schafft. Er geht davon aus, daß jedem materiellen Vertrage solche *ideellen Formkräfte* zugrunde liegen, die aus der Sphäre stammen, in der die reine Form des Ich urständet. Die *Materie* des Vertrages ergibt sich aus jenen Gebieten, die das Sittengesetz frei läßt, d. h. aus den materiellen Lebensinteressen des Menschen. So sind bei jeder Vertragsbildung zwei Elemente wirksam: das der *Form* und das der *Materie.*

Das Sittengesetz wendet sich an die Individualität. Dort, wo mehrere Individualitäten zusammentreten, entwickelt sich das Vertragsrecht, in dem die *materiellen* Interessen der einzelnen Persönlichkeiten ergriffen und soziologisch gestaltet werden durch die geistige *Formkraft* der Individualität. Durch die *ideellen Formkräfte,* die die freie Individualität vermöge des in ihr lebenden Sittengesetzes in sich trägt, wird der Mensch fähig, wahrhafte, rechtliche Verträge im *materiellen Wirtschaftsgebiete* abzuschließen. Diejenigen Elemente, die dem geistigen Wesen des Menschen entstammen, nennt Fichte die »unveräußerlichen Rechte«. Diejenigen Elemente, die Vereinbarungen verschiedener Individualitäten zum Gegenstande haben, nennt er »veräußerliche Rechte«.

Wenn nun Fichte Verträge allein durch das Zusammentreten einzelner Individualitäten entstehen läßt, so ist mit dieser Einseitigkeit der Ideengestaltung die Gefahr verbunden, daß nicht alle Lebenstatsachen sich jeweils in organischer Weise der Idee einfügen.

Er übersieht die empirischen, historischen Tatsachen; denn in der Geschichte sind es nicht nur einzelne Individualitäten, die vertragsbildend wirksam sind, sondern es sind immer auch traditionelle Gruppen ständischer, sippenhafter, religiöser, kommunaler Art, deren Interessen sich in dem wirklichen Verlauf der Geschichte vertragsbildend zur Geltung bringen.

Fichte verweist zwar sowohl in der »Zurückforderung der Denkfreiheit« als auch in den »Beiträgen« auf solche traditionellen Gruppen; er erklärt sie aber als moralisch nicht gültige Gestaltungsprinzipien. Es ist für ihn die *freie Individualität* das einzige *Gestaltungsprinzip*, das in der neuen Geschichte Geltung haben darf. Durch diese Einseitigkeit des Prinzips begibt er sich oft in Gedankengänge, die dem Empiriker als lebensgemäß unwirklich erscheinen müssen. Nun ist von dem Gesichtspunkte der alleingültigen Individualität aus das Recht auf eine Verfassungsänderung schon in der Voraussetzung enthalten. Die Frage ist nur, ob das Recht des freien Menschen so dargestellt werden kann, daß es organisch in den geistig-physischen Tatsachen des Lebens waltet.

Diese Einseitigkeit in der Form der Gedankengänge ist nur möglich in einem rationalistisch interessierten Zeitalter, wie darauf schon *Wallner* hingewiesen hat, wenn er schreibt: »Eins aber kann mit Sicherheit behauptet werden, daß auch in der Darlegung dieser Ideen über Verfassung derselbe radikale Rationalismus der Aufklärung gewaltet hatte, wie ihn der vorhandene Teil der Schrift uns zeigt.« Ein Idealist, der den heutigen realen Bedürfnissen bei den Fragen der Vertragsbildung Genüge leisten wollte, müßte die ideellen Grundlagen in den einzelnen empirischen Lebenstatsachen der Geschichte aufweisen. In einem rationalistisch gearteten Zeitalter kann es für den Idealisten genügen, beim allgemeinen Begriff des freien Menschen stehen zu bleiben, ohne im einzelnen Vorgang der Vertragsbildung die verschiedenartigen, mitwirkenden Faktoren zu berücksichtigen.

[...]

Durch die »Zurückforderung der Denkfreiheit« und die »Beiträge« hat sich Fichte den Namen eines Demokraten erworben. Im Dezember 1793 schreibt *Hufeland* an Fichte, der Berufung nach Jena wegen, über die Anfeindungen, die Fichte in dieser Hinsicht gemacht wurden. Bezüglich der Meinungen, die den Fichteschen Demokratismus betreffen, schreibt J.H. *Fichte:* »Jene Schrift und eine andere ganz verwandten Inhalts: Zurückforderung der Denkfreiheit, hatte ihm nämlich damals den gefährlichen aber *vieldeutigen* Namen eines Demokraten zugezogen, wie es denn immer in den Zeiten besonderer Aufregung gewisse Parteinamen gibt, die an sich unbestimmt und Einzelnen willkürlich beigelegt, bei den Einen zum Hasse, bei den Andern zur Empfehlung gereichen.« Wie J. H. Fichte, so schreibt *Karl Hase:* »Fichte erwarb durch diese Schriften den Namen eines Demokraten, der damals auszeichnender, doch in deutschen Landen gefährlicher für den Inhaber war als heutzutage.«

In diesen Ausführungen wurde angestrebt, die Vieldeutigkeit des Begriffes eines Demokraten so zu bestimmen, daß daraus hervorgehen konnte, in welchem Sinne von Fichte als einem Demokraten gesprochen werden kann.

Der Demokratismus, wie er in manchen damaligen Meinungen lebte, besteht darin, daß dem Begriff der Demokratie eine Bedeutung zukam, die von »beleidigten Subalternen«, wie solche Leute von Fichte später genannt wurden, hineingetragen wurde. Dasjenige, was Staatsbeamten, wie sie sich z. B. am kursächsischen Hofe befanden, worauf weiter unten noch zurückgekommen werden soll, über ihre Auffassungsmöglichkeit ging, war ein Mensch wie Fichte, der die Rechte und Pflichten des geistig autonomen Menschen gegenüber soziologischen Institutionen, wie eine solche z. B. der Staat bildete, darzustellen versuchte. Individuen, die aus traditionellen Gewohnheiten heraus im Leben standen und die Anhänger des alten, aufgeklärten Despotenstaates waren, mußten Fichte als einen »politischen Neuerungssüchtigen« betrachten. Doch war es derartigen treuen Dienern des Staates unmöglich, die geistigen Impulse, wie sie in der Persönlichkeit Fichtes lebendig waren, auch nur zu ahnen.

Mit der Bezeichnung Fichtes als eines Demokraten waren außerdem Vorstellungen verbunden, die sich an politische Vorgänge knüpften, wie sie sich äußerlich in den Ereignissen der Französischen Revolution abgespielt haben. Die Verfechter des *alten Staatsgedankens* sahen in diesem Geschehen vor allem die nach Freiheit schreienden *Instinkte,* die die bisherige ihnen als allein möglich erscheinende Ordnung zu zerstören suchten. Staatsuntertanen, die von der Art des Fichteschen Erkenntnisstrebens keine innerlich lebendige Vorstellung hatten, die sich für Fichte deshalb noch im Tierzustande befanden, solange sie nicht zum Erleben ihres eigenen Wesens in freier Weise gekommen sind, mußten ihn darum als einen dem bestehenden Staate gefährlichen Neuerer erleben. Sie hatten lediglich ein instinktives Gefühl dafür, daß Fichte den Menschen, die ein Freiheitsgefühl in politischer Richtung auszuleben strebten, ein geistig geklärtes und gereinigtes Rüstzeug bot, das dem politischen Freiheitsstreben seiner Zeit die innere geistige Kraft und die notwendige moralische Steigerung zu wahrem Menschentum aufzuzeigen vermochte. Sie konnten ihre Meinung über Fichte als einem gefährlichen Neuerer als eine von ihm selbst geäußerte und offensichtlich bewiesene ansehen, wenn er sich, in einem wahrscheinlich aus dem Jahre 1795 stammenden Briefe, der an *Baggesen* gerichtet war, schreibt: »Mein System ist das erste System der Freiheit; wie jene Nation (die französische, wie Fichte weiter oben ausführt) von den äußeren Ketten der Menschen losreißt, reißt mein System ihn von den Fesseln der Dinge (?) an sich, des äußern Einflusses los und stellt ihn in seinem ersten Grundsatze als selbständiges Wesen hin.« Fichte verkündet die Mission des geistigen Menschen und dessen eingliederung in die Gemeinschaft aus der lebendigen Erkenntnis vom Wesen der in sich selbst begründeten Individualität. Die Bewußtseinshaltung Fichtes kann und konnte deshalb nur reaktionären Politikern und in traditionellen Anschauungen lebenden Bürgern als staatsgefährlich erscheinen. Im Zusammenhang mit dem Geschehen, wie es äußerlich an den Ereignissen der Französischen Revolution sichtbar wurde, suchte Fichte den Staat als Rechtsstaat aus einem wahren Menschentum, wodurch jedem Einzelnen sein Menschenrecht zuerkannt wurde, neu zu begründen. »Es ist in den Jahren, da sie mit äußerer Kraft die politische Freiheit erkämpften, durch innern Kampf mit sich selbst, mit allen eingewurzelten Vorurteilen entstanden; nicht ohne ihr Zutun; ihr valeur war, der mich noch höher stimmte, und jene Energie in mir entwickelte, die dazu gehörte, um dies zu fassen. Indem ich über die Revolution schrieb, kamen mir gleichsam zur Belohnung die ersten Winke (?) und (?) Ahnungen dieses Systems.« Im zusammenhang mit den Geschehnissen der französischen Revolution stellte auch Goethe seine Anschauung dar. In dem Fragment »Die Aufgeregten« will die Gräfin, eine Augenzeugin der französischen Revolution, inskünftig unbillige Handlungen streng vermeiden. »Zu keiner Ungerechtigkeit will ich mehr schweigen und wenn ich auch unter dem Namen einer Demokratin verschrien werden sollte?« Diese Ansicht stellte Goethe im Gespräch mit Eckermann im Jahre 1824 auch als seine eigene dar. So wird am Beispiel mit Goethe erkennbar, wie in jener Zeit eine Persönlichkeit auch dann als Demokrat bezeichnet wurde, wenn sie in souveräner Weise zu ihrer individuellen Gesinnung steht, ohne dabei ein Bekenntnis zu einer bestimmten empirischen Verfassung abzulegen. Weiterhin kann man erkennen wie Fichte an dem äußeren Geschehen, wie es sich historisch abwickelte, eine innere geistige

Metamorphose seines eigenen Wesens erlebte, das in ihm gleichzeitig ein geistiges Ideenwahrnehmungsvermögen entwickelte. Weil dieses Erkraften in einer geistig realen Ideenwelt uns bei Fichte in einem so hohen Maße entgegentritt, im Gegensatz zu Menschen, die sich in traditionellen Lebensformen bewegten; deshalb kann auch erkenntlich werden, wie andere Gesichtspunkte in den Äußerungen Fichtes gesehen werden konnten von Menschen, die sich nicht auf der Erkenntnisstufe einer zu geistiger Freiheit sich durchringenden Persönlichkeit befanden. Daraus wird ferner ersichtlich, daß auch im Bezug auf das Problem der individuellen geistigen Freiheit innerhalb der Gemeinschaft in seiner Bedeutung bei Fichte die verschiedensten Meinungen in seiner Zeit und auch heute vorliegen können, welche wohl die Ansichten jener Menschen widerspiegeln, aber nicht in wissenschaftlicher sachgemäßer Einsicht in das geistige Wesen der Fichteschen Persönlichkeit die Eigenart seiner Gedankenformen wahrzunehmen vermögen. Fichte verarbeitete innerlich die äußeren Ereignisse seiner Zeit auf seine geistige Weise, im Sinne seiner besonderen Aufgabe, die er in den Worten äußerte: »Auch aus meinen Arbeiten wird sich der Gang der künftigen Geschlechter, die Weltgeschichte der Nationen, die noch werden sollen, entwickeln. Ich bin dazu berufen, der Wahrheit Zeugnis zu geben; an meinem Leben und an meinen Schicksalen liegt nichts; an den Wirkungen meines Lebens liegt unendlich viel. Ich bin ein Priester der Wahrheit; ich bin in ihrem Solde.«

20. Claus Träger: **Fichte als jakobinischer Agitator**

Aus: C. Träger: Fichte als Agitator der Revolution. In: Wissen und Gewissen. Berlin 1962, S. 172–178 und 186–193.

[...]

Waren die deutschen bürgerlichen Ideologen in ihrer überwiegenden Mehrheit dem Trugschluß erlegen, die Frage der politischen Revolution in ein Problem der sittlichen Erziehung umwandeln zu können, so gab es doch eben auch andere, die den Schritt von der Proklamation der Vernunft zur Realisierung der Vernunft wagten.

Jedoch bedingte dieser Schritt eine Differenzierung des schriftstellerischen Charakters. Fand der Schriftsteller eine in Veränderung begriffene politische Wirklichkeit vor, so mußte er, um diese Veränderung voranzutreiben, seine Rolle ändern. Wenn sein Wort die Hirne derjenigen treffen sollte, die die Träger der realen Veränderung waren, dann änderte sich sein gesellschaftlicher Auftrag. Der politische Prozeß selber modifizierte seine soziale Funktion. Er war gezwungen, den Übergang zu vollziehen vom Theoretiker zum *Agitator*.

Das ist der Punkt, an welchem Fichte sich im Jahre 1793 als Schriftsteller befand. Die »Zurückforderung der Denkfreiheit von den Fürsten Europens« namentlich ist das vorzügliche Zeugnis eines allgemeinen literarischenProzesses und das erstaunliche Indiz für die potentionelle Wendung seines Autors von der philosophischen Theorie zur revolutionären Agitation.

Der intelligenteste Gegner der französischen Revolution unter den deutschen Schriftstellern, Friedrich Gentz, hat wiederholt zu deren Verteidigung durch (den damals lange noch mutmaßlichen) Fichte Stellung genommen. Leider nur zu dessen zweiter Schrift. Aber was Gentz zu sagen wußte, kann als symptomatisch ebensowohl, wenn nicht zum Teil in noch stärkerem Maße auf die »Zurückforderung« bezogen werden. In einer ungezeichneten Rezension der »Allgemeinen Literatur-Zeitung« tadelte er den Anspruch des – immerhin als bedeutenden Kopf respektierten – Autors, für Ungelehrte zu schreiben, obgleich keiner seine Diktion verstehe; an anderer Stelle hielt er es für »ein Glück, das seine – recht eigentlich *heillosen* – Sophistereyen nicht einmal einer kunstmäßigen Widerlegung bedürfen, weil sie schon dem gemeinen Verstand und den superficiellen Leser empören« müßten; und in seinem »Historischen Journal« gab Gentz schließlich der verzweifelten Hoffnung Ausdruck, daß, wenn das Buch womöglich »von dem tiefsinnigen Verfasser der *Wissenschaftslehre* herrührt«, es »längst vergessen seyn« möge, »wen der Ruhm, den ihm seine spätern Werke bereitet haben, seinen Namen in die fernsten Zeiten begleiten wird«.

Gentz' Argumente gegen die Revolutionspropaganda, soweit sie die Sache selber und weniger deren Äußerungsformen betrafen, waren unoriginell genug, um sich bis auf diesen Tag bei der Reaktion noch besonderer Beliebtheit erfreuen zu können. im gleichen Jahre, da Fichte seine erste Bekenntnisschrift veröffentlichte, sah Gentz sich, seinem Meister Edmund Burke folgend, zu der trübseligen Feststellung veranlaßt, daß »sich seit einigen Jahren in die politischen

Systeme, in die Denkungsart der Nationen, in die herrschende Literatur, und in alle Verhältnisse, welche das Innere des Menschen am nächsten berühren, eine Einseitigkeit von einer bisher ganz unbekannten Art eingefunden« habe, die »jeden freien Geistesschwung, indem sie ihn zu begünstigen scheint, den Untergang bereitet . . .« Und er war fortgefahren: ». . . wer Freiheit aufrichtig liebt, kann es nicht mit Gleichgültigkeit ansehen, daß unter ihrem lockenden Namen eine Geistessklaverei einreißen soll, die, wenn gleich mit einer glänzenden Außenseite, nach dem innern Weg beurteilt, um nichts besser ist, als die Barbarei der finstersten Jahrhunderte. . . . Alles soll forthin Ein Reich, Ein Volk, Ein Glaube und Eine Sprache sein. Statt mühsamer Regierungssysteme von Weisheit und Erfahrung langsam zusammengetragen, sollen ›Freiheit und Gleichheit‹ den Scepter der Welt in ihre Hände nehmen . . .«

Wie im einzelnen – was etwa der auch von Fichte gebrauchte Begriff der *Geistessklaverei* belegt – ist das Ganze nur eine demagogische Umkehrung der revolutionären Postulate, diktiert von der heute noch im Schwange befindlichen naiven Vorstellung der Unterdrücker jedes Freiheitswillens, daß man nur die Freiheit zur Unfreiheit zu erklären brauche, um selber für die Repräsentanten der Freiheit zu gelten. Und es kommt dabei nachgerade einer fatalen Selbstenthebung dieser Argumentation gleich, daß die finsterste Barbarei unseres Jahrhunderts gerade der hier den Jakobinern unterschobenen Absicht, nämlich ein Volk, ein Reich und einen Glauben oktroyieren zu wollen, sich als einer mystischen Formel für eine entgeistete und damit entmenschlichte Staatsraison bemächtigte.

Es konnte nicht fehlen, daß eine auf einem demagogischen Widerspruch basierende Argumentationsweise sich in neue Widersprüche verstrickte. Zuerst hielt es Gentz für angezeigt zu bemerken, daß Fichtes Schreibart kein Ungelehrter verstehe – womit er übrigens so unrecht nicht hatte. Sollte indessen seine eigene – gleichfalls nicht eben populäre – Diktion begriffen und der Inhalt geglaubt werden, so war es nötig, »einer kunstmäßigen Widerlegung« zu entraten und »schon den gemeinen Verstand« (der von Staatswegen nicht verstanden haben durfte, was Fichte geschrieben hatte) sich dagegen empören zu lassen. Und schließlich brauchte er nur, dem Autor und den Tatsachen zum Trotz, zwischen Staatsrechtslehre und »Wissenschaftslehre«, zwischen Politik und Wissenschaft eine Schranke zu dekretieren, um sich fortan in der leichtfertigen Hoffnung zu wiegen, hierdurch die urtümliche Überzeugung vom Gegenteil für alle Zukunft diskreditiert und den Herrschenden einen dankenswerten Dienst erwiesen zu haben. Was Fichte und seine bürgerliche gelehrte Nachwelt angeht, so hatte Gentz, wie sich bei näherem Zusehen herausstellt, mit dem letzten in der Tat eine methodische Tradition begründet.

Gentz war selber zu sehr Ideologe, um – wie etwa der alte Kästner – dem geschriebenen Wort nur nackte Ohnmacht gegenüber der Macht des Wirklichen zu bescheinigen. Im Gegenteil, nicht allein wie er mit Fichte verfuhr, sondern auch, daß er selber dem Weltgeschehen mit juristischen Deduktionen zuleibe zu rücken unternahm, dokumentiert den ausgesprochenen Willen, die Realität vom Gedanken her zu modeln: »... wenn gleich politische Schriften, die so manche Rebellion anzünden, nicht eine ausgelöscht haben: so ist doch die Hoffnung, durch sie auf den Nationalcharakter zu wirken, so lange als die Ruhe währt, eine erlaubte Hoffnung, und einer der edelsten Zwecke dieses Wirkens – Zufriedenheit mit dem gegenwärtigen Zustande zu unterhalten.«

Durch solche Sätze wird der Historiker immer wieder auf den Umstand hingewiesen, daß alles Denken seinen Sinn nur in der Hoffnung auf praktische Wirksamkeit zu erfüllen vermag und daß es darum in jedem Falle eines passiven Elements der Wirklichkeit bedarf, auf das es sich richtet. Auch dieses den Entscheidungen des materiellen Lebens scheinbar entsagende Denken sucht sich eine materiellen Grundlage zu versichern, um seinen Anspruch auf Realität geltend zu machen. Es geht dabei nicht so sehr um die idealistische Inkonsequenz dieses Autors, der die Revolution weitgehend für Werke der Literatur erklärt, indes er diese andererseits zur Entfesselung einer Konterrevolution für unfähig hält. Ungleich aufschlußreicher ist, daß er – wie wenig später die Historische Schule – in der als invariabel verstandenen Größe des Nationalcharakters den konservativen Faktor, eben das passive Element gefunden zu haben glaubt, in welchem sich der »gegenwärtige Zustand«, d. h. das Ancien régime konsolidieren sollte.

Vergleicht man nun unter diesem Aspekt durch ihre politische Position so weit voneinander entfernte Ideologen wie etwa Forster, Fichte und Gentz, so stellt sich heraus, daß gerade Fichte in jener Zeit am auffälligsten eine unmittelbare materielle Basis mangelte. Fichte erscheint gleichsam als Ideologe per excellence. Gerade *seinen* Argumenten in Hinsicht auf die bürgerliche Revolution fehlte in besonderem Maße ein gegenständliches Element der Wirklichkeit, auf das er seine rechtsphilosophischen Deduktionen hätte unvermittelt beziehen und gründen können. Von dieser Seite her verdeutlicht sich einigermaßen Fichtes ideologischen Position im Umkreis seiner gebildeten deutschen Zeitgenossen, denen die französische Revolution eine geistige Entscheidung aufnötigte.

Die drei genannten gleichen einander als Denker darin, daß sie alle am Ende in dem ihnen angestammten Bereich der idealistischen Begrifflichkeit verharren. Alle handeln sie in dieser oder jener Abwandlung über ein Grundverhältnis: über Beziehungen von *innerer* und *äußerer Freiheit,* von Gedankenfreiheit und politischer Freiheit. Wie immer dabei die Akzente gesetzt sind, die Frage geht jedesmal ins Zentrum jener epochalen Entscheidung, die der junge Marx schließlich aus der Höhe der Spekulation in die Sphäre des Handelns, aus dem Reiche des Gedankens in die Welt der Geschichte versetzt hat. Mit der konsequenten Historisierung dieser Frage kam ein ideologischer Prozeß zum Abschluß: Politische und geistige oder bürgerliche und menschliche Befreiung waren nun keine spekulativen Kategorien mehr, sondern der abstrakte Ausdruck für zwei aufeinanderfolgende Etappen der Menschheitsgeschichte. Die strittigen Antinomien waren historisch-dialektische Kategorien verwandelt.

Allerdings ist diese theoretische Tat nur zu verstehen, wenn man sie nicht allein als einen Anfang, sondern auch als ein Ende versteht: als das Ende eines jahrhundertelangen Prozesses, der in seiner letzten und bedeutsamsten Phase durch den Weg von Kant zu Hegel repräsentiert ist. Auf diesem Wege lagen aber nicht nur die Entscheidungen der deutschen jakobinischen Demokraten und Georg Forsters; hier fand auch die Entscheidung Johann Gottlieb Fichtes statt. Hatte freilich Forster in der Praxis der Revolution selber die materielle Grundlage der Erkenntnis gefunden, daß nur die »äußere«, die politische Freiheit die Bedingung der »inneren«, der Denk- und Gewissensfreiheit sein kann, so sah sich Fichte gezwungen, von den aussichtslosen Voraussetzungen der ihn umgebenden feudalabsolutistischen Verhältnisse abstrahierend und sie übergreifend, die Emanzipation des Gedankens zu identifizieren. –

Wenn in diesem Zusammenhang von den individuellen Entscheidungsmöglichkeiten Fichtes und seiner Zeitgenossen gesprochen wird, so schränkt sich bei näherem Zusehen der Kreis der im eigentlichen Sinne Betroffenen bald auf eine ganz bestimmte Generation. Keiner von ihnen war im Jahre 1792 jünger als dreißig, keiner älter als vierzig. Die obere Grenze verkörpert unter diesem Gesichtspunkt der Präsident der Mainzer Nationalversammlung Andreas Josef Hofmann, die untere Fichte. Zieht man zu diesem Vergleich noch die leitenden Köpfe der Revolution in Frankreich mit Einschluß ihrer aus dem Volke stammenden militärischen Führer heran, so dürfte sich das Durchschnittsalter noch zugunsten der Jüngeren verschieben. Es ist stets die Reaktion, die von der erfahrenen Weisheit des Alters die Erhaltung der bestehenden Machtverhältnisse zu erhoffen genötigt ist und der eine politische Jugend schon den Beginn einer Revolution bedeutet. Jede Revolution hat das Generationsproblem zugleich als ein Klassenproblem und ihre Kaderfrage zugleich als eine Klassenfrage zu lösen.

Aber damit nicht genug. Es handelt sich hier vor allem um eine auf der geistigen Höhe der Zeit stehende Intelligenz, in den Lebensjahren der intensivsten Schaffenskraft und fähig, ihre Vordenker beim Wort zu nehmen: alt genug, um die Forderung des Tages zu kennen, und jung genug, um an ihre eigene Sendung zu glauben. Diese jungen Gelehrten standen auf den Schultern der Aufklärer und fühlten sich als deren Testamentsvollstrecker. Sie waren so oder so durch die Schule gegangen, deren Häupter Montesquieu, Voltaire, Diderot oder Rousseau geheißen haben. Und sie hatten nicht zuletzt auch die konkrete Wahrheit über eine verfallende Gesellschaft durch den ideologischen Schleier der Kantschen Vernunftskritik erfahren. Insofern finden die Worte des noch aus dem Bildungserlebnis eben dieser gedanklichen Tradition heraus urteilenden jungen Marx, nämlich daß »Kants Philosophie mit Recht als die deutsche Theorie der französischen Revolution zu betrachten« sei, ihre rückläufige Bestätigung in den exemplarischen Lebensläufen solcher Ideologen und Demokraten wie Anton Josef Dorsch, Felix Anton Blau, Georg Wilhelm Böhmer, Friedrich Butenschön – und schließlich auch Johann Gottlieb Fichte.

[. . .]

Unter diesem Betracht erweist sich Fichtes frühere politische Publizistik im Entscheidungsjahr 1793 nachgerade als ein exemplarischer Entscheidungsfall des frühbürgerlichen Bewußtseins, seines Widerspruchs zwischen seinen weit vorgreifenden humanen Intentionen und seinen politisch-ideologischen Grenzen. Fichtes Eigentümlichkeit indessen besteht darin, daß er durch den Versuch eines subjektiven Eingriffs in das unmittelbare politische Leben der ihn umgebenden Gesellschaft als *Schriftsteller*, ohne freilich den

Denkkreis des Idealismus zu verlassen und damit den Widerspruch mit der Wirklichkeit aufzuheben, den objektiv existierenden Zwiespalt auf ein Mindestmaß verengte.

Wenn die Theorie sich »in einem Volk immer nur soweit verwirklicht, als sie die Verwirklichung seiner Bedürfnisse ist«, so ist dann jeweils zugleich die Frage gestellt, inwieweit das Bewußtsein *praktischer* Bedürfnisse bereits in den Köpfen besteht. »Es genügt nicht, daß der Gedanke zur Verwirklichung drängt, die Wirklichkeit muß sich selbst zum Gedanken drängen.« War immerhin diese Bedingung im Deutschland des Jahres 1793 generell nicht erfüllt, so war es nichtsdestoweniger eine Aufgabe der Theorie, die bürgerliche Klasse über ihre Bedürfnisse aufzuklären. Jede theoretische Aufklärung aber mußte, um sich wenigstens *als Aufklärung* zu realisieren, die Fragen der gesellschaftlichen Praxis aufgreifen. Es war sinnlos, über Freiheit zu reden, ohne zu sagen, *wovon* es sich zu befreien galt. Es war sinnlos, über Menschenrechte zu handeln, ohne zu bekennen, *wodurch* man sie gewinnt. Jeder theoretische Begriff forderte schon grammatikalisch eine erläuternde Präposition, um vor dem praktischen Sinn derer zu bestehen, die er anging. So trug das gesellschaftliche Anliegen den Autor über seine theoretische Natur hinaus. Indem er das Wort ergriff, hatte er sich Gesetzen zu unterwerfen, die nicht von ihm, sondern von denjenigen durch ihr praktisches Leben vorgeschrieben wurden, an die er es richtete.

Diese Gesetze bestimmten auch Sprache und Stil. Sei verwandelten unter den Händen des Autors Beweise in Forderungen und Vernunftschlüsse in Aufrufe. Sie verwandelten den Autor selber in einen Tribunen und seine Schreibe in Rede. So wurde die unmittelbare *An-Rede* der Betroffenen zum allerwärts angewandten sprachlich-stilistischen Mittel, sich des direkten Einflusses auf die erregten Gemüter, aber noch nicht aufgeklärten Köpfe zu versichern. Hierin unterscheidet sich Fichtes »Zurückforderung der Denkfreiheit« nicht im mindesten von einer beliebigen Klubrede aus Straßburg oder Mainz. Wenn Fichte darin »nur dem ununterrichteten Publikum«, dem er nichtsdestoweniger »durch seine starke Stimme Einfluß genug auf das allgemeine Urteil« zutraute, »einige dahin schlagende Ideen mit einiger Wärme ans Herz zu legen« unternahm, so hatte er damit im Kern ein Literaturprogramm, das *Programm einer frühen Parteiliteratur formuliert.* Nichts anderes, als für den bisher unterdrückten gemeinen Mann den abstrakten Ideen der Revolution die lebendige Konkretheit von Gefühlswerten zu verleihen, haben zur gleichen Zeit etwa die Mainzer Jakobiner mit ihren Reden und Schriften erstrebt.

An welche entscheidende Lebensfrage dieser besonderen Gattung einer propagandistisch-agitatorischen Revolutionsliteratur damit gerührt ist, mag daraus ermessen werden, daß etwa Georg Wedekind eine der ersten »Anreden«, die in der Mainzer Gesellschaft der Volksfreunde überhaupt gehalten wurden, mit einem Hymnus an den »Allmächtigen«, die »Urquelle alles Lebens« und »aller Kräfte« begann. Aber damit nicht genug. Schon in einer Vorrede, die er der Publikation seiner nächsten Reden voranstellte, rechtfertigte er mit den gleichen Wendungen wie Fichte vor der gelehrten Mitwelt seine »populäre« Schreibart, die er indessen zu lernen suche, weil er »sonst wenig nützen würde«. Und schließlich fühlte er sich am Ende zudem genötigt, den möglichen Eindruck zu zerstreuen, daß etwa die »Wärme« oder das »wilde Feuer«, wozu ihn der Gegenstand fortgerissen haben könnte, dazu angelegt gewesen wären, zu »imponieren« oder »vorzuschreiben«; denn »nur allein die Vernunft« müsse vorschreiben.

Hatte der zeitweilige Präsident des Mainzer Jakobinerklubs seine erste gedruckte Anrede unter das Thema »Aufklärung« gestellt, so ist Aufklärung der erstgenannte tragende Begriff in Fichtes Vorrede. Fichte war nicht naiv genug anzunehmen, daß ausgerechnet »ein gewisser, großer Staat«, von dem man wußte, wie in ihm den vorgetragenen Sätzen »geradezu entgegengehandelt« werde, seine Ehre darein setzen könnte, durch die erdenklichste Zuvorkommenheit bezüglich Druck und Verbreitung der vorgelegten Schrift sein dauernd proklamiertes aufgeklärtes Wesen unter Beweis zu stellen. Fichte wußte sehr genau, daß er nicht aus bloß »schriftstellerischen Gründen« anonym geblieben war, wiewohl er es vorgab. Und es war purer Hohn, beiläufig den »wahrheitsliebenden Herrn Cranz« zur Widerlegung aufzufordern, wenn der Verfasser in Hinsicht auf die lauteren Absichten eben dieses Staats im Irtum gewesen sein sollte.

Kurzum, Fichte dürfte sich wohl keinem Zweifel darüber hingegeben haben, wieweit der Aufklärungswille der deutschen Fürsten ging: daß er gemeinhin an den Pforten ihrer Höfe endete. In Berlin wurde ganz anderen Tonarten das allerhöchste Placet gewährt. Schon drei Jahre zuvor hatte der »wahrheitsliebende Herr Cranz« ein »Wort der Beherzigung an die Fürsten und Herren Deutschlands« gerichtet und mannhaft bekannt, daß »in dem allen, was die modische Aufklärung unterm Volke verbreitet«, »viel wahres« sein möge. Indessen, er war fortgefahren: ». . . aber auch das ist wahr, daß, indem der gemeine Mann darüber aufgeklärt werden soll, er sein nützliches Werk darüber liegen läßt, . . . ihn aber Grillen und Spekulationen in den Kopf gesetzt werden, denen er nicht gewachsen ist, die unverdaut in ihm gähren und ihm alle Disposition geben, beim ersten Aufruf, seine Werkstätte, Haus und Hof zu verlassen, und für Menschenfreiheit und Menschenrechte alles aufzuopfern – Unterthanenpflichten, mäßiges Bürgerglück, häußlichen Wohlstand und – das höchste Staatengut, die allgemeine Ruhe, unter deren Schatten ein jeder sicher wohnen, und in Frieden zu seinen Vätern fahren kann, wenn die Natur ruft.«

Doch was man hier noch eine törichte Form von Zynismus nennen könnte, nahm bei demselben Cranz zwei Jahre später in einer anonymen Schrift, die er provokant »mit deutscher Freiheit« druckte, den Charakter offener Denunziation an: »In den Händen gefährlicher Schwärmer, unmoralischer Schriftsteller, gleißender Religionsfeinde, Störer der allgemeinen Ruhe, Aufwiegler und Volksverführer wurde die Buchdruckerkunst zu einer Büchse der Pandora . . .; und das nie mehr als jetzt, . . . da die zahlreiche Schriftsteller-Classe, die unter der Maske von Aufklärung, von Menschenfreiheit und Menschenrechten, die auf Deformation aller bisherigen Verfassungen, auf Staats- und Religions-Umwälzungen abzwecken, sich eine Art von Monopol zu verschaffen gewußt, und sich auf gewisse Weise in Possession gesetzt hat, das Wort allein zu führen, und keinen aufkommen lassen, der es wagt, . . . vor Gefahr zu warnen, und Systheme zu vertheidigen, bei welchen die Menschheit, im Ganzen genommen, sich so lange wohl, ruhig und glücklich befunden hat.«

Das also verbarg sich den Speichelleckern der Fürsten hinter dem Worte Aufklärung. Und nicht zu Unrecht. Insofern war die Reaktion zu allen Zeiten hellhöriger als die Humanisten bonae voluntatis, die eine Revolution ohne Revolution suchten. Während jene ein künftiges Zusammentreffen von theoretischen und praktischen Bedürfnissen, von Aufklärung und revolutionärer Situation antizipierte, die ihrer Herrschaft ein Ende setzen würde, fehlte diesen zumeist die Erfahrung einer revolutionären Wirklichkeit, um durch ihre Illusionen hindurch zu einem vergleichbar realistischen Weltverhältnis vorzustoßen. Das bloß ideologische Wesen des bürgerlichen Humanismus war von je die Quelle seiner Ohnmacht vor den bewaffneten Argumenten der Reaktion.

Nicht daß Fichte im Anblick der Revolution das menschliche Los bejammert hätte. Sein zutiefst männlicher Charakter ist stets gerühmt worden. Dennoch vermochte er nicht den Schafspelz einer abstrakten Humanität abzuwerfen. Er vermochte sich nicht von den Gedanken zu trennen, daß es einen *gewagten* und einen *sichern* Weg zur Freiheit gebe: den Weg der »gewaltsamen Revolution«, an dessen Ende die Menschheit entweder den Sieg oder aber noch »größeres Elend« zu gewärtigen habe, und den Weg eines »allmählichen Fortschreitens zur größeren Aufklärung und mit ihr zur Verbesserung der Staatsverfassung«. Es unterliegt keinem Zweifel, daß Fichte den zweiten Weg für den menschlicheren hielt. Aufklärung statt Revolution, umgehen dieses »Wagestück der Menschheit«, statt es angehen – das war und blieb seine These; und er konnte nur davor warnen, durch Hemmnisse im »Fortgang des menschlichen Geistes« jenen Zustand herbeizuführen, dessen furchtbare Vision er dem Leser nicht vorzuenthalten gesonnen war: »der zurückgehaltene Gang der Natur bricht gewaltsam durch und vernichtet alles, was ihm im Wege steht, die Menschheit rächt sich auf das grausamste an ihren Unterdrückern, Revolutionen werden notwendig.«

Bei der Feststellung der Bewußtseinsgrenze zu halten, die sich hierin bekundet, bedeutet, sich mit einer halben Wahrheit bescheiden. Sie ist nur das Indiz eines viel tiefer reichenden, objektiv existierenden und geschichtlich bedingten Widerspruchs: des Widerspruchs zwischen den tatsächlichen Vorgängen und den begrenzten Möglichkeiten der geschichtlichen Erkenntnis. Namentlich die deutschen Gesellschaftstheoretiker jener Epoche, auch die faktischen Revolutionäre, wußten die *Revolution* nur als *Naturereignis* zu begreifen – so Forster, so Fichte. Sie vermochten das Element der Bewußtheit nur auf die friedliche Aufklärung, nicht auf den bewaffneten Aufstand anzuwenden. Sie waren umgekehrt außerstande, das Element der Spontaneität als Frage der bewußten Erziehung zur und durch die Revolution aufzuheben. Kurz, sie waren noch nicht in der Lage, die revolutionäre Umwälzung als dialektisches Problem der Beziehungen zwischen den spezifischen Gesetzen der gesellschaftlichen Wirklichkeit und den Gesetzen des Denkens überhaupt zu fassen. Bei allen Annäherungen der theoretischen Vernunft an die menschliche Praxis blieb die Grenze erhalten, bis sich diese Praxis im geschichtlichen Sinne selber so weit verwandelt hatte, daß die Vernunft die Gesetze der Wirklichkeit widerzuspiegeln gezwungen war, um nicht in die Irre zu gehen und einem unmenschlichen Chaos das Wort zu reden. Aber das geschah erst ein halbes Jahrhundert später.

Die Publizistik der Mainzer Jakobiner und die der Revolutionsfreunde im übrigen Deutschland miteinander vergleichend, macht in der Tat der unvoreingenommene Beurteiler eine verblüffende Beobachtung. Stehen zwei Autoren, jeweils eine der beiden Gruppen vertretend, vor der Frage, über die Aufklärung des Bürgers zu handeln, so stellt sich heraus, daß sie nicht durch den Inhalt der Sache, sondern nur durch die Form, in der sie die Sache zu realisieren suchen, unterscheidbar sind. Wenn Fichte den Sinn der Aufklärung auf die Einforderung und Verwirklichung der Denkfreiheit reduzierte und Georg Wedekind in seiner Rede darunter »die vernünftige Erkenntniß aller derjenigen Dinge« verstand, »welche ohne Rücksicht auf unsern besondern Beruf, oder Metier, zu unserer Glückseeligkeit unentbehrlich sind«, so liegt der Grund des Unterschieds nicht in dem größern Abstraktionsvermögen des Philosophen, sondern in der schieren Möglichkeit des andern, auf einer bereits politisch umgewandelten gesellschaftlichen Basis die Frage konkreter stellen zu können – und schließlich auch der Notwendigkeit, sie konkreter stellen zu müssen.

Der Jakobiner in Mainz gab bereits eine Anleitung zum Handeln. Fichte konnte vorerst nur eine Anleitung zum Denken geben. Wedekind sprach schon vom Erwerb der nötigen Fertigkeiten (Haushaltung, Hygiene) und der unerläßlichen Kenntnisse (Menschenrechte, Landesgesetze, Naturlehre, Erdkunde und Geschichte), indes der Denker noch das Recht auf Aufklärung den Fürsten abzutrotzen hatte. Während dort die »Glückseligkeit« eine praktische Aufgabe zu werden begann, lag Fichte immer noch im Streit mit »jenem ersten Vorurteile . . ., daß es die Bestimmung des Fürsten sei, für unsere Glückseligkeit zu wachen«. Wo der Landesfürst verjagt war, war die Frage nach seinem Geschäft zunächst gegenstandslos geworden.

Aber Mainz war, was die politisch unreife, in rückständiger Zunftideologie befangene und unorganisierte Masse seiner plebejischen Bevölkerung betrifft, so wenig zu einer Revolution aus eigener Kraft befähigt gewesen wie die übrigen Länder des Reiches auch. So beruht der ganze Unterschied schließlich – wenn man so will – auf einem historischen Zufall. Es war der Zufall der Eroberung eines deutschen Landes durch die Revolutionsarmeen der Franzosen, aus welchem die Differenz zu den propagandistischen Methoden der anderen revolutionären Köpfe Deutschlands folgte. Die Theorie *als Theorie* blieb davon *vorderhand* in ihrem Wesen unbetroffen.

Doch ein Zweites ist zu bedenken. Indem Fichte, der abstrakte

Denker, den Zustand des Reichs und die Entwürdigung des Menschen zum Schlachtvieh der Fürsten, bis in die Wahl der sprachlichen Topoi, der Epitheta, Gleichnisse und Metaphern hinein, mit denselben literarischen Mitteln wie die jakobinischen Publizisten – und oft mit noch größerer Schärfe als diese – bis zum Grunde entlarvte, so ging er damit bereits über den Kreis hinaus, den er sich selber abgesteckt hatte. Hier wurde der Verteidiger der Denkfreiheit zum Agitator der Revolution. Die Reaktion hatte Sinn für Nuancen. Ihr ist diese Wende nicht entgangen. Sie hat nie aufgehört, Fichte zu verfolgen. Und wo sie ihn nicht zum Schweigen zwingen konnte, hat sie ihn gefürchtet. Von seinem ersten Auftreten an war ihr Fichte mit Recht unheimlich gewesen.

[. . .]

21. Manfred Buhr / Gerd Irrlitz: **Bürgerliches Revolutionsdenken im Licht des Marxismus**

Aus: M. Buhr und G. Irrlitz: Der Anspruch der Vernunft. Die klassische bürgerliche deutsche Philosophie als theoretische Quelle des Marxismus. Teil I. Berlin 1968, S. 86–93.

[. . .]

In der Tat: In der Philosophie Fichtes wird die Geschichte zum Ort der Bewährung des Subjekts. Das bedeutet *im* und *als* Prinzip einen Erkenntnisfortschritt, dessen ganze Tragweite erst vom »Manifest der Kommunistischen Partei«, von der Begründung der welthistorischen Rolle des Proletariats durch Marx und Engels her begriffen werden kann.

In allen Lagen ist das praktisch handeln sollende autonome Subjekt der Ausgangspunkt Fichtescher Reflexion. So auch im »Beitrag« und in der im gleichen Jahre erschienenen Schrift »Zurückforderung der Denkfreiheit von den Fürsten Europas, die sie bisher unterdrückten«. Claus Träger hat den Fichte dieser Schriften zum »Agitator der Revolution« erklärt. Mit Recht, wie wir meinen, und wie es eine auf den historischen Prozeß bezogene Analyse erhellt. Für Fichte gilt im besonderen Maße, was von Kant und der gesamten klassischen bürgerlichen deutschen Philosophie gesagt wurde: sein bzw. ihr Denken kann nicht nur von der erkenntnistheoretischen Fragestellung aus angegangen werden, weil es der gesellschaftlich-historischen Grundproblematik, dem Übergang vom Feudalismus zum Kapitalismus im Deutschland der Zeit, verbunden ist, aus ihm hervorgeht, zu ihm hinführt und schließlich auf ihn abzielt.

Nirgends ist dieser Sachverhalt deutlicher und vor allem unmittelbarer als in Fichtes Schriften zur Französischen Revolution. Im »Beitrag« gibt Fichte mehr als nur eine »Berichtigung der Urteile des Publikums über die Französische Revolution«. Er verteidigt die Französische Revolution als ureigenstes Anliegen des Menschen und der gesamten Menschheit. Mehr noch: Am Gegenstand der revolutionären Umwälzung in Frankreich demonstriert er eine allgemeine Methodologie der Geschichte, in der die unbeschränkte Aktivität des Subjekts (des Menschen) die zentrale Stelle einnimmt – eine Aktivität, die – nach Fichte – in der Französischen Revolution völlig gesetzmäßig und auch rechtmäßig zum freien revolutionären Handeln des Menschen geworden ist.

Fichte behandelt zunächst die Frage nach der Rechtmäßigkeit revolutionären Handelns eines Volkes. Diese ist für ihn identisch mit der Frage nach der Freiheit des Menschen. »Hat ein Volk überhaupt ein Recht, seine Staatsverfassung willkürlich abzuändern?« In dieser bestimmten Form stellt Fichte nicht nur eine rechtsphilosophische Grundfrage, sondern die entscheidende Frage seiner Philosophie. Ihre positive Beantwortung ist in seiner Bestimmung des Subjekts als eines autonom handelnden enthalten: Staatsverfassungen können nicht nur, sondern *müssen* abgeändert werden, wenn sie mit der Freiheit des Menschen kollidieren.

An dieser Antwort Fichtes sind zwei Momente hervorzuheben, die seiner gesamten Philosophie auf diese oder jene Weise eigen sind. Das erste Moment ist sein abstrakt-rationalistisches – und damit ahistorisches (»historisch« im Sinne eines entwicklungsgeschichtlichen Denkens) – Herangehen an die Frage der Rechtmäßigkeit der Revolution. Das zweite Moment, mit dem ersten eng zusammenhängend, ist das Problem das sich ergibt, wenn nach der Realisierung der von Fichte vorausgesetzten überhistorischen (bei ihm: transzendentalen) Gesetze der Geschichte gefragt wird. Doch dieses Problem umgeht Fichte mehr oder weniger geflissentlich.

Fichte nimmt mit Konsequenz die Frage der Rechtmäßigkeit der Revolution aus dem Bereich möglicher historischer Begründung heraus. Er dekretiert: »Die Frage vom Recht gehört gar nicht vor den Richterstuhl der Geschichte.« Für dieses Vorgehen führt er wenig überzeugende Argumente ins Feld: Wie kann etwas historisch begründet und gerechtfertigt werden, was durch die Revolution erst in Existenz gesetzt werden soll bzw. gesetzt worden ist. Oder: Die geschichtlichen Rechtsweisheiten unterliegen dem Wandel der Zeit usw. Fichte gestaltet dabei die Ablehnung des historischen Beurteilungsprinzips in der Frage der Rechtmäßigkeit der Revolution zur Ablehnung jedes Empirismus in Fragen der Geschichte aus. Das durch die Geschichte empirisch Gegebene ist für ihn das Zufällige. Im Reich des Zufalls aber ist kein fester Grund. Es ist ein Vorzug des gesunden Menschenverstands, sich ans Empirische, das heißt: ans Gegebene, ans geschichtlich Überlieferte zu halten. Doch der gesunde Menschenverstand ist unfähig, auch nur eine Rechtsfrage zu entscheiden. Denn dieser hat »ebensowohl seine Moden . . . als unsere Fracks oder unsere Frisuren«, fügt Fichte ironisch hinzu.

Fichte offenbart sofort, *wie* er seine Argumentation verstanden wissen will, nämlich sozialkritisch: »Wir hielten vor zwanzig Jahren unausgepreßte Gurken für ungesund und halten heutzutage ausgepreßte für ungesund, aus eben den Gründen, aus welchen bis jetzt noch die meisten unter uns meinen, ein Mensch könne *Herr* eines anderen Menschen sein – ein Bürger könne durch die Geburt auf Vorzüge von seinen Mitbürgern ein *Recht* bekommen – ein Fürst sei bestimmt, seine Untertanen *glücklich* zu machen.« Und so – fährt Fichte fort – versuche man, dem gesunden Menschenverstand eines »ungebildeten Besitzers von Leibeigenen . . . oder einem ungebildeten Altadeligen den . . . Satz zu entreißen»: Ein Mensch kann nicht durch Geburt rechtens Herr über einen anderen Menschen sein – es geht nicht, auch nicht durch die Anführung einwandfreiester Beweise. Denn dieser Satz ist »wider *seinen* gesunden Menschenverstand«.

Fichtes ahistorische Begründung des Rechts auf Revolution, auf freies geschichtliches Handeln des Menschen ist zunächst den Naturrechtskonstruktionen und dem Geschichtsdenken der Aufklärung verbunden. Doch das erklärt sein Vorgehen nur zum Teil, nur vom Gedankenmaterial her. Hinzu kommt, daß es Fichte im rückständigen Deutschland nicht darum gehen konnte, bestimmte staatsrechtliche Ansprüche einer entwickelten bürgerlichen Klasse zu formulieren. Eine solche gab es im Deutschland der Zeit nicht. Fichte schrieb nicht in einem Lande, in dem konkrete Forderungen, die die Totalität der politischen Organisation der Gesellschaft betreffen, anstanden. Sein ahistorisches Vorgehen resultiert dergestalt aus der ihn umgebenden gesellschaftlichen Realität. Diese bedingt die *spekulative Höhe*, in der Fichte aktuelle gesellschaftlich-soziale Probleme behandelt. Diese bedingt aber ebenso die *theoretische Grundsätzlichkeit*, mit der Fichte diese Probleme analysiert und ihre Lösung anstrebt. Das hat zur Folge, daß Fichte die *Tätigkeit des Subjekts* nur als solche diskutiert und nicht im unmittelbaren Zusammenhang mit dem Prozeß der Verwirklichung politischer Forderungen der progressiven Bourgeoisie; woraus sich zwangsläufig ergibt, daß Fichte das Recht auf Revolution als Frage der Möglichkeit freien geschichtlichen Handelns des Menschen überhaupt stellt und nicht als Problem der deutschen politischen Wirklichkeit.

Wir haben hier einen jener zahlreichen Fälle der Philosophie Fichtes, in denen Konsequenz und Inkonsequenz ineinander übergehen. Das ist zweifellos eine auffällige Unbestimmtheit dieser sonst so bestimmt formulierten Philosophie. Doch ebenso zweifellos ist darin ein Schritt vorwärts in der Analyse der Bedingungen der menschlichen Aktivität innerhalb des Geschichtsprozesses und ihrer methodischen Aspekte enthalten.

Fichte begründet dergestalt das Recht des Menschen auf freies geschichtliches Handeln durch die grundsätzliche Möglichkeit solchen Handelns. Diese Grundsätzlichkeit kann er aber nicht am empirisch konkreten Individuum aufweisen. Fichte scheidet deshalb streng den »durch Erfahrung, durch sinnlichen Zusatz gebildeten Menschen« von dem »ursprünglichen, reinen Menschen«, dessen reine Form nur als »ursprüngliche Form unseres Ich« festgehalten werden kann. Gerade um eine methodisch völlig geschlossene Theorie der Freiheit des Menschen geben zu können, nimmt Fichte zu einer spekulativen Begründung dieser Theorie Zuflucht. Um der völlig unbedingten Begründung des geschichtlichen Handelns des Menschen willen führt er die Untersuchung a priori, nicht a posteriori. Die Kantsche transzendentale Methode erhält von Fichte dabei bewußt eine sozial- und zeitkritische Ausgestaltung. Wie nach Kant der Weg, auf dem die Erfahrung beurteilt wird, *vor* aller Erfahrung, in der Vernunft selber liegt, so ist es für Fichte ebenfalls die Vernunft, die Ordnung in das Chaos geschichtlicher Erfahrungen und Maximen bringen kann. Insofern schmilzt für Fichte die Denkweise des Empirikers mit der des Reaktionärs zusammen. Die Eigenschaft, spekulativer Denker zu sein, wird bei ihm zum Synonym des revolutionären Denkers, weil dieser den Menschen als freies Wesen nimmt.

Die Bestimmung der Freiheit fällt für Fichte ganz mit der Subjektivität zusammen. Er kennt keinerlei Differenz zwischen dem *Ich*-Sein und dem *Frei*-Sein. Die Wurzel dieser schärferen Fassung des Freiheitsbegriffs kommt in Fichtes Revolutionsschrift als das Bestreben zum Vorschein, eine durch nichts relativierbare Begründung des geschichtlichen Handelns des Menschen zu geben.

Die Prämisse des reinen Ich gibt Fichte die Möglichkeit, das unbedingt freie Handeln des Menschen systematisch als das Bestimmen des äußeren Objekts durch das Subjekts darzustellen. Nichts soll Bestand haben, was sein Dasein nur dem Zufall der Existenz, seines bloßen *Seins* verdankt. Alles empirisch Existierende hat nur Bestand, wenn es vom Subjekt *erzeugt* ist. Aus diesem Grunde bestimmt Fichte den Begriff der Kultur konsequent als »Übung aller Kräfte auf den Zweck der völligen Freiheit, der völligen Unabhängigkeit von allem, was nicht wir selbst, unser reines Selbst ist«.

Fichtes Begriff des reinen Ich erweist sich derart als das Programm der uneingeschränkten Aneignung der dem Menschen entäußerten Welt. Fichte hat es nicht schwer, der reaktionären feudalen Gegenpartei, die auf historische Begründung pocht, Belege dafür beizubringen, daß die Verfassungen der bestehenden Staaten nicht dem Anspruch der Vernunft genügen, sondern, im Gegenteil, das Werk des blinden Zufalls sind. Doch aus dem reinen Ich folgt für Fichte nicht nur die Forderung der Übereinstimmung des Menschen mit sich selber, sondern, damit dieses überhaupt möglich ist, auch die Forderung der »Übereinstimmung aller Dinge außer ihm mit seinen notwendigen praktischen Begriffen von ihnen, – den Begriffen, welche bestimmen, wie sie sein *sollen* . . .«. Es ist der Gedanke einer Revolution alles Äußeren, positiv Gegebenen durch den seiner selbst bewußten Menschen, den Fichte hier vorträgt.

In diesem Zusammenhang diskutiert Fichte den aus der Aufklärung (Rousseau) auf ihn überkommenen Gedanken der Entäußerung. Die Problematik der Entäußerung und Wiederaneignung spezifischer veräußerlicher Rechte im »Gesellschaftsvertrag« schürzt sich bei ihm zum Problem der Aufhebung der entäußerten Wirklichkeit überhaupt in der autonomen Tätigkeit des Subjekts zusammen. Dadurch erzielt Fichte ein grundsätzliches methodisches Ergebnis. Die entäußerten Beziehungen von Mensch und sozialer Umwelt werden auf dem allgemeineren Boden der Dialektik von Subjekt und Objekt behandelt. Das ist ein für die weitere Entwicklung der dialektischen Methode innerhalb der klassischen bürgerlichen deutschen Philosophie entscheidender Vorgang: alle Beziehung des Subjekts zur Wirklichkeit ist für Fichte subjektive Umgestaltung des Realen, Subjektivierung der Realität und als solche Aneignung der Realität durch das Subjekt. Es bedarf keines Hinweises, daß diese Gedanken Fichtes zum dialektischen Arbeitsbegriff hinführen.

Fichtes Darstellung der Einheit von Ich und Realität als Prozeß der Übereinstimmung der Realität mit den praktischen Begriffen des Ich zeigt, wie aus der Beschäftigung mit den von der Französischen Revolution aufgeworfenen geschichtsphilosophischen Fragen ein weiteres Grundprinzip der Wissenschaftslehre entsteht. Ein Jahr nach dem Erscheinen des »Beitrags« verallgemeinert Fichte den Gedanken, daß das Sein des Menschen innerhalb seiner gesellschaftlichen Lebensbedingungen *sein* Tätigsein zur Realisierung *seiner* Freiheit darstellt. Es heißt dann: »Aller Realität Quelle ist das Ich. Erst durch und mit dem Ich ist der Begriff der Realität gegeben. Aber das Ich *ist*, weil es *sich setzt*, und *setzt sich*, weil es *ist*. Demnach sind *Sich-Setzen*, und *Sein* Eins und ebendasselbe. Aber der Begriff des *Sich-Setzens* und der *Tätigkeit* überhaupt sind wieder Eins und ebendasselbe. Also – alle Realität ist *tätig*; und alles *Tätige* ist Realität.«

Die Betrachtung des »Beitrags« unterstreicht also erneut, daß die Wissenschaftslehre tatsächlich nur aus Fichtes Stellungnahme zur Französischen Revolution zu verstehen ist. Fichtes Fortschritte in der Fassung der dialektischen Methode sind in der Auseinandersetzung mit der weltgeschichtlichen revolutionären Umwälzung des letzten Jahrzehnts des 18. Jahrhunderts entstanden.

Bei aller logischen Schärfe der Argumentation ist nicht zu übersehen, daß Fichte der nachträglichen Wiederverbindung des mit viel Mühe vom empirischen Ich geschiedenen reinen Ich mit eben diesem wirklichen Individuum nicht die gleiche Aufmerksamkeit schenkt wie deren Trennung. Fichte versucht keinen Übergang von der »reinen Form des Ich« zu »jedem Einzelnen«. Sein revolutionäres Pathos überspielt das Problem dieses Übergangs beinahe ganz. Daraus resultiert unter anderem das Schwanken Fichtes bei der Entscheidung, ob dem einzelnen Individuum oder dem Volk, wenn es eine Gesamtheit ist, das Recht auf Revolution indiziert werden soll. Die Antwort auf die Frage, ob »ein Volk das Recht auf Revolution« habe, erfolgt theoretisch nicht eindeutig in der gleichen Form.

Die Trennung des reinen Ich vom empirischen Menschen läuft bei Fichte auf die strenge Scheidung zwischen einer transzendentalen Sphäre, die der Vernunft überhaupt zugehört, und einer empirisch-realen hinaus. Damit stellt sich das Problem, wie und wodurch gewährleistet werden kann, daß die Gesetze der transzendentalen Welt in der empirisch-realen zur Herrschaft gelangen können.

Für die bisherige Geschichte liegt die Lösung dieses Problems nahe. Kant hatte sie angegeben. Das transzendentale Gesetz der Geschichte ist nach Kant ein regulatives, kein konstitutives. Die Geschichte ist – unabhängig von ihrem empirisch-realen Verlauf – so zu denken, als ob sie dem Gesetz der Freiheit unterliege. Auch Fichte deutet eine solche Lösung an. Er gibt aber auch sofort zu erkennen, daß in Rücksicht auf den zukünftigen Einschlag des Transzendentalen in die politisch-reale Sphäre der Begriff des Regulativen nicht genügt. Fichte versucht aber andererseits auch keine ernsthafte Vermittlung. Er verweist lediglich auf die Unendlichkeit des menschlichen Fortschritts. Bei dem sonst nur streng deduzierenden Denker treten plötzlich Versicherungen in den Vordergrund. Ganz wird die Menschheit der Würde der Idee der Freiheit niemals entsprechen. Doch »sie soll, sie wird, sie muß diesem Ziele immer näher kommen«.

Es ist ein leeres Sollen und als solches ein bloßes Müssen, eben keine begriffene objektive historische Notwendigkeit, was Fichte in einer tiefen Antinomie mit der über alles hinausgehobenen reinen Handlung des Ich befangen sein läßt. Hinsichtlich jener Menschen, die die transzendentalen Gesetze zur Unausführbarkeit verurteilen, gerät Fichte denn auch aufs Poltern, und die objektive Macht seines Sittengesetzes bleibt im Trotz des spekulativen Denkers stecken, der die Menschheit anherrscht: »Der Mensch *kann,* was er *soll;* und wenn er sagt: ich *kann* nicht, so *will* er nicht.«

Wenn Fichte auch keine Vermittlung zwischen transzendentaler und empirisch-realer Welt gelingt – gelingen kann, so gibt er doch eine bedeutsame praktische Anwendung der transzendentalen Gesetze, indem er sie als demokratische Forderungen expliziert. Fichtes politische und soziale Auffassungen sind stark beeinflußt vom demokratischen Flügel der französischen Aufklärung sowie den revolutionär-demokratischen Ideen, die das Gesicht der letzten Phase der Französischen Revolution prägten. Fichtes entschieden demokratische Gedanken stellen, wenn man sie in ihrer vor allem an Rousseau angelehnten eigenständigen geschichtsphilosophischen Begründung nimmt, eine Art realistische Nebenlinie seiner sonst so spekulativen Philosophie dar. Diese Nebenlinie ist der Anfangspunkt jener Verbindung von deutschen und französischen geschichtsphilosophischen Traditionen, die Marx und Engels in den vierziger Jahren des 19. Jahrhunderts vollziehen werden.

Fichte vertritt nicht nur die traditionsreiche demokratische These der klassischen bürgerlichen Philosophie, daß der Fortschritt der Menschheit im fortschreitenden Wissen aller Menschen und der darauf beruhenden Erweiterung ihrer »Geschicklichkeiten« und »Künste« begründet liegt. Er behandelt nicht nur das große Problem der sozialen Harmonie auf die etwa für Helvétius und Condoreet typische Weise, nämlich als das der universellen Entfaltung aller natürlichen Anlagen dr Menschheit durch harmonisches Aufblühen aller nützlichen Berufe. Fichte entwickelt in diesem Zusammenhang unter Beiseiteschiebung der Grundthese seiner Philosophie, daß die Sinnlichkeit zu nichts anderem bestimmt sei als dazu, bezähmt und in Fesseln geschlagen zu werden, die realistische Auffassung einer Entwicklung der Menschheit, deren Triebkräfte ihre materiellen Bedürfnisse sind. Diese führen zu einem Arbeitsprozeß, in dem der Mensch die Natur unterwirft und sich dienstbar macht. Das Bedürfnis ist »Antrieb zur Tätigkeit«. Durch die Entwicklung der Bedürfnisse beginnt der Mensch, die Natur zu bearbeiten und macht sich aus einem Naturprodukt zu einem freien vernünftigen Wesen. Das ist ein Gedankengang, den Fichte von Rousseau übernommen hat und der ein bemerkenswertes und auch merkwürdiges realistisches Pendant zur spekulativen Fassung der Tätigkeit des reinen Ich ist. Über die Wurzel des realistischen Aspekts seines Denkens gibt Fichte selbst Aufschluß; dort nämlich, wo er seine ursprüngliche Rechtsphilosophie und Sittenlehre in direkte politische und soziale Forderungen einmünden läßt.

Im Zentrum der politischen und sozialen Forderungen Fichtes steht die der Gleichheit. Das ist diejenige Forderung, die in der revolutionär-demokratischen Phase der Französischen Revolution hinsichtlich ihrer revolutionären Sprengkraft die Losungsworte »Freiheit« und »Brüderlichkeit« überrundet hatte. Wie im realen Prozeß der Revolution, wo die juristische Freiheit sich zur Forderung nach materieller Gleichheit hindurchgeläutert hatte, so erweist sich Fichtes philosophische Deduktion der Freiheit, da wo sie praktisch genommen wird, als die Forderung einer sehr realen Gleichheit: des durch Arbeit erworbenen Eigentums. Fichte bleibt nicht beim liberalen Programm einer juristischen Gleichheit des Citoyen stehen, ihn interessiert allein die materielle Gleichheit des Homme. Diese hat der Staat herbeizuführen und zu erhalten. »Eine dem menschlichen Körper zuträgliche Nahrung in der zur Ersetzung der Kräfte nötigen

Quantität, eine nach Verhältnis des Klimas gesunde Kleidung und feste und gesunde Wohnung muß jeder haben, der arbeitet: das ist Grundsatz.«

Mit durchaus praktischem Verständnis für die komplizierte Klassenkampfsituation während der revolutionär-demokratischen Phase der Französischen Revolution legt Fichte den Akzent der Freiheitsforderung, die er als soziale Gleichheit versteht, auf das Recht auf Arbeit. Es ist also nicht die großbürgerliche Behauptung der arbeitenden Nation gegen die beiden müßigen Stände, die mit Sieyès' »Was ist der dritte Stand« (1789) am Anfang der Französischen Revolution gestanden hatte. Fichte stellt die Gleichheitsfrage in revolutionär-demokratischer Richtung. Der Großgrundbesitz ist aufzuheben, der Bauernstand von der Leibeigenschaft, von den Frondiensten, von den Trift- und Hütungsrechten der Herren zu befreien. Jedem ist Arbeit bei annähernd gleichem Eigentum zu garantieren. Fichte erkennt in den Kämpfen der Französischen Revolution einen wesentlich differenzierteren Klassengegensatz als nur den von Adel und Nation. Insofern hat Fichte an den Ursprüngen einer Tendenz teil, die schon am Ende der Französischen Revolution die ganze Problematik des freien Staatsbürgers unter dem Gesichtspunkt des Gegensatzes von Bourgeois und Ouvrier neu aufrollte – einer Tendenz, die in Frankreich sehr rasch zum Babouvismus führte, in Deutschland dagegen erst in den kommunistischen Bestrebungen der dreißiger Jahre des 19. Jahrhunderts zum Tragen kam.

In dem bewußt gewollten sozialkritischen Aspekt des Denkens Fichtes liegt ein weiteres Moment seines Hinausgehens über Kant beschlossen. Fichtes praktische Vernunft hat nicht nur, wie die Kants, sittlichen Charakter, sondern sittlichen *und* gesellschaftlichen zugleich, besser: gesellschaftlich-sittlichen. Indem sich das Subjekt bei Fichte in der Geschichte zu bewähren hat, ist es in die Gesellschaft hineingestellt, kann es erst in der Gesellschaft und durch sie zur vollen Entfaltung kommen: »Jeder soll absolute Übereinstimmung mit sich selbst außer sich, in allen, die für ihn da sind, hervorbringen, denn nur unter Bedingung dieser Übereinstimmung ist er selbst frei und unabhängig. Also – zuvörderst, jeder soll in der Gesellschaft leben, und in ihr bleiben, denn außerdem könnte er keine Übereinstimmung mit sich hervorbringen, welches ihm doch absolut geboten ist. Wer sich absondert, der gibt seinen Zweck auf; und die Verbreitung der Moralität ist ihm ganz gleichgültig. Wer nur für sich selbst sorgen will, in moralischer Rücksicht, der sorgt auch nicht einmal für sich, denn es soll sein Endzweck sein, für das ganze Menschengeschlecht zu sorgen. Seine Tugend ist keine Tugend, sondern etwa ein knechtischer lohnsüchtiger Egoismus.« Und weiter: »Es ist uns nicht aufgetragen, Gesellschaft zu suchen und selbst hervorzubringen . . . Nur durch Handeln, nicht durch Schwärmen – nur durch Handeln in und für die Gesellschaft, tut man ihr Genüge.«

Der durch die Tätigkeit des Ich ausgelöste und zu vollziehende Prozeß beschreibt nach Fichte gleichsam einen Kreis, dessen Ausgang und Ende zwar das Subjekt ist, dessen Inhalt aber die vom Subjekt zu gestaltende Geschichte und Gesellschaft sind.

[. . .]

Quellennachweis

Walter Grab: »Die Deutschen Jakobiner«. In: Deutsche revolutionäre Demokraten I. Herausgegeben und eingeleitet von Walter Grab. Tübingen 1971. S. XIX–XXIX.
[Mit freundlicher Genehmigung der J. B. Metzlersche Verlagsbuchhandlung, Stuttgart.]
Reinhard Strecker: »Die Anfänge von Fichtes Staatsphilosophie«. Leipzig 1916. S. 66–70.
[Mit freundlicher Genehmigung des Felix Meiner Verlag, Hamburg.]
Heinrich Rickert: »Die philosophischen Grundlagen von Fichtes Sozialismus«. In: Logos, XI. 1923. S. 154–159.
[Mit freundlicher Genehmigung des Verlages J. C. B. Mohr (Paul Siebeck), Tübingen.]
Max Wundt: »Fichte«. Stuttgart 1927. S. 152–155. [Mit freundlicher Genehmigung des Verlages Friedrich Frommann, Stuttgart.]
Claus Träger: »Fichte als Agitator der Revolution«. In: Wissen und Gewissen. Berlin 1962. S. 172–178, S. 186–193. [Mit freundlicher Genehmigung des Akademie-Verlag, Berlin(Ost).]
Manfred Buhr / Gerd Irrlitz: »Der Anspruch der Vernunft. Die klassische bürgerliche deutsche Philosophie als theoretische Quelle des Marxismus«. Teil I. Berlin 1968. S. 86–93. [Mit freundlicher Genehmigung des Akademie-Verlag, Berlin (Ost).]

Ausgewählte Bibliographie

I. Werke Fichtes

A. Erstausgaben

1. zu Fichtes Lebzeiten

Versuch einer Critik aller Offenbarung. Königsberg 1792 (anonym) (2. verm. u. verb. Aufl. 1793).
Zurückforderung der Denkfreiheit von den Fürsten Europens, die sie bisher unterdrückten. Eine Rede. – Heliopolis, im letzten Jahre der alten Finsterniß. (1793, o.O. u. J.; anonym).
Beitrag zur Berichtigung der Urtheile des Publikums über die französische Revolution. 1793 (o.O.; anonym).
Über den Begriff der Wissenschaftslehre oder der sogenannten Philosophie. Weimar 1794 (2. verm. u. verb. Aufl. Jena u. Leipzig 1798).
Grundlage der gesammten Wissenschaftslehre als Handschrift für seine Zuhörer. Leipzig 1794.
Einige Vorlesungen über die Bestimmung des Gelehrten. Jena/Leipzig 1794.
Grundriß des Eigenthümlichen der Wissenschaftslehre in Rücksicht auf das theoretische Vermögen als Handschrift für seine Zuhörer. Jena und Leipzig 1795.
Grundlage des Naturrechts nach Principien der Wissenschaftslehre. Jena und Leipzig 1796.
Grundlage des Naturrechts nach Principien der Wissenschaftslehre. Zweiter Theil oder Angewandtes Naturrecht. Jena und Leipzig 1797.
Das System der Sittenlehre nach den Principien der Wissenschaftslehre. Jena und Leipzig 1798.
Die Bestimmung des Menschen, Berlin 1800.
Der geschloßne Handelsstaat. Ein philosophischer Entwurf als Anhang zur Rechtslehr, und Probe einer künftig zu liefernden Politik. Tübingen 1800.
Sonnenklarer Bericht an das größere Publikum über das eigentliche Wesen der neuesten Philosophie. Ein Versuch, die Leser zum Verstehen zu zwingen. Berlin 1801.
Die Grundzüge des gegenwärtigen Zeitalters. Berlin 1806.
Über das Wesen des Gelehrten, und seine Erscheinungen im Gebiete der Freiheit. Berlin 1806.
Die Anweisung zum seeligen Leben, oder auch die Religionslehre. Berlin 1806.
Über Machiavelli, als Schriftsteller, und Stellen aus seinen Schriften. In: ›Vesta. Für Freunde der Wissenschaft und Kunst‹, hrsg. von Ferdinand Frh. von Schroetter und Max von Schenkendorf. Erster Band. Junius. Königsberg 1807.

Reden an die deutsche Nation. Berlin 1808.
Die Wissenschaftslehre, in ihrem allgemeinen Umrisse dargestellt. Berlin 1810.
Über die einzig mögliche Störung der akademischen Freiheit. Berlin 1812.

2. posthum veröffentlicht:

Das System der Sittenlehre. Vorgetragen 1812. (Erstmals gedruckt in Band III der von I. H. Fichte herausgegebenen Nachgelassenen Werke, Bonn 1835).
Über das Verhältnis der Logik zur Philosophie oder transzendentale Logik. Vorlesungen 1812. (Erstmals gedruckt in Band I der von I. H. Fichte herausgegebenen Nachgelassenen Werke, Bonn 1834).
Die Staatslehre, oder über das Verhältnis des Urstaates zum Vernunftreiche. Vorlesungen 1813 (erstmals erschienen Berlin 1820).

B. Gesammelte Werke

Johann Gottlieb Fichte's sämtliche Werke. Herausgegeben von I. H. Fichte. 8 Bde. Berlin 1845/46 (Nachdruck Berlin 1965).
Johann Gottlieb Fichte's Nachgelassene Werke. Herausgegeben von I. H. Fichte. 3 Bde. Bonn 1834–35. (Auch mit Vortitel: Sämtliche Werke Band 9, 10, 11) (Nachdruck Berlin 1965).
Diese von Fichtes Sohn veranstaltete Edition ist zwar in ihren beiden Teilen die bisher vollständigste Ausgabe von Texten, genügt aber keineswegs textkritischen Ansprüchen.
Johann Gottlieb Fichte: Ausgewählte Werke. Herausgegeben von Fritz Medicus. 6 Bde. Leipzig 1910/12 (Nachdruck Darmstadt 1962).
Diese Ausgabe gibt im Gegensatz zu der älteren Edition von I. H. Fichte die Texte weit sorgfältiger wieder, schließt jedoch die Revolutionsschriften nicht in die Auswahl ein.
Johann Gottlieb Fichte, Gesamtausgabe der Bayerischen Akademie der Wissenschaften. Herausgegeben von R. Lauth und H. Jacob. Stuttgart-Bad Cannstatt 1962 ff.
Von dieser ersten kritischen Gesamtausgabe, die auf 26 Bände berechnet ist, sind bisher vier Bände erschienen.

C. Briefe

J. G. Fichte, Briefwechsel. Kritische Gesamtausgabe. Gesammelt und herausgegeben von Hans Schulz. 2 Bde., Leipzig 1930.

D. *Einzelausgaben*

Grundlage der gesamten Wissenschaftslehre (1794). Herausgegeben von Fritz Medicus, Hamburg 1961 (PhB 246).

Wissenschaftslehre (1804). Herausgegeben von Wolfgang Janke, Frankfurt 1966.

Grundzüge des gegenwärtigen Zeitalters (1806). Herausgegeben von Fritz Medicus, Hamburg 1956 (PhB 247).

Erste und zweite Einleitung in die Wissenschaftslehre. Mit Anhang: Versuch einer neuen Darstellung der Wissenschaftslehre (1797). Herausgegeben von Fritz Medicus, Hamburg 1967 (PhB 239).

Die Bestimmung des Menschen (1800). Mit Geleitwort von Eduard Spranger, Hamburg 1962 (PhB 226).

Die Anweisung zum seeligen Leben (1806). Herausgegeben von Fritz Medicus, Hamburg 1954 (PhB 234).

Reden an die deutsche Nation (1808). Herausgegeben von Fritz Medicus; mit einer Anleitung von Alwin Diemer, Hamburg 1955 (PhB 204).

Grundlage des Naturrechts nach Prinzipien der Wissenschaftslehre (1796). Mit Einleitung und Register von Manfred Zahn, Hamburg 1967 (PhB 256; 2. verb. Aufl.).

Das System der Sittenlehre (1798); mit Einleitung und Register von Manfred Zahn, Hamburg 1963 (PhB 257).

II. Schriften über Fichte

A. *Selbständige Veröffentlichungen*

Adamson, Robert, Fichte, Edinburg 1881.

Adler, Max, Wegweiser, Studien zur Geistesgeschichte des Sozialismus, Leipzig 1914.

Bauch, Bruno, Fichte und der deutsche Staatsgedanke (Vortrag), Langensalza 1925.

Becher, Walter, Platon und Fichte: Die Königliche Erziehungskunst. Eine vergleichende Darstellung auf philosophischer und soziologischer Grundlage, Jena 1937.

Beisenbruch, F., Fichtes Begriff der sittlichen Selbständigkeit, Diss., Erlangen 1953.

Bergner, Dieter, Neue Bemerkungen zu J. G. Fichte. Fichtes Stellungnahme zur nationalen Frage, Berlin 1956.

Boucher, Maurice, Le sentiment national en Allemagne, Paris 1947.

Brunner, H., Die Wirtschaftsphilosophie Fichtes, Nürnberg 1935.

Bucher, Rudolf, Staat und Kirche in der Philosophie J. G. Fichtes, Diss. Tübingen 1952.

* *Buhr, Manfred,* Revolution und Philosophie. Die ursprüngliche Philo-

sophie J. G. Fichtes und die Französische Revolution, Berlin 1965.
Buhr widmet den bisher stets vernachlässigten Revolutionsschriften Fichtes seine Aufmerksamkeit, so dessen revolutionären Ansatz – freilich aus marxistischer Sicht – herausstellend.

Cauer, Friedrich, Fichte – Menschheitsgedanken und Vaterlandsliebe, Leipzig 1930.

Döring, Waldemar Oskar, Fichte. Der Mann und sein Werk. Neue Auflage, Hamburg 1947.

Ehrenberg, Hans, Disputation. Drei Bücher vom deutschen Idealismus. Bd. I: Fichte, München 1923.

Eisner, K., Fichte, Berlin 1914.

Engelbrecht, H. C., Johann Gottlieb Fichte. A Study of his Political Writings with special Reference to his Nationalism, New York 1933.

Fester, Richard, Rousseau und die deutsche Geschichtsphilosophie, Stuttgart 1890.

Fischer, Kuno, Fichtes Leben, Lehre und Werke, 3. Aufl., Hamburg 1900.

Freyer, Hans, Über Fichtes Machiavelli-Aufsatz, Leipzig 1936.

Gebhardt, Der demokratische Gedanke bei J. G. Fichte, Zürich, Leipzig, Stuttgart 1933.

Gehlen, Arnold, Deutschtum und Christentum bei Fichte, Berlin 1935.

Gelpcke, Ernst, Fichte und die Gedankenwelt des Sturm und Drang, Leipzig 1928.

Gueroult, Martial, L'evolution et la structure de la Doctrine de la Science chez Fichte, Strasbourg 1930.

Gurwitsch, Georg, Fichtes System der konkreten Ethik, Tübingen 1924.

Hartmann, Nicolai, Die Philosophie des deutschen Idealismus, Teil I: Fichte, Schelling und die Romantik, Berlin 1923.

Hatzelmann, E., Der Ansatz der Dialektik bei J. G. Fichte, Diss., München 1954.

Haymann, Franz, Weltbürgertum und Vaterlandsliebe in der Staatslehre Rousseaus und Fichtes, Berlin 1924.

Heimsoeth, Heinz, Fichte, München 1923.

Kroner, Richard, Von Kant bis Hegel, Tübingen 1921/24.

Kroner, Richard, Der soziale und nationale Gedanke bei Fichte, Freiburg und Leipzig 1920.

Larenz, Karl, Rechts- und Staatsphilosophie des deutschen Idealismus. In: Handb. d. Phil. Abt. IV. D., München/Berlin 1933.

Lask, Emil, Fichtes Idealismus und die Geschichte, Tübingen, Leipzig 1902 (abgedruckt auch in Bd. I von: Lask, Gesammelte Schriften, Tübingen 1923).

Lassalle, Ferdinand, Fichtes politisches Vermächtnis und die neueste Gegenwart. Ein Brief. Hamburg 1860 (wieder abgedruckt in: Lassalle, Gesammelte Reden und Schriften, herausgegeben von Eduard Bernstein, Band 6, Berlin 1919).

Lassalle, Ferdinand, Die Philosophie Fichtes und die Bedeutung des deutschen Volksgeistes. Festrede. Berlin 1862 (wieder abgedruckt in: Lassalle, Gesammelte Reden und Schriften, herausgegeben von Eduard Bernstein, Band 6, Berlin 1919).

Lasson, Adolf, Fichte im Verhältnis zu Kirche und Staat, Berlin 1863.

Leibholz, Gerhard, Fichte und der demokratische Gedanke, Karlsruhe (1921).

* *Léon, Xavier,* Fichte et son temps, Paris 1914 (Neudruck 1954).
Dieses dreibändige Werk ist wegen der Fülle der Hinweise auf biographische und geistige Beziehungen Fichtes auch heute noch unentbehrlich.

Léon, Xavier, La Philosophie de Fichte, Paris 1902.

Lessing, Kurt, Rehberg und die Französische Revolution, Freiburg 1910.

Lindau, Hans, Joh. Gottl. Fichtes Lehren von Staat und Gesellschaft in ihren Verhältnissen zum neueren Sozialismus, Leipzig 1899.

Lindau, Hans, Fichte und der neuere Sozialismus, Berlin 1900.

Lösch, Richard, Die Theologie der Lehre Fichtes von Staat und Nation, Michelstadt 1957 (Diss. Erlangen).

Lübbe, Hermann, Politische Philosophie in Deutschland, Basel u. Stuttgart 1963.

* *Medicus, Fritz,* Fichtes Leben, Leipzig 1913.
Medicus Fichte-Biographie vernachlässigt zwar den revolutionären Fichte, bleibt aber wichtig und lesenswert. Hervorzuheben ist Medicus abgewogene Darstellung etwa der Auseinandersetzung Fichtes mit Schelling.

Mehnert, Helmut, J. G. Fichte und die Bedeutung der nationalen Frage in seinem Werk, Diss., Dresden 1955.

Meinecke, Friedrich, Weltbürgertum und Nationalstaat, 7. Aufl., München und Berlin 1928.

Messer, August, Fichte. Seine Persönlichkeit und seine Philosophie, Leipzig 1920.

Messer, August, Fichtes Leben und Philosophieren, Leipzig 1926.

* *Metzger, Wilhelm,* Gesellschaft, Recht und Staat in der Ethik des Deutschen Idealismus, Heidelberg 1917.
Der in diesem Buch Fichte gewidmete Abschnitt ist eine der ersten zusammenhängenden Darstellungen von Fichtes politischem Denken an Hand moderner Kategorien.

Österreich, Heinrich, Freiheitsidee und Rechtsbegriff in der Philosophie von J. G. Fichte, Stadtroda 1935 (Diss. Göttingen).

Pohl, Karl, Fichtes Bildungslehre in seinen Schriften über die Bestimmung des Gelehrten. Meisenhain 1966 (Beihefte zur Zeitschrift f. phil. Forschung, 16).

Reiss, Hans, Politisches Denken in der deutschen Romantik, Bern/München 1966.

Ritzel, Wolfgang, Fichtes Religionsphilosophie, Stuttgart 1956.

Schelsky, Helmut, Theorie der Gemeinschaft nach Fichtes ›Naturrecht‹ von 1796, Berlin 1935.

Schenkel, Ernst, Individualität und Gemeinschaft. Der demokratische Gedanke bei J. G. Fichte. Zürich, Leipzig, Stuttgart 1933.

Schmalz, Theodor, Reines Naturrecht, Königsberg 1791.

Schneider, Fritz, J. G. Fichte als Sozialpolitiker, Halle 1894.

Schneider, Reinhold, Fichte. Der Weg zur Nation, München 1932.

Scholz, H., J. G. Fichtes Staatssozialismus, Diss., Köln 1955.

Schottky, Richard, Untersuchungen zur Geschichte der staatsphilosophischen Vertragstheorie im 17. und 18. Jahrhundert, Diss., München 1963.

Schulz, W., J. G. Fichte, Vernunft und Freiheit, Pfullingen 1962.

Stahl, Friedrich Julius, Philosophie des Rechts nach geschichtl. Ansicht, Bd. I. Geschichte der Rechtsphilosophie, Hamburg 1830. (Nachdruck der 5. Aufl. 1878: Hildesheim 1963.)

Strecker, Reinhard, Die Anfänge von Fichtes Staatsphilosophie, Leipzig 1916.

Talmon, J. L., Die Geschichte der totalitären Demokratie, Band 2: Politischer Messianismus – Die romantische Phase (S. 152–174), Köln und Opladen 1963.

Thönen, P., Fichte und die deutsche Einheitsbewegung (Gedenkrede), Leipzig 1914.

Toenniès, Die Entwicklung der sozialen Frage bis zum Weltkrieg, Berlin und Leipzig 1926.

Torretti, Roberto, Der systematische Aufbau des politischen Denkens Fichtes, Diss., Freiburg 1954.

Trautwein, Karl, Über Ferdinand Lassalle und sein Verhältnis zur Fichteschen Sozialphilosophie, Jena 1913.

Treitschke, Heinrich von, Fichte und die nationale Idee, Leipzig 1862.

Turnbull, G. H., The eductional Theory of Fichte, London 1920.

Vaughan, Charles E., Studies in the History of Political Philosophy, 2 Vol., 2. Aufl. New York 1960.

Vlachos, Georges, Féderalisme et raison d'état dans la pensée internationale de Fichte, Paris 1948.

Vorländer, Karl, Kant, Fichte, Hegel und der Sozialismus, Berlin 1920.

Wagner, W., Die preußischen Reformer und die zeitgenössische Philosophie, Köln 1956.

* *Wallner, Nico,* Fichte als politischer Denker, Halle 1926.
Diese verdienstvolle Arbeit ist ausgezeichnet durch Geschlossenheit der Darstellung und eindringliches Herausarbeiten der spezifischen Probleme. Sie leidet unter inadäquater Behandlung des frühen Fichte.

Walz, Gustav Adolf, Die Staatsidee des Rationalismus und der Romantik und die Staatsphilosophie Fichtes, Berlin 1928.

Weber, Marianne, Fichtes Sozialismus und sein Verhältnis zur Marxschen Doktrin, Tübingen 1900.

Weischedel, Wilhelm, Der Aufbruch der Freiheit zur Gemeinschaft, Studien zur Philosophie des jungen Fichte. Leipzig 1939.

* *Willms, Bernard,* Die totale Freiheit – Fichtes politische Philosophie, Köln und Opladen 1967.
In dieser Monographie sind die Ansätze der Interpretation Fichtes, die in der Einleitung dieses Bandes angedeutet sind, weiter ausgeführt und auf das politische Denken des mittleren und späten Fichte ausgedehnt.

Windelband, Wilhelm, Fichtes Idee des deutschen Staates, Rede, o.O. 1890, (Nachdruck, Tübingen 1921).

* Wissen und Gewissen. Berlin 1962.
Diese von M. Buhr herausgegebene Sammlung neuerer Fichte-Studien enthält unter anderem die in diesem Zusammenhang besonders interessierende Arbeit von Träger (s. d.).

Wundt, Max, Fichte, Stuttgart 1927.

Wundt, Max, Fichte-Forschungen, Stuttgart 1929.

B. Einzelstudien in Zeitschriften und Sammelwerken

Baumgartner, H. M., Nachlese zum Fichte-Jahr 1962, in: Phil. Jahrb. d. Görresgesellschaft, Jg. 71, 1964, S. 435 ff.

Deku, H., Rot und Braun, in: Festschrift für E. Voegelin, München 1962, S. 105 ff.

Fetscher, I., Artikel »Fichte, Johann Gottlieb«, in: Handwörterbuch der Sozialwissenschaften, Bd. III, Stuttgart, Tübingen, Göttingen 1961.

Gehlen, Arnold, Über die Geburt der Freiheit aus der Entfremdung, in: Archiv f. Rechts- u. Sozialphil. XI, 1952/53, S. 338 ff.

Gurwitsch, G., Kant und Fichte als Rousseau-Interpreten, in: Kantstudien XXVII, 1922, S. 138 ff.

Hammacher, K., Comment Fichte accède à l'histoire, in: Archives d. Phil., Tome XXV, Cah. III–IV, 1962, S. 388 ff.

Heimsoeth, Heinz, J. G. Fichtes Aufschließung der gesellschaftlich-geschichtlichen Welt, in: Studie e Ricerche di Storia della filosofia, Torino 1962.

Lauth, Reinhard, Die Bedeutung der Fichteschen Philosophie für die Gegenwart, in: Phil. Jahrb. d. Görresges., Bd. 70, 1962/63, S. 252 ff.

Lauth, Reinhard, J. G. Fichtes Gesamtidee der Philosophie, in: Phil. Jahrb. d. Görresges., Bd. 71, 1964.

Lauth, Reinhard, Le Problème de l'Interpersonnalité chez J. G. Fichte, in: Archives de Phil., Tome XXV. Cah. III/IV, 1962, S. 325 ff.

Reiss, H., Fichte als pol. Denker, Archiv f. Rechts- u. Sozialphil., XLVIII, 1962, S. 163 ff.

Rickert, Heinrich, Die allgemeinen Grundlagen der Politik Fichtes, in: Z. f. Deutsche Kulturphil., Bd. 4, 1938, S. 1 ff.

Rickert, Heinrich, Die philosophischen Grundlagen von Fichtes Sozialismus, in: Logos XI, 1923, S. 149 ff.

Schmoller, Gustav, Johann Gottlieb Fichte, in: Jahrbücher für Nationalökonomie und Statistik, Jg. 1865 (wieder abgedruckt in den Gesammelten

Aufsätzen ›Zur Literaturgeschichte der Staats- und Sozialwissenschaften‹, Leipzig 1888).
Träger, Claus, Fichte als Agitator der Revolution, in: ›Wissen und Gewissen‹, Berlin 1962.

Michail Bakunin

Staatlichkeit und Anarchie und andere Schriften

Herausgegeben und
eingeleitet von
Horst Stuke

Ullstein Buch 2846

ein Ullstein Buch

Aus dem Inhalt:
Horst Stuke: Vorwort und Einleitung · Michail Bakunin: Werke (1866–1871)
Der Sozialismus; Die Prinzipien der Revolution; Beiträge zur Genfer Zeitung »Egalité«; Das Knutogermanische Kaiserreich und die soziale Revolution; Drei Vorträge vor den Arbeitern des Tals von St. Imier im Schweizer Jura u. a.
Staatlichkeit und Anarchie (1873; erstmals aus dem Russischen übersetzt) · Briefe (1847–1875), u. a. an Herzen, Marx, Ogarjow) · Bibliographie

Georg Wilhelm Friedrich Hegel

Phänomenologie des Geistes

Mit einem Nachwort von Georg Lukács

Ullstein Buch 2762

ein Ullstein Buch

Aus dem Inhalt:
Text der Erstausgabe (1870) mit den Varianten der »Werke« (1832/1841) und der Ausgabe von Johannes Hoffmeister (1952, 6. Auflage). Nachwort von Georg Lukács. Hegels Selbstanzeige. Rezensionen von Karl Joseph Windischmann und Karl Friedrich Bachmann. Texte von Karl Marx und Rudolf Haym. Bibliographie. Vergleichendes Inhaltsverzeichnis der wichtigsten Ausgaben.

Georg Wilhelm Friedrich Hegel

Grundlinien der Philosophie des Rechts oder Naturrecht und Staatswissenschaft im Grundrisse

Herausgegeben und eingeleitet von Helmut Reichelt

Ullstein Buch 2929

ein Ullstein Buch

Dieser Band enthält den Text nach der Erstausgabe von 1821 mit den Varianten der Ausgaben von Eduard Gans, Johannes Hoffmeister und Eva Moldenhauer/Karl Markus Michel; Hegels mündliche Zusätze anhand von Vorlesungsnachschriften und eigenhändigen Aufzeichnungen; Hegels eigenhändige Notizen in seinem Handexemplar; Texte zur Rezeptions- und Wirkungsgeschichte.

Heinrich Heine

Beiträge zur deutschen Ideologie

Mit einer Einleitung
von Hans Mayer

Ullstein Buch 2822

ein Ullstein Buch

Aus dem Inhalt:
Zur Geschichte der Religion und Philosophie in Deutschland (1834)
Die romantische Schule (1832 bis 1835)
Der Schwabenspiegel (1838)
Ludwig Börne: Eine Denkschrift (1839)
Einleitung zu »Kahldorf über den Adel in Briefen an den Grafen M. von Moltke« (1831)
Zeitgenössische Rezensionen und Stellungnahmen.

Karl Marx

Das Kapital

Kritik der
politischen Ökonomie

ein Ullstein Buch

Band I:
Der Produktionsprozeß
des Kapitals
Mit einem Geleitwort
von Karl Korsch
Ullstein Buch 2806

Band II:
Der Zirkulationsprozeß
des Kapitals
Mit einer Leseanleitung
von Rudolf Hickel
Ullstein Buch 2805

Band III:
Der Gesamtprozeß der
kapitalistischen Produktion
Mit einem Nachwort
von Harald Gerfin und
Rudolf Hickel
Ullstein Buch 2807

Anton Semjonowitsch Makarenko

Ein pädagogisches Poem »Der Weg ins Leben«

Mit einer Einführung von Oskar Anweiler

Ullstein Buch 2871

ein Ullstein Buch

A. S. Makarenkos »Pädagogisches Poem« – 1925–35 entstanden und auch unter dem Titel »Der Weg ins Leben« veröffentlicht – zählt zu den klassischen Werken sozialistischer Pädagogik. Makarenko wurde 1920 beauftragt, die Organisation eines Jugend-Kollektivs für Rechtsverletzer aufzubauen. In romanhafter Form wird berichtet, wie das Kollektiv entsteht, wie die Prinzipien herausgearbeitet werden, wie durch menschlichen Zusammenhalt die Gruppenmitglieder aus ihrer chaotischen Wirklichkeit herauswachsen.

Franz Mehring

Die Lessing-Legende

Ullstein Buch 2854

Inhalt:
Rainer Gruenter: Einleitung. Franz Mehring: Die Lessing-Legende (Text nach der 2. Auflage mit den Varianten des Erstdruckes in der »Neuen Zeit« und der Erstausgabe). Anhang: Über den historischen Materialismus. Texte zur Wirkungsgeschichte von Franz Mehring, Friedrich Engels, August Sauer, Paul Ernst, Ferdinand Lassalle, Paul Rilla und Georg Lukács. Bibliographie. Erklärung der Fremdwörter und fremdsprachigen Ausdrücke. Personenregister. Editorischer Hinweis.

ein Ullstein Buch